CURATOR
OF ARCHITECTURE
KAZUMITSU SAKAI

酒井一光論考集

建築学芸員のまなざし

著
酒井一光遺稿集刊行委員会編

青幻舎

序　―消えない志―

酒井一光さんに初めてお会いしたのは、二〇一四年（平成二六）四月に大阪歴史博物館に着任した時である。それから亡くなられた二〇一八年六月まで、四年とすこしのお付き合いであった。

着任してすぐ、私は建築史の学芸員が在籍していることを珍しく思った。そして博物館で建築をどう展示するのか興味がわき、早速七階に見に行った。模型や写真また設計図などを予想していたのだが、行ってみると、それらと共に煉瓦やレリーフなどの建築物の一部が並べてあるのに意表を突かれた。また、収蔵庫に入ってみると、そのようなものがたくさん並べられていて、ずいぶんと多くの場所を占めていたことも印象的だった。

さっそく酒井さんに聞いてみた。すると、その建物の特徴を表わすのはどの部分か、ふだんから注意しておいて、取り壊しの情報をキャッチすると、工事現場に飛んで行ってお願いしてもらってくるのだ、とのことであった。また別の時に、このことについて酒井さんと話をする機会があった。その時酒井さんは、建物の記憶を伝えていくための「忘れ形見」という言葉を使った。

「忘れ形見」というような心にとどまる言葉を聞いて、私は、酒井さんの建築物の見方は、単に好きだからとか、学問的に関心があるというような表層的なことだけではなく、深いところでその建築物の有限性についてのリアルな洞察に裏打ちされていることが感じられて、深く心を動かされた。建物を見るとき、酒井さんの目には、その建物の美しさ、普遍性、人とのつながり、細部、学問的な重要性などとともに、その建物が崩れ落ちたり、解体されたりする現場のイメージが背景に揺曳していたのかもしれない。

酒井さんの残した仕事は、一人の研究者としては膨大である。しかもそれは、たかだか二〇数年で成し遂げられた。亡くなられた後に作成された著作目録を見て、私は、このエネルギーはいったいどこから湧いてきたのか、源泉はどこにあったのかと思った。建物にその「忘れ形見」を見ている酒井さんは、その建物について研究した結果や、自分の見たこと発見したことを、人々に、また後世に伝えねばならないという衝動を、意識的にか無意識の深層においてか、感じていたのではないか。

以上は、私が勝手に想像したことにすぎない。しかし、酒井さんの文章には、磁力というか熱というか、「志」あるいは情念のようなものがこもっていると感じられるので、それほど的外れなことでもないように思う。

本書『酒井一光論考集　建築学芸員のまなざし』と、先に刊行された二冊の遺文集『発掘 the OSAKA』と『タイル建築探訪』には、最後まで学芸員として生きた酒井さんの「志」が凝縮されている。この三冊によって、それは消えない形で留められることとなった。

栄原永遠男（大阪歴史博物館　名誉館長）

酒井一光論考集　建築学芸員のまなざし

目次

『酒井一光論考集 建築学芸員のまなざし』解題

酒井一光さんが亡くなってはや3年が過ぎた。没後、酒井さんが残した著作から3冊の本の出版が企画された。先の2冊は、雑誌に連載された記事を集めたもので、一般の方にもすっと読め、近代建築の見方や面白さを分かりやすく伝えてくれるもので、酒井さんらしい文章が集められたものであっただろう。3冊目の本書は、彼の仕事の広がりが感じられる論考を集めたもので、いわゆる「研究論文」と呼ぶような硬い文章も含まれている。酒井一光さんはどんな仕事をしたのか、酒井さんとは何者だったのか。筆者は、酒井さんとは大阪をフィールドとする建築史の研究者仲間としてのお付き合いが主で、酒井さんの全てが分かるわけではないが、いろいろな場面でご一緒したことを思い出しつつ、酒井さんの仕事をふり返ってみたい。

多くの方々にとって、酒井一光さんは「大阪歴史博物館の学芸員」だったと思う。建築博物館以外で、建築を専門とする学芸員は今でもそう多くない。酒井さんは1996年に大阪市立博物館に着任されたが、学芸員としての通常の業務に加え、新博物館の建設や展示内容の検討等も視野に入れた人選だったそうだ。現在の大阪歴史博物館の常設展示は、古代から近代までの大阪の歴史を階ごとに巡っていく形式で、まちなみや建物の大きな模型が多用され、大阪という都市の歴史がわかりやすく示されている。博物館というハコには本来入らない建築やまちなみといったものをどう展示するかは難しい課題だ。大学院に進学して研究職を目指した当初から、酒井さんは学芸員を目指していたのかどうか、聞いたことがなかった。だが博物館という職場を愛し、学芸員という仕事に邁進されていたことは間違いない。

残された論考の傾向を見れば、大阪の「近代建築」が専門のように思えるが、酒井さんは東京生まれの東京育ち、東京大学大学院での専門分野は、建築史の中でも近世建築、つまり江戸時代の建築である。もう一つさかのぼって、学部生時代を過ごした東京理科大学では、建築構造学の研究室に所属していたようである。大学等に所属する研究者と異なり、学芸員は自分の専門外の展示を扱うことも多いと聞く。学生時代に培った幅が、学芸員というフィールドで活かされたと思える。本書に収録された対談でも、酒井さんの建築の見方には独特なところがある、という指摘があるが、その視点のユニークさは、「大阪の近代建築」とはほとんど関わりのない領域に属していた経験が作用しているように思える。

　本書の章構成は、酒井さんの仕事の幅、関心の幅を示す。大阪の博物館の学芸員だから大阪の建築を扱うのは自然なことだが、特に初期は、旧大阪市立博物館が所在していた大阪城公園内の建物、そして大阪市が管理する泉布観（造幣局）に関連する論考が多く見られる（第1章）。これらの建物は、関西人には直球ど真ん中の大阪建築で、改めて追究することなく過ごしていたが、酒井さんの綿密な調査に基づく論考から、近代化遺産として再検討するきっかけになったように思う。また、大阪市内にあった解体直前の近代建築の調査も地道に行っていた。第7章は、大阪の近代建築の代表的存在、大阪市中央公会堂のコンペ時の応募図面に関する論考で、資料図版も含め、非常にページ数の多い研究論文である。公会堂は誰もが知る建物だが、実際の建物ではなく、現存する応募原図を網羅的に取り上げ論じる姿勢は、酒井さんの研究態度がよく表れていると感じられる。

　2010年ごろから、建築家・中村順平を再評価した功績も大きい（第3章）。日本の近代建築史において、中村順平と言う名は、正直、「どこかで聞いたことがある」くらいの方が多いと思うが、大阪歴史博物館に資料が寄贈されたことから研究が進められたものと思える。コツコツと資料研究を進め、紀要等での論文執筆や展示として成果が残された。筆者は大阪歴史博物館の特集展示で中村の原図を観覧し、非常に美しいドローイングに魅せられた記憶がある。

　煉瓦やタイルも、酒井さんが長く関心を寄せたものだった（第4章）。昨年出版された『タイル建築探訪』は、『タイルの本』という業界誌への連載をまとめたもので、日本中、よくもここまでタイル建築を取材して連載を重ねられたと改めて感じた。個別の建築の解説は前書にゆずり、本書では煉瓦やタイルの歴史を論じたものを収録している。初期の近代建築といえば、やはり煉瓦造である。また建物の仕上げに使われるタイルは、建築と人の接点となる部分と言える。酒井さんのマニアックな（よく言えば綿密な）分析は、多くのタイル・マニアの注目を集めていた。

酒井さんが取り上げる建物は、超有名建築ではなく、どちらかと言えば無名、しかしなんとも言えない存在感がある小ぶりの近代建築が多かった。そんな酒井さんが展覧会で村野藤吾を取り上げると聞いた時は、ちょっと意外な感じがしたことを覚えている（第2章）。大阪で活動し、多くの作品を残した建築家なので、大阪歴史博物館で扱ってもおかしくない。酒井さん自身、本書に収録した図録の概説において、多くの研究や展示がなされているのに、本拠地の大阪では長らく大きな展覧会がなかったことに触れ、村野なら、まだ触れられていない側面があるはずと展覧会に取り組んだと話している。展示では、家具や特徴的な建築部品、また家族との思い出の品など、通常の建築関連の展覧会とは雰囲気の異なる展示が多かった。村野は、仕上げ材や手すりなどの細部に二度見してしまうような仕掛けがある建築家だった。酒井さんの目にとまる部分があったのだろう。

酒井さんは、建築の保存運動に積極的に参加した形跡がない。しかしそれに無関心であったわけではなく、博物館での研究活動を通して、また歴史研究として、大阪の都市景観や建築の保存再生に関わる論考を発表している（第5章）。酒井さんは、昭和初期に散見される「郷土建築」という用語に注目し、論考をいくつか残している。郷土建築とは、明治期以来の近代建築も含めたちょっと懐かしい建築を指し、当時、激変する都市の状況の中で消えつつあったものだ。歴史的な建築やまちなみをいとおしく思う気持ちは今に始まったことではなく、郷土建築への関心は、保存に関わる事柄を歴史的に紐解いたものと言えるだろう。

第6章は、学芸員になるために学ぶ博物館学の教科書に掲載された文章も含まれており、あまり馴染みがないかもしれない。しかし、酒井さんの仕事場をバックヤードから見せてくれている。博物館に実際に収蔵・展示できるのは、建築部品、「かけら」に限られるが、実際の建築やまちなみが館外にあり、酒井さんは着任当初から、建築史探偵団と称して館外活動に熱心だった。いろいろな方法で、学芸員として、一般の方々と建築のインターフェースとなって、大阪のまちや歴史への関心を引き寄せてくれたと思える。

筆者は、博物館以外でも原稿の執筆をお願いしたり、建築見学やまち歩きの解説をお願いしたり、いろいろなところで助けてもらった。酒井さんなら、正確で、かつ読者・参加者に合わせた適切な解説が得られる安心感があった。酒井さんは、大学ノートを常に携行し、調査でわかったことも、仕事上のメモもそこに書き付けていた。その几帳面さが論考の緻密さに反映されていると思える。モノに正面から真面目に向かう姿勢は、建築の所有者や設計者にも感じられるから、一般には門戸を閉ざしている建物にも取材できていて、皆の酒井さんへの信頼の証でもある。

酒井さんは、ゆったりとした語り口、落ち着いた印象の方で、感情が顕になるような場面は見たことがない。でも、お話ししていて、何か酒井さんの琴線に触れると、ニッと微笑んで、声のトーンがちょっと上がる瞬間があり、こちらも何だか嬉しい感じがしたことが思い出される。表に表れるのはほんの少しの変化だったが、酒井さんの中では結構テンションがあがる瞬間だったのかもしれない。研究者には、研究対象への冷静さと情熱の両面が求められる。酒井さんは真摯に資料に向き合いつつ、小さな、あっ！を大事にして仕事されてきたように思う。酒井さんに建築とは無縁の趣味があったかどうか…、たぶん建築が大好きで、何事も建築がらみだった、と推察できるが、本書がそんな建築学芸員の仕事や関心の広がりを知る一端となればと思う。

橋寺知子（関西大学 准教授）

第1章

泉布観と大阪城

解題　山形政昭

0　近代大阪と泉布観

はじめに

泉布観は大阪造幣寮応接所として明治三年二月に着工、翌年二月に落成式を迎えた大阪を代表する明治初期の洋風建造物である（図一）。しかし竣工の翌年、明治天皇の行在所に当てられて以来、泉布観の一角は造幣寮とは独立した歩みを始めたのである。そもそも貨幣の館を意味する泉布観という名称もこの時、明治天皇により命名された。現在の泉布観の敷地内には後に旧造幣寮鋳造所正面玄関を移築して建てられたユースアートギャラリー（1）のほか、複数の付属施設（2）が建つ。ここでは泉布観とその付属庭園、および園内諸施設の歴史を扱うこととする。

ところで造幣寮と泉布観を含むその諸施設の成立当初の事情やその建築、技術についてはすでに多くの論考がある（3）。本論ではそれらをただ反復するのではなく、むしろ泉布観とその庭園が造幣寮本体から独立した道を歩んだ点に着目し、そこから近代大阪における泉布観の意味を明らかにしようとするものである。

第一章　初期泉布観の立地と建築

白かねも黄金もあれと春の日の

解題

関西における現存最古の洋風建築泉布観については、造幣寮の応接所として明治4年（1871）の完成のこと、そして設計者ウォートルスのことなど良く知られ、明治初期を飾る重要文化財建造物として余りにも著名なものである。

しかし私自身、泉布観の竣工後の歩みについては、後年に寄棟屋根などかなり改変されていることを知るくらいでいたところ、平成9年（1997）に酒井氏の寄稿論文「近代大阪と泉布観」に接して、正直驚いたことを思いだす。氏が大阪市立博物館に着任されて間もない時期の論考であるが、ほとんど未知と思われる造幣局蔵書資料など、丹念な調査に基づき、明治、大正、昭和時代の変遷とともに、変貌する泉布観と関連施設について明らかにされたものだった。

明治天皇行幸の折の宿泊所だったことは、昔から伝えられていたが、行在所として位置付けられ、明治22年（1889）には造幣寮より離れて宮

光となるは桜なりけり　良顕

　造幣寮前の大川端は桜の名所として知られ、造幣寮のできた当初から今日に至るまで、桜の「通り抜け」で有名である。そうした天満川崎の地に造幣寮が作られたことにはいかなる意味があったのだろうか。維新後の大阪は一方で幕藩体制の崩壊により経済や市民生活は疲弊していたが、他方、大久保利通の大阪遷都論が出るなど注目を集めていたのもまた事実で、新政府の政策として造幣寮の大阪設置が決まった。当初候補として難波、中之島等もあがっていたが、上野敬輔の指摘「造幣場を撰ぶや、第一水利を考へ、壌地を取るべし」(4)により、水運と景勝に恵まれた天満川崎の旧幕府御破損奉行所材木置場跡等が選ばれた。そもそも天満川崎の地は中世以来、天満本願寺や川崎東照宮等がおかれ、単に景勝の地であるばかりでなく、大阪における地勢上の一つの要所であった。特に川崎東照宮との関係を視野に入れたとき、新政府がここに新たな時代の象徴を建設した意義は大きい。新政府が最も力を入れたと思われる造幣寮の建設と運営は、この天満川崎地区一帯に新たな景観を創出し、化学工業の発展に寄与したばかりではなく、様々な面で大阪における維新の動向を先取した。鉄道馬車や運貨丸、電報等の交通情報面から、断髪、廃刀、洋装といった身近な面まで、市民に与えた印象は大きかった(5)。明治政府はここ大阪天満に東照宮に代わる新たな装置を提示したのである。大川と桜、そして新政府近代化の象徴たる造幣寮の建築群や大煙突を描いた数々の名所絵はこうして生まれることとなった(図二)。

内省の管理になっていたという。それ以降の明治大正期について論者は、泉布観の地を明治国家体制の表象という見方を提示しており、まことに興味深く重要な指摘に違いない。泉布観はさらに変貌し大正6年には実科女学校の開校に際して大阪市に移譲され、学校として歩んだ時代にも、後論「実科女学校校舎として使用された泉布観について」において光を当てている。

　昭和期における明治天皇記念館（戦後には桜宮公会堂、昭和60年（1985）よりユースアートギャラリー）の建築経緯と計画についての調査に基づく言及もなされており、これら一連の研究は泉布観一帯の関連施設に関する歴史的価値の再考を促している。

（山形政昭）

初期泉布観の建築

泉布観の設計及び現場管理にはアイルランド出身の英国人技師ウォートルス（Thomas James Waters）があたった。ウォートルスは今日的な意味での建築家 Architect でも土木技師 Civil Engineer でもなく Surveyor General の肩書きを名乗る土木、建築、土地、都市すべてを含む総合技術者であった(6)。当時ウォートルスを採用した経緯について『皇国造幣寮濫觴之記』は「ガラバ氏より忠告に、今般造幣の器械を輸入したる船中に英人プレチェソト及びポイトの両名あり、（中略）然れども彼等は尋常の鍛冶師にして、建築の術に暗し、故に建築を託せんと欲せば方今幸に英人ウヲトルス氏長崎に在り、彼は最も建築の学に長ぜり、若彼をして此建築を司どらしめば其成功速ならんと(7)」と述べており、グラバーの紹介でウォートルスが採用されたことがわかる。

現存する泉布観の建築は昭和三七年三月から同三九年三月にかけて行われた修理工事後の姿である(8)。おおむね明治中期の姿に復原されているといってよい。建物は大川に望み東面する二階建（一部地下一階）、寄棟造平入桟瓦葺で四周一、二階とも吹放しのヴェランダが巡り、正面に車寄が付く。また、ヴェランダに面する窓すべては床位置から立ち上がる成の高い窓（フランス窓）とその外側の鎧戸からなる。このような形式は、ヴェランダコロニアル(9)と呼ばれる。これはその名の通り、主として欧米の列強が自らの生活様式を母胎としつつ植民地の風土に合わせて作った建築形式である。幕末から明治前半の西洋館、異人館に顕著に見られる形式であるが、明治中期以降、欧米に直接学んだ日本人建築家が育つ頃にはほとんど見られなくなる。泉布観の場合、この植民地形式が母胎となっているのは歪めない事実であるが、同時に国家の記念碑

図一　泉布観外観（現状）

図二　「波華川崎鋳造場之図」長谷川小信筆 個人蔵　中央には大煙突のある造幣寮鋳造場、右端にはパラペットのついた初期泉布観（開業当初は造幣寮応接所だった）が描かれている。

的建造物としての意匠性も兼ね備えていた。正面車寄のペディメント、ヴェランダ列柱に見るトスカナ式オーダー等の採用はより本格的な様式建築への指向をうかがわせる。

行在所としての泉布観

かつて歴史上、明治天皇ほど市民の前に姿を見せた天皇はいなかっただろう。それほどまでに明治天皇は「見られる／見せる」ことを意識した天皇であったのだ。近世の天皇が「見えぬ／見せぬ」存在であったことから、全く方向転換したのである。それに伴って「見られる／見せる」ための演出も施された。天皇自身が洋服を着用し、断髪して髭を生やしたのである（図三）。また、近世の天皇は宮殿の外にはほとんど出なかったのに対し、各地を巡幸するようになり、当然休息所、行在所が必要となった。これらには当時の有力な市民の邸宅や寺社、新たに新政府や地方政府によって作られた建築が当てられた。泉布観は明治天皇の六度の大阪行幸の内、三度行在所に当てられた。

泉布観が最初に行在所に当てられた明治五年の行幸の際、天皇自身の身なりはいまだ近世同様、薄化粧をして長髪を結った姿だったが、服装面では和から洋への転換が試みられた。その様は「およそグロテスクなものでなかったはずがない(10)」と評されもした。ところで洋装への一歩を歩み始めた天皇を待ち受けていた泉布観の庭園は、完成直後より造幣寮とは独立したものとして整備され始めていた。その時の様子は行在所に当てあてられた明治五年当時の泉布観配置図からも読みとることができる（図四）。しかし注意を要するのは、内容的にほぼ同様の図が複数存在し、その内の一点は「曲馬地所」と「土俵場」が後

図三　「明治官員鑑」豊原国周筆明治一四年中央面上段に洋服姿の明治天皇と和服姿の照憲皇后、同中段右端には泉布観扁額の文字を記した太政大臣三条実美の姿がみられる。

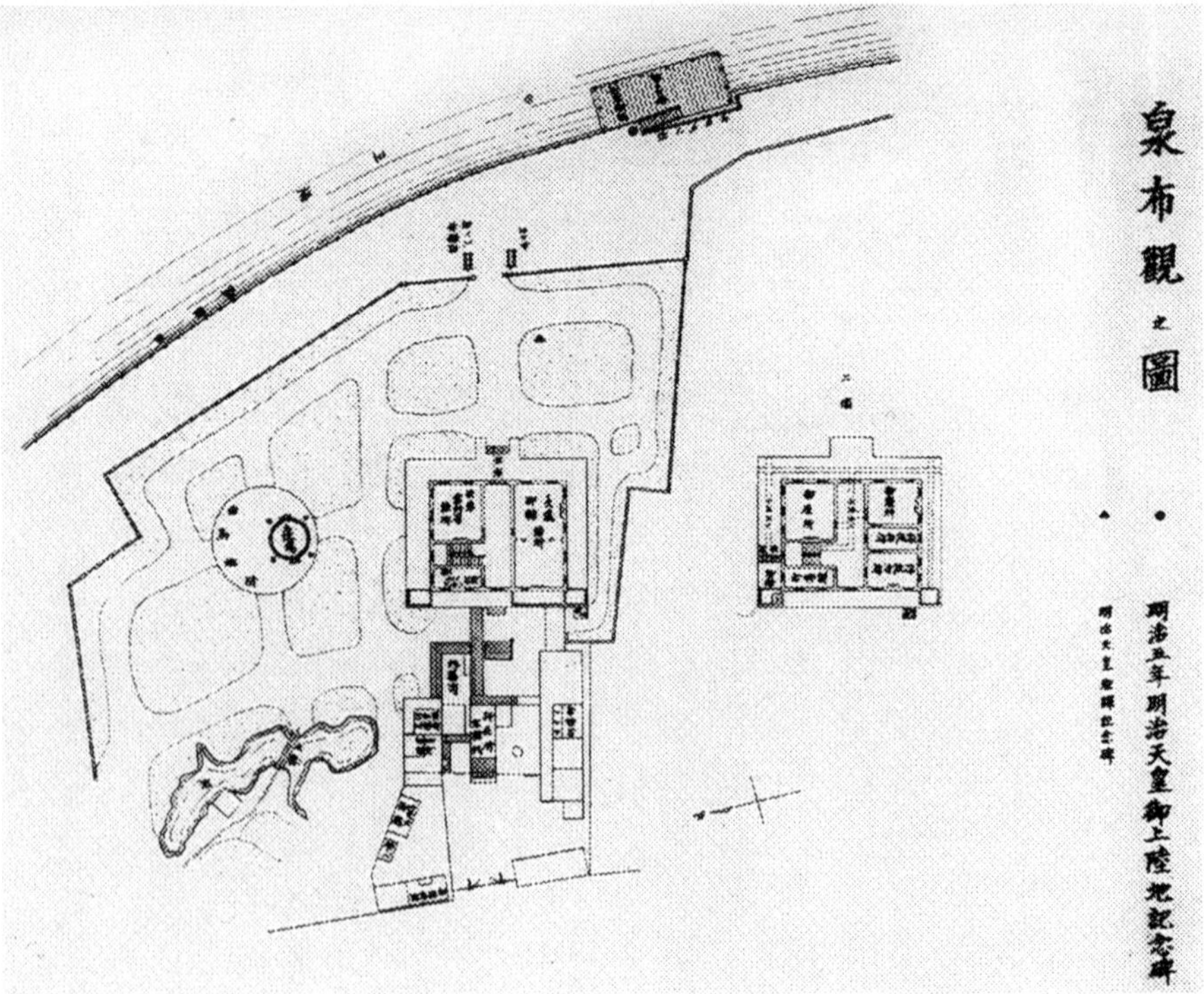

図四　「泉布観之図」明治五年（トレーシングペーパーにインキング）

から張紙がされていることである(11)。つまり竣工後間もない段階で、庭園は行幸のために改変されたと考えられる。この行幸の際、六月六日の記録として「同日夕泉布観庭園では造幣寮主催の西洋曲馬、相撲、煙花などを催し叡覧に供した(12)」と若き天皇を楽しませた記述がある。その他、この図を見ると庭園自体は洋風を基調として整備され、北西部の一角をそれと調和するような池泉式日本庭園として整備していたことがわかる。また池に張り出した掛造で屋根は入母屋造の小規模な能舞台が設けられていた。泉布観の建築自身を見ると西側、つまり裏側に付属建築が増築されている。ここには「行在所玄関代」、「大阪府行幸係」、「内膳司」と書込みがある。さらに離れに「御膳所」が見られる。これらの付属建築は泉布観が造幣寮から独立して行在所となったことで必要となった機能を補うためのものであった。これらも当初は見られなかったものである(13)。泉布観自身は大川に面した眺めの良い二階東北室が「玉座」に当てられ、廊下を挟み向き合う東南室が「御寝所」、さらに時計回りに「侍従扣所」二間、「御湯殿」に当てられた。一階は東北室が「供奉宮内省詰所」、時計回りに「卿輔、参議詰所」、「寮ショムエイセン扣所」に当てられた。ここから天皇の過ごしたのは完全なる洋館部分であることがわかり、洋装期へ移行を試みる天皇を迎える館としては相応しいものであったといえる。

次に泉布観が行在所となったのは明治一〇年のことである。この時には天皇の身なりは断髪し、凛々しい髭を生やした軍服姿に変わった。この時の泉布観の平面図(14)によれば基本的な利用形態は前回と同じで、付属建築には「大阪府行在係」他が利用していた。またこの時の室内装飾は「几帳などは和風であるものの、時計以下の器物は西洋的な部分がかなり多く、珍しい西洋の品物を並べ立てているという雰囲気(15)」であったという。行在所の室内装飾に力を入れるのはこの頃、各地で頻繁に見られる現象であった。完全なる洋装に変化を遂げ「見られる／見せる」存在へと変化を遂げた天皇を迎える洋館として泉布観はその役割を果たした。このような中、その室内装飾の特異さは浮き上がる感もあるが、まだ若き天皇の気を休める意味があったのかもしれない。男性的で凛々しい軍服姿の「見られる／見せる」天皇。泉布観の洋風建築と和を含みつつ洋への指向で統一された庭園は、新しい天皇の姿に相応しいものだった。室内装飾に見る内面性への指向は後の時代への予兆と見ることもできよう。

第二章　泉布観の和風化

和洋併置式邸宅の時代

ウォートルスの時代をお雇い外国人の時代というなら、その後に来る明治中期は日本人技術者による洋風技術の習得と、伝統の回顧の時代である。建築においてその契機となったのは明治二年に完成した新宮殿の造営である。明治新宮殿における和風重視の選択は、後の皇室や財界人の建物の様式選択にも影響を与えることとなる。この時期、いまだ異人館や西洋館等の洋風建築は庶民にとって異質なものだったろうが、それらを一通り経験してきたであろう上層階級の一部の人々には伝統への回帰の精神が芽生えていた。京都における琵琶湖疏水を利用した平安神宮神苑や山県有朋の無隣庵庭園にみる明治の日本趣味が展開した時期であり、同時に明治三年の古社寺保存法制定による寺社建築の修理により習得された伝統技術・技法の蓄積がある。なお、軍服姿で口髭を生やし、全国を巡幸した天皇の行幸は、明治一八年の山陽道巡幸を境にほとんど見られなくなる。「見られる／見せる」ことを意識した天皇の役割は御真影というメディアにその役割を託し、沈静化することとなった(16)。

ところで泉布観の建築が最初に改修を受けたのは明治一六年である(17)。しかもこのときの改修は建替えに近い大がかりなものだったという。このときの工事で建設当初にあったパラペットが廃され、日本の風土に根ざした屋根の軒の出のある形に改修されている。建物のオリジナルな価値よりも、風土への適用性が選択された。さらに泉布観は明治二一年の修理を経て、同年五月宮内省に移管される。このときがまさしく、管理上も泉布観が造幣局(18)本体と独立した時期といえる。さらに同二六年一一月から二八年一月まで北白川宮能久親王が居住された。この北白河宮時代に住居としての性格が整えられたと思われる。

北白河宮親王の時代は「和洋併置式邸宅(19)」の時代といえる(図五)。図に見られる和館の成立年代は明らかではないが、本図と「第四師団長に補せられ御着任後観の付属日本の間を御館と定められ(20)」たという記述からこの時にはすでに存在していたはずである。ここでいう和館とは泉布観の南西に独立して位置する居宅部分である。まず北側に式台玄関を設け、そこから中廊下がのび、東側に「書院八畳」と床の間、違棚を備えた「十二畳半(21)」の部屋が並ぶ。廊下を狭んで西側には「六畳」、「七畳半」、「七畳半」の小部屋が並び、私的な室であったと想像される。さらに「台所」、離れが付属する。主人である北白河宮親王は社交の場として洋館である泉布観を用い、私的な客を迎える場として和館の「十二畳半」の部屋を用いたのだろう。なお、現状の泉布観の敷地を

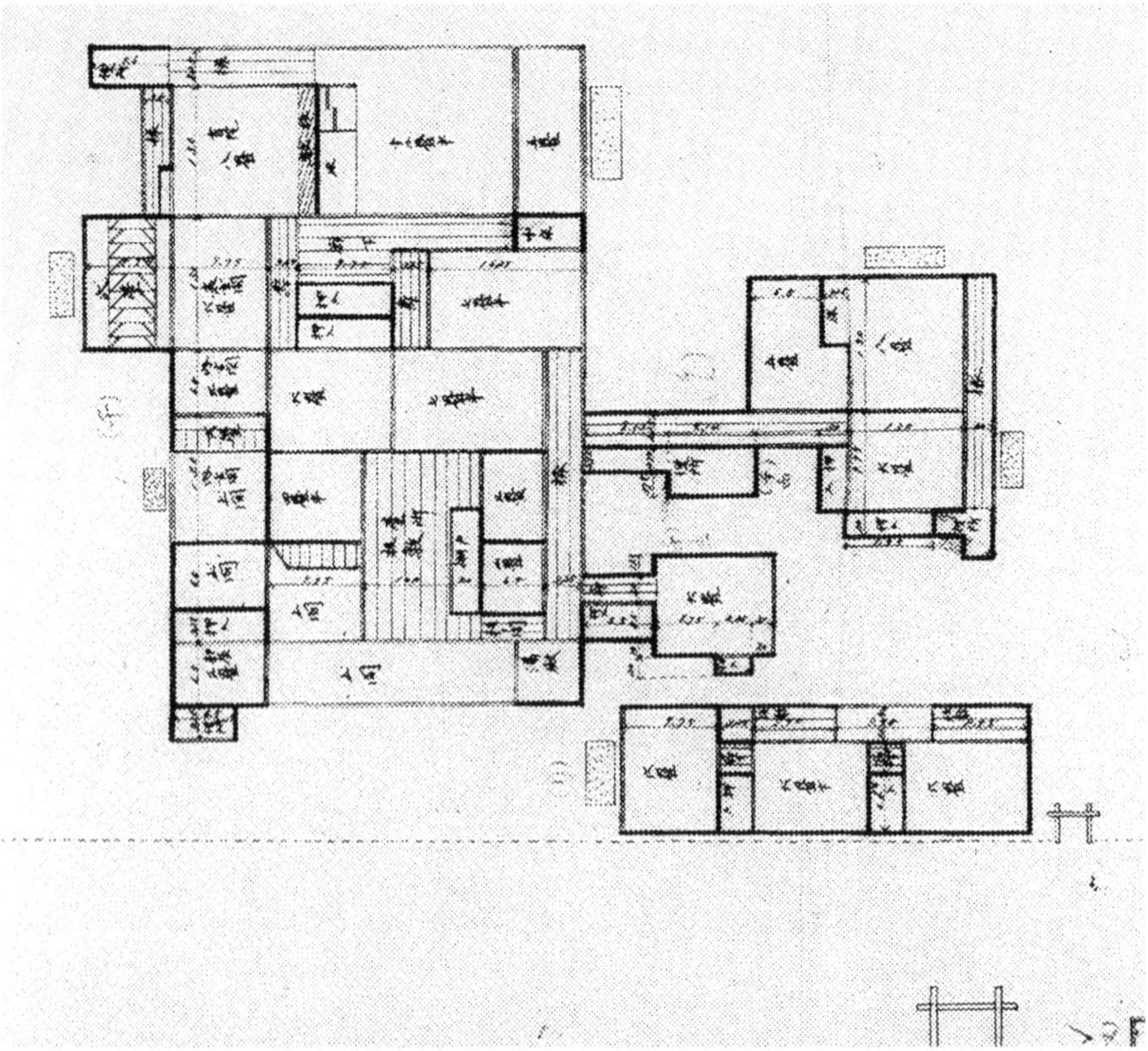

図五　「泉布観建物平面図」より泉布観和館部分　大正七年（トレーシングペーパーにインキング）
北白川宮能久親王居住の和館を後に作図。図の左方が北。左上（北東）に泉布観がある。

見ると、泉布観の北西の外、南にも池泉式日本庭園のあった痕跡が明瞭にあり、灯籠も残る。これは泉布観の日本庭園とは別の和館専用の庭園であった。この意味で泉布観とは区画された独立した庭園だったが、泉布観は独自の日本庭園と和館日本庭菌の二つの日本庭園に挟まれていたことになる。

皇后行啓と庭園の和風化

泉布観へは明治天皇の行幸と並んで、照憲皇后の行啓も行われた。明治二〇年と同三六年の時である。特に第五回内国勧業博覧会に臨御された三六年の行啓は泉布観において様々な体験をされたようである。当時、日本美術協会大阪支部会主催の美術展覧会が泉布観で開催されていた(22)。皇后はこれを見た後、泉布観日本庭園内能舞台（舞楽殿）で大阪進栄会少女の吉備楽を見ている。「この舞楽殿の前に一抱へばかりの公孫樹があるが、皇后陛下にはこの樹を愛でさせられ、御椅子を樹下に運ばせ給ひ吉備楽をご覧になった(23)」という。このように皇后は泉布観での催しとともに、その日本庭園、中でも現在も残る大銀杏を大変好まれていたようである。この日本庭園は当時の一般向け観光案内でもよく紹介されていたようで、「庭園の景趣亦頗る閑雅なり(24)」、「庭園亦清趣にして尋常ならず(25)」等の記載が残る。一般向の本で皇室ゆかりの地を取り扱っていることから、多少の誇張表現はあろうが、同種の記述は他にもみられ、泉布観庭園の評価がある程度定まっていたことを物語る。また、「時に能楽を催さる(26)」という記述もあり、能舞台を中心とした様々な催しが行われていたようである。

このように泉布観庭園の北西部は、遅くとも北白河宮時代以降区画され、能舞台を中心とした独立した池泉式日本庭園を形成し、皇后の愛でた大銀杏を含み市民に親しまれた名園になっていたことがわかる。現状に残る泉布観建築及び日本庭園はこの時期にその骨格が出来上がったといえよう。正面の西洋風庭園と泉布観自身は当初の面影を残しつつ、西側には和館と日本庭園という日本的要素が積極的に整備された。泉布観に見るこのような和風化の動きは表層だけの近代化を追い求めた明治初期から、表と裏、洋と和を使い分け、和風化、内面化を指向した明治二〇年代以降への転換と見ることができる。この時、泉布観の主人公が「天皇男性」から「皇后女性」へと転換していった過程と読みとることも可能かもしれない。

実科女学校と泉布観

大正四年、大阪市北区は泉布観敷地の払下げを受けて御大典記念実科女学校を計画した。直ちに校舎が計画され、同六年一二月、払下げ決定と同時に校舎が竣工している。(図六)は竣工当初の校舎の平面図であり、これによれば校舎は東側の泉布観に向かって二階建でコ字型に建てられた。一階には「普通教室」や「家事科室(家事、実習、割烹)」、二階には「裁縫室」、「手芸室」等が設けられ、泉布観のある東に面して片廊下が巡っていた。北区に移管当初、泉布観敷地内には泉布観の他、付属家二棟、能舞台、和館等が残っていたが、これらは校舎とは花壇で隔てられ、悉く保存されていた。また泉布観と並んで北異人館(27)も実科女学校に移管され、これも同様保存されていた。この時の泉布観は実科女学校の一部として音楽教室等に使われていたようである。「嘗て皇族の倶楽部と申上ぐるの観ありし泉布観は今や愛らしき少女の学園となり、花の晨、公

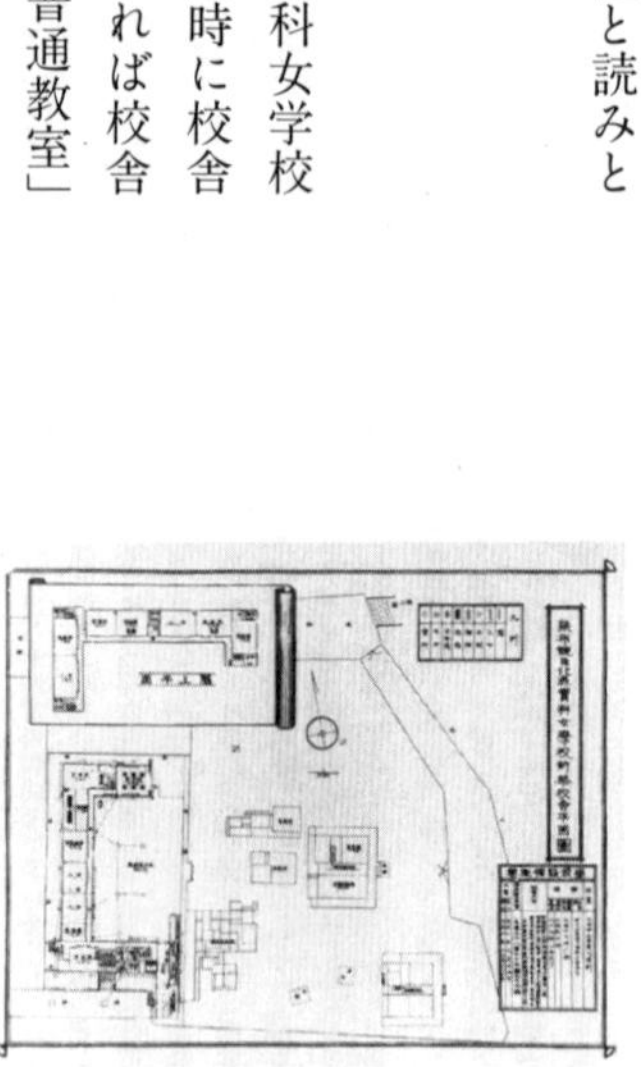

図六　「実科女学校校舎平面図」

孫樹の黄ばみ落つる麗らかな秋の真画閑寂な庭園には少女の奏でるピアノの音が流れて(28)」いた。そこには明治初期に主人となった「男性的」天皇の館のイメージはもはや感じられない。この時代、明治天皇が担った象徴的なイメージを病弱だった大正天皇は受け継ぐことができなかった。大正デモクラシーという言葉に代表されるようなこの時代の家庭的、民主的なイメージはここでも感じられる。しかし、大正時代とはそのような楽天的なイメージばかりではなかった。大正一年から大正天皇に代わり、後に昭和天皇となる裕仁親王が摂政として政務を司る。大正時代には昭和初期に通ずる不気味な影が大陸から進行し、後に日本本土にその暗影を落とす(29)。ところで泉布観ではその後、国道一号線の設置に伴い敷地が削られる。その時、北異人館等が惜しくも失われた。

第三章　神話化される明治

明治天皇記念館の計画

泉布観の地に明治天皇記念館の建設計画が持ち上がったのは昭和二年のことである(30)。当初計画では「明治天皇大阪行幸記念館」と呼ばれていた。時、昭和天皇の御大典を間近に控え、その記念事業の一環とする考え方もあったのかもしれない。「明治天皇大阪行幸記念館設立趣意」によれば、「明治四年開局以来シバシバ行幸アラセラレタ、大阪造幣局ガ改築ノタメ思出多イソノ建物ヲ取毀タルルコトトナリマシタノデ、聖跡ノ記念トシテ大玄関ノ一部ヲ申受ケ適当ノ地ニ移シ、元ノママノ姿ヲ存シテ適宜コレニ建築ヲ施シ、行幸記念館トナシ(31)」とあり、当初から造幣局鋳造所取壊しとその正面玄関の移築保存が考えられていたことがわかる。また「行幸ノ事跡ニ関係アル凡テノ資料ヲ蒐集陳列シ、以テ正徳ヲ奉頌追慕セントスルニ至ッタノデアリマス」と続けられ、実際に竣工する明治天皇記念館の骨格がこの時すでに固まっていたことがわかる。しかしこの文言からは当初の計画は展示室が中心になろうことはわかるが、後に実現する講堂がこの時点で計画されていたかは不明である。またこの計画はすぐには実行されず、昭和八年大阪市に引き継がれ「本市連合青年団理事会ニコノ趣旨ヲ述べ、是ガ建設資金拠出ニ関シ青年団ノ尽力ヲ求メル(32)」こととなった。

　ところでこの時期と思われる、明治天皇記念館の計画地を破線で示した配置図がある(図七)。本図を見ると、明治天皇記念館の計画地は現状とほぼ同位置であることがわかる(33)。しかし建物の平面計画図と思われる「明治天皇大阪行幸記念館新築設計図」(図八)を見ると現状の計画案とは大きく異なる。この図は「明治天皇大阪行幸記念館」と計画段階での名称が書かれていることから起工以前のものといえよう。玄関を入った一階中央に大きな「広間」、その両脇には「陳列室」、正面には大階段がある。二階には「広間」上部に吹抜があり、それを巡る「廻廊」がある。吹抜を挟んで東西に「陳列室」、「貴賓室」がある。しかしここでは玄関が柱間三間になっており実施案の五間とは異なる。なお、この青図には玄関柱位置に「六本ニスル」との鉛筆による書き込みがあり、設計者の情報不足による勘違いか、玄関が一部保存から全体保存に切り替わったことが考えられるが、旧建物の記念性を考えれば前者が妥当であろう。実施案に比べ、この計画案は左右対称性が強く、記念性の高いものといえるだろう。

　このように明治天皇記念館の計画は、この地を大阪における明治天皇聖跡の

図七　「泉布観実測図　縮尺三百分之一」(青焼図面)

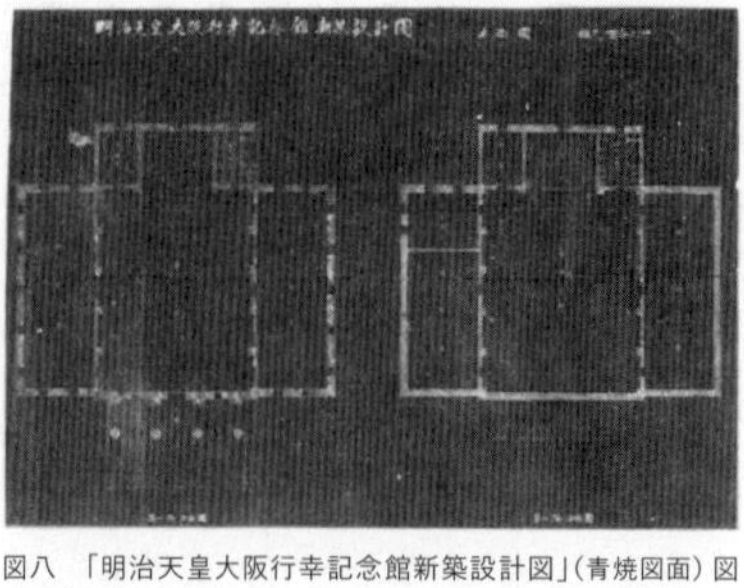

図八　「明治天皇大阪行幸記念館新築設計図」(青焼図面) 図の上方が北。

中心として位置付け用としていたことはほぼ確実で、大正六年、大阪市に払下げられた当初とはかなりその趣を異にしていた。国を挙げての天皇制を中心とした団結の拠点が求められていたのでさる。明治天皇行在所として独自の道を歩んだ泉布観はまさにその対象として相応しかったのである。明治初期、洋服姿で国民の前に現れた「見られる／見せる」天皇の役割、イメージの再来をこの場所は期待されることとなった。その時、泉布観の敷地も実科女学校というそれまでの家庭内を指向する教育から、国民精神の統一のため外的に開かれた教育の場に転換され始めたのである。

青年道場の計画

明治天皇記念館の計画と時を同じくして同じ敷地内に青年道場の計画も進められていた。「明治天皇記念青年道場」と書かれた（図九）がその平明計画図である。昭和初期、これと同種の建築は各地で計画され、実現されたものも多いが、戦後取壊されたり他の用途に転用されたりしてその全貌は不明である。この計画図も明治天皇記念館の竣工した昭和一〇年から間もない時期に描かれたものであろう。計画図を見ると一階は玄関と「フスマ障子」で仕切られた三間続きの「食堂」、それに「調理室」、「浴室」、「便所」等があり、二階にはやはり「フスマ障子」で仕切られた「宿泊室（二十四畳半）」が二室、さらにその正面には御真影を祀ると思われる巨大な「神殿」と「神殿之間」が設えられている。神殿の奥には「講師室」、また反対側には「娯楽室」がある。これらの室構成から想定される用途は青少年が団体で宿泊や講義を受け共同生活を送る、今日でいえば研修所にあたる精神鍛錬施設であっただろう。

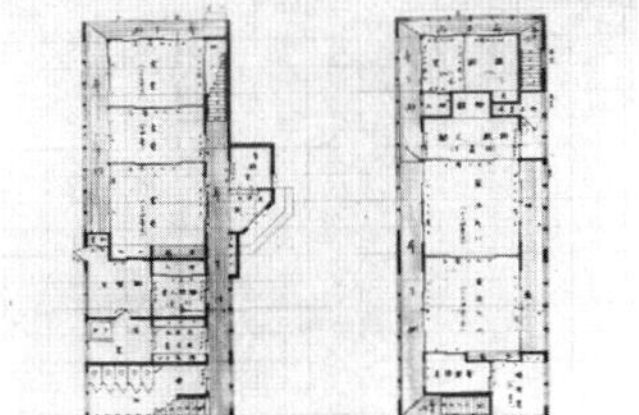

図九　「明治天皇記念館青年道場」（方眼紙にインキング）泉布観西側に計画され、図の情報が北と考えられる。

このような施設が作られなければならなかった時代背景には、戦争に向かう当時の不気味な空気が存在していたことは確かであろう。明治天皇記念館のできた前後の出来事を見ると、昭和六年の満州事変、翌七年の二・二六事件、八年の国際連盟脱退、十一年には五・一五事件等が起こっている。むろんその兆候は、特に教育面においてそれ以前から起きていた。青年団という組織である。昭和初期の段階で大阪市には一七八団体、団員一〇万人を数えたという。満州事変以降、青年団は国家の干城となることが求められ、全国的にも大日本連合青年団の活動が活発化した。大阪市では七年四月、大阪市連合青年団として市内青年団をまとめて一体とした。連合青年団は事務所を大阪市役所教育部に置き、各区連合青年団は区長を団長とし、事務局を区役所内においたという(34)。明治天皇記念館および青年道場はまさにこの連合青年団が母胎となり企画立案されたものであった。この平面計画案はその考えを忠実に建築化したものといえよう。

なお、青年道場計画案は実現には至らなかった。その大きな原因として泉布観の敷地の狭さや、資材統制等による建築資材の不足にあったのではないかと考えられる。

明治天皇記念館の完成

明治天皇記念館は連合青年団を中心に建設募金活動が行われ(35)、昭和一〇年の紀元の佳節に地鎮式(36)を行い、同年の明治節(明治天皇誕生日に当たる一一月三日の祝祭日)に落成式を行った。実現した建物は鉄骨鉄筋コンクリート造地上二階、一部中二階地下一階ありで、一階が講堂、二階が陳列室という構成だっ

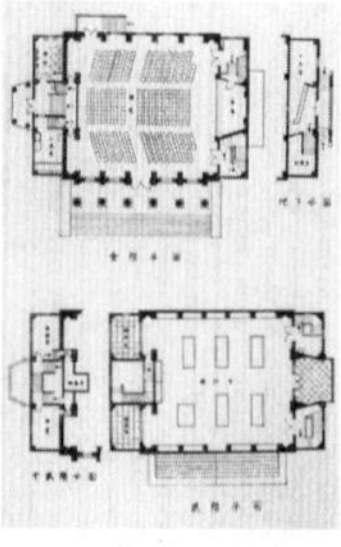

図一〇 「明治天皇記念館竣工平面図」(『明治天皇記念館泉布観記録』より)図の上方が北。

た（図一〇）。当時の記録によれば「一階講堂ハ其面積二八平米ニシテ三百二人ノ椅子席並ニ、二三平方米ノ演壇ヲ有シ活動写真影写ノ設備アリ、二階陳列室ハ天窓ニヨッテ、採光シテ壁面ノ利用ヲ計リヴェランダハ付近ノ景色ヲ俯瞰スルニ便ナラシム（37）」と書かれている。その用途は「諸種の精神修練道場」とされた。また十五年には「聖徳館」と名称を改め「国民精神陶冶の大阪市における中心道場として使用（38）」されたという。ここで泉布観は再度、明治天皇のゆかりの聖跡としての「見せる」機能を強化していくことになる。泉布観一帯が明治天皇を記念した「精錬の場」と化していった。

　しかし、明治天皇記念館に続いて計画された青年道場は先にも触れた通り、実現されなかった。時局の悪化は建築資材統制という形でも現れ始めたのである。わずかに明治天皇記念館の計画当初から検討されていた泉布観との間を結ぶ回廊はその後作られるが、計画図では円柱として描かれていた（39）ものが角柱になり、仕上材もモルタル吹付と、決して記念建造物同士を繋ぐに相応しいものとはいえない。これも強いて資材統制直前の建造物と考えれば納得がいくくらいである。

　さらに時局の悪化した昭和一八年、造幣局の門柱等は鉄材供出されている。泉布観、明治天皇記念館こそ鉄材供出にはあわなかったが、空襲による被害を間近に受けることとなった（40）。泉布観一帯はこのような困難をくぐり抜け、今日に伝えられているのである。

（1）この建築は昭和一〇年明治天皇記念館として竣工、昭和一五年聖徳館に改称。昭和二三年から桜宮公会堂となり、同二五年から二階部分に桜宮図書館を併設。昭和六一年からユースアートギャラリーとなる。

（2）敷地内の戦前の付属遺構には現在、泉布観南に煉瓦造平家建人夫小屋（明治中期頃、元北異人館倉庫）、国道側との境に塀及び門柱（昭和初期頃）、同西側に二階建煉瓦造倉庫（明治中期頃）、ユースアートギャラリー北側に煉瓦造平屋倉庫（年代不詳）、煉瓦塀（明治期）、泉布観とユースアートギャラリーを結ぶ回廊（昭和一〇年代）がある。

（3）日本史の分野から初期造幣寮を扱った論文として藤野明「野に下った五代友厚―造幣寮と金銀貨幣分析所をめぐって―」（『大阪の歴史』一八大阪市史編所 昭和六一年）、建築史の分野から扱ったものに林野全孝「造幣局の沿革と建築遺構」（建築史研究第二九号昭和三六年）、木村寿夫・山田幸一『造幣寮金銀貨幣鋳造所の建築」（日本建築学会論文報告集三一七号 昭和五七年）、同「造幣寮金幣寮の建築 泉布観再考」（同第三三一号 昭和五八年）、木村寿夫『初期造幣寮の建築』（私家本 昭和五六年）がある。建築紹介記事だが重要な内容を含むものに中村角之助「造幣寮について」（『建築と社会』昭和七年八月号）がある。また主たる刊本の資料として『造幣局沿革史』、『造幣局六十年史』、『造幣局百年史』、『同資料編』（造幣局大正一〇、昭和六、四九、四九年）がある。

（4）「皇国造幣寮濫觴之記」（造幣局蔵 明治七年『明治大正大阪市史第七巻資料編』日本評論社昭和八年収録）

おわりに ―泉布観に見るもう一つの近代大阪―

大阪の近代史をトレースするとき、商工業、陸海運、軍事、人口問題などが大きく語られることが多い。近代日本において第二の都市、あるいは人口でいえば第一の都市となった大阪が、東京を中心として進行した政治的動きとどう連動したのかを見極めることは困難である。しかし新政府の肝煎で造営された造幣寮の一部として建てられ、その後泉布観として独自の道を歩んだその歴史は、まさに忘れられたもう一つの大阪を封印してきたのである。それは大阪全体で見れば新政府の象徴であるという特異な位置付けを担った。しかしその時代的な変遷を見たとき、明治初期には軍服姿の明治天皇の行在所としての「見られる／見せる」洋風建築、つまり外的な象徴としての機能を発揮し、明治中期以降は北白川宮の住居、和館や和風庭園の増築・整備、皇后の行啓、実家女学校の建設と内的な発展に向けられた。さらに昭和初期以降は明治回帰と国威発揚の中で、明治初期の外的な象徴機能の復活が求められた。

天皇の行在所、皇族のサロンとしての道を歩んだ泉布観はその後、実科女学校、明治天皇記念館という特異な形で市民に開かれながらも、大阪という都市全体とは一線を画した歴史を歩んだと思われる。それは近代大阪にあって、帝都を中心に世界と関わりを持った日本全体の世相を映す鏡だったように思われる。

最後になるが、泉布観が大阪故にそなえることになった特質があるのか考えてみたい。昭和一五年、東京では時局の悪化に伴って明治の文明開化の象徴である鹿鳴館(41)が取壊されている。ところが同じ文明開化の象徴たる泉布観は明治天皇ゆかりの館という大きな特色があったのだが、手厚く保存された。

(5) これらは表向きのことであり、すべてがうまく機能していたわけではない。「造幣局創業当時の状況」（大蔵省 大正一四年『明治大正大阪市史第七巻資料編』前掲書収録）によれば、鉄道については「実際に外国人が往復に利用する位で、その他にはあまり利用されませぬでした」、運貨丸については「これも殆ど一回も利用することなく」、散髪についても「当時局員は皆之を嫌ひ、又新に局員採用のときは散髪を嫌がつて、希望者がなかった様な次第であります」という。主としてこのときの開化の姿は表向きのものだっただろうが、それを見つめる市民の目には新しい世界に写り、新政府の意図は一応達成されたといえよう。

(6) 藤森照信『日本の近代建築（上）』（平成五年 岩波書店）藤森は彼のようなお雇い外国人を「冒険技術者」と呼んでいる。ウォートルスの経歴に関しては菊池重郎「英人T.J.ウォートルスの事跡に関する研究第一報、その2〜4」（日本建築学会学術講演梗概集昭和四九年、日本建築学会論文報告集第二二八、二二九、二四三号）、同「鉄の柱とウォートルス（上）〜（下）」（明治村通信二七〜三二）。なお菊池はウォートルスをcivil engineerとしている。

(7) (4) に同じ。

(8) 大阪市教育委員会編『重要文化財泉布観修理工事報告書』（昭和三九年）

(9) 今まで泉布観については様々な形式、様式で呼ばれてきた。『報告書』で浅野清は「大ざっぱに見ると、この泉布観の建築も古代古典様式乃至それにならったイタリヤ・ルネッサンスの様式をとり入れた中明治天皇記念館の建築も、当時の時局に習った建物ではモダニズム等で建てられてしかるべきであろうが、旧造幣寮鋳造所玄関に合わせた意匠で、一種の保存部分に調和する意匠で設計された。これも明治天皇聖跡の移築保存という点で特異なケースだろうが、今日から見れば非常に興味深い。建築保存という観点から見れば、この時期に保存部分に調和するファサードが設計されたことは特筆に値しよう。こうした泉布観保存や旧ファサードへの調和した様式的意匠の採用の背景には、大阪という場所ならではの特性が働いていたと考えられよう。

（付記）

一、本論の作成にあたり、資料閲覧等において大蔵省造幣局大藤敏朗氏、造幣博物館長延祐次氏に大変お世話になった。深く感謝申し上げます。

一、引用資料中の旧字体は新字体に直したが、送仮名はそのままとした。

一、引用資料中、特記のないものは大阪市立博物館館蔵品、所有品である。

出典 大阪市立博物館 研究紀要 第29冊 1997年

に数えることができるであろう」と述べている。この『報告書』を参照してか現地に建つ石碑の説明には「ルネッサンス様式」とかかれている。またコロニアル式と書かれる場合が最も多く、稲垣栄三『日本の近代建築（上）』（鹿島出版会 昭和五四年）では「コロニアル住宅形式」、「重要文化財」編集委員会編「解説版新指定重要文化財13建造物Ⅲ」（毎日新聞社 昭和五七年）では「コロニアルスタイル」等となっている。最近では藤森照信が『日本の近代建築（上）』（前掲書）で「ヴェランダコロニアル」という用語を使って以来、この表現が定着しつつあり、『新建築学大系5近代・現代建築史』（彰国社 平成五年）では山口廣がこの用語を用いている。筆者はこの用語が適切であると判断し用いることとした。

(10) 佐々木克『日本の歴史17日本近代の出発』（集英社 平成三年）

(11)『明治五年壬申六月造幣寮行在中日誌及他書類』（造幣局蔵書997.2-5明治五年）

(12) 大野英二郎『明治大帝聖跡行脚』（明治大帝聖跡行脚発行事務所 昭和三年）

(13)「創業当時之造幣寮全図」（個人蔵） この資料は明治四年当初の造幣寮全体を鳥瞰図として表現した一枚刷で昭和一六年に描かれた。

(14)「造幣局泉布観行在中略日誌」（造幣局蔵書997.2-24 明治一〇年）

(15) 船越幹央「泉布観と明治天皇 ―聖なる空間の室内装飾―」（『テキスタイル・アート

100近代日本の室内装飾織物』川島織物文化館　平成六年）明治天皇は皇太后とともに明治三一年再度泉布観を訪れた。この時の事情については同論文に詳しい。

(16) 多木浩二「天皇の肖像」（岩波新書新赤版三〇　昭和六三年）「御真影」として小学校にまで下付されるようになる天皇の肖像写真は、明治二二年の大日本帝国憲法制定やその翌年の教育勅語発布とほぼ同時期の明治二一年年に撮影された。

(17) 木村寿夫・山田幸一「泉布観再考」（前掲書）

(18) 造幣寮は明治一〇年一月から造幣局と改称された。

(19) 藤森照信『日本の近代建築（上）』（前掲書）明治中期、接客部分としての洋館と、生活部分として近世の大名屋敷の構成を引き継いだ和館の併存が上流階級では多くみられた。

(20) (12) に同じ。

(21) 「新川崎御料地内泉布観建物配置図及平面図（縮尺百分ノ一）」は明治二七年一二月末日現在の様子を明治四三年七月一日の調査に基づいて作成したもので、これによれば（図五）における「十二畳半」の部屋の前には廊下があり、「捨一帖」と記されていた。つまり後に廊下を廃し、部屋を拡張したことがわかる。

(22) 山崎剛「日本美術協会大阪支会資料」（『大阪市立博物館研究紀要』第二七冊大阪市立博物館　平成六年）

(23) (12) に同じ。

(24) 『大阪案内記　付京都、神戸、奈良、和歌山』（養兎新聞社　明治三六年）

(25) 『大阪みやげ』（楳哉館　明治三五年）

(26) 『大阪名勝　附鉄道名勝案内』（嵩山堂　明治三七年訂正再版）

(27) 木村寿夫「初期造幣寮の建築の研究」（前掲書）北異人館は中等異人館とも呼ばれ泉布観と同じく造幣寮の開業当初、ウォートルスによって設計された。

(28) (12) に同じ。

(29) 武田信明『〈個室〉と〈まなざし〉』（講談社選書メチエ五八　平成七年）参照。

(30) 市立大阪市民博物館編「明治天皇大阪行幸誌」（大阪市役所　大正一〇年）泉布観が大阪市に移管された大正六年当時にもこのような計画がなかったわけではない。東京で明治神宮の完成した大正九年の翌年、大阪市民博物館においても大阪行幸関係資料の陳列を行っている。ただしこの時はまだ記念館建設計画に至る機運はなかったと思われる。

(31) 「明治天皇大阪行幸記念館趣意」（昭和二年一一月三日『明治天皇記念館泉布観記録』大阪市役所教育部　昭和一〇年収録）

(32) 『明治天皇記念館泉布観記録』（前掲）

(33) 図面に記された計画案自体の規模は実施案に比べ小さかった。また実施段階では建築規模の拡大と、国道一号線側から入った場合の泉布観と釣り合う正面性を考慮し、建物の角度を反時計回りにやや振ることとなったと考えられる。

(34) 『昭和大阪市史　文化編』（大阪市役所　昭和二八年）

(35) 「明治天皇記念館設立資金募集趣意」（昭和九年『明治天皇記念館泉布観記録』前掲書収録）によれば、「明治天皇記念館建設ノ事業ニ翼賛シ、本団関係者ノ至誠奉公ノ力ニヨリ、広ク建設資金ヲ募集シ」とある。

(36) 『昭和十年十一月落成式一件』（明治天皇記念館）同書は落成式に関する書類を綴ったもの。

(37) (32) に同じ。

(38) (34) に同じ。

(39) 「明治天皇記念館設計図」（大阪市都市整備局所蔵マイクロフィルム）

(40) 平成八年度に行った泉布観外部木部塗装工事の際、二階東側欄干数カ所から第二次世界大戦の空襲時の焼夷弾による焦跡と思われる痕跡が見つかった。

(41) 鹿鳴館はジョサイア・コンドル（Josiah Conder）の設計で明治一六年に竣工。

〇報告　実科女学校校舎として使用された泉布観について
卒業生への聞き取り調査を通して

要旨

泉布観は明治四年（一八七一）二月に操業を開始した造幣局の応接所として建てられた。泉布観はその後、大正六年（一九一七）に大阪市北区に払い下げられてから、昭和三十年（一九五五）にいたるまで、実科女学校の校舎のひとつとして使用された。本報告ではいままで紹介されることの少なかった実科女学校時代の泉布観について、卒業生である野村文子氏と山本田嘉子氏への聞き取り調査をとおして、その一端を明らかにした。その結果、実科女学校時代の泉布観一階は、音楽室や作法室として使われていたこと、二階は特別の場合以外、上がることができなかったこと等がわかった。

はじめに

泉布観は明治四（一八七一）年二月に操業を開始した造幣局（1）の応接所として建てられた。現存する大阪最古の洋風建築であり、煉瓦造二階建の建築としては国内で現存する最古の建築物と考えられる。設計は造幣局の操業時の一連の建物と同じく、アイルランド出身の技師ウォートルス（Thomas James Waters、一八四二―一八九八）が手がけたことが知られている。

現在、造幣局の操業当時の建物として残るのは、正門、衛兵詰所および泉布観のみである。また、泉布観敷地内にある大阪市立ユース・アート・ギャラリー（旧明治天皇記念館、後の大阪市立桜宮公会堂）の建物は、幣局の中心工場であった旧金銀貨幣鋳造場の改築の際、正面玄関部分の建築部材を移設して、昭和十年（一九三五）に現在地に建てたものである。

泉布観は昭和三十一年に国の重要文化財に指定され、同三十七年から三十九年にかけて保存修理工事が行われるなど、建築史の分野では早くから注目されてきた。そのため、泉布観に関する先行研究には多くの蓄積がある(2)。しかし、これらの研究は泉布観の創建当時の建築や内装に重点が置かれており、その後の使われ方にまで言及したものは少なかった(3)。

本稿では、泉布観建設以降の歴史を概観した後、この建物が実科女学校(4)の校舎として使われた際の様子を、卒業生の聞き取り調査をもとに報告し、泉布観の一時代における使われ方を明らかにしたい。

一、泉布観の沿革

ここでは、泉布観の沿革を、その使われ方から(一)造幣局・宮内省時代、(二)実科女学校時代、(三)重要文化財指定以後の時代に分けて概説する(5)。時代的に一部重複する部分があるが、(一)は明治四年〜大正六年（一九一七）、(二)は大正三年〜昭和三十年、(三)は昭和三十一年〜現在をさす。

(一) 造幣局・宮内省時代

泉布観は明治四年二月十五日（陰暦）、造幣局の応接所として建てられた。泉布観の建物本体の完成時期については、明治三年十一月頃とする説がある(6)。造幣局操業の翌五年六月五日には明治天皇が訪れ、行在所にあてられた応接所の建物を、「貨幣の館」を意味する「泉布観」と命名した。以来、明治天皇は明治十年二月十四日、明治三十一年十一月十九日にも泉布観を訪れている。

明治二十二年五月二十二日、造幣局のうち、泉布観以北の土地が宮内省に移管された。このとき泉布観は大阪行在所となった。

造幣局および宮内省所管の時代には、明治天皇・昭憲皇太后の行幸・行啓のほか、多くの皇族や外国の来賓が訪れた。また、明治二十六年十一月一日から同二十八年一月にかけ、第四師団長をつとめた北白川宮能久親王の夫妻が住居の一部として泉布観を使用した。このときには泉布観のとなりに和館を建て、主にそこで生活を営んでいた。

(二) 実科女学校時代

大正三年（一九一四）、大阪市より北区実科女学校の設立認可が下りた。さらに大正四年九月十六日、北区会において同年十一月十日の大正天皇即位の御大典を記念し、明治天皇・昭憲皇太后の行幸・行啓になった泉布観の譲渡を請うことを議決した。このような経緯を経て、大正五年四月一日ようやく北区実科女学校が開校した。また、大正六年三月十五日、泉布観は宮内省より大阪市北区に無償で払い下げられたのを受け、大阪市北区は泉布観を北区実科女学校の校舎の一部として使用することとした。このときの新築校舎は木造二階建で、

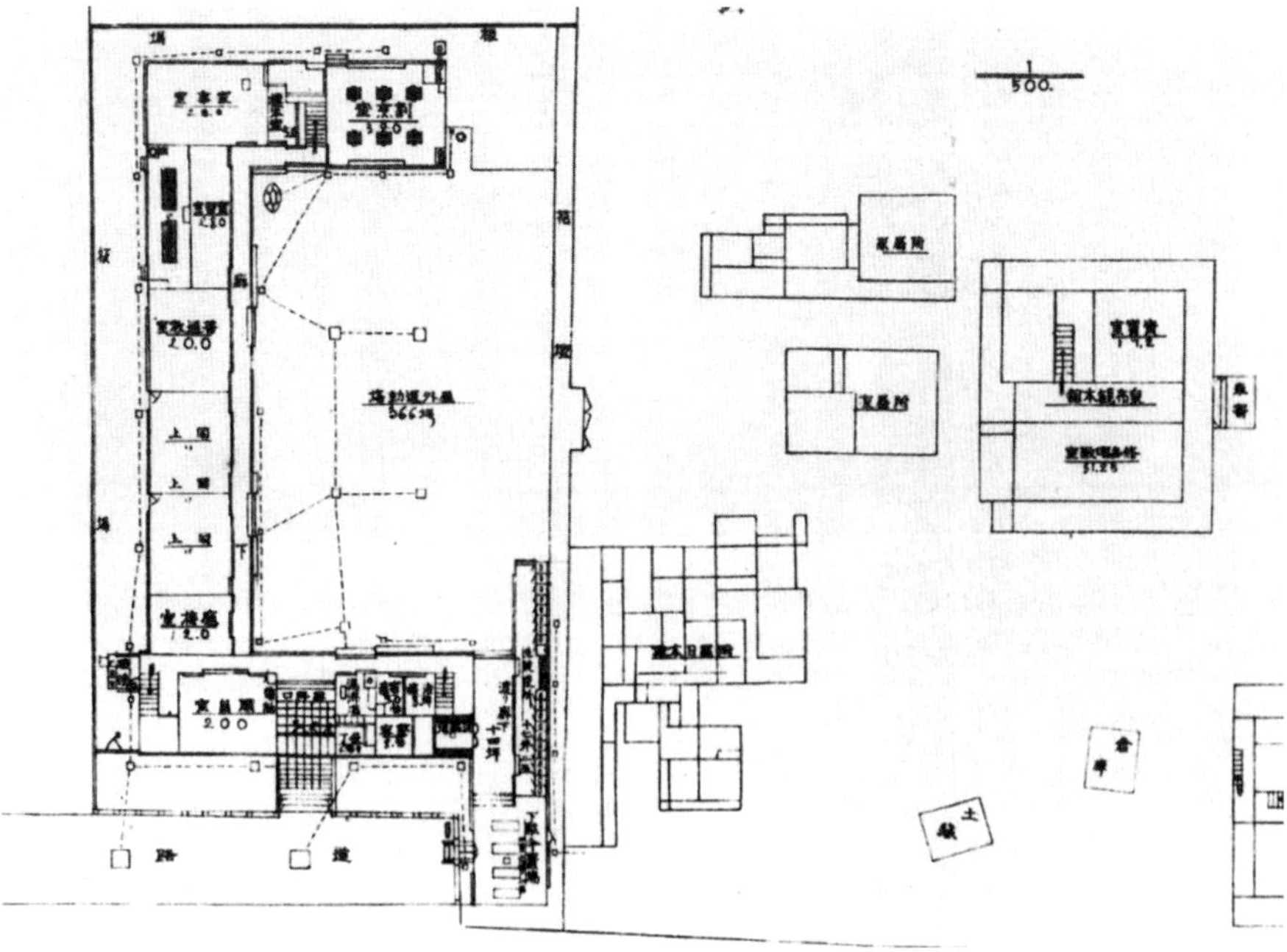

図1　泉布観及北区実科女学校新築校舎配置図（部分図、大阪歴史博物館保管）
左手が本館、右手が泉布観

敷地内には他に泉布観と旧北白川宮邸があった（図1）。

大正七年五月、現在の国道一号線拡幅工事のため、泉布観南側にあった中等洋人館がとりこわされ、同館に付属していた煉瓦造平屋建の小建築（7）のみが残った。道路拡幅後の実科女学校の校舎の様子は、昭和三年の卒業記念写真帖にも掲載されている（図2）。

北区実科女学校と泉布観は昭和二年三月三十一日、大阪市に移管され、四月一日より校名は大阪市立実科高等女学校となった（8）。さらに、昭和九年四月一日、大阪市立桜宮高等女学校と改称された。昭和二十二年には新学制により大阪市立桜宮高等学校となり、同二十五年初の男子生徒を受け入れた。同校は現在の大阪市立滝川小学校を仮校舎として使用していた時期もあるが、昭和三十年に現在地（都島区毛馬町五丁目二十二番二十八号）に新校舎ができたため移転した。泉布観が学校の一部として使用されていたのは、この頃までであると考えられる。

（三）重要文化財指定以後の時代

泉布観は昭和三十一年六月二十八日、明治建築としては全国でも極めて早い時期に国の重要文化財に指定された。同三十七年から三十九年にかけて、保存修理工事が実施された。また、昭和四十九年から年に一回三日間の一般公開が実施されている。

図2　北区実科女学校全景写真（『昭和三年三月卒業記念写真帖大阪市立実科高等女学校』斉木富美氏蔵）

二、実科女学校時代の泉布観について

毎年、泉布観の一般公開の際には、実科女学校卒業生が観覧に訪れ、懐かしむ姿を目にする。そのなかで、泉布観を音楽室として利用していたというお話をうかがう機会が何度かあった。これはかつて報告した(9)点と一致していたこともあり、かねてより聞き取り調査を実施したいと考えていた。泉布観内には現在、椅子や机などの家具類はほとんどなく、一時代であれ、建物の使われ方が明らかになることは有意義であろうと考えたためである。

そのような折、NHK大阪放送局制作の『関西ニュース一番』の中で、大阪の近代建築を紹介する番組「大阪レトロ」が放映され、その第一回として「造幣局と泉布観」が取り上げられた(10)。同番組では、実科女学校の卒業生が母校の校舎としての泉布観の思い出について語るシーンが放映された。本報告では、当日番組に出演された方々の中のお二人から、改めて詳しいお話をうかがい、報告するものである。

(一) 聞き取り調査の概要

今回、お話をうかがったのは実科女学校を卒業した次の二名の方々である。聞き取りは平成一七年（二〇〇五）六月二十二日（水）、大阪市北区中之島の朝日新聞カルチャーセンターで卒業生の野村文子氏の講座の後に実施した。

[野村文子氏]

野村氏は明治四十四年生まれ、大正十三年に北区実家女学校に入学し、昭和三年に卒業された。調査日の翌日が誕生日で九十四歳になられた。

〔山本田嘉子氏〕

山本氏は大正十五年生まれ、昭和十四年に大阪市立桜宮高等女学校（北区実家女学校の後身）に入学し、同十九年に卒業された。

（二）聞き取りの内容

以下に、聞き取り調査の内容を紹介する。なお、〈 〉内は筆者が適宜補ったものである。また、発言者の欄では敬称を省略した。

——入学した時分のことについて教えてください。

野村　私が実科女学校に入学したのは十四歳の時で、そのときは四年制でした。クラスは四クラスありました。学校へは北区の人は無試験で入学することができましたが、私は当時、西野田に住んでおりましたので、欠員が出たので入学することができました。学校へは電車一本で通うことができました。在学中に北区実科女学校から大阪市立実科高等女学校に変わりましたので、その時に試験がありました。

山本　私が入学したのは昭和十四年のことです。そのときには五年制になっていましたが、クラスはやはり四クラスでした。当時住んでいたのは長柄東でした。その頃、学校まで二キロ以内の人は歩いて通学しなければなりませんでしたので、私も毎日、片道三十分ほどかけて歩きました。

——校風について教えてください。

野村　実科女学校では、女性の礼儀を教えることに重点がおかれていましたので、作法が大変やかましかったです。私は卒業後、昭和十六年に東京へ行きました。

義姉の関係で近衛文麿や犬養毅に重要な書類をお届けする仕事をしたことがありましたが、実科女学校で礼儀作法の教育を受けておりましたので、どのようなところへ出ても、まったく困ることはありませんでした。私は卒業後、職業婦人になりましたが、卒業生で職業婦人になる人はほとんどおりませんでした。

校長先生はじめ、先生方はたいへん高いプライドをもっていらっしゃいました。泉布観という、明治天皇ゆかりの建物を使わせていただいているために、ほかの学校とは違うという意識が強かったのだと思います。

山本　私の頃も、校風は変わっていません。桜宮高等女学校で誇りをもった先生方に学んだことは良かったと思います。野村さんと私では、卒業年次が十六離れておりますが、二人とも習った同じ先生が三人ほどいらっしゃいました。ほかの学校にくらべ、同じ先生が長くいらっしゃったのかもしれません。

野村　女性の先生は、判事の奥さんという方も多かったようです。ですから女性の先生は主人の転勤で移られることが多かったです。

――学生生活の思い出などを教えてください。

野村　当時は英語科と手芸科にわかれておりまして、私は手芸科のほうへ進みました。手芸のほかには、習字と絵ばっかりやっていた記憶があります。習字も松川先生という良い先生について学びました。

山本　私の頃は英語科や手芸科のように分かれていませんでした。ひとつのコースで学びました。ちょうど戦時中でしたが、英語はしっかりと学んでいました。

野村　当時は木綿の着物でないとダメでした。私が四年生のときに制服に変わりました。

――当時の実科女学校には、木造二階建の本校舎のほかに、泉布観（図3・

4）と木造平屋建の和風邸宅である旧白川宮廷がありました。校舎のことについて、何か覚えていること、思い出などをお聞かせください。

野村　泉布観一階の広い部屋〈一階南室〉は音楽室に使われていました。音楽室にはグランドピアノがあり、音楽室に入るときには頭を下げて入りました。奥の部屋〈一階北西室〉は、明治天皇の休憩室と聞いていました。この部屋は洋間の作法室でした。暖炉と鏡がある本格的な洋間で作法を習いました。〈旧北白川邸の〉北白川宮の部屋は和室の作法室、妃殿下の部屋は茶室に使っていました。泉布観を使うのは、一階だけで、二階に上がることはほとんどありませんでした。二階は明治天皇がいらした部屋があり、めったに上がることができませんでした。二階に上がると、机や椅子、家具などがありました。

山本　私の頃も様子は同じです。私もたまに二階に上がらせていただいたことがあります。

野村　北白川宮邸には、妃殿下の使っていた囲炉裏や釜があり、私たちもそれを使わせていただきました。

山本　北白川宮邸にはオルガンもたくさんありました。作法は北白川宮邸、音楽は泉布観、それ以外は本校舎でした。そのほか公会堂〈現在の大阪市立ユース・アート・ギャラリー、昭和十年竣工〉で校長先生から女子艦の講義がありました。普通の学校と違って、格式がありました。先生も良かったです。

野村　泉布観の裏には、お庭がありました。お庭には昭憲皇太后がほめた銀杏の木があったので、同窓会はいちょう会〈一葉会〉という名前になりました。

山本　泉布観のお庭は、苔庭の大変立派なお庭でした。その頃は池にお水がはっていました。

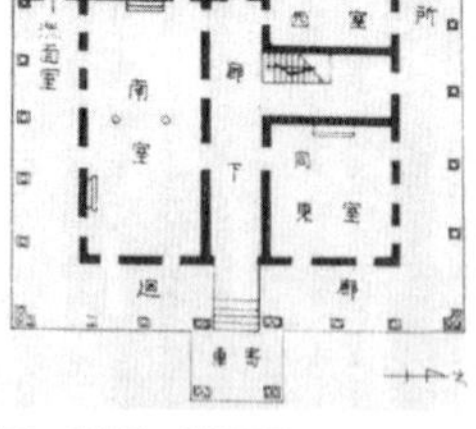

図3　泉布観一階平面図

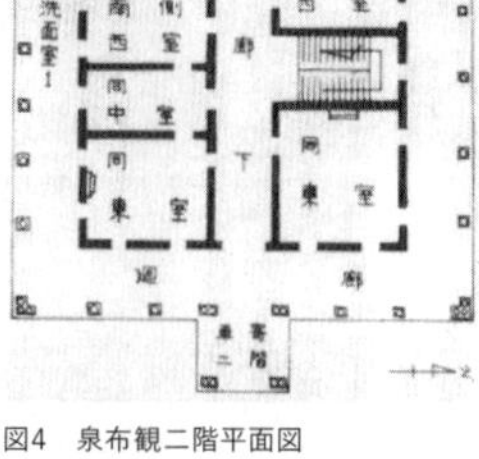

図4　泉布観二階平面図

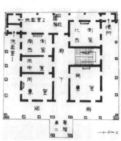

野村　本校舎には、講堂で学芸会を行い、模擬結婚式をやりました。これが実科女学校生の誇りでした。

山本　私のときにもありました。それから、運動場には一面、赤煉瓦が敷きつめられておりました。運動場のすぐとなりには三菱精錬所のテニスコートがありました。

――実科女学校の校舎で学んだことは、その後どのように活きていったでしょうか。

野村　卒業後は兄が会社を設立するために家族で別府に移りました。後に兄を残して大阪に居を移しました。また義姉の病気看護のために上京しました。縁あって結婚しましたが、私が二十五歳のときに主人を亡くしました。昭和十三年に大阪の実家に帰り、将来何かをしなくてはと思い、新聞に編物師範科募集をみて受験し、合格しました。そして、大阪市立四貫島青年学校（夜間）女子の部の講師になりました。その頃、戦争未亡人が増えはじめ、身の上相談をされることが多くなり、人生経験の少ない私を案じて父に再度上京を命じられました。節を守ることを学校にて習いましたので、大変な運命を乗り切れたのだといまさらに感謝しております。

戦後は大阪で活動しました。吹田に家がありましたので、そこで同窓会をしたこともありました。先生が病気になったとき面倒を見るなど、先生の老後まで御付き合いは続きました。

私はドイツの芸術レース編み（クンスト・ストリッケン）に興味をもち、研究を続けました。昭和三十九年の東京オリンピックの年にドイツを訪れる機会がありました。ドイツも敗戦国でしたので、伝統的なレース編みをしている人はほ

（1）造幣局は操業当初、造幣寮と称し、その後造幣局、独立行政法人造幣局等と変わったが、本稿では名称を造幣局に統一する。当初の造幣局敷地は現在、国道一号線により南北に分断され、北側が独立行政法人造幣局（大阪市北区天満一-一-七九）、南側が泉布観地区（大阪市北区天満一-一-一）とOAP地区となっている。

（2）泉布観に関する主たる先行研究・建築紹介としては次のものがある。『重要文化財泉布観保存修理工事報告書』（大阪市教育委員会、昭和三十九年）、林野全孝「造幣局の沿革と建築遺構」『建築史研究』二九（彰国社、昭和三十六年）、福田晴虔編『日本の民家8　洋館』（学習研究社、昭和五十六年）、木村寿夫『初期造幣寮の建築の研究』（私家版、昭和六十年）、船越幹央「泉布観と明治天皇　聖なる空間の室内装飾」『テキスタイル・アート100　近代日本の室内装飾織物』（川島織物文化館、平成六年）、桐生明子・小原二郎「明治初期におけるインテリアデザイン　泉布観の場合」『日本インテリア学会第七回大会研究発表梗概集』（日本インテリア学会、平成七年）、拙稿「近代大阪と泉布観」『研究紀要』第二十九冊（大阪市立博物館、平成九年）、拙稿「大阪市における明治天皇記念館青年道場の計画案について」『日本建築学会近畿支部研究報告集』（日本建築学会近畿支部、平成九年）、『博物館ものがたり』（大阪市立博物館、平成十二年）、安達英俊・酒井一光「泉布観と造幣局」『HIROBA』平成十六年十月号（近畿建築士会協議会）。また、設計者・ウォートルスの経歴については、三枝進「ウォートルスの経歴に関する英国側資料について」『銀座文化研究』六・七・八（銀座文化史学会、平成三～六）、藤森照信「謎

とんどなく、日本人がドイツのレースをやっているということで驚かれました。その後もカルチャーセンターで教室を受け持ったり、昭和五十七年と平成三年の二回、大阪府知事賞をもらいました。

山本　野村先生の教室の案内が同窓会報に載って、私も野村先生の教室に通うようになりました。そこからお付き合いがはじまりました。

私の卒業後、桜宮女学校も一部軍需工場となりました。動力ミシンなどが入ったのだと思います。また、戦後には女学校を残すため、運動をした方もおりました。昭和二十七年卒業の山城さんの頃にも、泉布観を使われていたと聞いています。

野村　卒業写真帖をお借りした斉木富美さんは私と同学年〈昭和三年卒〉です。昔模擬結婚式をやったときの花嫁さんの役でした。

――長時間にわたり、貴重なお話をどうもありがとうございました。

おわりに

本稿では、泉布観の沿革を紹介するとともに、実科女学校の校舎として利用された時代の泉布観の使われ方について、同校の卒業生への聞き取り調査の内容を紹介した。

泉布観は大正六年に大阪市北区に無償で払い下げられてから、昭和三十一年に国の重要文化財の指定を受けるまでの期間の様子が、近い過去であるにもかかわらず、十分知られていなかった。今回の調査内容は断片的なものであるが、当時の泉布観の様子を知る一助になれば幸いである。

のお雇い建築家」『「建築学」の教科書』（彰国社、平成十五年）等がある。

(3) 泉布観の使われ方に言及したものとしては、船越幹央「泉布観の室内装飾」、拙稿「近代大阪と泉布観」等がある。

(4) 大阪市北区実科女学校は創立後、運営主体と名称をたびたび変更しているが、大正三年～昭和三十年の全期間ないし、そのうちの特定でないある期間を指すとき、単に実科女学校と記す。

(5) 本章で特に註にない部分については、『造幣局百年史』資料編（大蔵省造幣局、昭和四十九年）、『重要文化財泉布観修理工事報告書』（前掲）、拙稿「近代大阪と泉布観」（前掲）、『北区誌』（大阪市北区役所、昭和三十年）、『北区史』（大阪都市協会、昭和五十五年）、『創立七〇周年記念誌』（大阪市立桜宮高等学校、昭和六十一年）、『創立八〇周年記念誌』（大阪市立桜宮高等学校、平成十年）を参照した。

(6) 林野「造幣局の沿革と建築遺構」（前掲）二五－二六頁。

(7) 「新川崎町御料地内泉布観建物配置及平面図」（明治四十三年、大阪歴史博物館 蔵）には中等洋人館の西側にこの煉瓦小屋が描かれている。なお、この煉瓦小屋は国道一号線拡幅工事にともない泉布観地区の敷地が幅約十八メートルにわたって削られるため、平成十年に泉布観南脇へ曳屋工事された。

(8) 北区の高等小学校は大正十四年三月ですべて廃止されており、これにより北区財産区は学校経営の仕事からすべて撤退した。

今後も可能な限り文献調査や建築調査と並行してこのような聞き取り調査を断続的に実施し、各時代における泉布観の使われ方を明らかにしていく必要があるだろう。

(付記)

今回の調査にあたり、実科女学校卒業生の野村文子氏、山本田嘉子氏、斉木富美氏には貴重なお話をうかがい、またお写真を借用し、大変お世話になりました。またNHK大阪放送局報道部ニュースディレクター平塚麻衣子氏をはじめとする番組制作担当の皆様、大阪市文化財保護課山本直司氏にもいろいろとご教示いただきました。末筆ながら御礼申し上げます。

なお、本報告は平成十七年度大阪歴史博物館基礎研究「泉布菅野建築に関する基礎的調査研究」の成果の一部です。

出典 大阪歴史博物館　研究紀要　第4号　2005年

(9) 拙稿「近代大阪と泉布観」(前掲)四十三頁。
(10) 平成十七年五月二十七日放映。NHK大阪放送局報道部制作(取材:平塚麻衣子氏)。

○ 関西のモダニズム建築・補遺
太閤さんにささげた最先端の技術と意匠 ―大阪城天守閣―

このところモダニズム建築をはじめ、建築に対する市民の関心はかつてない高まりを見せている。とはいえ、まだ世間一般に建築文化が十分に浸透していないことも事実である。多くの市民に愛される建築が必ずしも名建築というわけではないが、愛される建築を見つめなおすことも時には必要であろう。

建築家から注目されることは少ないが、愛される建築の代表格に城の天守閣(1)がある。その中でも大阪城天守閣は市民の誇りであり、歴史的な観光資源の少ない大阪にあって、毎年100万人以上の人びとが訪れる全国的にもよく知られたスポットである。

本稿では、大阪城天守閣を建築的な視点から捕らえてみたい(2)。

天守閣復興のさきがけ

戦災で多大な被害を受けた各地の城下町では、戦後相次いで天守閣復興が計画された。二度とまちのシンボルが燃えぬようにと願いを込め、RC(鉄筋コンクリート)造やSRC(鉄骨鉄筋コンクリート)造で復興されたのである。そして各地の復興天守閣は多くの場合、最上層が展望台で内部が郷土資料館として計画された。まちの中心に位置する天守は、史跡公園内にあるため周囲に高い建物が少なく、展望台として最適であった。また、耐震耐火に優れたRC造・

解題

酒井氏には大阪城天守閣に関する数編の論考があり、ここでは、2005年～2007年に著された2編を収めている。

大阪城は誰もが知るように16世紀以来の歴史があり、今ある大阪城天守閣は1931年(昭和6)に鉄骨鉄筋コンクリート造で再建されたものである。氏の論考は1920年代より近代化が目に見えて進行する、モダン都市大阪を背景として実現した天守閣の再建の経緯と設計建設過程を読み解き、モダニズム時代の歴史的建築の再建を様々な面から論じたものであった。

ところで氏の視線には、大阪市民に等しく親しまれる特別な存在となっている大阪城天守閣に対する熱い共感が込められているようだ。それは酒井氏が大阪市立博物館勤務を始めたその時、正に目前にした大阪のモニュメントとして天守閣があったに違いない。当時の博物館は旧陸軍第4師団司令部庁舎(現ミライザ大阪城)で、天守閣と同

SRC造は、資料保存を目的とする郷土資料館ともに観光資源として不可欠の存在だったのである。

しかし、歴史的な視点から批判がなかったわけではない。木造をRC造で置き換えることには無理があるし、外観は昔の姿を再現することができても、内部はまったく新しい機能になってしまう。最上層を展望台にするために、歴史的に廻縁が存在しなかった天守閣にまで廻縁を設けてしまうことが、各地で画一的に行われた。上層階からの展望を重視するあまり、当初なかった巨大なガラス窓を設けてしまったことも、復興天守閣への批判となっている[3]。巨大な開口部を求めて発達した近建築技術が、裏目に出てしまった形である。

戦後の天守閣復興ブームは、さらに多くの問題点を残した。復興天守閣が話題を集めると、もともと天守閣の存在しなかった城にまで、史実にない天守閣を新築してしまう事態が起こったのである。その結果、現存する江戸時代までに建てられた天守はわずか12棟であるのに対し、復興天守閣を含めた総数は70とも80ともいわれ、正確な数すらつかめない状況にある。

各地で歓迎され、また批判をも巻き起こした復興天守閣であるが、その根源をたどると大阪城天守閣に行き着く。昭和6年（1931）11月7日に完成した大阪城天守閣は、SRC造5層8階建、豊臣期の天守の正確な再現を目指して建てられたものである。もちろん、それ以前にも天守閣復元の事例はある[4]が、その学問的な姿勢と事業規模の大きさでは、まさに天守閣復興の嚆矢とすべきものであろう。

ただ、再現には数々の難問が待ち受けていた。SRC造8階建といえば、当時でも前例の少ない大規模な建築であり、天守閣の形状も大変複雑であった。

年に南向かいの地に建っており、氏の着任時に天守閣は1995年に始まった平成の大修理のただ中にあり、まもなく金箔鮮やかに修復された艶やかな天守閣と向き合うことになったと思う。また新たな大阪歴史博物館の建設が進行中で、その館内展示の大仕事に関わりつつ、天守の建築に研究者としての関心を深められたのだろう。大阪城を論じることは、職場における一つの責務かと思われるが、それ以上に興味尽きない対象であったことがこの論考にみて取れるだろう。

前稿では、事業の具体化の歴史、そして復元意匠の研究と設計のドラマと困難な課題の数々を指摘し、それを乗り越えた再建天守閣の価値が明快に論じられている。

後稿は、橋爪節也氏の下で編まれた大著『大大阪イメージ—増殖するマンモスモダン都市の幻像』（創元社、1971年）に収められたもので、第一部「膨張する〝大大阪〟イメージ」の皮切りに置かれている。

ここでは、1920年に遡る大阪城址公園化の基礎案の記録、そして再建の経緯、鉄骨鉄筋コンクリート造の評価と選択など、さらに詳しく掘り下げられており、加えて戦前戦後にわたる大阪城公園の整備、樹林木の移また、天守閣に関する歴史的研究も十分闊な成果があったとはいえない。加えて当時の大阪城内には陸軍第四師団がおかれ、建設資材の搬入経路も十分確保できなかった。こうした悪条件の中で設計や現場監理を行ったのは、当時大阪市に在職していた一般の建築技術職員たちだった。

復興決定までのあゆみ

大阪を南北に貫く上町台地の北端に秀吉が天守を構えたのは天正13年（1585）のことだが、この天守は慶長20年（1615）大坂夏の陣で焼失してしまう。実在した期間はわずか30年余りであった。

徳川の時代になると、豊臣期の石垣の上を覆って、ひとまわり大きな石垣が築かれ、寛永3年（1626）に天守が再建された。しかしこの天守も寛文5年（1665）の落雷で焼失、39年の短命で終わり、その後幕末にいたるまで、天守が再建されることはなかった。

明治を迎えても城内には大阪鎮台（後の第四師団）がおかれ、市民は自由に立ち入ることはできなかった(5)。しかし、人口増加と工業生産の発展著しい大阪中心部の広大な土地を、大阪市は指をくわえて眺めていたわけではなかった。大正9年（1920）頃には、城内の第四師団の移転を働きかける動きがみられた。当時、大阪市の助役だった関一は、同年2月13日の日記に「市長（筆者註：池上四郎）今朝帰阪　師団移転問題六月迄ニ進行ノコトナリ」と書き記しているが(6)。ただし、このときの移転交渉は、即実現にはいたらなかった。

具体的な動きを見せるのは大正14年（1925）の大大阪記念博覧会を待た

植、太閤ゆかりの豊国神社の1961年における移転などにも言及されている。つまり天守閣を戴く都市公園として、視野を広く論じられており、本論副題としている「大大阪」シンボルの誕生の後先の営みを浮き彫りにしたもので、近年特別史跡とされている大阪城公園の由来を再考させるまことに貴重な論考なのである。

（山形政昭）

大阪城天守閣

ねばならない。会期中の4月1日、大阪市は二度目の市域拡張を行い、人口・面積ともに当時の東京市を抜いて日本第一の都市へと成長をとげた。これを称して「大大阪」の誕生と呼んでいる。大大阪記念博覧会は、この大大阪誕生を記念して開催された。会場は当初、天王寺公園のみの予定であったが、発展する大大阪の街並みを一望できるよう、かつて天守の建っていた天守台跡に豊公館が建設された。あわせて現在の大阪の礎を築いた太閤秀吉に関する資料を陳列したのである。

豊公館建設にあたっては第四師団の特別の配慮があったが、そこにいたる経路は一本の道しかなく、連日長蛇の列ができたという。この豊公館をみて感銘を受けた一人に、当時の子爵・後藤新平がいた。後藤は次のように語っている(7)。

豊公館を見て考へ及んだことであるが大阪の歴史を記念するためにも、又市民の修養のためにも、大阪城に豊公館の如く豊公築城当時の建築構造をよく研究して今の位置に常設的に天守閣を建造して、これを博覧会とか展覧会とかの会設計チームの誕生場に当ててはどうかと思ふ(中略)東京や各地の府県会議員なども、つまらぬ問題で議論しているよりは一度この大大阪博を見学するほうが良いと思ふ。

この提言は、当時助役から市長になった関にも伝わり、天守閣再建に動き出す契機となったといわれている(8)。興味深いのは、後藤が「豊公築城当時の建築構造をよく研究して今の位置に常設的に天守閣を建造し」と述べている点で、すでに復元天守閣への道が示唆されていた点である。

そして、昭和3年(1928)2月、関市長は昭和天皇即位の御大典記念事業として大阪城天守閣の復興を提案、市会は全会一致でこれを可決した。そして、第四師団司令部庁舎を新築し寄付することを前提に、軍の許可を取り付けた。大阪城天守閣、第四師団司令部庁舎、そして大阪城の一部公園化のために、広く募金が呼びかけられたのである。

設計チームの誕生

天守閣設計を担当したのは、大阪市土木部建築課の職員たちであった。当時、建築課内の技術者百余名の中から、「建築課長技師工学士」だった波江悌夫を筆頭に、「設計意匠研究係」として古川重春ほか8名の合計10名があたったほか、臨時に従事するものが2〜3名あった(9)。波江も古川も本来、歴史的建造物の研究者や設計者ではない。二人とも、当時の大阪を代表する設計事務所であった片岡建築事務所に在籍かした経歴のある建築家で、二人とも後に大阪市の職員となり、古川は今宮集合住宅などの「不良住宅改良事業」を手がけていた。ただ、両名とも古建築には関心があり、復元作業には積極的な姿勢を見せていた。

設計にあたって古川は「設計係は特別の自由扱ひを受け、自由研究をも認められ且つ製図室を別室とすること」(10)と主張したところ聞き入れられ、天守閣担当者は鉄骨係を除き、他の職員とは別の一室を市役所内2階に与えられた。当時としても、破格に恵まれた境遇だったのではないだろうか。

桃山時代の建造物や歴史考証に対する経験不足を補うため、また建設工事に対するアドバイスを受けるために、外部から武田五一(構造及意匠)、天沼俊一(意

大大阪記念博覧会・豊公館(『大大阪記念博覧会誌』より)

匠）、片岡安（構造）といった建築関係者のほか、歴史や古文書に詳しい京大教授・西田直二郎、大阪府立女専教授・魚澄惣五郎、大阪市民博物館長・堀居左五郎、大阪府立図書館長・今井貫一が委員に加わる万全の体制が組まれた。ここに建築・歴史各方面の一流の人びとが顔をそろえた。

豊臣期の天守閣を学術的に復元し、なおかつSRC造の難工事をやり遂げるための理想的な設計体制がひとまずスタートを切った。

復元研究の成果

万全の復元研究の末、完成した大阪城天守閣であるが、今日的な評価は芳しくない部分がある。当時の設計過程を知らずに「史実に基づかない復元」、「豊臣の天守閣と徳川の天守閣の折衷のようだ」と評価する者もいる。具体的な批判は、次のような点である。

①現・天守閣は白塗りであるが、当時の絵画をみると黒塗りではないのか？

②現・天守閣は徳川期に築かれた天守台の上に豊臣期の天守閣を復元したもので、天守台の大きさから割り出した現・天守閣のスケールは、徳川期のものではないか？

③現・天守閣の細部意匠に江戸時代の様式が混在しているのではないか？

いずれも天守閣の復元の根幹を揺るがすような指摘であるが、正確な復元を志したはずの大阪城天守閣でなぜ、そのような過ちが現れたのだろう。

これらの評価は今日の研究水準から出たものである。しかし、大阪城天守閣を設計していた昭和4～6年（1929－31）の状況を考えると、つとめて史

大阪夏の陣図屏風（重要文化財、大阪城天守閣蔵）より天守部分

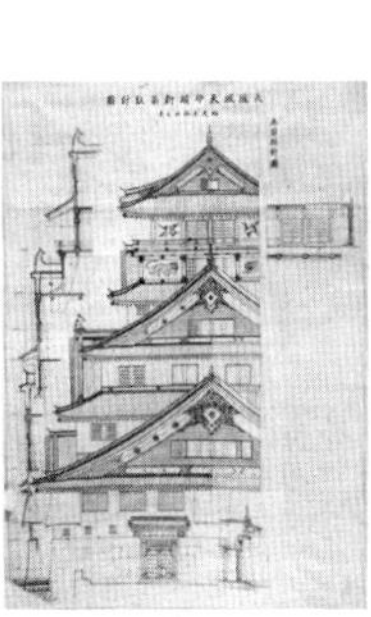

大阪城天守閣新築設計図正面矩計図（古川重春、大阪城天守閣蔵）

実に忠実であろうとする姿勢が貫かれていたことがわかる。当時、復元研究や設計を中心的に進めていた古川らの残した記録（11）を頼りに、彼らに代わってその批判に答えてみよう。

まず、①の白か黒かという点であるが、当時唯一、豊臣期の天守を描いたとされる絵画は「大坂夏の陣図屏風」（通称：黒田屏風）のみであった。黒田屏風に描かれた天守閣は確かに黒塗りである。現存する黒塗り天守の多くは下見板張りや金属板張りだが、設計サイドはこの屏風に描かれた黒塗り部分がそれらと異なり、正確さを欠くと判断している（12）。また、文献史料に「白壁翠屏の如し」（『秀吉事記』）との記載があったことも白と考えた根拠であろう。今日ではこの黒田屏風とならび、もうひとつ、豊臣期の天守を描いた絵画（「大坂城図屏風」）が見つかり、こちらも黒く描かれていたことから、黒塗りがほぼ確実視されている。

黒白取り違えたことは、致命的なミスだったのだろうか。実は当時、「黒田屏風」に対する評価にも問題があった。文献史料には「八重」の天守と書かれているのに、描かれた天守は「五層」で、つじつまが合わなかったためである。ところが、天守閣復元グループが黒田屏風について研究を重ね、外観「五層」で内部が「八重（八階）」という解釈を示した。これは姫路城など古い天守の研究に基づくもので、絵画研究にも大きな進歩をもたらしたのである。白の選択は、絵画資料や文献史料を研究した成果であり、ひとつの学問的な態度を表明したものだった。

次に②の天守台の石垣が徳川期のものであったという重大問題であるが、当時としてはこれを徳川時代とする決定的な証拠はなかった（13）。現在の石垣が

大阪城天守閣建設中の様子（大阪城天守閣蔵）

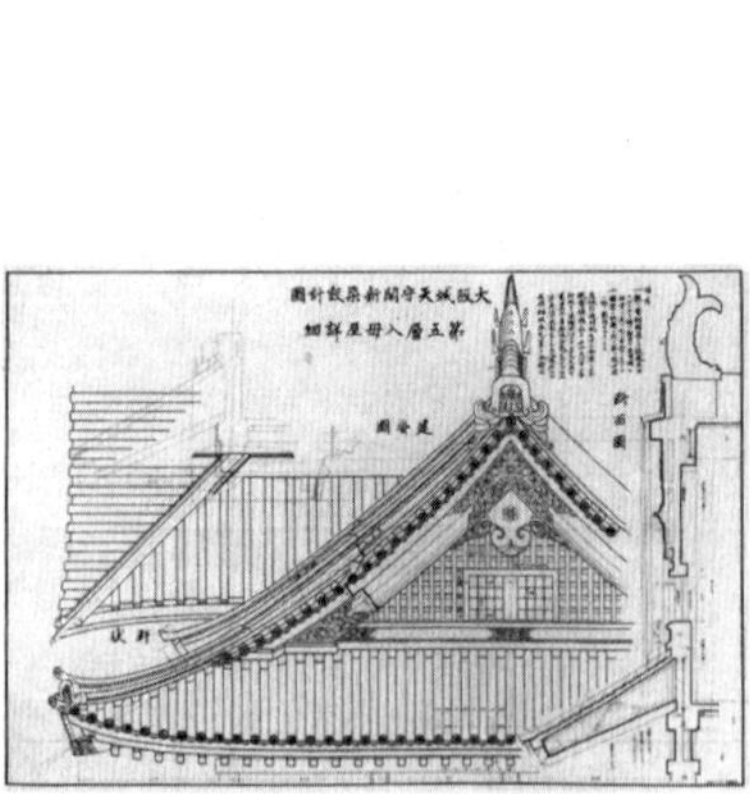

大阪城天守閣新築設計図　第五層入母屋詳細（古川重春、大阪城天守閣蔵）

徳川期である事が明らかになるのは、昭和34年（1959）の大阪城総合学術調査の結果を待たなければならなかった。

最後に③の細部意匠であるが、古川は桃山時代の建築を丹念に調査して製図し、天沼・武田両博士に判断を仰いだのである。しかし、学究心旺盛な古川の仕事の進め方はかなり急進的で、他の係員との軋轢を生んだ。そうした中、彼の理解者でもあった波江課長が異動になり、後任の富士岡重一課長とは折りがあわず、古川は天守閣の完成を見ずして、昭和6年（1931）5月12日に職を辞している。古川の言葉を借りれば、新課長の古建築への理解の欠如が、不適切な様式の選択や屋根勾配の決定に響いたようである。人間関係は時に復元のあり方にまで影響を及ぼす、今日の設計体制にも当てはまりそうなシビアな問題が横たわっていたのである。

ちなみに、天守閣復元のドキュメンテーションとも言うべき『錦城復興記』という本がある。本来、こうした報告書は事業主体である大阪市が出すべきものであるが、実際には復元の実。務を手がけた古川が自らの研究成果をまとめる形で出版した。本書には学者肌、職人肌であった建築家の真摯な姿勢が現れており興味深い。

このように終始一貫、古川らは学術的態度を貫いた。それは大阪に永久的記念物としての太閤さんの天守閣を復元するという重い使命を担っていたからだろう。

晴れて完成

設計過程では高い理想の裏で現実的な諸問題をかかえていたが、昭和5年

天守閣の内部陳列室（『建築と社会』昭和7年7月号より）

大阪城天守閣航空写真（『建築と社会』昭和7年7月号より）

搬入される鯱鉾（『大阪城物語』より）

（1930）5月6日にはじまった建設工事も一筋縄ではいかなかった。第四師団に特別に許可された大手門口の搬入路は、同師団司令部庁舎新築のための工事車両と重なり対応しきれないため、京橋と現場をつなぐ架空線ケーブルを設けて運搬した。また、工事用エレベータも半端なものではなく、「高さ二三五尺のエレベーターは、我邦建築界空前のものであり、一大レコードであった」(14)という。

工事も佳境にはいると、鯱鉾の搬入行事が行われた。鋳造を請け負って、大棟の鯱一対を寄進した瓦屋町の鋳金家今村久兵衛・重三郎兄弟が秀吉らに扮し、市内を行列して工事現場に納めたのである。

昭和6年（1931）11月7日、宿願の大阪城公園落成式が執り行われた。「今も昔も豊国さんというてみあげる天守閣　ドッコイセ　ドッコイセ…」(15)など、復興にあわせてさまざまな歌が生まれ、市内には花電車が走るなど、まちを挙げての歓迎行事が繰り広げられた。市民にとって天守閣復興は、まさに太閤秀吉がこの世によみがえったかのような感覚であった。赤字覚悟で低額落札の涙をのみ、大大阪のシンボル建設を成し遂げた大林組も、これによって一躍名誉を得ることが出来た。

建築界にとっての意義

大阪朝日ビルや大阪ガスビルなど、大阪にモダニズム建築の白眉が続々と出現した当時、大阪城天守閣は建築家たちにどう映っていたのだろう。

建築構造、材料、施工など、建築界の多くの分野にとって、大阪城天守閣は最新の技術と素材、ノウハウを提供する場であり、他の巨大ビルディングに勝

(1) 城の天守閣は本来「天守」と呼ぶのが適切であるが、江戸後期以降「天守閣」の呼称があらわれ、各地の復興城郭では主に「天守閣」の名称が用いられたため、本稿では近代以降の復興城郭に対して「天守閣」の語を用いる。

(2) 大阪城天守閣に関する先行研究は数多いが、本稿では主に次のものを参考にした。牧英正「昭和の大阪城天守閣築造」『公文書館紀堂要』5（大阪市公文書館、平成5年）、北川央「大阪城天守閣　復興から現在にいたるまで」『歴史科学』157（大阪歴史科学協議会、平成11年）、木下直之「近代日本の城について」『近代画説』9（明治美術学会、平成12年）、松岡利郎「【錦城復興記】昭和の天守閣」『歴史群像名城シリーズ　坂城』（学習研究社、平成12年）。

(3) 三浦正幸『城のつくり方図典』（小学館、平成17年）190頁。

(4) 明治36年の第五回内国勧業博覧会における名古屋城天守を模した愛知県売店、岐阜城天守閣、洲本城天守閣などがあるが、いずれも小規模で正確な復元ではなかった。

(5) ただし、「大阪城趾縦覧免許券」の発行を受ければ、城内の史跡見学は可能であった。『大阪城の近代史』（大阪城天守閣、平成16年）28頁。

(6)『関一日記』（東京大学出版会、昭和61年）285頁。

(7) 大大阪記念博覧会誌』（大阪毎日新聞社、大正14年）781頁。

るとも劣らない価値を有していたはずである。

では建築家にとってはどうであったのか。復古的なデザインをすることに懐疑的な人びとも少なくなかったであろう。しかし、当時の設計に携わった建築家たちの態度を見ると、古い建築物を自ら丹念に調査して設計図を完成させる、木造をＳＲＣ造という新技術に おきかえて表現する、石垣などの歴史的遺産を傷つけずに復興するという、いくつもの未曽有の難関に挑んでいた姿勢が浮かびあがる。

これはモダニズム建築家が過去の様式から決別し、新しい合理的・機能的な建築の設計と格闘していた姿と重なりはしないだろうか。

今日でこそひとつのジャンルとなった復元整備であるが、当時はほとんど誰も経験したことがなかった。それも天守閣という都市のシンボルの復興、そして太閤びいきの大阪で、市民の熱いまなざしにおされて初めて実現したものであった。

設計者と施工者、市民が一丸となって、新しい設計課題、技術、そして大大阪のシンボル復興へと挑んだ記念すべき事業だった。大阪城天守閣は単に対象物が親しみ深いというのみでなく、各分野の真摯な取り組みが、ひとつの時代を象徴する名建築として結実した記念碑といえるだろう。

（付記）本稿作成にあたり、大阪城天守閣の北川央氏、宮本裕次氏、跡部信氏からいろいろとご教示をいただきましたこと、感謝申し上げます。

出典　まちなみ　２００５年７月号　大阪建築士事務所協会

(8) 岡本良一『秀吉と大阪城』（清文堂出版、平成2年）282頁。

(9) 古川重春『錦城復興記』（ナニワ書院、昭和6年）303頁。

(10) 『錦城復興記』（前掲）302頁。

(11) 『錦城復興記』（前掲）、『建築と社会』（日本建築協会）昭和7年7月号など。

(12) 『錦城復興記』（前掲）233頁では黒田屏風天守の「外壁の腰より上は白漆喰仕上げ」と記している。これについて宮本裕次氏は、波江は黒田屏風を実見しているものの、他の者はモノクロ写真で黒田屏風を分析し、この部分が黒よりも白に近いグレーに見えていたのではないかと指摘している。

(13) 小野清『大坂城誌』（静修書屋、明治32年）、佐藤佐「大阪城天守閣再建に就て」（『建築と社会』昭和3年9月号）などは大阪城石垣をに徳川期とする見解をとっていた。渡辺武氏は「このような壮大な城を造れるのは太閤秀吉しかいないという先入観・思い込み」が強かったことも、こうした見解が軽視された一因と指摘している（『大阪城ものがたり』ナンバー出版、昭和58年、227頁）。

(14) 『大阪城物語』（国勢協会、昭和6年）76頁。

(15) 生田南水作「新天守閣落成の奉祝歌」（『大大阪』昭和6年12月号、14頁）。

０　大阪城天守閣復興と城内の聖域化 ――「大大阪」シンボルの誕生

一、はじめに

日本で最も愛されている建築、それは城ではないだろうか。正確に言えば城の中心にそびえる天守(1)である。城下町の観光パンフレットをめくれば、そこにはたいてい天守の写真が大きく登場する。城のある都市は、それがないところにくらべて格段に得をしているといえよう。全国の城郭を紹介した『歴史群像シリーズ　よみがえる日本の城30』のあとがきに、「歴史ファンにとってお城とは、汲めども尽きぬ魅力に満ちた不朽のテーマです(2)」と書かれていることも、それを裏付けるものといえるだろう。

同じことは、塔についてもいえる。建築史家の永井規男氏は、次のように言う(3)。

だれにとっても塔は興趣をそそる存在である。何のために塔はあるのか、なんて野暮なことは誰もいわずに、世界中でせっせと建ててきた。仏塔、古代エジプトのオベリスク、イスラムのロケットを思わせるミナレット、教会の塔、どれもがさほど実用性がある訳ではない。中世ゴシックの教会堂は鐘塔以外はまったく無用の長(高)物だと思われるのに、堂のまわりに沢山の塔を建て並べたり、ウルムの聖堂のように堂より塔の方が主役のようなのさえある。

このようにして、世界中に建てられた塔は、確かに理屈よりもその存在感が優先しているように思われる。同時に、各地の塔がまちのシンボルであり、重要な観光名所になっていることはいうまでもない。このあたりの事情は、戦国の世を終えてから建てられた城についても同じだろう。

ひるがえって我が大阪城天守閣を考えてみれば、これが大阪のシンボルであることに誰も異論はあるまい（図1）。しかし、それがいつ、どのような経緯で建てられたのか、正確に答えられる人は意外と少ない。にもかかわらず、「太閤さんの天守閣」として市民や観光客からは絶大な支持を集めている。

本稿では、これまで幾度となく言及されてきた大阪城天守閣再建の経緯について再考すると同時に、大阪城公園整備の意図と再建整備後の市民の反応・受容のされ方について考察したい。

これらの考察を通して、強力な視覚的イメージを持たなかった「大大阪」に、復興大阪城は待望のシンボルとして受け入れられていったことを見ていきたい。また、復興への道のりを見ることで、大阪城が「大大阪」にとってどのようなイメージを付与することを求められたのか、考察したい。

二、近代大阪城整備への道のり

（一）大阪城の歴史と復興の機運

初代の大坂城天守は現在地である上町台地の北端に、天正十三年（一五八五）に建てられたが、この天守は慶長二十年（一六一五）の大坂夏の陣により灰燼に帰した(4)。天守が再建されたのは、寛永三年（一六二六）のことである。しかし、その後も寛文五年（一六六五）落雷により炎上し、以後天守が再建されるこ

図1　現在の大阪城天守閣

とはなかった。

明治維新を迎えると、大阪城には明治二年（一八六九）兵部省出張所、同四年（一八七一）には大阪鎮台がおかれたため、原則として市民の自由な立ち入りが出来なくなった。

いっぽう、豊臣家に対する思いは、近世には表面化することが少なかったものの、明治維新を迎えると一気に開花した。そのひとつが、豊国神社の再興である。慶応四年（一八六八）の明治天皇大阪行幸の際に豊国神社再興の決定がなされ、京都に本社が、大阪・中之島に別社が創建された。明治以降、秀吉が大陸進出の先駆者として評価されたことと相まって、秀吉人気は大きな高まりをみせた。

（二）大阪城公園化の始動

天守閣の存在しなかった天守台であったが、そこは依然城の中心としての意味を持ち続けていた。明治二十四年（一八九一）に制作された「戊辰戦争絵巻」には、大阪城に入城した征討大将軍仁和寺宮嘉彰親王が、天守台に着座する様子が描かれており（図2）、天守台の持つ意味を物語る資料として興味深いものがある。

大阪鎮台は明治二十一年（一八八八）第四師団に改組された。軍隊が占拠していた大阪城には、市民が気軽に立ち寄ることができる雰囲気はなかったものの、実際には許可を受けることで城内を見学することができた(5)。見学には大手門から天守台までの一本道が設定された。このように、第四師団が置かれた城内でも、天守台は史跡見学の対象とされ、人びとが身近に接することが出

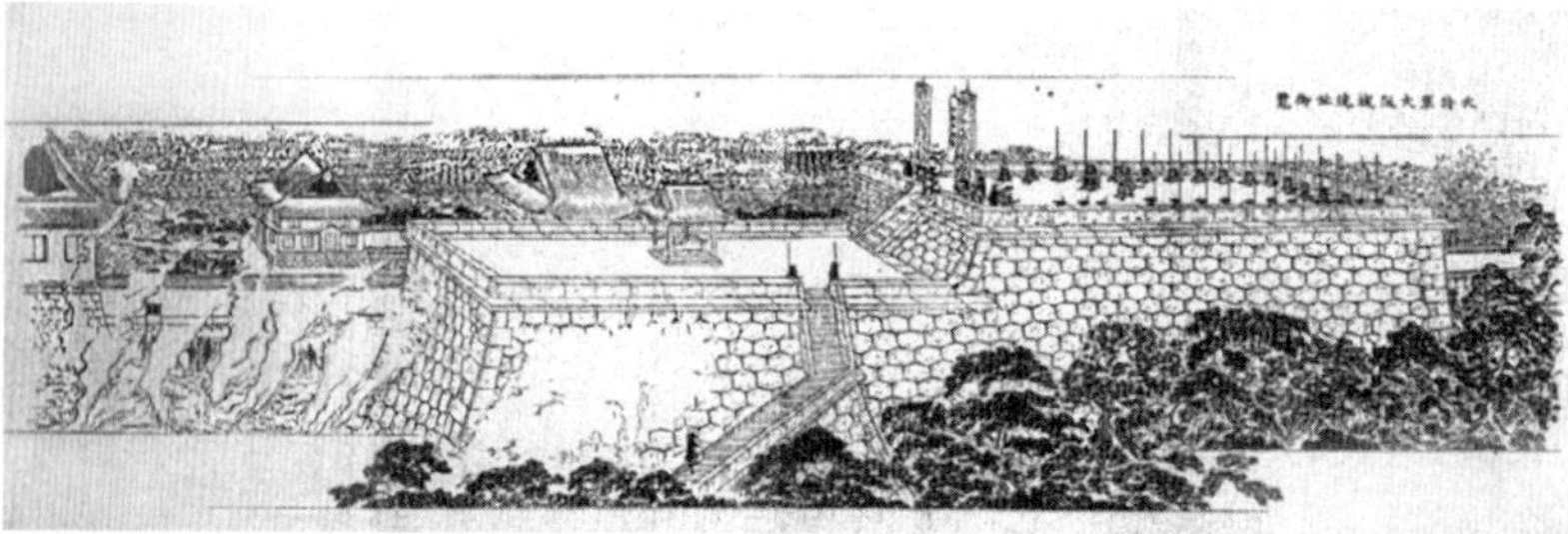

図2　戊辰戦争絵巻より天守台部分（大阪歴史博物館蔵）

来たのである（図3）。

このように天守台はその存在価値を有し、一般市民も制限はあった者の天守台まで近づくことができた。いっぽうで、発展する都市大阪にあって、その中心部にある大阪城を広く市民に開放したいとの願いは根強く、大正時代頃から大阪城の公園化の提案が散見されるようになる。

第四師団を移転して大阪城を公園化する計画について、比較的早い時期に論じたものが『建築世界』大正九年十月号（建築世界社）に掲載された「大阪城を中心に愈々公園の基礎案成る」の記事である。長文であるが、後の大阪城公園化の構想が端的に語られているので引用する（6）。

大阪師団移転のことは已に大体の方針が決定し、残るは所謂時機の問題のみなるが大阪市に在っては移転後の処分に就き研究を重ね基礎案は既に成り追って都市計画委員会にも付議することとなるべし即ち大阪城の如き歴史的由緒ある場所はなるべく原形を存し有意義に利用せざるべからず建築、石垣等止むを得ざるものの外破壊変更することなく、公園を始め各種建築其他の施設、内外の美観等にも注意を払ひ殊に聖上御駐輦の際は茲に迎へ奉る用意をなし師団司令部を御座所に充て其の付近に記念館を建設すべし、尚外郭には美術館、衛戍監獄の辺、博物館、図書館、音楽堂、競技場等をも設け玉造口付近に豊国神社を奉祀し周囲に庭園、噴水、遊歩道等を設け、現在の射的場、砲兵工廠への通路の如きる遊歩道となすべし、斯くして完全なる一大公園を作り平素は一般の出入を自由にし尚ほ事ある場合には飛行機発着所、大集会所等にも充当すべく現被服廠、第三十七連隊、輜重隊付近一帯は既定の住宅地として経営せらるべし

図3　大正10年（1921）頃の天守台付近の様子（『第四師団司令部許可 大阪城址写真帖』より）

ここでは、すでに第四師団の移転と公園整備の方向性、そして城内に作るべき施設、さらには周辺の住宅地整備にまで触れている。しかし、肝心の天守閣復興については述べられていない。また、この計画自体も、ここで述べられているように順調に進んでいったわけではなかった。

(三) 天守閣復興の萌芽

天守閣復興の大きな動機となったのは、大正十四年(一九二五)に開催された大大阪記念博覧会において、大阪城天守台に豊公館が建てられたことにさかのぼる。一般に、この豊公館建設が天守閣再興の直接の動機になったといわれている(図4)。大大阪記念博覧会・豊公館を見学した後藤新平は、次のような感想を述べた(7)。

大阪城に豊公館の如く豊公築城当時の建築構造をよく研究して今の位置に常設的に天守閣を建造して、これを博覧会とか展覧会とかの会場に当ててはどうかと思ふ

このような意見が後藤から当時の大阪市長・関一に何らかの形で伝わり、現在の天守閣復興の方針が固まっていったことが、これまで定説となっていた(8)。それでは、豊公館建設はなぜ行われたのか。あるいは、それ以前の公園化計画の中で天守閣復興の議論は存在したのだろうか。ここでは改めてその点を追求してみたい。

大阪城公園整備に携わった当時の大阪市公園課長・椎原兵市は、大阪城天守

図4 大大阪記念博覧会における豊公館(『大大阪記念博覧会誌』大正14年より)

閣・第四師団司令部庁舎・綿業会館の完成を特集した『建築と社会』昭和七年七月号の座談会「特集三建築を主題として」の中で、公園整備の方針を次のように語っている(9)。

今から十二年前大正九年四月私は大阪市都市計画部に拝命した当時、その時の部長直木博士から一つ大阪城を公園化する計画をやってくれと云はれたので、これは面白いデーターだと思ひ、早速考案に取りかかりまして、大大阪としては将来これ位の中央公園も必要だと信じ大々的の立案をしました。その規模は本丸、二の丸は勿論西方では谷町通りに入口を設け今の旅団司令部、憲兵隊、元の輜重兵営跡の一円、北方では偕行社、及同小学校から、陸軍工廠の一部、南の方は今の陸軍射撃場を含む、之が総面積約23万坪ばかりを取り入れまして立案しました。

ここでは、先に紹介した『建築世界』の記事と対応する計画(一部はそれよりも大規模なものである)が紹介されている。さらに椎原は次のように続ける(10)。

本丸では今の紀州御殿に宮殿を建て増して大演習その他で行幸啓になりました時に宮中の御用に供へ奉る事が出来る様に、それから今回出来た司令部の敷地には歴史記念館を建て、天守閣跡ですが、その頃は今回の様に昔の天守閣そのままの物を復興する丈の元気はなかったが、あの高い所に天守閣の小さいものを中央に建て、展望兼休憩所にと計画しました。

このように椎原は、「天守閣の小さいもの」を「展望兼休憩所」として建てる構想を持っていたことが分かる。しかし、これが今日のような形で実現に向かったのは、大大阪記念博覧会の豊公館であり、先の後藤の発言が大きかったといえよう。

なお、同じ座談会に出席していた徳政金吾は、次のように振り返っている(11)。

自分は天守閣の再興の問題を可成り古くから提唱したことがあります、一九二五年でしたから大正十四年ですか、(中略)其の春頃に大阪をはなれる時或る雑誌記者が来まして、大阪に対する希望はないかと言ふ尋ねで、その時に大阪城天守閣の再建を可成り誇張して書かせたつもりでいます、その動機はどうかと言ひますと丁度府庁の建築が出来た時に一番上の屋根から天守閣を見て天守閣の石垣と殆んど同じ高さである、可成り高層建築をやったと言ふプライドを以って天守閣の跡を見たら其石垣だけでそれと殆んど同じ高さであった、其の時に豊太閤は偉大な建築をやったと言ふ事を深く頭に持ちました、殊に大阪は太閤によって出来た街でありますから、豊太閤に感謝する意味をあっても、この天守閣の再建は最も必要ではないか、もう一つは何か土地にはポイントが必要ではないか、丁度人の顔の中に鼻があるとか何とか言ム様に目標が必要ではないか、こう言ふ一つの考へも持った、(中略)最近市長が同じょうな考へで実現されたのは非常に嬉しく考へていると思った次第であります。

果たして、徳政の考えが影響を与えたのかどうかは分からない。しかし、彼の意見は当時の世論を代弁するものであっただろう。大阪城が公園化されるに及び、豊太閤の偉業をたたえる天守閣復興は、多くの市民の念願であったのだ。

三、永久的記念物としての復興

昭和三年（一九二八）、大阪市長関一が天守閣復興を中核とする大阪城公園整備事業を提案し、市会の賛同を得た。これに基づき、経費一五〇万円が寄付金でまかなわれることとなった。設計は大阪市土木部建築課の波江悌夫課長の下、古川重春らが中心となって計画案をまとめた。途中、古川重春の辞任、波江課長から富士岡課長への交替などの内部混乱があったあのの、天守閣復元は無事成就され、昭和六年（一九三一）めでたく竣工の運びとなった。

しかし、この天守閣は従来のような木造建築ではなかった。当時最新の技術であった鉄骨鉄筋コンクリート造が採用されたのである。誰が何故、このような構造を選択したのであろうか。

鉄骨鉄筋コンクリート造による復興

大阪城復興にあたり、当時大規模木造建築を建設するだけの技術力は十分にあったと考えられる。しかし、あえて鉄骨鉄筋コンクリート造が採用されたのは何故だろう(12)。

各種竣工記事に見られるように、「耐震耐火に優れた永久建築」としてこの建築構法が採用されたと考えるのが無難であろう。また、内部を博物館とし、一時期に多数の観覧者に対応するという機能からも、木造よりも鉄骨鉄筋コンクリート造がふさわしいといえよう。

ところで、計画とほぼ同時期に、淡路島の洲本城天守閣が鉄筋コンクリート造で再現されたが、こちらは規模において比較にならないほど小さいものだった。

しかし、一方で旧来の石垣の上に、木造にくらべて多大な重量のある鉄骨鉄筋コンクリート造の建造物を建てることは、容易なことではなかったはずである。また、木造の繊細な細部を鉄骨鉄筋コンクリート造で置き換えることには無理が生ずる。これら、幾多の解決せねばならない課題があるにもかかわらず、秀吉の事跡を顕彰する永久的記念物という目的だけで、鉄骨鉄筋コンクリート造が採用されたのだろうか。

天守閣復興の直接の契機となったといわれる後藤新平の発言の中には「豊公築城当時の建築構造をよく研究して今の位置に天守閣を建造し」と述べられ、「常設的」であることは述べられているものの、構造については触れられていない。

この問題に対して、回答をほのめかすものに、前章でも採りあげた『建築と社会』昭和七年七月号での座談会での波江の発言が挙げられる(13)。

あれは御大典記念事業として大阪城本丸を公園として開放し天守閣を建立しやうといふ計画が起ったことを突然市長からお話があって、第一出来るかどうかといふことでありまして、その時に出来ることは出来ますが、成るべくは鉄筋或は鉄骨の永久的建物にしたい。それから一つは考証の方から云つたら随分六ヶ敷い詮索もしなければならぬ、大体の所で非難のない程度のものを拵へることにご承認が願はれるなれば仕合せであると申し上げた所、ご賛成になって尚よく取調べよとの事。(中略)一週間位経って改めて出来ると堅く信じますといふことを申し上げました。併し実際に当って見ると随分困難を感じたのでありますす。第一構造上鉄筋コンクリートでやるということが困難で、どうしても必鉄骨でやらなければならぬし、而も木造の建築を鉄骨でやらなければならぬという困難があり、地耐力の方は段々調べて見ると地山から石垣が出来て居るので現在の石垣に荷重をかけぬ方針でやらねばならぬ（後略）

ここで注目されるのは、関市長から話があった段階で、波江は「出来ることは出来ますが、成るべくは鉄筋或は鉄骨の永久的建物にしたい」と述べている点である。

では、いつ頃のことであろうか。関市長が市会で大阪城公園計画を発表したのは昭和三年（一九二八）七月十三日、翌日の関の日記には「十一時市会大典紀事業大阪城公園ニ関シ協議会満場異議ナシ十二時散会近来ナキ無事ノ市会ナリ（14）」と記されている。具体的な話が進んだのは、さかのぼって同年二月のこととみられる。二月十三日の関の日記には「十一時菱刈師団長訪問大阪城公園ノ件ニ付相談（15）」とあり、同十六日には東京を訪れ「午後二時参謀本部ニ鈴木総長ヲ訪問大阪城公園ニ付陸軍次官ニ紹介ヲ乞」陸軍省ニ赴キ次官「面会城内師団司令部移転ノ件ヲ話ス　関係各局長ト協議ノ上何分ノ回答アル筈（16）」と記している。さらに同二十二日には「午前十時半紀州御殿ニテ軍事功労者表彰式参列昨夜阿部軍務局長来阪大阪城公園ノ件ニ関シ実地視察ノ為ナリ（17）」としている。おそらく、波江が関市長から話を持ちかけられたのは、これと相前後する時期だったろう。

波江建築課長の下で天守閣復興の実務を担当した古川重春は、「同年（引用者註：昭和三年）夏頃より、建築課長の手許に於ては史料蒐集、遺物見学、文献の探求等に余年なく活動する有様（18）」とあることから、それ以前に波江は、鉄骨鉄筋コンクリート造とする決断を下していたのだろう。なお、古川が実質的に設計に加わったのは、「其歳（引用者註：昭和四年）二月から天守閣の設計に従事することを波江課長より話があって(19)」からである。

以上のことより、天守閣復興を鉄骨鉄筋コンクリート造とすることを決断したのは、波江悌夫の意思が大きかったと考えられる。ではなぜ、鉄骨鉄筋コンクリート造にする必要があったのだろうか。復元考証の多くを担当した古川重春は、日本の建築材料発達史の上から、次のように説明(20)する。

日本古建築の使用せし材料は寧楽時代以降豊富なる桧の良材を用いたるも已に鎌倉時代は払底を来たして殆んど松材を使用するに至る、室町、桃山江戸時代以降は更に標の如き雑木が盛んに用ひられた、明治初年欧風様式の模倣に伴れ煉瓦及石材が建築材料として優秀さを認られ、後鉄骨建築の勃興となり大正末年に及んで現代化学は鉄筋混凝土の如き理想的建築材料を生んだ、其防火耐震強度に於て凡ての建築材料を凌駕するに至れり、此時に当って本天守の如さ永久性を持つ記念建築が時代の寵児たる此科学的最強にして且つ最も経済的なる鉄骨鉄筋混凝土を主材とせずして如何なる材料を他に求むべきや、昭和聖代に於いて此復興天守を時代的優秀なる材料を使用せしとて必ずしも「モダーン」な天守でもあるまい、日本建築材料史から見れば鎌倉時代松材を盛んに使用したと何等変った意味はないではないか。今後我国に於ける「レストレーション」は恐らく此材に依って木造の「イミテーション」が行はれるものと信ずるのである。

これは、建築材料史上から鉄骨鉄筋コンクリートの使用を肯定するとともに、

「科学的最強の材料」として推奨している。また、今後の日本における木造建築の再建が鉄骨鉄筋コンクリートで行われるようになることを示唆している。古川のこの指摘は、従来の説を詳しく述べたものであり、戦後各地で造営される復興天守を予言したものといえる。

こうした鉄骨鉄筋コンクリート造採用の理由に加え、筆者は軍部の働きかけがあったのではないかと想像している。

当時、城内には紀州御殿のほか、木造建築があった。また、天守閣が空襲の標的になり炎上すれば、城内は延焼により一大事にいたりかねない。このような点を考慮すると、当時の軍部が、天守閣の木造による再現を認めるとは考えにくいのである。

本来が木造であった天守閣の細部は、木造で再現するのが最適であり、当時の木造技術であれば、それは十分可能であっただろう。また木造のぼうが、既存の石垣などを破壊する恐れが少なく、工事に要する設備も少なかったと考えられる。

にもかかわらず、あえて鉄骨鉄筋コンクリート造の難工事を選択した背景には、単に永久的記念物を作ろうとする意思だけでなく、軍部の意向があったことは十分に想像できるのではないだろうか。

四、「大大阪」の求心力

大阪城天守閣が鉄骨鉄筋コンクリート造で復興されたことに、軍部の意向が働いたことは考えられる。しかし、それが結果的に永久的記念物としての大阪城天守閣を誕生させたことは確かであろう。

本章では、改めて天守閣の備わった大阪城公園全体が市民にどのように受け止められたのか、そして「大大阪」と呼ばれた時代にいかなる意味を持ったのかを考えていきたい。

（一）「聖地」の誕生

徳政金吾は、汽車の窓から見える名古屋城や白鷺城（姫路城）が「其都市に対する史的及び美的目標に深い憧れを覚」えさせ、船旅での入港の際に見える「水平線より空に聳ゆる背後の山とか塔とか又は天守閣とかのスカイラインを破る特異の目標が先ず吾々の注意を惹く」として、通天閣や四天王寺五重塔、あるいは煙の都の象徴・煙突に変わるシンボルとして天守閣の誕生をたたえている。これは、多くの大阪人が共通して抱いた思いであっただろう。

事実、人びとは天守閣の竣工を待ちきれなかった。一例として、大阪の鋳造家・今村兄弟による、鯱鉾寄付の申し出を挙げることができる。弟・重三郎が原型を制作し、兄・久兵衛が鋳造したのであるが、興味深いのはその搬入である。寄付者の今村久兵衛が豊太閤に扮し、武者行列従えてまちを練り歩いた（図5）。高津神社からはじまった行列は「小児六十五名と青年団、在郷軍人百余名、今村鋳造所所員一同親戚縁者等計二百五十余名が二本綱を持ってえいやさ、えいやさの掛声勇ましく大阪城内へ搬入（22）」したという。大阪にとって特別な意味を持つ天守閣、その頂上を飾る鯱鉾の搬入とあっては、盛大にしてしすぎることはなかったのだろう。

鯱鉾ばかりでない。大阪城天守閣復興工事は、歴史的な石垣の上に鉄骨鉄筋

図5　鯱鉾搬入の様子（『大阪城物語』昭和6年より）

コンクリート造の重量物を建てることや、周囲を第四師団が使用していたことで物資搬入が困難なことなど、難題を多数抱えていた。それを克服するために、標高四十五メートルのエレベータを建てたり、ケーブルで資材搬入をするなど、建設工事自体が大阪市中から見渡せる一種の見世物の感を呈していた（図6）。復興工事は、それ自体「大大阪」の躍進を象徴するような出来事だったのだろう。

大阪城天守閣館長を務めた岡本良一は、昭和十七年（一九四二）に復員後、二度目の就職先として天守閣学芸員になった当時の様子について、次のように回想している(23)。

> 女学校への就職のときは、一向に嬉しそうな顔を見せなかった私の親父《おやじ》が、今度の天守閣のおりには、給料が前よりほぼ五円も低くなったにもかかわらず大変喜んでくれた。大阪の小商人《こあきんど》で根っからの太閤びきであった親父は、息子の仕事場が太閤さんゆかりの大阪城であるということで、すっかり太閤さんの身内になったような気になっていたらしいのである。私は図らずも労せずして大変親孝行をしたことになる。

岡本の回想に象徴的にあらわれているように、天守閣は秀吉の再来のようにして当時の人びとに迎え入れられた。大阪城はまさに「大大阪」の寵児だったのである。

（二）「聖地」を支えた緑

大歓迎を持って受け入れられた天守閣であったが、このとき大阪城公園全体

図6　大阪城天守閣鉄骨工事と材料運搬作業の様子（『大阪城物語』昭和6年より）

の整備も、同時に行われており、表立って強調されることは少ないのの、重要な役割を果たしたと考えられる。

当時、第四師団の占拠していた大阪城に欠けていたものは、うっそうとした樹木であった。椎原兵市は、名古屋城、姫路城、和歌山城その他の城郭にあって大阪城に無いものとして、天守閣とともに「城趾として必須な鬱蒼天を摩するが如き大樹巨木」を挙げている(24)。そして、具体的な整備の概要として「植樹張芝」の中で次のような方針を立てている(25)。

城内は過去数度の火災の為め大木巨樹に乏しさを以て成るべく多数の若木を増植し将来の繁茂を期待することとせり。大手門前の松樹の増植、空濠沿の桜並木増植、紀州御殿前芝生の改造、天守閣南手芝生新設、御殿庭の改造に伴ム付近の植樹、其他各石垣上の植樹張芝等にして採用したる樹種はマツ、クス、ヤマクス、ケヤキ、エノキ、カシ、ウバメ、ヤツデ、サツキ、ヒラド等を主とせり。地被類は陽地はシバ（ノシバ及東京シバ）を蔭地にはジャノヒゲ、クマザサを使用せり。

これらの整備方針によって、大阪城は他の城跡に劣らぬ鬱蒼とした樹木の茂る場所に生まれ変わる方向付けがなされた。しかし、整備前の大阪城は「利用すべき樹木は少ないし、何処を掘っても石ゴロのみにて全部土を入れ替へなければならないので工費嵩み、しかも石垣の上には風当りが強いので大きい樹木を植へられない(26)」状況であったというから、その苦労は想像に難くない。

おそらく、整備の前後で大阪城公園の景観は一変したのではないだろうか。ひとり天守閣復興が脚光を浴びたように受け取られがちであるが、本格的に市民を受け入れるにあたり、他の城趾に劣らぬ緑の森が天守を引き立てたのである。

大阪城公園という森の出現は、不況下とはいえ工事の槌音が各地で鳴り響き、都市改造が進む「大大阪」にあって、時代に逆行するような出来事であったのかもしれない。これは、精神的なシンボルとしての大阪城整備という意味合いを考える上で、重要な出来事だった。

(三) 聖地の光と影

天守閣復興に、「大大阪」の人びとが秀吉の再来を見たとしてる、不思議のない盛り上がりようであった。また、大阪城は鬱蒼とした森を伴うことで、市民の憩いの場となった。しかし、人びとは復興大阪城に何か欠けているのがあったという印象を抱いたのではないか。それは、秀吉そのものの再来を告げる天守閣が復興しながら、秀吉を祀る豊国神社が依然として中之島にあったからである。

こうした考えは、当時の市民の間に広くあったと考えられる。天守閣復興が決まった昭和三年(一九二八)における建築史家・佐藤佐の発言は、そうした考え方をよく表明している(27)。

代表的都市には市民の精神的方面を統一する神聖な場所がある筈である。京城に然り明治神社、台湾に台湾神社、仙台に伊達家の青葉神社祭礼の如きは(引用者補足:学校の児童が)一日休校して藩祖を礼賛するのである。然る鹿児島神宮の如きは其の最たるもので傑物続々として輩出するも、蓋し当然であらう。(中略)此の意味に於て豊公の天主閣を築造するを喜ぶと共に、豊国神社其の傍にあって常に参拝し得らるる事が、大都市の大精神を涵養統一する点に於て多大の重大関係があるだらうと思ふ。

ここでは、豊国神社を天守閣の傍らに祀るべき点、そして大阪城全体を都市における精神的なよりどころとすべき点が述べられている。これは、大阪城が「大大阪」における「精神的方面を統一する神聖な場所（＝聖地）」として、位置付けるべきであろうという点で、注目される。おそらく、当時の市民は大阪城と豊国神社の位置関係として、同様のことを考えていたであろうが、佐藤のように「聖地」とまで踏み込んで考えてはいなかったであろう。しかし、時代の空気は徐々に佐藤が切望した方向へ流れていった。大阪城復興の年が日中戦争に突入した時期とも重なっていたことも、そうした方向性をはらんでいたと考えられる。

サントリー株式会社の創始者として知られる鳥井信治郎（壽山人）は昭和十四年（一九三九）、豊公の偉業をたたえるために記した『生ける豊太閤』の中で、豊国神社の社地についてより広い視点で言及している。まず、京都豊国神社の社地を現在地から「もとの豊国廟の址即ちいま太閤坦《たいこうだいら》と称せられる所へ、移建《いこん》せねばならぬ(28)」と述べ、次に「皇都東京」に豊国神社を創建すべき点を挙げている。そして最後に豊国神社大阪別社を城内へ移建することを主張した。

彼は他の論者と同じく、豊国神社の置かれていた立地状況を大変憂いていた。豊国神社は明治十二年（一八七九）、京都豊国神社の別社として中之島の現・大阪市中央公会堂の位置に創建され、大阪城に向かって東面した広社地を持っていたが、大阪市中央公会堂の建設計画が持ち上がると、大正元年（一九一二）

に大阪府立図書館西方に移転し、向さも南向さになった。この移転について記したところを次に抜粋する(29)。

公会堂(引用者註：中之島の大阪市中央公会堂)の偉容は、大阪市民の誇となり、某氏(引用者註：公会堂建設へ百万円の寄付をした岩本栄之助)の霊亦、大阪市民の上に生きて活動しつつあるかの如く考へられるが、しかも豊国神社を移建し、神域をけがせる為といふべきか、一時飛ぶ鳥を落す勢であった某氏は、その後事業に蹉跌を来し、破綻を重ねた結果、遂に有為の材を抱き乍ら、拳銃《ぴすとる》を以て自殺し、公会堂の竣工も見ないで逝去し、あはれ槿花一朝の嘆さを見たことは、世人の未だに忘るる能はざる所であらう。

岩本栄之助の徳をたたえつつ、彼の自殺を豊国神社移転に対する「神罰」ととらえていることがわかる。豊国神社が狭小な敷地に閉じ込められ、大建築の傍で埋もれてしまっていることから、彼はこれを大阪城内に移建し、「桃山式大社殿を造営(30)」することを提唱した。こうした鳥井の意見は、当時の「大東亜思想」の中で語られたものであり、「大大阪」のシンボルである大阪城や秀吉が、当時の思想の中に取り込まれていくこととなった側面は否定できない。

昭和十年代においては時が進むにつれ、大阪城は「大大阪」のシンボルという側面から、「尽忠至孝を以て終始し、早く東亜の大勢に着眼し、国策を遂行し、躍進日本の推進者となった(31)」秀吉を顕彰するシンボルに読み替えられていった。

一方、現実の大阪城では、昭和十二年(一九三七)に軍機保護法により天守閣での撮影が禁止され、同十七年(一九四二)に天守閣は閉鎖、城内への市民の立ち入りが禁止された。
鳥井らによる精神論とは別に、現実の大阪城は市民から遠のいていったのである。

(四) 聖地の完成

終戦の前日にあたる昭和二十年(一九四五)八月十四日の空襲により、第四師団や大阪砲兵工廠のある大阪城一帯は、壊滅的な打撃を受けた。軍事施設ばかりでなく、多くの古建築が被害を受け、天守閣も一部被災した。また、終戦後から昭和二十三年(一九四八)まで米軍が大阪城を接収し、接収解除後の天守閣内部はかなり荒れ果て「一言でいえばまさに手のつけようがない有様(32)」だったという。また、昭和二十五年(一九五〇)のジェーン台風が復興ままならない大阪城に追い討ちをかけた。

これらの出来事が、大阪城の戦災復興の動機となっていった。昭和二十八年(一九五三)には大阪城修復委員会が発足し、修理が始まる。同三十四年(一九五九)からは大阪城総合学術調査が実施され、学問的な進展がみられた。そして同三十六年(一九六一)、念願の豊国神社の城内移転が実現した(図7)。もっとも、この移転もその動機は別のところにあったようである(33)。

昭和三十四年中之島の社地も、大阪市発展と共に市役所庁舎の増築の議が起り、御祭神豊公ゆかりの大阪城二の丸の一万平方米を境内地と定め御遷座申上げる事となり、同三十六年一月十八日大阪城内に御遷座の儀を執行した。

つまり、大阪市役所庁舎の増築により、結果的に大阪城二の丸の敷地を得た

図7　現在の豊国神社社殿

ことになる。とはいえ、天守閣復興から三十周年にあたる年、「大大阪」のシンボルとしての大阪城はようやく完成をみたといえるだろう。

大正十四年（一九二五）の大阪市の第二次市域拡張をぬって「大大阪」のはじまりとすることには、大方の意見の一致がみられる。しかし、「大大阪」がいつまで続いたかという点に関しては定説がない(34)。豊国神社の大阪城内移転は、大阪城整備計画の当初からの懸案事項であった。つまり、豊国神社の移転を以て、「大大阪」シンボルとしての大阪城がひとまず完結したと見ることが出来るかもしれない。「大大阪」の下限については、議論があろうが、豊国神社の移転時期はその問題に対し、ひとつの示唆を与えるのではないだろうか。

奇しくも、相前後して行われた大阪城総合学術調査の結果、秀吉時代の天守閣を再建した石垣が豊臣期のものではなく、徳川期のものであることが明らかになった。これはそれまでの通説(35)と異なる新たな学問的進歩であったが、いっぽうで当時の大阪人を落胆させたのではないだろうか。「大大阪」シンボルの完結と同時に、その足元を揺るがせる出来事が起こってしまったといえる。しかし、この事件は大阪城および「大大阪」を客観的に見つめなおす好機と捉えることもできよう。

おわりに

「大大阪」の図像的なシンボルとして、かつては発展を象徴する煙突群、市中に建ち並ぶビルディング、そして中之島の公会堂や市役所がしばしば登場した。しかし、昭和六年（一九三一）の天守閣復興によって、その座を天守閣に

（1）近世には「天守」と表記されることが多かったが、近代に入ると「天守閣」の語が多くなることから、本稿では前近代については「天守」、近代以降のものについては「天守閣」の語を用いる。

（2）新井邦弘「編集後記」『歴史群像シリーズよみがえる日本の城30』（学習研究社、平成一八年）。

（3）永井規男「天までとどけ」「建築半丈記」（学芸出版社、平成一八年）一五七頁。

（4）大阪城に関連する先行研究は数多いが、本稿では主として次のものを参照した。牧英正「昭和の大阪城天守閣築造」『公文書館紀要』5（大阪市公文書館、平成五年）、北川央「大阪城天守閣復興から現在にいたるまで」『歴史科学』一五七（大阪歴史科学協議会、平成一一年）、木下直之「近代日本の城について」『近代画説』九（明治美術学会、平成一二年）、松岡利郎「錦城復興記昭和の天守閣」『歴史群像名城シリーズ大坂城』（学習研究社、平成一二年）。また、筆者が関わったものとして、拙稿「太閤さんにささげた最先端の技術と意匠大阪城天守閣」『まちなみ』平成一七年七月号（大阪建築士事務所協会）、シンポジウム「復元（再現）を考える」『建築史学』第四五号（建築史学会、平成一七年九月）、拙稿「大阪城天守閣近代建築ミステリー」『大阪人』平成一八年四月号（大阪都市協会）がある。

（5）『大阪城の近代史』（大阪城天守閣、平成一六年）二八一–二九頁。

（6）『建築世界』大正九年十月号（建築世界社）五九頁。

譲ることになる。

しかし、天守閣復興の年は満州事変とも重なり、大阪城の持つ意味は次第に戦時体制を反映したものにすりかわっていったのも事実である。しかし、戦後しばらくすると、大阪城と天守閣は再び大阪市民にとって復興の象徴となったのではないだろうか。

そして豊国神社の復興は、大阪城公園化計画の懸案であり、戦後の城内移転は市役所拡張という非主体的な要因であったにせよ、重要な出来事であったと考えられる。

大阪城復興による「大大阪」イメージの形成は、昭和六年（一九三一）の天守閣復興でひとつのピークを迎えたが、「大大阪」の精神は終戦後に消え去ったわけではない。むしろ、高度経済成長の中での大阪市の発展は、周辺市町村にも大きな影響を与えるものであった。豊国神社の城内移転は、「大大阪」シンボルとしての大阪城整備のひとつの完結であり、戦後において「大大阪」イメージが生きつづけていたことを裏付ける出来事であったのではないだろうか。

出典　『大大阪イメージ　増殖するマンモス／モダン都市の幻像』　橋爪節也 編著　創元社　2007年

（7）『大大阪記念博覧会誌』（毎日新聞社、大正一四年）七八一頁。

（8）岡本良一『秀吉と大阪城』（清文堂、平成二年）二八二頁。

（9）「（座談会）特集三建築を主題として」『建築と社会』昭和七年七月号（日本建築協会）。九三頁。なお、発言者は匿名で（I）と記されているが、内容から見て座談会当時大阪市公園課長だった椎原兵市であろうと考えられる。

（10）同前九三頁。

（11）同前九七頁。なお、発言者は匿名で（E）と記されているが、内容から見て座談会当時徳政工務店を経営していた徳政金吾（元・清水組大阪支店長）であろうと考えられる。

（12）この点について筆者は『大阪人』平成一八年二月号でも簡単に報告したが、本章ではその経過を詳述するとともに、新たな知見を加えた。

（13）「（座談会）特集三建築を主題として」『建築と社会』昭和七年七月号（前掲）八九頁。なお、発言者は匿名で（D）と記されているが、内容から見て座談会当時清水組大阪支店長（元・大阪市建築課長）だった波江悌夫であろうと考えられる。

（14）『関一日記』（東京大学出版会、昭和六一年）七一〇頁。

（15）同前六八九頁。

(16) 同前六八九－六九〇頁。

(17) 同前六九〇頁。

(18) 古川重春『錦城復興期」（大阪ナニワ書院、昭和六年）三〇一頁。

(19) 同前三〇一頁。

(20) 同前二九一－二九二頁。

(21) 徳政金吾「大阪城天守閣再建と豊公」『建築と社会』昭和六年一一月号四七頁。

(22) 恒次壽『大阪城物語』（国勢協会、昭和六年）七九頁。

(23) 岡本良一『秀吉と大阪城』（清文堂出版、平成二年）二七二頁。

(24) 椎原兵市「大阪城趾の公園計画」『建築と社会』昭和七年七月号三八頁

(25) 同前四〇頁。

(26) 「（座談会）特集三建築を主題として」『建築と社会』昭和七年七月号九六頁。

(27) 佐藤佐「大阪城天主閣再建に就て」『建築と社会』昭和三年一〇月号六－七頁。

(28) 鳥井壽山人『生ける豊太閤』（豊公会、昭和一四年）七二頁。

(29) 同前六三－六四頁。

(30) 同前一一一頁。

(31) 同前一一七頁。

(32) 『大阪城天守閣復興三十年史』（大阪城天守閣復興三十周年記念事業実行委員会、昭和三六年）一一頁。

(33) 「豊国神社」『大阪府神社名鑑』（大阪府神道青年会、昭和四六年）六頁。

(34) 東京市が人口で再び大阪市を抜く昭和八年（一九三三）頃とする考え方、昭和一〇年（一九四五）終戦後とする考え方、あるいは戦後の高度経済成長期・日本万国博覧会の開催辺りまでとする見方、さらに現在まで続くとする視点など、さまざまである。

(35) 大阪城天守閣復興にあたり、関係者はおおむねこの通説に立脚していたと思われる。ただし、当時で小野清『大坂城誌』（小野清、明治三二年）などは石垣が徳川期である説を採っており、復元考証にあたった古川重春はこれを重要文献と位置付けていた。『錦城復興記』（前掲）二九三頁参照。

０ 旧第四師団司令部庁舎

かつて、奈良帝室博物館ができたとき、奈良公園に洋風建築を建てることの是非を巡って風致問題が起こった。京都では、京都朝日会館（大阪朝日新聞社京都支局）をはじめ、斬新な建築が計画されればおおかた風致問題が持ちあがってきた。いっぽう、戦前の大阪ではめったに建築の景観問題に出くわすことはなかった。しかし、皆無だったわけでなく、１９３１年（昭和６）大阪城内に竣工した第四師団司令部庁舎が、専門家、市民を巻き込んで風致を議論する格好の対象となった。

天守閣とともに誕生

大阪城本丸に、いかめしい姿で「鎮座する」という形容がふさわしい茶褐色スクラッチタイル張りの建物。これが旧第四師団司令部庁舎（以下、司令部庁舎）である。天守閣のほぼ真横に位置するため、天守閣を訪れた観光客が、この大きな建物をバックに記念撮影をする姿をしばしば目にする。しかし、戦前を知るものは、この建物の前で「背筋がピンとなる」あるいは「避けて通りたい」という感想をいだくかもしれない。

司令部庁舎が竣工したのは１９３１年（昭和６）。この年に天守閣も復興された。二つの建物は隣りあって同時期に誕生した兄弟のような存在である。

ここで改めて大坂城天守の来歴をふりかえると、豊臣期の天守は１５８５

解題

酒井氏は、大阪城の再建天守閣について種々論じたのにつづき、天守閣と並び建つ本建築の由来と特徴について、ここで取り上げまとめている。かつて陸軍師団司令部の建物で、終戦後に変転しつつも建築は良く残り、１９６０年より大阪市立博物館として使われていた。つまり、酒井氏が１９９６年に着任した職場であり、氏にとって大阪歴史博物館が開館する２００１年までの日々を送った縁の深い建物であった。

本建築は天守閣の再建と合わせて、大阪市民の寄付金によって建設されたもので、天守閣と相対する軍施設としても珍しく、意匠も凝ったものがあり、様々な価値をもつ昭和初期の建築である。一方で大阪城内における厳めしい洋風建築として様々な批判？のあったことも本論で紹介されている。

ところで本建築は近年リノベーション工事を経て、２０１７年よりミライザ大阪城となり、新たな活用が展開されているもので、本論に記された種々

年（天正13）に竣工し、1615年（慶長20）の大坂夏の陣で焼失した。その後、徳川期の天守が1626年（寛永3）に復興されるが、これも落雷により1665年（寛文5）に焼失してしまう。長らく大坂城に天守は存在せず、天守台の石垣のみを残したまま明治時代を迎えた。生来、豊臣びいきの気質が強い大阪人にとって、天守復興の気持ち――もちろん豊臣期のそれ――が強かったことは想像に難くない。

天守復興の直接の機運が起こったのは、1925年（大正14）に開催された大大阪記念博覧会といわれている。このとき、天王寺公園が第一会場、大阪城が第二会場となった。第二会場では、天守台に秀吉をしのぶ豊公館が建てられた。この豊公館が、天守閣復興に大きな影響を与えたといわれる。

しかし、当時大阪城一帯は第四師団の管轄下であり、天守台は史跡として許可を得れば見学はできたものの、実際に市民が自由に出入りできる天守閣を建てることは困難であった。そこで、敷地内に分散していた、第四師団の建物を集約した司令部庁舎を市民の寄付金で建て、代わりに天守閣復興と大阪城の一部を公園として整備する計画に結実した。こうした経緯を経て天守閣と司令部庁舎が、ともに市民の寄付金によって建てられることになった。

建築費をめぐって

1931年（昭和6）、建設費総額150万円をもって、二つの建築は無事竣工を迎えた。天守閣は大阪市土木部建築課の設計、大林組の施工で、工費は約47万円。司令部庁舎は、同師団経理部の設計、清水組の施工で工費は80万円

の記録も貴重なものとなっている。

なお、本論は日本建築協会誌『建築と社会』の連載「再読関西近代建築」に寄稿されたもので、この連載には、酒井氏の遺稿論文一覧に記されるように、後に泉布観、桜宮公会堂、大阪城天守閣などの解説も寄せている。

（山形政昭）

だった。残りの23万円は公園整備等にあてられた。歴史的な天守台の石垣の上に、鉄骨鉄筋コンクリート造の複雑な建築を建てた難工事である天守閣の総工賀が相対的に安く感じられるのは、大阪のシンボル復興にあたった施工者の企業努力もあったのかもしれない。いっぽうで、司令部庁舎の総工費は割高に感じられる。そこで、司令部庁舎の建築概要を確認しておきたい［表］。実際、㎡あたりの施工単価は、師団司令部が天守閣の1.2〜1.3倍であった※。師団司令部庁舎の総工費が割高であったかどうかは、ここでは判断を控えるが、当時軍部が想定していた工費は約20万円であったが、実際はその4倍をかけたため非常に充実した建築になったと記されている（「建築と社会」1932年7月号）。これも大阪という土地がしからしめたためで、陸軍でも感謝していると。実際、市民からも80万円は高いのではないかとの声もあった。当時台頭したモダニズム建築であれば、より安価ですんだのかもしれないが、実現した司令部庁舎は堅牢であり、内外とも様式建築のディテールを備えた大変凝った建築であった。

物議をかもした建築意匠

総工費についてはともかく、実現した師団司令部の建築意匠については、賛否両論が巻き起こった。第四師団としては、西洋の古城の様式をもとに設計し、「東西相通ずる城郭気分を出す」ことで大阪城の環境を害さぬようとの意図であった。しかし、おおかたの建築専門家は疑問を呈していた。日本の古城建築に囲まれて、西洋の城郭は似つかわしくないのではないかと。『建築と社会』1932年7月号では、前年に竣工した大阪城天守閣、師団司令部、綿業会館

※天守閣総工費は文献により差があるが、ここでは、渡辺武『図説再発見大阪城』（大阪都市協会、1983年）によった。

の三大建築を特集し、「特輯三建築を主題として」という座談会記事を掲載した。時局に配慮してか、関係者への配慮からか、出席者名は明示されたが、発言者はA～Lの匿名となっていた。

発言者D（波江悌夫か）は、大阪市としては天守閣とともに市で設計をやらせてほしい旨を述べたが、陸軍は自分の便利良いように自ら設計をしたいと希望したという。Dはまた、師団司令部を「将来市の物産館或は市の考古館と言ふ様なものに、代用出来る時代があるかも判らんから」市の方で設計させてほしいとも述べた。議論をリードした発言者A（武田五一か）は「城郭建築がすぐ傍にある。それを少しも考慮せずして唯外国にある形のみに依って立案すると言ふ、その態度は如何にも建築家として不用意であったと云はれても致し方はない」「博物館なら少々ぐらい飾るのもいいが軍人のやることがあれぢや平素の主張と矛盾すると思ふ」と述べた。当時の軍部の主張した「国民精神」を反映し、大阪城という立地を考えれば、簡潔で機能重視の建築が好ましいと考えるのは、A以外にも皆の共通した思いのようだ。司令部庁舎の批評の終盤は次のような感じであった。

I――何か師団司令部と紀州御殿（引用者注：師団司令部前に移築された和歌山城御殿があったが、戦後米軍の失火で焼失）があまり向い合って目をむいた様な事をせずに市の方で何か、こう……

A――蔦でもあの外壁に這はせるんですね。

F――それでも今はつたない状態で……

戦後、市民の手に

司令部庁舎は戦後GHQに接収され、解除後は大阪市警視庁、大阪府警が利用し、その後大阪市立博物館として使われるようになった。「市の博物館或は市の考古館」にと考えた先の発言者Dの思いはようやく現実のものとなった。市立博物館の会館が1960年（昭和35）12月のことで、今やそれから50年以上の歳月が経つ。市立博物館はその後、2001年（平成13）に大阪歴史博物館となり、大阪城南西に移転した。私は1996年から2001年までの6年ほどであるが、この建物で働いていたことがあり、個人的なことになってしまうが、この建物への愛着も強い。

ここで、市立博物館時代からみてきたこの建物の様子を記しておきたい。正面塔屋を中心に左右対称の威厳ある姿は、塔屋の菊の紋が外された以外、よく旧状をとどめている。全体に少々飾った姿が、博物館にも似つかわしく思われた。博物館時代、向かって右手（南側）1階が事務室や学芸員室等にあてられ、それ以外の1～3階はおおむね展示室となった。3階北端の旧第二会議室は講堂となり、2階正面の旧貴賓室は日本万国博覧会のタイムカプセルなどを展示した部屋に、2階南東隅の旧師団長室はボランティア控室などに代わった。地下は収蔵庫や機械室などにあてられた。各階とも南北に長い中廊下を持ち、特に1階廊下に連続するアーチは見事なものであった。重厚な中央階段室は、上階の展示に期待を膨らませるもので、博物館としてふさわしく思えた。周囲にサンクンガーデン（光庭）が巡るため、大雨時の雨水処理には気を遣う必要があったが、そのほかは堅牢なつくりで、転用も利きやすい室構成に感じられた。

市立博物館としての役目を終えた建物は、一部事務室などとして使われていたが、その後の大きな活用方針はなかなか決まらなかった。以前、この建物の再利用について提案募集があった際、ホテルとしての活用を提唱したグループもあったと聞く。実際、午後10時を過ぎれば、広い大阪城公園内を独り歩きするのは危うい。しかし、瀬戸内の直島のホテルのように、大都会の中心に陸の孤島のような雰囲気で、敢えて繁華街に繰り出さず、リゾートホテルのような贅沢な時をホテルの中で過ごすのもよいのではないかと思える。

かつては天守閣との景観論争もあったが、いまや歴史的建造物として城内で威厳ある存在になりつつある。今後、「特輯三建築を主題として」の座談会で出された物産館や考古館を超えた魅力ある再利用がなされることに期待したい。

出典　モダンエイジの建築『建築と社会』を再読する　2017年　日本建築協会

[表] 第四師団司令部庁舎・大阪城天守閣比較表

	第四師団司令部庁舎	大阪城天守閣
起工	1929年(昭和4)10月1日	1930年(昭和5年)5月
竣工	1931年(昭和6)3月20日	1931年(昭和6年)11月
総工費	80万円	約47万円
延べ床面積	6765.60㎡	5071.87㎡
㎡単価	118.25円	約93円
様式	近世式古城風	桃山時代式
構造	鉄筋コンクリート造	鉄骨鉄筋コンクリート造
階数	地下1階地上3階塔屋付	8階(5層)
設計	第四師団経理部	大阪市建築課
施工	清水組大阪支店	大林組
データ出典	『建築と社会』1932年7月号	『近代建築画譜』(ただし、総工費を除く)

②外観全景

①外観(現在)

④2階貴賓室

③1階中央階段付近

⑥2階師団長室

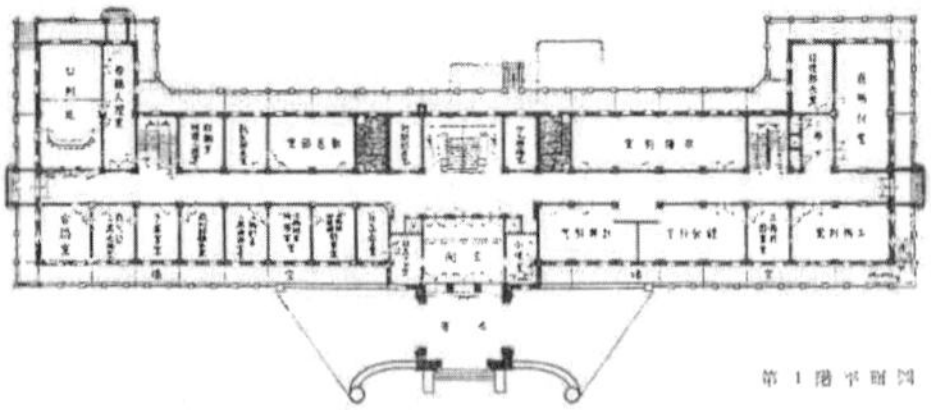

⑤1階平面図

⑦正面外観見上げ

⑧受付窓

⑨外観

⑩2階旧貴賓室天井付近

⑪2階級師団長室次室装飾帯

⑫1階中央階段室付近

⑬1階廊下

⑭2階旧師団長室

⑮3階中央階段室付近

座談会 01 ——酒井さんの遺伝子は受け継がれる

参加者 大場典子　田浦紀子　吉田真紀
進行 髙岡伸一

大場典子（おおば・のりこ）
空気のレンズと心のファインダーで風と光を撮影する針穴写真家。昭和レトロ寄りのディテールマニア。
Twitter：tearoom

吉田真紀（よしだ・まき）
タイルを愛する会社員。週末旅で全国の貴重なタイルを見て歩き、SNSなどで魅力を発信している。
Blog「まちかど逍遥」http://blog.goo.ne.jp/punyor
Instagram：punyor_photo

田浦紀子（たうら・のりこ）
元 大オオサカまち基盤メンバー。大阪を中心に街歩きやガイドを通して近代建築の魅力を知り、現在はSNSなどで発信し続けている。
webサイト「虫マップ—手塚治虫ゆかりの地を訪ねて—」http://mushimap.com/

大場典子　私は、広島生まれ広島育ちで、大人になってから大阪に来ました。広島は原爆で街がリセットされているので、近代建築がほとんどないのですが、大阪に住んでみたら素敵な建物がたくさんあって、ひとりで散歩をして風景や建物の写真を撮るようになりました。大阪港には、天満屋ビル（写真1）と商船三井築港ビル（写真2）という特別に素敵なビルが2つ並んでいて、最初は中には入れずに外から眺めたり写真を撮ったりしていたところ、2007年の3月に『近代建築写真展、今はなき建物たち』（写真3）という展覧会が築港ビルのステムギャラリー（1）で開催されたんですね。それは、当時大阪歴史博物館の学芸員だった伊藤純さんの写真に、酒井一光さんが解説をつけるという小さな展覧会だったのですが、私はその頃には針穴写真を撮っていたので、その展示を見たときにわーっと盛り上がってしまって、個展をここでさせてくださいと申し出たんです。ギャラリーの方と仲よくなり、頻繁に行くようになると、酒井さんも展示を見にいらしているし、いろいろなイベントやトークでお会いしたり、登壇されるのを聞きに行ったりして、少しずつ酒井さんとも親しくお話をするようになりました。
　伊藤さんとはその後、2010年に『大阪府庁の写真展』（2）という展覧会をもう一人、建築写真家の芥子富吉さんと3人で開催しました。酒井さんは、もちろん見にきてくださって。

私の印象では、酒井さんは公私のギャップがはっきりされた方で、学芸員としてのお仕事では毅然とされていて、でも、そうじゃないときはすごくフレンドリーでした。

『発掘 the OSAKA』の帯に、橋爪紳也さんが「大阪人も知らない大阪建築の魅力を、大阪人ではない建築史家が再発見」と書かれていて、酒井さんは1996年から亡くなるまでずっと関西に住まわれていたけれど、大阪弁は話されないままで、私も今でも標準語に近い話し方をするんですけれど、「大阪人ではない」と書かれる酒井さんにすごく共感というか、共通点を感じています。

田浦紀子 酒井さんを知ったのは、2006年に大阪歴史博物館で開催された特別展『煉瓦のまち タイルのまち』(3)でした。その前年の2005年に、大阪梅田の阪急百貨店が建て替えになり、それに伴って旧阪急梅田駅コンコース(写真4)が解体されるということが大きな話題になりました。阪急百貨店が建て替えとなる際、酒井さんはステンドグラスやタイルなどの建築部材を博物館で引き取って保管されました。また、展覧会にあわせて制作された『阪急百貨店うめだ本店の建築』というVTRが大阪歴史博物館で上映されていました。阪急百貨店うめだ本店が増改築を経てきた歴史や、かつては阪急カラーを意味するマルーン色に近い茶褐色のタイルが貼られていたこと。そこから戦後クリーム色のタイルに貼り替えられたこと。階段や大食堂のステンドグラスなど建物の見どころが11分のVTRにまとめられていました。また展示では酒井さんが自ら詳しい解説をしてくださいました。酒井さんのおかげで、普段見ている

写真1 天満屋ビル 針穴写真：大場典子

写真2 商船三井築港ビル 針穴写真：大場典子

写真3 「近代建築写真展、今はなき建物たち」展 ステムギャラリー（商船三井築港ビル）2007年3月1日〜3月20日

風景を見る視点が変わったんです。私たちは百貨店をショッピングの場所として見ていますが、普段は気に留めていない風景でも酒井さんの解説を聞くことで、実はすばらしい場所だったんだな、と再認識しました。日常の風景の中にもそういったすばらしい景色があることを教えてもらったんです。

私はそのVTRを本当に何度も何度も見て、ブログにも感想を熱く書いていました。それを酒井さんが読んでくださって、酒井さんと知り合うことができました。

酒井さんは近代建築が壊されると聞けばすぐに駆けつけて、重くて大きい建築部材を回収保管しておられました。「失われてゆく近代建築の記憶を部材保存という形で残す」という活動に非常に共感しました。建物はなくなるけれども、それを記憶として、記録として残し続けることの大切さ。そういうことをしている人がいる、ということにとても感動したのを憶えています。

私たちは単なるファンとかマニアとかいう視点で建物を見ているけれども、学術的なものに昇華して展示保存するという視点や姿勢を酒井さんから学びました。

吉田真紀　私は、2005年に「大オオサカまち基盤」(大バン)(4)というグループに入れていただいて、印度ビルディングでの対談に出られた酒井さんと知り合いました。近代建築や大阪の街に興味を持ち始めたのは20年前くらいですが、大バンで知り合ったあとに酒井さんの講演会やイベント、まちあるきなどいろいろ参加するようになりました。

私はもともとタイルがすごく好きだったので、『煉瓦のまち　タイルのまち』

写真4　旧阪急梅田駅コンコース「煌(きらめき)」 画:田浦紀子

の展示はもちろん観に行って、そのときに3回連続のタイルに関する講座があったんですよ。1回目、2回目はタイルに関するお話を酒井さんがして、3回目は参加者が街中で見つけたお気に入りのタイルを発表して下さいということだったので、私も手を上げて発表をしたんです。私は、大阪駅の桜橋口の階段の両脇の壁に貼られている白いふっくらしたタイル（写真5）と、解体されたお風呂屋さんの屋号の入ったタイル（写真6）、町家の壁に貼られているいろいろな型押しの二丁掛けのタイル（写真7）の写真を持って行って発表したら、酒井さん、すごく喜んでくださいました。そこからいろいろタイルのことを話したり連絡を頂いたりするようになりました。

そんなふうに、私にとっては酒井さんといえばタイルの神様なんです。忘れられないのは、泉布観（写真8）の見学会です。酒井さんも現地にいらした日だったのですが、その日、泉布観にいくつかある美しい暖炉のうちの一箇所のタイルが割れてしまうというできごとがありました。もちろん、酒井さんは駆けつけてこられて。なんというか管理側として、酒井さんにとって大変なことだったと思うんですよね、いま思い返しても。でも、まず酒井さんは第一声で、「ああ、かわいそうに」って言われたんですよ。タイルがかわいそうって。すごくタイル愛を感じました。研究者なのにそういう人間的な部分がにじみ出るところが、酒井さんが私たちを惹きつける魅力じゃないかなと思います。

酒井さんの企画する展覧会や講演会にも愛があふれていて、『煉瓦のまち タイルのまち』はもちろん、『「タイル」名称統一90周年記念』（5）の見学会と講演会とか、『近代建築に用いられた美術タイルについて』（6）講演会とか、そんなマニアックな企画酒井さんじゃないと発案しないですよね。毎回ツボの

写真5　大阪駅桜橋口のタイル
撮影：吉田真紀

写真6　栄温泉のタイル　撮影：吉田真紀

ど真ん中を突かれて、泣きたくなるぐらいうれしくて、そういう酒井さんが大好きで尊敬していました。

大場　私がなにか酒井さんから受け継いでいるものがあるとすれば、ディティールマニアなところ。ディティールマニアっていうのはまずもう触るんです。タイルでも煉瓦でも。ぷっくりしていたらなでてみるし、刻印を見つけたらフロッタージュしたり、拓本をとってみたり。大阪っていう場所は、マニアックな気持ちにさせる、心を埋めてくれる街なのかなって思います。私、広島にいたころは普通の人だったのに、こっちに来たらどんどん変な人になっちゃって。普通の人と言われるよりも、変な人と言われたらうれしいんですけど。

あの頃、近代建築に興味を持ったり、写真を撮ったり、ネットでいろいろ調べたりしていると、結局は酒井さんに行き着いたんですよ。私たちはみんな、酒井さんを師匠のように思っていたんだなって。

私自身は、学術的な部分にはあまり興味はなくて、ただすごく素敵なものがここに、街角のあちこちにあるよという紹介を、以前はブログで、今はTwitterとかで発信しているうちに、どんどんそういうのが誰かの心に引っかかって、「ああ、そういえばあの人、そういうこと言ってたよね。これなんだね」って、触る人がどんどん増えてきたんだなって。こういうのが酒井さんの遺伝子みたいなものだと思っています。

田浦　私が忘れられないのは、２０１７年６月２日の酒井さんの最後の講演（7）です。酒井さんは、２０１８年６月20日に亡くなられたのですが、

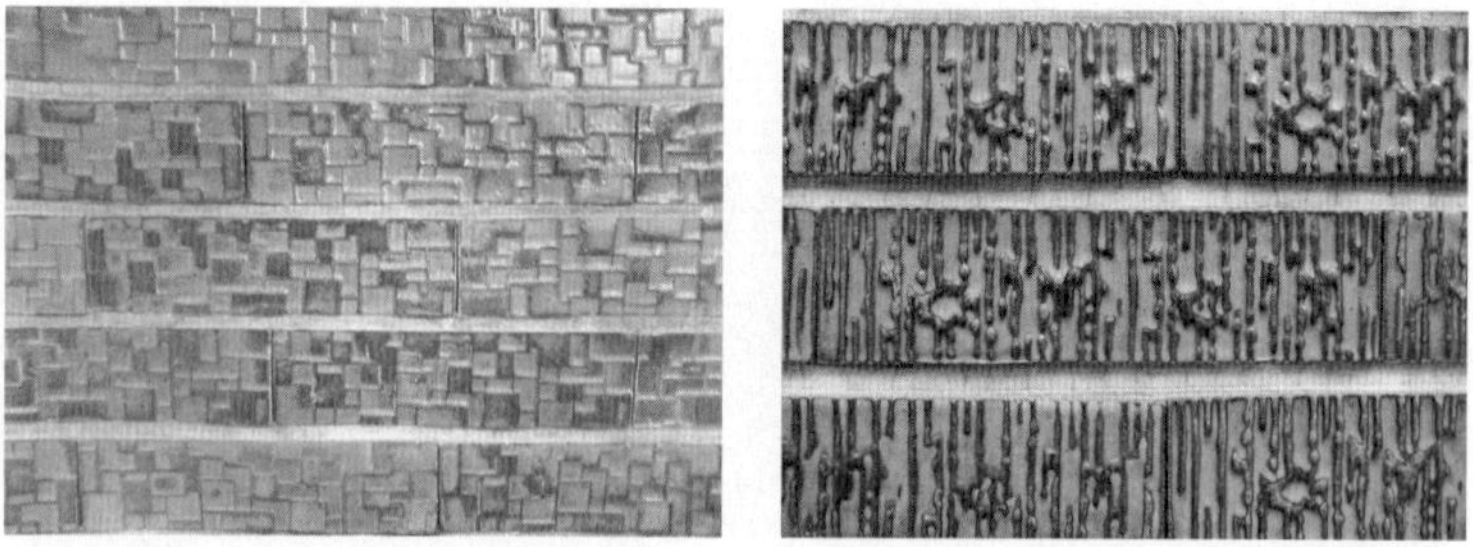

写真7　型押し二丁掛けタイル　撮影：吉田真紀

２０１７年の講演の際には既に病気されていたんですよね。酒井さんから講演のご案内をいただいたんです。「実はちょっと病気をしていました。病気後、初の講演になります。ぼちぼち復帰していこうと思います」とメールに書かれていました。酒井さんは1時間半の講演を終えられてすぐ、ステージ横の階段に座り込まれたんですよ。「あっ」と思って…もう酒井さんが心配で、実は講演の内容は全く憶えていません。その後、少しだけお話ができたのですが、それが酒井さんをお見かけした最後でした。そして年が明けて、6月に同僚の澤井浩一さんから訃報を聞きました。亡くなる2週間前まで仕事しておられたんですよね。酒井さんの最後の仕事も、酒井さんが好きだった村野藤吾の建築で、常設展の小展示『大阪新歌舞伎座の建築』(8)でした。建て替えとなった難波の大阪新歌舞伎座の唐破風装飾が展示され、歴博のニュースレターにも掲載されていました。展示されていた二重リボン型装飾(写真9)を見て、私はまるで酒井さんの強い心のようだと感じました。その後大阪歴史博物館のTwitterを見たら、大阪新歌舞伎座の唐破風装飾の展示写真とともに「よい仕事は永遠に残ります」という言葉が書かれていました。歴博の方々が暗に酒井さんへの追悼文を書かれていたのだと思い、ぐっと胸に迫るものがありました。

　酒井さんって、冗談をたくさん言うような、人を面白がらせるタイプでもないんですよね。でもそれなのにあんなに人気があったのは、やっぱりマニアックで一途で、好きなことを語り出したら、ゆったりしたペースではありながら、でもずっと喋っているというような…それを聞くのがおもしろいからだったと思います。好きなものについてひたすら真面目に語っているだけなんですけれど、そこがすごく魅力的でした。

写真8　泉布観のタイル　撮影：吉田真紀

写真9　大阪新歌舞伎座 唐破風装館の展示

吉田　酒井さんから街を見る目を教えてもらったことは、とても大きな部分だと思います。タイルだってずっと長い間、そこまで注目されていなかったものを、酒井さんがスポットライトを当てて主役に引っ張り上げてくれたんです。酒井さんが、いろんなところでタイルの美しさやおもしろさを、わかりやすく伝えてきてくれたおかげで、今やタイル好きは市民権を得ている。街とか近代建築とかが、研究者や専門家だけのものではなくて、市民の誰でも楽しめるもんなんだって皆に気づかせくれたことは、酒井さんのすばらしい教えだと思います。私も酒井さんを見習って、自分が街を見ていいなと思ったことを、これはなにがどうおもしろいのか、どういうふうに感じたのかっていうのをわかりやすい言葉でSNSなどを通して伝えていきたいなと思います。街を見る新たな楽しみに気づいてもらえるような、そういうことが大事かなと思っています。

酒井さんがいらしたときは、タイルのことは酒井さんに聞けばなんでもわかると思っていましたし、実際に発見したものを酒井さんに報告していて。そういった方がおられなくなって本当にすごく大きな損失だと思いますけど、いつか私も、タイルのことならなんでも聞いてくださいみたいな存在になれたらいいなというふうに思っています。

大場　私も同じように思います。きっと酒井さんだったら、ここ見つけてみんなに教えるだろうなっていうのを、街あるきを日々していろんな隠れてたところから見つけて、表に出してあげる、それをインスタグラムやTwitter、不特定多数の人が見えるように、街にはこういう楽しみがあるんだよと。壊されていく建物を保存するのはすごく難しいし、私にできることは写真を撮ることだ

写真11　講演会での酒井さん　撮影：田浦紀子

写真10　梅田吸気塔　画：田浦紀子

けなのですが、酒井さんはそういう気持ちを私たちに残してくれたんだろうな、と思います。これからも、新たなるマニアな仲間たちを探して、増やして、勉強させてもらいます。

田浦　私たちの身の回りには、名前も知らないけれどそこにずっとあるものがたくさん存在していますよね。たとえば、梅田吸気塔（写真10）。あれが、村野藤吾という有名な建築家がデザインしたものだということは、私は酒井さんの展示で知りました。昔からずっと見てきたのに、そんなこと知らなかったし、知る機会もなかった。呼び名やエピソードを知ると、いきなり興味がわくんですよね。何気ないもののおもしろさとか、素晴らしさとか。酒井さんからは、ものを見る視点を教わりました。だから酒井さんが亡くなった今、それを外に伝えていけたらいいなと思います。酒井さんのよい面とか教わったことを、残された私たちが伝えていく。本を出版することも一つの手段だし、写真展で伝えるとかＳＮＳに書くなど外向けに発信することが使命なのかな、と。謙虚すぎた酒井さんの発信を、私たちが引き継いでいくべきなんじゃないかな、と思います。

(1) ステムギャラリー　２０１１年４月閉廊　主催 佐藤啓子

(2) 「大阪府庁の写真展」伊藤純・大場典子・芥子富吉　大阪府庁舎本館１階正面玄関横　２０１０年５月26日〜６月11日

(3) 特別展「煉瓦のまち タイルのまち―近代建築と都市の風景―」大阪歴史博物館　２００６年10月７日〜12月11日　大阪歴史博物館 開館５周年記念　泉布観重要文化財指定50周年記念

(4) 大オオサカまち基盤（大バン）は２００４年８月設立。さまざまな職や立場を持つメンバーが集まり、大阪に残る使われていない近代建築を活用することで、大阪の街をより魅力的にしたいという活動を行った。

(5) 「タイル」名称統一90周年記念 講演会『建築とタイル・煉瓦の魅力』大阪歴史博物館　２０１２年６月30日

(6) なにわ歴博講座「近代建築に用いられた美術タイルについて」大阪歴史博物館　２００８年６月13日

(7) なにわ歴博講座「一九五〇年代大阪の都市開発と建築」大阪歴史博物館　２０１７年６月２日

(8) 小展示「大阪新歌舞伎座の建築」大阪歴史博物館　２０１８年４月18日〜７月23日

第2章

村野藤吾

解題　笠原一人

0 村野藤吾のタイルの技法に関する一考察

要旨

村野藤吾は細部にこだわった設計をしたことで知られ、その建築作品を紹介する際に建築部位・材料別に行われることがある。しかし、そこでは建築意匠の主要な構成要素であるタイルについて触れられる機会は少なかった。本論では、先行研究の分析と、新たに行った村野の建築作品に関するタイル工事関係者へのインタビューを通して、村野藤吾の建築のタイル表現、とりわけ技法面での特徴を明らかにする。これまでも村野が設計した建築における目地に言及したものがみられたが、インタビューを通してその具体例を示す。結果として、彼が設計した建築のタイルでは、通常のタイルの貼り方にくらべ、目地を極端に大きく、あるいは小さくするといった特徴があらわれやすいことがわかった。また、幅広の目地では、目地材であるモルタルや細骨材の調合に特徴がある点などを指摘した。

はじめに

村野藤吾（1891－1984）は、日本を代表する建築家の一人である。村野は明治24年（1891）に唐津で生まれ、小倉工業学校機械科に学び、卒業後は八幡製鉄所に勤務した。明治44年、2年間の兵役を経た後復職したが、学問

解題

2015年発行の『大阪歴史博物館研究紀要』13号に掲載された論考。建築家・村野藤吾のタイルの技法をテーマとして、既往研究の概要と、村野作品のタイル施工担当者らに対して新たに実施したインタビューを合わせてまとめたもの。

酒井さんは村野藤吾のタイルに関する既往研究から、外装タイルの色は竣工数か月前になって決定されていたこと、目地巾や目地底の深さに変化を付けたこと、タイルの裏面を表に向けて貼るなど特殊な使用法が見られること、といった特徴を村野独自の技法として抽出している。一方、新たに実施したインタビューからは、出隅や入隅の曲面にタイルを用いること、幅広の目地には目地材として大きな細骨材を利用すること、目地の面をタイルの面と同じにするか盛り上げ気味にする仕上げを好んだこと、といった特徴を抽出している。

巻末に付された平田タイルや野坂タイルなど、村野作品のタイル施工者らへのインタビュー録は貴重である。新

を志し、大正2年（1913）早稲田大学予科に入学し、電気学科に進んだ。途中、建築に転科し、大正7年に早稲田大学建築学科を卒業した。卒業後は大阪の渡邊建築事務所に入所し、渡邊節のもとで設計を行った。昭和4年（1929）に38歳で独立し、村野建築事務所を開設（同24年村野・森建築事務所と改称）した。昭和59年に93歳で亡くなる直前まで設計に関わり、生涯に設計を手がけた建築の数は300棟を超える（1）。

村野藤吾が渡邊節から独立後に設計した建築（以下、村野建築と記す）を評する際、しばしば手の痕跡を残す仕上げ（部位や材料）について触れられる。村野生前の建築作品紹介では年代順、または和風建築のみを区別するものが主体であった（2）が、没後の作品紹介では、建築類型（ビルディング・タイプ）とならんで建築部位・材料ごとのものが主流となった（3）。これは、他の建築家にもあてはまり得ることだが、彼ほどそれが顕著な例も珍しい。それは、彼が職人との対話を重視し、現場でものづくりの実際の判断を自ら行うことが多かったことにも由来すると考えられる。

村野没後に建築部位や各種職人へのインタビューを扱ったものとして、古いものでは逝去の翌年、雑誌『建築と社会』に追悼特集として掲載されたインタビューがある（4）。これを発展する形での『村野藤吾の造形意匠』は、部位別のディテール図版を掲載し、同時に関連する職人へのインタビューを掲載する形をとった。また、京都工芸繊維大学美術工芸資料館における「村野藤吾建築設計図展」のカタログにおいても、先行刊行物を補うように、インタビューが載せられることがあった。

このように、村野藤吾の設計した建築作品は、年代別や和風建築を特化した

ダイビル（1958年竣工）の増築部（1963年竣工）の外装のタイルは泰山タイルの「団子張り」で行われ完成までに半年以上かかったこと、村野は既調合のセメントは使わず大理石を砕いた粉などを混ぜたセメントをタイル目地に用いたことなど、村野の指示の細かさや現場ならではのエピソードが興味深い。

村野が自らの建築作品でタイルを多用し、様々な技巧を見せたことはつとに知られるが、既往研究の整理した上で、新たにインタビューを行い、その特徴を総合的に論じた論考として貴重である。村野についてはとかく独自の論を展開しようとする論者が多い中で、丁寧に、あくまでも客観的に考察し聞き手に徹している様子には、酒井さんの謙虚さが感じられる。

（笠原一人）

扱いとともに、建築類型別と建築部位・材料別での紹介が定石となっている。本論では、建築部位・材料別の紹介の中でも、建築意匠の主要な構成要素でありながら、比較的取り上げられる機会が少なかったタイル（5）の表現、とりわけその技法について考察する。

1．先行研究にみる村野建築におけるタイルの特徴

村野建築の中で、もっとも注目される意匠は、階段、手摺、把手など直接人の手に触れる部分である。また、照明器具なども独立して扱われることが多い。それに対し、タイルは内外装の仕上げとして大きな面積を占めることが多いにもかかわらず、触れられる機会が少なかった。それは、階段、手摺など「村野らしい」意匠を「図」とすれば、それらを支える「地」の部分であることにもよる。例外的に、ドウトン（現・コムラード・ドウトン、1955）、丸栄増築（1956）、東京丸物（池袋ステーションビル／現・池袋パルコ、1957）については、タイルや陶片がファサード・デザインの主要な要素となったために、言及されることがあった。しかし、一般に「地」となるタイル意匠にも、村野はこだわりをみせていた。

ここでは、村野建築におけるタイルの特徴について、先行研究で指摘された点について述べておく。管見の限り、村野建築のタイルについて詳述した研究および論述には、（1）『追悼文集 村野先生と私』（村野、森建築事務所、1986）、（2）和風建築社・吉田龍彦編『村野藤吾の造形意匠③ 壁・開口部』（京都書院、1994）、（3）八谷靖子・井上朝雄による研究、の3つがある。（1）につい

ては追悼文集という性格上、関係者の村野に対する追悼文を集めたもので、タイルに限定したものではないが、工事関係者へのインタビューの中にタイル工事に関する村野のこだわりが見受けられることから、ここで触れることとする。なお、引用文は一部読みやすいように新字に改めた。

(1)『追悼文集村野先生と私』

本追悼文集で、タイルの技法に関することが記されているのは、次の3か所であり、少々長いが抜粋する。これらの記載は、村野に対する追憶の中の一部であるが、タイルの選定(見本焼)やタイル貼技法を知る上で重要なものといえる。

① 丸栄増築(1956)

[成瀬宗「名古屋丸栄の頃」35-36頁より]

名古屋の広小路通に面した丸栄は、昭和28年に第一期が完成し、同31年に西側を増築した。増築部分の西側(呉服町通側)外壁には、色鮮やかなモザイク画がタイルで表現されている。著者の成瀬宗は当時、清水建設で丸栄の施工を担当していた。

最初にお会いした名古屋の丸栄百貨店の時は、その外装は八段のバンドの勝連のテラゾーブロックで仕切られたその間が八色のカラーコンディショニングモザイクで、華麗な藤色が上方に昇るにつれ次第に薄くなってゆくというものでした。しかも、既存の東側建物のカラコンモザイクに色を合わせるというもので、三十色の見本焼をしてようやく成功することができました。

又、西側の壁面は「大仏タイルの小口タイルを中心として抽象的な図案でゆく」ということしか分らず、竣工三十一年一月の前年の九月になっても決まらない状態でした。仮のデザインに基いて、緑・黄・茶・朱・白等何割づつ使用されるか決めて頂き、焼きましたが、図案ができた時とタイルの焼き終りが同時の十一月末となり、寒風の十二月・一月に充分な仮設養生をしながら貼り終え、ようやく竣工に間に合わせたものでした。

②**大阪新歌舞伎座**（1958）

［懸山良雄「連続唐破風の想い出」47頁より］

大阪新歌舞伎座は、御堂筋に面する東面に連続唐破風を用いた印象的な意匠である。それに対し、南・北面の西寄りには貼瓦が用いられ、落ち着いた表情をみせている。著者の懸山良雄は当時、大林組で同建築の施工を担当していた。

　正面の唐破風につながる南北の妻壁は、当初は黒の洗い出しを考えておられた。「からすの濡れ羽の黒だよ。」と言うことで、お気に入りの左官、浪花組に見本を作って貰うのだが思うようなからすにはなり兼ねる。そこで私は、からすの濡れ羽色は、油漆喰以外には無理であること、黒の洗い出しは日を経るに従って変色する懸念があることを申し上げ、代案として平瓦の突き付け貼りをお願いしたところ、よかろうと言うことになって採用していただいたのである。その後竣工した浪花組の本社の建物は村野先生がご設計だが、そのファサード一面にこの平瓦を突き付け貼りされているのを眺めて、私は心から嬉しく思ったことを思い出した。

③**新ダイビル**（1958）

［苅郷実「先生と突貫の記録（新大ビル、都ホテル、佳水園）」53–54頁より］

新ダイビルは堂島川に面して昭和33年に建てられ、同38年に北側が増築された。水平連続窓が印象的な建物は、外壁の各面に白色タイルが貼られている。著者の茹郷実は当時、大林組で同建築の施工を担当していた。

外装タイルの決定でありますが、形状は決定しましたが色が決まらず、再三お願いしましたところ白色とのこと、早速白色タイルの見本を提出したところ、このような白色ではない、その時白色の種類につき色々と教わりました。早速十二種類ほどの見本を焼き、建物に見本貼りをいたしました。先生は一度見て決定することもなく、日を変え何度も何度もご覧になり決定されます。この時、先生の色に対する厳しさを知りました。（中略）当時、戦後施工した建物の外装タイルの脱落事故が頻発しておりました。（中略）種々検討の結果、貼りモルタルのセメントは躯体コンクリートの収縮率を考慮し、シリカセメントを使用することで許可を願い、また施工面では一日の貼り上げ高さを制限し、水平面に作業範囲を伸すよう、貼付モルタルは貧調合（引用者註：セメントが少なく水が多い調合）のものを入念に充填すること、窓楣タイルは念のため、タイル一枚宛木口にダボ金物を取付け、躯体に取付けたステンレスの控え金物に、銅線で緊結することのご指導を受け施工いたしました。

(2)『村野藤吾の造形意匠③ 壁・開口部』

本書は、『村野藤吾の造形意匠』全5巻のうちの1冊であり、大部分を占めるのは図版とその解説で、その一項目として「タイル／ブロック」が扱われている。また、①内井昭蔵「村野藤吾作品に見る外壁のマテリアル」、②狩野忠正「消費形態は生産形態に反映する」、③長谷川尭「村野藤吾のファサード美学」の三論文と、資料紹介「ブリック・ワークの手法」が掲載されている。

図版紹介「タイル／ブロック」で挙げられた特徴的な事例のうち、特にタイルの形状と貼り方の技法に関連する記載には次のものがある（6）。関西大学誠之館2号館（1962）では、タイルそのものではないが、鞍型の突起のある「セメントレンガ」をスケッチ入りで紹介し、独特の表情を持つ壁の要因として、その材料に注目した。関西大学法・文学部研究室（1959）では、東西面と南北面でタイルの表面と裏面を貼り替えた例を紹介している。尼崎市庁舎（1962）では、東西壁面の石垣風意匠の表現について「二つのパターンがある。一つは、洗い出しのみで、他の一つは、モザイクタイルに洗い出しで縁取りをしたものである。目地は、すべてモザイクタイルである」（57頁）として、遠景から目地状にみえる部分をモザイクタイル貼りとして表現したことを特記している。また、丸栄増築、大阪新歌舞伎座、新ダイビルにおいては、（1）で紹介した『追悼文集村野先生と私』の中の一節をそのまま紹介している。

三論文の中では、内井論文が最も村野建築におけるタイルの特徴に触れている。内井はここで、作り手である建築家としての視点から目地に着目し、次のように述べている（7頁）。

村野のタイルに対する執着は作品を見ればよく解るが、同時に目地に対する関心の深さも並々ならぬものがあった。目地巾や目地底の深さが違えば、表情は全く異なる。タイル面の表情はタイルより目地のとり方で決まると思う。バラエティに富んだタイル貼りの作品を見る度に私は村野の独創性を感じるが、この村野の造形を支えてきたのはタイルをひっくり返し、裏を使うといった精神ではないだろうか。

この短い引用文中にも、内井は他の論者の言及することのない目地に着目していることがうかがえ、神戸大丸舎監の家（1931、現存せず）や関西大学法・文学部研究室のようにタイルを裏貼りすることに代表される、通常とは異なる使い方によって多様性と味わいを生みだしていた点に着目していたことがわかる。

資料紹介「ブリック・ワークの手法」では、村野の蔵書の1冊であった"BRICKWORK WORKING DETAILS"の主要図版を紹介し、コメントを付している。タイル貼りではなく煉瓦積みの紹介であるが、煉瓦積みの面から外側にはみ出すような目地の特徴や凹凸のある煉瓦の積み方が、村野建築におけるタイル貼り（一部煉瓦を交えたタイル貼り）と共通する面を持っていることを示している。

(3) 八谷靖子・井上朝雄による研究

両氏による研究には、①「村野建築におけるタイルと煉瓦の使われ方の変遷」『日本建築学会九州支部研究報告』第50号（日本建築学会、2011）、②「村野藤吾の建築における煉瓦とタイルの使い方に関する研究」『芸術工学研究』（九州大学大学院芸術工学研究院、2013）がある。②は①の研究内容をさらに発展・深化させたものであることから、ここでは②について述べる。

同論文では、村野建築の外装における煉瓦とタイルの使い方のうち、特徴あるものについて、「(1) 真壁風」、「(2) フランス張り、フランス積み」、「(3) イギリス張り」、「(4) 馬踏み目地」、「(5) 塩焼きタイル」、「(6) 凸張り」、「(7) 裏張り」に分けて考察している。(5) はタイルの材質における特徴で、その他は貼り方・積み方の意匠的な特徴である。（1）（6）（7）は、実例数は少ないが村野の作風の一端をなすもので、村野建築に特徴的な意匠として挙げている。それに対し、（2）～（4）は、一般的な煉瓦積・タイル貼の表現のうち、村野建築にあらわれたものについて検討したもので、（3）は実例が1例のみで、（2）や（4）を好んでいたことを明らかにした。

以上、（1）～（3）を通して、これまで言及されてきた村野建築におけるタイルの主な特徴として、次のような点が挙げられる。

・外装タイルの色決定は、竣工数か月前に決定されることも多く、焼色見本などの検討を入念に行っていた。
・タイル貼り施工にあたっては、剥離防止などの観点から、現場で直接建築施工者に指示・指導していた。
・目地巾や目地底の深さに変化を付けることで、変化に富んだ壁の表情をつくった。
・個性的な表情を持つタイル（塩焼タイル）や、モルタル煉瓦を使ってところどころ凸部をつくる（凸貼り）など、壁面に表情を持たせることに留意していた。
・タイルの裏足を表に向けて貼るなど、特殊な使用法が試みられた。
・（二丁掛と小口平を用いる際は）フランス貼りを好んだ。
・（さまざまなサイズのタイルに対し）一般的に馬踏目地を好んだ。

2. インタビューを通した村野建築におけるタイルの特徴

本稿では、村野建築におけるタイルの使い方の特徴について、施工上の特徴を知るために、当時の村野建築にかかわったタイル関係者にインタビューを行った。タイル業界は一般に、①製造、②流通・販売、③設計・施工に職種が大きく分けられる。今回インタビューを試みた株式会社平田タイルは、建築用陶磁器・タイル・衛生陶器等を扱う会社として大正8年に京都で創業し、現在は大阪市西区阿波座に本社をおき、タイルを中心とした建材の流通・販売・設計・施工を手がけている。同社は村野建築のうち、大林組が施工した建築を中心に、タイルの納品や施工に数多く関わっていたことから、当時を知る関係者に話を聞いた。

インタビュー内容は、本論の末尾に「インタビュー編」として付した。村野建築に直接関連のない事柄も含んでいるが、村野建築にかかわった関係者・職人の実像を理解する上で貴重であると考えられることから、そのまま掲載した。また、インタビューした方々は、村野建築の中でも最後の時期に関係していたため、村野藤吾存命中のものと、村野が設計し没後に村野・森建築事務所所員の手で仕上げられた建築の両方がある。また、村野からの直接の指示ではなく、村野・森建築事務所の近藤正志ら、ベテラン所員からの指示である場合も多い。これは、タイル固有の事情ではなく、村野建築施工の一般に共通する事柄といえる。

今回のインタビュー内容から、村野晩年の村野建築のタイルの技法について、次のような傾向をみることができた。

・出隅・入隅のアールに仕上げた部分に、タイルを施工する例がみられる。
・目地を極端に大きくする、または小さくすることにより、通常の目地と違う印象をもたらす。

・幅広の目地では、目地材として大きな細骨材を利用する。
・目地の面をタイルの面と同じくするか、盛り上げ気味にする仕上げを好んだ。その際、目地の表面を整えないことがしばしばあった。
・目地材は既調合セメントは使わず、セメント、白セメント、砂、珪砂、寒水などを独自の比率で混ぜて用いた。
・建設現場で掘削した土や砂を目地材に混ぜ、その建築特有の目地をつくることがあった。

以上のタイル貼りの技法に関する特徴は、主に村野晩年から没後に完成した建築にいえる傾向である。ただ、大き目の細骨材を用いることは、大庄村役場（現・尼崎市立大庄公民館、１９３７）や中村健太郎法律経済事務所（現・中村健法律事務所、１９３６）など、戦前の村野建築にもあてはまる点といえる。今回のインタビューで触れることができたのは、３００棟を超す村野建築のごく一部、しかも晩年の作品を中心にしたものである。しかし、内井昭蔵が「目地に対する関心の深さも並々ならぬものがあった。目地巾や目地底の深さが違えば、表情は全く異なる」と指摘していた事柄と、今回のタイル関係者へのインタビューは相通ずるところがあり、その実際を裏付けることとなった。

おわりに

本稿では、先行研究の整理と新規のインタビューを通して、前者からは主に建築意匠上および建築施工上からの村野建築におけるタイル使用の特色を整理した。また、後者では直接村野建築のタイル納品・施工にあたった関係者のイ

（1）渡邊節から独立前に設計した南大阪教会（１９２８）は村野の作品として含む。また、村野自身が設計まで手がけ、没後に竣工した甲南女子大学芦原講堂（１９８８）などの建築も含める。

（2）年代順のものとして、『村野藤作品集１９３１－１９６３』（村野藤吾作品集刊行会、１９６４）等が、和風建築のみをとりあげた代表例として『村野藤吾和風建築集』（新建築社、１９７８）等がある。

（3）建築類型別の代表例としては、『村野藤吾建築図面集』全8巻（同朋舎出版、１９９１－９２）等が、建築部位・材料別の代表例としては『村野藤吾の造形意匠』（京都書院、１９９４－９５）等がある。

（4）『建築と社会』１９８５年11月号（日本建築協会）特集「村野藤吾の一断章」に「村野藤吾の思い出」としてインタビュー「村野藤吾と粘土模型」（話し手：三浦栄次郎）、「村野藤吾と照明」（話し手：横田隆）が掲載された。

（5）本稿でいうタイルとは、建築の仕上げ材として使われる薄板状のやきものの総称である。原則として、ガラス質モザイクや大理石片（テッセラ）、Pタイルなどは含まない。ただし、セメント煉瓦については例外として言及した。

（6）タイルについては、他に森五商店東京支店（現・近三ビルヂング、１９３１）における開口部の奥行を浅く見せる表現でタイルを用いたこと、横浜市庁舎（１９５９）をはじめとする真壁風表現の柱間にタイルが用いられたこと、川崎製鉄西山記念

ンタビューを通して、村野建築におけるタイル施工上の特徴の一端を紹介した。

内井昭蔵が指摘していたように、タイルそのものの表情に加え、目地に変化を持たせたことが、村野建築におけるタイル仕上げを他と異なるものにしていたことを、具体的な証言とともに紹介した。村野・森建築事務所の外壁に見られるように、シャモット状粒子入りの淡い色調のタイルを用い、荒く太い目地を用いた表現を取ることで、遠くからは上品な感じがしながら、近くでは手の痕跡を感じさせる点が、大きな特徴といえるだろう。また、都ホテル大阪（現・シェラトン都ホテル大阪、１９８５）の地階廊下のように、部位によって目地を極端に大きく、あるいは逆に小さくした点、関西大学法・文学部研究室のように東西面と南北面でタイルの表・裏を変えて貼るなどの手法により、限られた種類のタイルでも多様な表情をもたらしていた。華やかな「村野らしい」といわれる建築細部意匠の中で目立たない存在だったタイルであるが、上品さと手仕事の痕跡の両面を備えることによって、端々まで手の込んだ飽きの来ない味わい深い表現をつくりだしたといえる。

【インタビュー編】

◆出席者：

・平田雅利氏（株式会社平田タイル代表取締役社長兼会長）

・弘瀬淳一氏（株式会社平田タイル取締役副本部長）

・木村徹氏（株式会社平田タイルタイル工務部兼営業本部部長）

会館（１９７５、現存せず）や新高輪プリンスホテル（現・グランドプリンスホテル新高輪、１９８２）において曲面仕上げにタイルが有効だったことが触れられるが、これらはタイル固有の表現というより村野建築の造形全般に関わるものとして除外する。

・野坂允之氏（協力会社、野坂タイル）
・倉見芳顯氏（大阪タイル協同組合事務局長）
・聞き手：酒井一光
◆実施日：平成26年（2014）4月19日（土）
◆場所：株式会社平田タイル本社

平田：㈱平田タイルは、大正8年（1919）京都で創業しました。当初はタイルだけでなく、器なども取り扱っていました。当社は、大林組が施工にかかわった建築のタイル工事を多数手がけており、そのご縁で村野建築のタイル工事もいろいろと経験してまいりました。当時の職人の親方でお元気な方は少なくなってきましたが、野坂さんは村野建築をよく知るお一人です。本日は、当社の中でも村野建築をはじめ、豊富な経験を持つメンバーに集まってもらいました。

――それでは、野坂さんの経歴と自己紹介をお願いします。

野坂：昭和31年（1956）からタイルの仕事をはじめ、いま73歳で、もうすぐ74歳になる。大阪に来る前は、広島で煉瓦の仕事を数多く手がけた。昭和30年代は、タイルより煉瓦の仕事が多かった。工場の煙突や炉などの仕事が多かった。煉瓦には、赤煉瓦のほかにイソライト煉瓦、耐火煉瓦、クローム煉瓦などがある。炉では、外側は赤煉瓦、中間をイソライト煉瓦、内側を耐火煉瓦で積む。クローム煉瓦は、特に火力の強い所で使った。辛かったのは、炉の修理の仕事で、足袋が焼けてくるほど熱かった。一般の煉瓦の壁では、煉瓦の仕上がりを均質にみせるため、積みあげた上から弁柄を塗るということもやっていた。

――昭和30年代で、タイルより煉瓦の方が多かったというのは意外ですね。
野坂：昭和30年代といえば、現場が尺貫法からメートル法に代わっていく時期で大変だった。大工はその後もずっと、尺貫法でやっていた。
――タイル関係のお仕事についてはいかがでしょうか。
野坂：古いものでは、千日デパート（1958）、新ダイビルの増築（1963）などがある。
――千日デパートは昔の大阪歌舞伎座を改修したもので、改修設計は村野藤吾、施工は矢島建設です。
野坂：矢島建設は、千土地関係が得意先だと思う。千日デパートのほか、戎橋北西にあった旧吉本会館（1960、現存せず）なども矢島建設の施工で、私も現場でタイルを貼った。
――以前、矢島建設にお勤めだった方から、大阪歌舞伎座を千日デパートに改築する際、大阪歌舞伎座のぶどう棚を大阪新歌舞伎座にそのまま持って行ったという話をうかがったことがあります。大阪新歌舞伎座、旧吉本会館も村野藤吾の設計です。
野坂：そのほかによく覚えているのは、大阪松竹座のファサード保存工事、大同生命ビルの建て替えで新旧のテラコッタを扱ったこと、なら百年会館、舞洲スラッジセンターを担当したこと。
平田：なら百年会館は、磯崎新の3次元設計で現在でも2つと無い建物です。
野坂：なら百年会館は、3年くらい現場に張り付いて外装タイルをやっていた。舞洲スラッジセンターでは、意匠設計者のフンデルトヴァッサーが途中で亡くなったので、タイルはすべて職方が現場でタイルを割り、目地が通らない様に

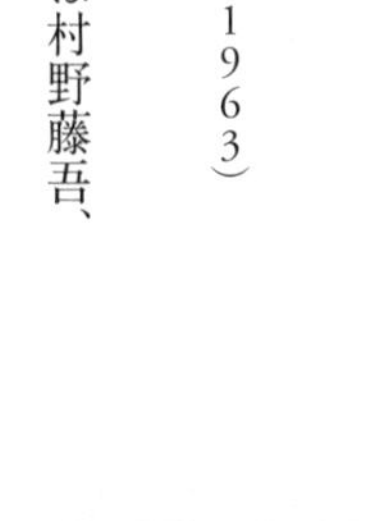
写真1　新ダイビル外観　第1期（手前）と増築部の第2期（奥）

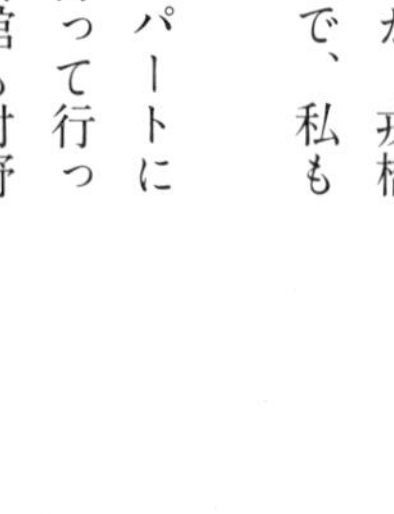
写真2　シェラトン都ホテル大阪外観

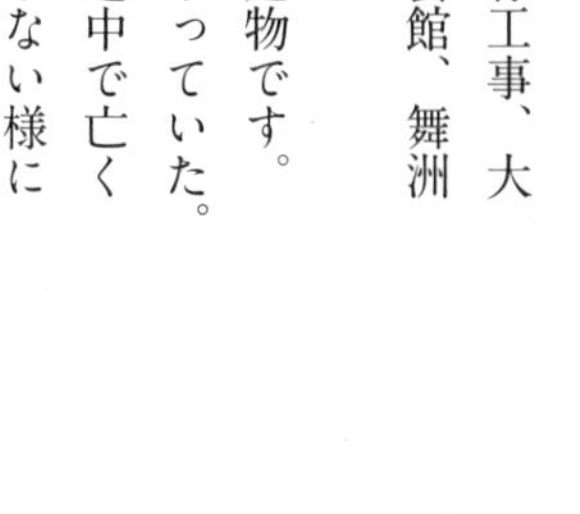
写真3　シェラトン都ホテル大阪　地下1階廊下壁面の小口タイル

考えて貼っていった。
――村野建築では、どのようなものを担当されましたか。
野坂：新ダイビルの増築（1963、現存せず）、東京銀行大阪支店（大阪東銀ビル、1970）、宝塚市庁舎（1980）、蹴上の都ホテル（現・ウェスティン都ホテル京都、～1988）などをやっている。
――新ダイビル（写真1）の増築について教えてください。
野坂：新ダイビルの増築では、内外装ともに施工した。「団子張り」の時代だったので、半年以上かかった。コンクリが上がってからでないと、外装タイルは始められない。上からピアノ線を下ろして、下から「団子張り積上げ」で貼っていった。
木村：半年以上といえば、季節が変わってしまいますね。
倉見：当時、外装タイルは、1枚ずつ貼っていて1人1日あたり1,000枚／8㎡程度が目いっぱい。タイル職人12～13人で、せいぜい70～80㎡／1日の貼りつけでした。
――新ダイビルの外装タイルは、どこのものでしたか。
倉見：平田タイルから日本陶管の大島さんに発注し、泰山製陶所で焼いていたと思います。
木村：蹴上の都ホテルの改修でも同じでした。
――大阪東銀ビルはいかがでしたか。
野坂：この現場では、実際に村野さんに会った。そのほかは、村野・森建築事務所の方とやり取りしていた。外装のうち東と南面は石貼りだが、北面は有田タイルの小口タイル貼りだった。増築の外装は、別班の横田タイルがやってい

写真4　シェラトン都ホテル大阪外観　地下1階廊下柱の小口タイル

写真5　近鉄百貨店阿倍野本店旧館外観

た。内部では、トイレの出隅・入隅すべてに、内アール・外アールがついていて大変な仕事だった。

――宝塚市庁舎はいかがでしたか。

野坂：ここでは、増築部分をやった。外装では、既存部分と連続するように貼っていくのが難しかった。外装タイルの目地は、ケレン棒（ヘラ）で掻くだけの仕上げだった。タイルと同面におさめるか、それ以上外側にはみ出すように仕上げるよう指示された。鏝を使ってはダメだった。内部では、増築部の地下の廊下が大変だった。16ｍｍのコインモザイク（直径16ｍｍの円形モザイクタイル）で仕上げるのだが、床と壁の間すべてにアールがついていた。

――同じような仕上げを、東京の千代田生命本社ビル（現・目黒区総合庁舎、１９６６）の地下の廊下でも見たことがあります。

倉見：目地の仕上りでは、村野・森建築事務所の人から「なすくったような雰囲気」（押し付ける、こすり付ける、擦り付けるのようなニュアンスか）と言われ施工する職方共々悩まされました。機械的な固い雰囲気ではなく、職方の手作業の雰囲気を醸しだすようにしました。

野坂：目地の色がなかなか決まらなかった。目地幅が太かったものもある。目地幅が太すぎるとチューブは使えない。

――都ホテル大阪（現・シェラトン都ホテル大阪、１９８５）について、教えてください。

野坂：タイル職人の故・吉田信一さんがやっていて、自分は同時期に近鉄会館の改修（１９８５）をやっていたので、よく見に行った。

――近鉄上本町ターミナルビル（近鉄百貨店上本町店、１９７３）から都ホテル大阪に続く地下の通路は、壁面のタイルが太い目地、柱のタイルがごく細い目地

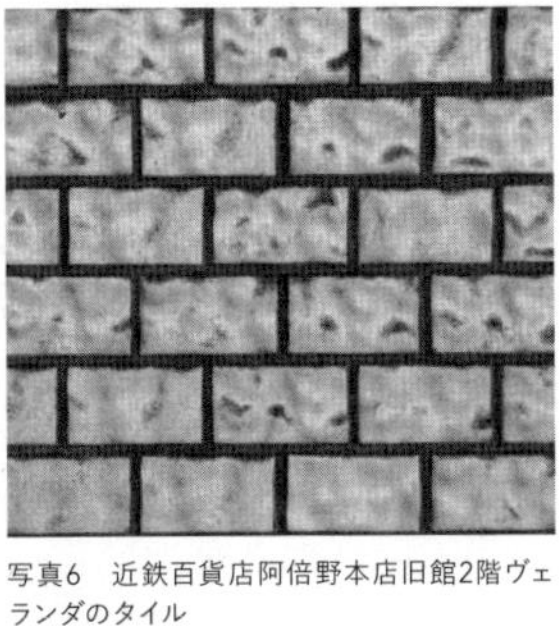

写真6　近鉄百貨店阿倍野本店旧館2階ヴェランダのタイル

写真7　村野・森建築事務所外観

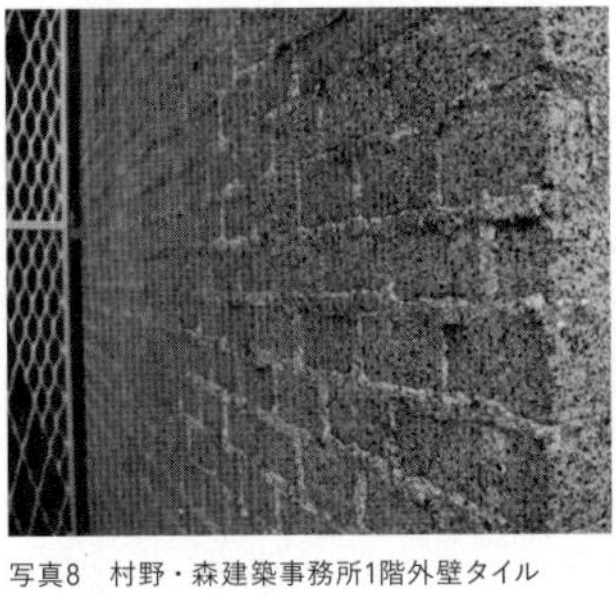

写真8　村野・森建築事務所1階外壁タイル

でした（写真2〜4）。
弘瀬：2ミリぐらいの細い目地は糸目地、まったく目地をとっていないのがねむり目地です。
野坂：出水さんという人が、村野建築の太い目地が得意だった。
――蹴上の都ホテルはいかがですか。
野坂：宴会棟の頃は関わっていた。スクラッチタイルなども貼った。
木村：このスクラッチタイルは、25mmなど厚みのあるもので、出っ張っているところもありますが煉瓦ではありません。都ホテルでは、改修もいろいろと手がけました。
――現在のあべのハルカスのところにあった近鉄百貨店阿倍野店旧館（現存せず）（写真5）のタイルはいかがですか。これは、2階ヴェランダ部分の外壁のタイルです（写真6）。
弘瀬："岩面"のような感じです。
木村：プレスのように、同じ形ではないですね。
――阿倍野の村野・森建築事務所の外装タイル（写真7・8）はいかがですか。遠くからみると上品な感じの外壁ですが、近寄ると手仕事の痕跡を感じさせる荒々しさがあります。
野坂：目地は掻き目地というよりは、そのままといった感じがする。軽くこすっているようだ。曲りの部分は、積んだまま、セメントが膿んだ（目地材が外側に不規則にはみ出した）というイメージ。
弘瀬：タイルそのものは、シャモットのような感じですね。
――そのほか、村野建築のタイルの好みについて、どう思いますか。

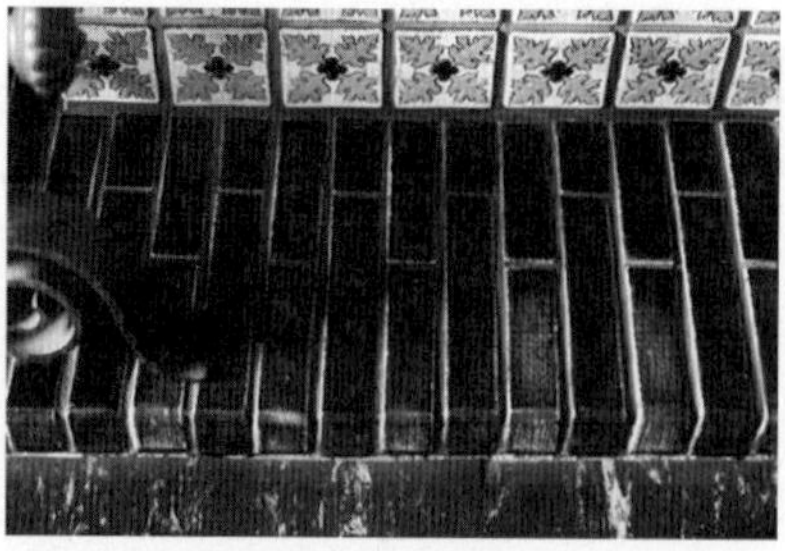
写真10　中村健法律事務所2階応接室暖炉　ボーダー・タイル

写真9　中村健法律事務所外観

野坂：巾木は、通常の出巾木は嫌いだった。必ず壁面より一段くぼませて作っていた。それから、宝塚市役所増築部の地下廊下のように、アールが好きでタイル仕上げが大変だった。

倉見：建設時に掘削した現場の土地の砂や土などを目地材に混ぜ込み、使うと聞いています。

――それは面白いですね。

木村：村野建築では、既調合のセメントは使いませんでした。セメント、白セメント、砂、珪砂などを混ぜていました。寒水（寒水石という大理石を砕いた粉）を用いるのが特徴でした。寒水は、白目地や色目地の基礎材になります。

倉見：村野建築でよく使われる太い目地では、骨材を大きくしないと目地がひび割れてしまいます。普通のモルタルの細骨材は3厘（約1ｍｍ）以下ですが、村野さんや浦辺鎮太郎さんの目地では6厘以上という指示もありました。

――村野が戦前に設計した中村健太郎法律経済事務所（現・中村健法律事務所、1936）（写真9・10）と大庄村役場（現・尼崎市立大庄公民館、1937）（写真11・12）のタイルは、いかがでしょうか？

平田：中村健太郎法律経済事務所は、応接間暖炉のボーダータイルの飴釉がきれいですね。

野坂：中村健太郎法律経済事務所や大庄公民館の外装タイルの目地も、細骨材が荒いイメージですね。

――本日はいろいろと、ありがとうございました。

出典　大阪歴史博物館　研究紀要　第13号　2015年

写真11　尼崎市立大庄公民館外観

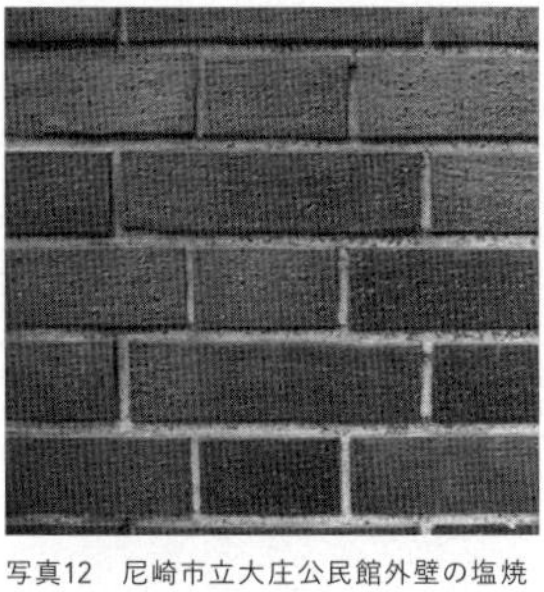

写真12　尼崎市立大庄公民館外壁の塩焼タイルフランス貼り

○ 概説　建築家・村野藤吾と本展覧会について

村野藤吾は明治24年（1891）5月15日、佐賀県の唐津で生まれた。本名を、藤吉という。12歳の時から福岡県の八幡で暮らすようになり、小倉工業学校機械科に進学した。卒業後は八幡製鉄所に入り、2年間の兵役を経た後に復職した。しかし、大学進学を希望し、東京の早稲田大学予科に進学し、雑司が谷の鬼子母神近くに下宿することになった。予科を終え、本科に進む際は電気学科を選んだが、途中で建築に興味を持ち、当時の予科長・安部磯雄に相談し、1年間デッサンに通った後で、建築学科に転科した。これが、その後の運命を大きく変えていった。

早稲田大学では、佐藤功一らが製図を担当していた。当時の建築教育は、西洋の様式建築を基礎から教えていたが、村野は様式建築よりも、新しい建築表現を志向したセセッションに関心を持ち、製図の時間はいつもセセッション風の設計を好んでいた。在学中は、1学年下に今井兼次がいた。今井は、ガウディの建築思想や表現を日本で最初に本格的に伝えたことでも知られ、戦後は長崎の日本二十六聖人殉教記念施設や皇居の桃華楽堂《とうかがくどう》などを設計した。大正から昭和にかけて、大きな影響力を持った建築家の一人である。村野が設計した世界平和記念聖堂では、レリーフ「七ツの秘蹟」を手がけるなど、親交が深かった。また、村野は在学中に今《こん》和次郎を中心に開かれていた勉強会に通い、「精神的な面で一番影響が強かったのは今和次郎さんでした」（1）と述懐している。早稲田大学を卒業し、大林組への就職が決まっていたが、建築家の渡邊節が村

解題

酒井さんの企画、監修により、2014年9月から10月にかけて大阪歴史博物館で開催された展覧会「村野藤吾　やわらかな建築とインテリア」の図録の巻頭に掲載された論考。村野の経歴や建築設計の考え方、作品の特徴などを概説した後、後半に酒井さんの「村野体験」が語られている。

酒井さんにとって大阪で一番印象に残っている村野作品は、今はなき心斎橋プランタンと心斎橋ビル（板谷生命ビル）だったという。心斎橋プランタンは、その手工芸品のようなインテリアの魅力からファンも多いが、心斎橋ビルを一番印象に残る村野作品に挙げている人を他に聞いたことがない。御堂筋のそごう百貨店の北隣の敷地に戦前に竣工し、戦後に村野自身によって増築・改修された建物で、2005年頃まで建っていた建物だが、そもそも存在を知る人がほとんどいないだろう。しかもそこにあった、おとなしい羊のレリーフが印象深かったというから面白い。ほかにも中村健法律事務所と輸

野の卒業設計《ディプロマ》にほれ込み、大阪の自分の事務所に引き抜いた。村野自身、在学中から友人の影響で、伝統の中に新しい文化を取り入れている大阪の船場・島之内の町家の暮らしにあこがれを持っており、また福岡の父も東京より距離的に近い大阪での就職を喜んだという。また、東京でもようやく曾禰中條《そねちゅうじょう》設計事務所（担当：中村順平）設計の如水会館など、新時代を予感する建築がようやくあらわれようとしていたが、大阪にはすでに設楽《しだら》貞雄設計の有澤眼科医院など、村野が好む自由な雰囲気の建築がたくさんあった。

渡邊建築事務所は学生時代の村野の作風とは異なり、当時アメリカで流行していた様式建築のデザインをもとに、先進的な設備や施工を導入した「売れる」建築をつくることに長けていた。ここで村野は、様式建築の基礎を徹底的に習得した。また、日本興業銀行の設計のために渡米し、初めて本場の建築にも触れている。渡邊からは、泊まるホテル、現地での食事や行動など、事細かにアドバイスを受け、本務遂行にとどまらず、アメリカ社会の生活様式を知る貴重な機会を得た。ところで、村野は学生時代の理想を忘れたわけではない。来阪の翌年、多忙な仕事の中でも、論文「様式の上にあれ」を『日本建築協会雑誌』（現・『建築と社会』）に発表した。現在、日本近代建築史の中で大正時代のエポックとして取りあげられる分離派建築会による「分離派宣言」の前年のことである。なお、村野はこの論文の発表時に、藤吉ではなく藤吾を名のっていた（2）。村野が藤吾の名を使うようになった正確な時期は分からないが、おそらく来阪間もないころであろう。その理由も諸説あり、同じ唐津出身の建築界の巨匠・辰野金吾や曾禰達蔵にあこがれて建築を目指したともいわれ、辰野金吾にあやかったという説もあるが、真相はわからない（3）。ちなみに辰野は、村野が藤

出繊維会館とフジカワビルが、じっくり見る作品としては印象深いとして、その外装材の肌合いや室内の階段手摺、家具、光の入り方など、細かな部分に目を向けている。

「村野藤吾　やわらかな建築とインテリア」展は、村野作品の建築の全体像よりも、部材や装飾、手摺、家具などディテールに焦点を当てた展覧会で、その実物がたくさん展示されていたのが印象的だった。それは確かに村野の魅力ではあるのだが、そこに細やかに目を向ける酒井さんの村野作品への観察眼こそが、その魅力を引き出していることを感じさせてくれる論考である。

（笠原一人）

吾と名のるようになった前後、大正8年（1919）3月25日に逝去した。

昭和4年（1929）、38歳の時に渡邊建築事務所から許しを得て独立し、阿倍野で村野建築事務所を主宰した。村野は15年間（4）渡邊のもとで様式建築を徹底的に習得したが、独立後から戦争が始まるまでの10年程は、1920〜30年代におこった表現主義やモダニズムなど、渡邊のもとで手がけたくともできなかったことを次々に実践した。だが、様式建築の本質をマスターした村野は、若手が設計した作品とは異なり、表現主義やモダニズムのなかにも、経済原理を踏まえ、細部意匠の洗練度を極めたものを完成させ、他の建築家とは一線を画していた。

戦時中は、建築制限や資材統制の中で、仕事は限られていった。宝塚の清荒神《きよしこうじん》に、河内の古民家を移築した自宅を建て、手を加えていったのもこの頃からである。自宅での読書時間を増やし、水墨画、お茶などを学び、仕事がなくなるのではないかとの強い不安のなかにも、やがて平和の時代が訪れた際の新たな活躍を見越した準備を整えていたように思われる。

戦後、本格的に活動を再開した村野は、事務所名を村野・森建築事務所と改めた。そして、昭和20年代後半には世界平和記念聖堂などの大作を手がけるようになった。戦災復興と高度経済成長のなか、大阪でもフジカワビル、大阪新歌舞伎座などの名作を次々と誕生させていった。あわせて、東京での活躍の機会も増え、日本生命日比谷ビル、千代田生命本社ビル（現・目黒区総合庁舎）、そして晩年の新高輪プリンスホテル（現・グランドプリンスホテル新高輪）にいたる傑作が誕生した。また、都ホテル（現・ウェスティン都ホテル京都）や関西大学のように、長年にわたる増改築や、毎年のように学舎を手がけてきたところもある。生涯に設計した建築の数は、３００棟を超え、そのいずれにも村野の設計とわかる手の痕跡を残している。昭和59年11月26日、93歳で亡くなる直前まで鉛筆をにぎり、没後に完成した大作も多い。施主や先輩、友人、事務所の所員、施工会社や職人、そして家族や身近な人びとなど、周辺環境に恵まれたことも、活躍の背景として見のがせない。

昭和28年に日本芸術院賞、同42年に文化勲章、同47年に日本建築学会建築大賞を受けるなど、生前から高い評価を得た。また、迎賓館（旧赤坂離宮改修）が国宝に指定されるなど、文化財となった建築も数多い。まさに、日本を代表する建築家といえる。没後も、節目には業績を回顧する展覧会が開かれ、出版物も次々と刊行されている。京都工芸繊維大学美術工芸資料館では、村野藤吾建築設計図展をこれまで12回にわたり開催するなど、厚みのある研究・展示が行われている。ひとりの建築家を紹介する試みとしては、日本では他の追随を許さない。それゆえ、いま新たな村野像を提示することは難しいとも思われる。だが、村野の活動の拠点であった大阪で、長らく大きな展覧会がなかったのは残念なことであった。また、これだけの業績ある建築家であれば、まだまだ触れられていない側面もあるに違いない。そうした思いから、没後30年にあたる今年、村野藤吾を振りかえる展覧会を企画した。以下では、私がこれまでに体験した村野建築について、すでに多くの論者により触れられてきたことと重複する面もあるが、この展覧会の背景として記しておきたい。

私がはじめて村野を意識したのは、おそらく長谷川堯の著作を通してだろう。学生時代に見学した村野晩年の傑作、東京の新高輪プリンスホテルには、圧倒

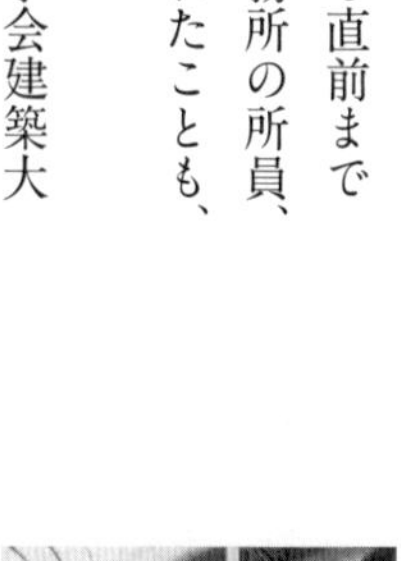
1 心斎橋プランタン外観

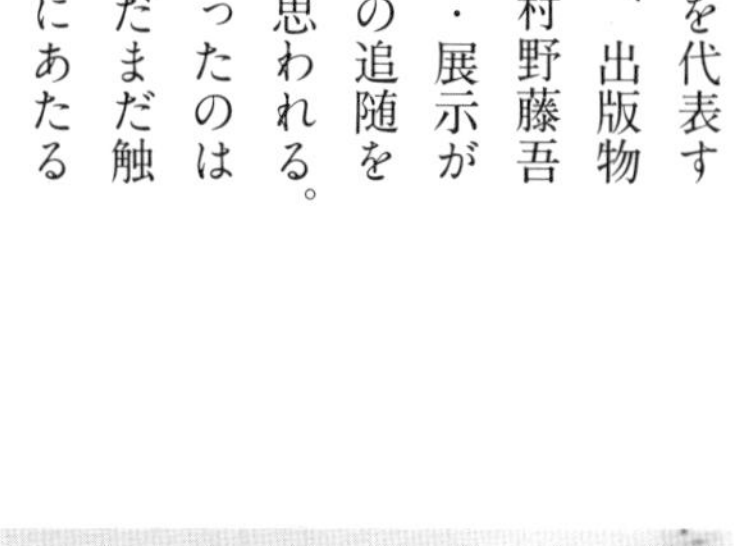
2 心斎橋ビル外観

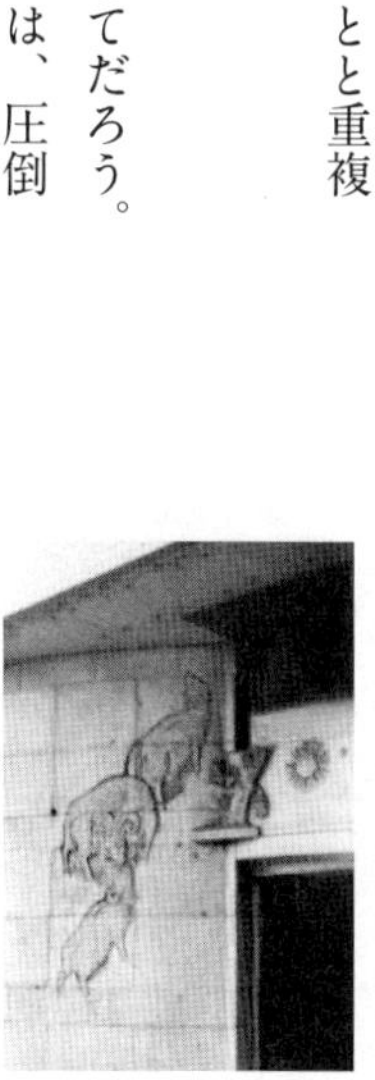
3 心斎橋ビル羊のレリーフ

された。アコヤガイを貼りまぜたエレベータの扉や宴会場「飛天」の天井には、いままで見たことがない造形と素材使いに強い衝撃を覚えた。建築に貝という組みあわせ自体、想像もつかないものだった。あわせて、同ホテルにある数寄屋建築「恵庵」や「秀明」のやわらかく繊細な表現を目にし、これを一人の建築家が構想したことに、信じられない驚きをもった。つややかで美しい感じがしたのは、そこが新しいホテルだったからか、あるいは老練な建築家の夢の結晶であったからか、当時の私には判断のしようもなかった。だが、その後に村野建築を意識的に見る機会は残念ながらなかった。

大阪に就職し、そごう大阪店、大阪新歌舞伎座、梅田吸気塔などの傑作に身近に接することができるようになった。これらの代表作は確かにすばらしいが、私にとって第一に印象に残っている作品は、心斎橋プランタンと心斎橋ビル（旧板谷生命ビル）だった。

心斎橋プランタンは、そごう・大丸から心斎橋筋を南に下っていったところにある喫茶店だ。心斎橋筋は毎晩、ものすごい人の流れであるが、この激流の中で独特の世界を保持していたのが心斎橋プランタンであった。ファサードは一面大きなガラス張り、スチールの方立によって分割されており、上の方は黄・赤などのモザイクで色面が構成されていた。そして赤地に白文字で「プランタン」と記された看板が目印となっていた。扉から店内に入ると、薄暗いなかにも空間の広がりが感じられた。間口が狭く奥行きが深い大阪の商家の特徴をこの建築もそなえ、右手（北側）の通路上部が吹抜けになり、左手に客席がならんでいた。これも、大阪の町家の通り土間の構成を思わせるが、異なるのは座席のあるフロアが半地階、中2階とレヴェルがずれていた点である。各フロア

5 輸出繊維会館　心斎橋筋側入口

4 中村健法律事務所　入り口の欄間

と通路（こちらにも一部客席あり）の間は籐を用いた手すりによって、やわらかく分節されていた。スキップフロアによって視線が分断され、しかも空間としては一体感があり、うす暗いなかにも華やかな気分が満ちていた。そしてフロア同士を結ぶ階段こそ、村野が最も得意としたものである。蹴上《けあげ》・踏面《ふみづら》の寸法はもちろん、手すりの曲面や階段裏側の処理にいたるまで、ぬかりなく、美しい。店に入る際、私は何気ない心地よさを感じていたが、いつも分析的に見ていたわけではない。雰囲気が好きで幾度か通ううちに、少しずつその良さが身にしみてきたのだ。

もうひとつの心斎橋ビルは、そごう大阪店の北隣りのブロックに建っていた。このビルで最も印象的だったことは、1階入口付近の壁面上部に羊のレリーフがついていたことだった。そごう大阪店が、ファサードをはじめあちこちに見どころがあったのとは対照的に、心斎橋ビルではこの羊のレリーフ1点が訴えかけてきた。もっとも、今日改めてみることができれば、印象は全く変わっているだろうが、当初の私の正直な記憶はそのようなものだった。羊は村野がたびたび装飾につかったモチーフで、圧巻なのは新ダイビル4階壁面角から飛び出した彫刻であった。それにくらべれば、心斎橋ビルのレリーフはいたっておとなしく、かわいらしくもある。後日、このレリーフの作者が宮島久七であることを知った(5)。宮島は、昭和9年におこった室戸台風の教育関係の被災者を追悼する教育塔のテラコッタ・レリーフを製作したことでも知られる。村野は自作の中で、多くの画家、彫刻家、工芸家らに、建築の主要な部分の制作を依頼した。これは渡邊建築事務所時代、大阪ビルヂングや日比谷ダイビルで大國貞蔵らの彫刻を主要なデザインの一部として採用したことに学んだのかもし

6 輸出繊維会館　会議室

7 フジカワビル吹抜け上部の天井照明

れない。独立後の村野建築においても、アーティストの人選と担当してもらう部位の選定が非常に的を射ていた。信頼して任せたうえで、トータルでは村野の建築として成功を収めている例は多い。心斎橋ビルもそのひとつであり、小さなレリーフが強く心に残っている。

きめ細かなディテールが醸しだす味わいある空間、1点のレリーフが与える深い印象。心斎橋プランタンと心斎橋ビルの2つの建築は、村野建築の一面をよく体現していたものだったと思う。だが、そごう大阪店に続いて心斎橋ビル、心斎橋プランタンも次々と姿を消してしまった。

その後、大阪の村野建築についてじっくりと見るようになったのは、見学会や展覧会、原稿執筆の機会などで幾度か同じ建築を訪れるようになったからだ。中でも印象深いのが、中村健《たけし》法律事務所(6)、輸出繊維会館(7)、フジカワビル(8)である。

中村健法律事務所は、大阪に残る戦前の近代建築のひとつとしてかねてより関心があったが、その来歴はわからなかった。あるとき雑誌『建築知識』のバックナンバーを通覧していた際、「N法律事務所」(1937年10月号)として紹介されていた写真が、まさにそれであることに気付いた。玄関をはいると、村野が渡邊のもとで設計した綿業会館の装飾を彷彿とさせる空間が広がる。応接間や書斎など、室内の様子も非常によく残っており、モダンデザインの結晶のような出来栄えだった。竣工は、昭和11年。そごう大阪店や宇部市渡辺翁記念会館など、大作が続々と生まれていた中で手がけた小建築だったが、従来ほとんど知られていない作品のなかにも、このような名作があるものかと衝撃を受けた。

輸出繊維会館は、心斎橋筋と備後町の角に位置する控えめな外観の建築である。トラバーチンで覆われた外壁に、角にアールをとった大きめの窓がならぶ。いまにして思えば、色彩・テクスチュアの織りなすやわらかさ、やさしさに村野が心血を注いだであろうことが想像できるが、最初のころはどこかとらえどころのないものに思えた。インパクトのある造形の方が一般に意識されやすいものだが、この会館はそうした雰囲気とは対極にあった。唯一、心斎橋筋側に張りだした入口が、日本万国博覧会のパビリオンを思わせる近未来的な造形である。ここから地下へ降りると、会議室にいたる。木質系の落ち着いた材質、優雅な雰囲気の階段、空間の出隅・入隅は丸みをおび、豪華客船のインテリアを思わせる。会議室の手前にあるロビーと前室には、ゆったりと腰を下ろすことができる椅子や卓子、衝立がならぶ。これらも村野の設計であり、扉の把手やシャンデリアにいたるまで、彼のデザインが貫かれている。前室の壁面にかかるタピストリーは堂本印象が原画を手がけたもので、最大の見せ場を他の芸術家に任せている。輸出繊維会館では、備後町側(南側)にもうひとつの入口がある。こちらはオフィスへの玄関になっており、扉を開けると、うねった壁面に鮮やかな色彩のガラス質モザイクタイルの壁画があらわれる。その原画も、堂本が手がけた。ユニークなのは、壁面モザイクのある揺らめく壁にそった主階段である。階段や手摺のほとんどの部位が曲面を描く。それは、図面や完成予想図では表現しがたい。実際にそこを上り下りしなければわからない。五感に訴えてくる階段だ。段裏がまた美しい。これは、すべての村野作品に通底している。

フジカワビルは、堺筋に面したファサードにガラス・ブロックの壁を配し、さらにその間に透明ガラスの窓を入れ、子状に組みこむ。夕方になれば、内部の明かりが行燈のように外側にこぼれだす。外観の両脇には窪みが設けられ、建物の輪郭をうっすらとぼかしているようにもみえる。1、2階を吹抜けとした構成は、戦後間もない建築とは思えない空間の魅力を生みだしている。施主・美津島徳蔵との信頼関係は厚く、徐々に手を加えていった部分もある。椅子や傘立などのインテリアも、当初のものもあれば増改築時のものもあり、実によく残っている。フジカワビルには、今回の特別展の準備でも何度か足を運んだ。見るたびに新しい発見があることは、たいていの建築にあてはまるが、村野の作品ほどそれが顕著な例もめずらしい。例えば、ガラス・ブロックからの光を受ける内部空間の印象は、見るたびごとにじわりと効いてくる。ギャラリー部分の吹抜け上部の天井照明の覆いの形なども、この場所にこの形がふさわしいと思えるようにいたるまで、何度か通わねばならなかった。そして、そのような造形がいくつも絡みあって、独特のやわらかさを醸しだしている。建築は竣工時が完成ではなく、10年後、20年後の姿をみすえ、時に村野みずから手を加えて変化させた。フジカワビルは、施主と建築家の信頼関係のなかで、ゆっくりと時間をかけて今日の姿をつくりあげた例といえる。

以上、わずか3つの例であるが、私が大阪の村野建築で印象深いものを挙げてみた。このほかにも、大阪のまちなかには梅田吸気塔、近鉄百貨店上本町店、きんえいレジャービル・アポロなど、いまもランドマークとして地域の人びとに親しまれている建築は多い。いっぽうで、建て替えられたものが多いことも、村野建築の理解を難しくしている一因となっている。

村野藤吾の魅力を知るためには、大阪以外の建築にも目を向ける必要がある。村野は生涯、摩天楼を好まなかったが、巨大なスケールの建築はいくつか手がけている。どこからを大規模とするかは感覚的な話だが、例えば尼崎市庁舎のような庁舎建築、グランドプリンスホテル新高輪などのホテル建築、目黒区総合庁舎などの事務所建築が挙げられよう。規模の大きな建築を手掛けることでディテールが希薄になる建築家もいるが、村野の場合は端々までその特質を失うことがなかった。否、大きいほど際立っている例も少なくないのだ。これこそが、この建築家の本質をあらわしており、他の建築家のまねのできないところであろう。

通常、展覧会で建築を紹介する際は、実際の建築を展示することはできない。それゆえ、図面、模型、写真を通して紹介することになる。実物資料であるはずの建築部材は、建築の一部分を示すにすぎず、建築の全体像が分かりにくいといった欠点がある。ところが村野の場合、細部をみても村野が宿っている。それゆえ、建築の一部分にすぎない手摺や把手などの建築部材、あるいは椅子や卓子などのインテリアにも、村野らしさが感じられる。本展覧会は、膨大な彼の業績のごく一部しか紹介できないが、村野藤吾について何かを感じ取っていただけるとすれば、それは細部に宿った村野の意志の力といえるのではないだろうか。

出典　特別展「村野藤吾　やわらかな建築とインテリア」図録　大阪歴史博物館　２０１４年

（1）「わたくしの建築感」（『村野藤吾著作集 全一巻』同朋舎、１９９１）

（2）改名の時期については、石田潤一郎「村野藤吾と大阪」（本図録１２４－１２５頁）でも触れられている。

（3）長谷川芹『村野藤吾の建築 昭和・戦前』（鹿島出版社、２０１１）。

（4）大正7年から昭和4年までの足かけ12年間だが、村野本人はよく15年と言っていた。独立後にもかかわっていた綿業会館の時期を加えたものであろう。

（5）宮島久雄編『宮島久七作品集』（宮島和、１９８８）。

（6）拙稿「中村健法律事務所」『大阪人』２００４年1月号（大阪都市協会）、特別展図録『煉瓦のまち タイルのまち』（大阪歴史博物館、２００６）参照。

（7）拙稿「輸出繊維会館」『大阪人』２００６年5月号（前掲）、特別展図録『煉瓦のまち タイルのまち』（前掲）参照。

（8）拙著『窓から読みとく近代建築』（学芸出版社、２００６）参照。

○インタビュー：酒井一光氏に聞く——村野藤吾の都市への振る舞い

聞き手：松隈洋・笠原一人

解題

2012年2月から5月にかけて京都工芸繊維大学美術工芸資料館で開催された、第12回村野藤吾建築設計図展の図録『村野藤吾のファサードデザイン』（国書刊行会、2012年）に掲載された酒井さんへのインタビュー。同展は、村野がいかに都市を意識して建築のファサードをデザインしていたかをテーマにしたものだった。

酒井さんは、『窓から読み解く近代建築』（学芸出版社、2006年）を執筆するなど近代建築の窓に詳しく、一方で煉瓦やタイル、テラコッタなど建物の外壁の仕上げ材にも詳しいため、インタビューをお願いした。

酒井さんによれば、村野は壁と窓が面一（つらいち）になっている窓や、「表情がない、虚ろな印象」の大きな窓、さらに複数の小さな窓を組み合わせた「組窓」をよく使っているという。村野は、ヨーロッパ旅行で「窓を見てきた」と語り、大丸神戸店では「窓を狙ってデザインした」と語るように、村野

窓へのまなざし

松隈　今回の展覧会は、村野藤吾の都市の中の作品に焦点を当てて、村野が都市に対してどのように建築を設計していたかを探ろうとしています。特にオフィスビルには、村野の特殊な建築の考え方が表れていると思いますし、それは都市の街角の表情づくりも独自の貢献しているんじゃないかと思うんです。

しかし、残念なことに、近年、村野の作品がどんどん姿を消しています。今回の展覧会で取り上げる作品で言えば、大阪の新歌舞伎座、東京の日本興業銀行本店（現・みずほコーポレート銀行本店）や大阪ビルヂング八重洲（現・八重洲ダイビル）、日生劇場（日本生命日比谷ビル）まで危機的な状況にあるという噂が聞こえています。このままでは、村野の都市への取り組みを理解して共有する前に建物自体が消えてしまうんじゃないか、そういう状況にあると思います。

酒井さんは、２００６年に『窓から読み解く近代建築』という、近代建築の窓についての著書を出版されました。窓が近代建築の中でどれほど豊かな表情を持っていて、またそれぞれの表現がどのような意味を持つのかを解き明かそうとしています。まず、この本を書かれた動機について聞かせて下さい。そこから村野の話に踏み込んでいければと思います。

酒井　窓は建築にとって不可欠の要素で、非常に重要なものでもあります。にも関わらず、窓についてのまとまった本はあまりありませんでした。日本の障

子や建具、茶室の窓に注目したもの、ステインドグラスの本はありますが、近代建築の窓全般を扱ったものはない。おそらく専門家にとっては当たり前過ぎて、書くのに気が引けるからだろうと思います。窓産業というものがないのも理由の一つであるように思います。最近は、ＹＫＫ ＡＰが窓をテーマにＣＭをやっていますが、普通はサッシメーカーやガラスメーカーに分かれており、一般に窓メーカーとは言いません。

松隈　窓を専門としたメーカーがないんですね。

酒井　ええ、窓業界というのがないですね。窓を扱うガラスやサッシなどの業界はあるんですが。とにかく窓は、あまり語られる機会がなかった。ただ、私が一般の方に建築を説明する時、まず建物のシルエットと窓の形、そして外壁の素材の話をします。それで建築の外観の大部分を語ることができてしまいます。また、建築を使う側にとっても、窓は建築と人、外の世界と内の世界の接点として大切なものです。ですから、建築についての本は、窓を説明すれば半分くらいは書けてしまうのではないかと考えました。

松隈　歴史的に見ると、近代建築になって窓のあり方が劇的に変わるわけですが、どの辺りが面白いと感じられますか。

酒井　私の好みで言うと、建築史的にはあまり高く評価されないかもしれないですが、異人館の窓は非常に面白いと感じています。デザイン的にも非常に変化に富んでいますし、桟で細かくガラスを割り付けてヒューマンスケールに建築を装飾しています。桟の割り付け方で言えば、Ｆ.Ｌ.ライトとかＡ.レーモンドの建築も、窓をステインドグラスのように細分化しており、面白いと思っています。

にとって窓は終生テーマであり続けた。インタビューでも、酒井さんは村野の窓がいかに表情豊かなものであるかを論じている。

　一方の壁については、村野は1920年代に大流行したスクラッチタイルを使わなかったと、酒井さんは指摘する。荒々しすぎる表情を好まなかったのではないかという。一方で、目地を使って外壁を荒々しくしており、そこにモダンな大きな窓ガラスを入れるなど「特異」な扱いが見られるとする。また村野は、アーティストと協働して外壁に壁画を用い、人の目に付くところに装飾を用いるなど、「都市への親近感」を表現していると語っている。

　村野の作品は、丹下健三やメタボリズムのように都市との強い連携や連続性を持つものではなく、一見都市と無関係に個別に建物を設計しているように見える。しかし時代の潮流であったモダニズムの方法とは異なる形で都市を意識し、都市に対して様々な形で表情を作り独自のアプローチを見せていたことが、このインタビューから具体的に浮かび上がってくる。

（笠原一人）

松隈　ライトは窓のステインドグラスだけの写真集があるぐらいですから、いろんな試みをやっていて、その影響がレーモンドにも出ているような気がしますね。

村野藤吾の窓

酒井　今日の話題である村野藤吾の場合は、大阪・上本町の近鉄百貨店や東京の森五商店（近三ビル）などのように、ガラス面が壁と面一《つらいち》になっている大きなガラス窓をよく使っています。それから、表情がないというのか、虚ろな印象さえ与える大きなガラス窓もよく使っています。例えば阿倍野や心斎橋の村野事務所の窓がそうですね。

笠原　それは全面ガラスというのとはまた違うんですね。壁があって、その中に大きく窓を取るようなものでしょうか。

酒井　ええ、そうです。

松隈　ガラスの新しさと危うさが同居しているような感じですね。ルイス・カーンのフィッシャー邸やエシェリック邸の窓の使い方も似ていて、光を取り入れる窓というのは外壁とほとんど面一につけてしまって、窓が存在しないかのような扱いになっているんですね。桟を入れれば入れるほど、窓は面として見えてしまうけれど、カーンはガラスのままで見せようとしています。それは多分、ガラスが生まれるまでの建築のあり方と調整を付けようと工夫した結果ではないかと思います。古典的な石造やレンガ造の建築に穴が開いている状態のところに、ガラスという全く別の素材を入れる時に、どうやって窓を扱うのかを考

図1　インタビュー風景（右：酒井一光氏、中央：松隈洋、左：笠原一人）

えた結果が表現されているんだと思うんです。
酒井　村野の場合、もう一つ、窓同士をいくつか組み合わせてT字型の窓を作っていたり、ホッチキスの針のような下向きのコの字型にしたり、そういういわゆる組窓のタイプも多いように思います。
ただ、戦後の村野の代表作である世界平和記念聖堂（図2）の窓は、村野の作品では珍しく窓を桟によって細分化していくタイプのものですね。私が村野の作品の中で好きなものの一つが世界平和記念聖堂ですが、その窓は村野作品の中では特殊な例のような気がします。おそらく、カトリック教会という性格と関わっているのでしょう。中の桟を取ってしまって一枚の大きなガラス面だけにした方が、村野らしいものになると思っています。
松隈　村野の窓と言われて思い出す作品の一つに、名古屋の都ホテル（図3）があります。窓枠を装飾的に繰り返し使っているものですね。ああいうものはどうですか。
酒井　枠取りしているものも確かにありますね。名古屋都ホテルは特にすごい。大成閣の窓の前にある格子などもインパクトがあります。
笠原　僕の印象では、モダニズムの時代に活躍した建築家にしては、村野は枠取りとかポツ窓といった古風な窓が多いと思います。新ダイビルみたいな横長連続窓や全面ガラスは意外に少なくて、村野は全体的に古風な窓を使いつつ独自のものにしているように思います。
酒井　縦長の窓をよく使っていますね。箱根プリンスホテル（現・ザ・プリンス箱根）（図4）もそうですが、いくつかありますよね。景色がいいところに向かって開いている窓はだいたい非常に背の高い縦長窓で、その上に横長のものを組

図4　箱根プリンスホテル（現・ザ・プリンス箱根）の窓＊

図3　名古屋都ホテル（撮影：多比良敏雄）

図2　世界平和記念聖堂の窓　（＊撮影：笠原一人）

み合わせてT字型にしたりする。
笠原　窓を3つに分割して、真ん中の窓を固定して両端の縦長の窓だけが開閉するという、いわゆるシカゴウィンドウのタイプもよく使っていますね。
酒井　窓と呼んでいいのか分からないようなもの、例えば日生劇場（日本生命日比谷ビル）や千代田生命本社ビル（現・目黒区総合庁舎）（図5）のように、バルコニー状のものによって窓の存在が消えてしまっているものもあります。
笠原　今回の展覧会でも取り上げますが、フジカワ画廊の窓も、別の意味で窓の存在感が消えているような、不思議な窓ですよね。両サイドにベランダがあって、つまりヴォイドである外部空間があって、その内側にガラスブロックがあって、その中にまた窓がある。窓もヴォイドの一種だとすると、ヴォイドの中にヴォイドがあってさらにヴォイドがあるという、普通はやらないような組み合わせです。酒井さんがご著書の中でフジカワ画廊の特異さに言及しておられましたけど、僕も全く同じことを思いながらフジカワ画廊の建物を見ていました。
酒井　境界線が分からないようなやり方ですね。窓の中に窓があるという、いわゆる入れ子窓のタイプですね。このパターンもいくつか村野がやっています。
松隈　こういうことは、おそらく村野の同時代には、正確に理解されていなかったでしょうね。日生劇場ぐらいまでは、「なんでこんなことやっているんだ」という風に思われていたんじゃないかと思います。村野の作品は、東京の合理主義的な建築から出てこないようなタイプです。やっとこうして今、村野の面白さが見えてきているような気がします。
笠原　村野自身は、窓についてどう考えていたんでしょうね。村野は時々、窓について語っていますよね。例えば大丸神戸店（図6）では「窓を狙え」をコン

図6　大丸神戸店　（出典：『工事画報』昭和12年版、大林組、1937年）

図5　千代田生命本社ビル（現・目黒区総合庁舎）＊

セプトに設計したと、村野自身が言っています。その狙いは、窓の入りを浅くしてシャープに見せるということだと思うんですが。

酒井　それから、村野が1930年代にヨーロッパに行ったときに、帰国後に佐藤功一から「何を見てきたかね」と聞かれて、「ハイ、窓を見てきました」と言ったら、佐藤から非常に褒められたという話がありましたね。私はその一文が非常に印象に残っています。それから、ガラスに関する詩のような村野の文章「『グラス』に語る」が、戦前の『建築と社会』（1929年9月号）にありますよね。

笠原　「グラース！」とガラスに語りかけながら論じている文章ですね。全面ガラスのような、単なる透明なものとしてガラスを扱うことを批判したものです。つまり、当時の新興建築のやり方を批判しているんですね。

酒井　あれは印象的でしたし、すごい文章だと思います。

村野藤吾の壁

笠原　もう一つ酒井さんにお聞きしたいと思っていたのが外壁です。窓だけじゃなくて外壁もまた、都市に対して表情を作る要素の一つですよね。酒井さんはタイルについてもお詳しいでしょう。村野の外壁やタイルの扱い方には、何か特徴があると思われますか。

酒井　村野が外壁でほとんど使わなかった材料が、スクラッチタイルじゃないかなと思っているんです。

笠原　言われてみれば、確かにそうですね。

酒井　この時代の建築家だったら使っていてもおかしくない。しかもこれだけ素材を色々豊かに使う人が、なぜスクラッチタイルを使わなかったのかと、非常に気になっているんです。

松隈　それは、当時の当たり前の方法や通俗的なものを使わずに、それを超えるものを作りたいという、村野の建築家としてのプライドから来ている気がするんですが……。

酒井　ちょっと粗い煉瓦のような粗面タイルで、目地をぐにゃりと外に出すような、阿倍野の村野事務所に使われているようなものはありますが、スクラッチタイルはそれ自体が荒々しすぎて村野の肌に合わなかったのかなという気もします。日本のスクラッチタイルは、帝国ホテルのスクラッチ煉瓦から広まりました。村野はライトをイメージさせる意匠を好まなかった気がしますので、スクラッチタイルを使わなかったのかもしれません。

笠原　僕も村野が時代の主流じゃないものを選んだというよりは、その素材の粗さが気に入らなかったんじゃないかと思います。村野は戦前の一時期、塩焼きタイルをよく使っていましたよね。あれは表面がツルっとしていてモダンですが、日光が反射して鈍い光を放ちますしムラがある。そんなものが好みだったように思います。

松隈　そう言えば、村野さんは、いわゆるハツリもやっていなかった気がしますね。人の肌が直接触れると痛いし、けがをするようなものは使っていない。もっと左官の壁に近いようなものを好んだのかもしれません。手の跡はあるけれどサラっとしているような。

笠原　村野さんはよく、ある意味で矛盾した素材や部材の使い方をしているように思います。例えば日生劇場では、外壁に御影石を使っていますが、1階はピロティにしている。組積造に見せかけておきながら、キャンチレバーにして宙に浮いたように見せるのは矛盾しています。それから、例えば高橋ビル本館では黒御影石という重々しい素材を使っていますが、表面がツルツルに磨かれていて重さを感じにくい。

先ほどの塩焼きタイルでも白っぽくピカピカと光るのに、同時に濃い色で重く見えるとか。

酒井　同じようなことですが、村野は平瓦を結構使っています。浪花組とか新歌舞伎座がそうですが、その場合でも海鼠壁のように目地を突出させないんですね。

松隈　やはり既存の文脈に落とし込まれることを極力避けている感じがします。伝統的なものだったり、古典的なものだったり、重たいものだったり、というものからできるだけ距離を置きながら、でもその素材の持っている新しさを引き出すという方法に徹している。

酒井　外壁が目地で荒々しくなっていても、大きなガラス面を同時に使うことでモダニズムへの志向を表現しているように思います。この村野の面一で収めた大きな壁面というのは、すごく特異な外観で虚ろさを感じます。

笠原　そうですね、さっき僕が言った矛盾した表現に繋がってくるように思います。巨大なビルで非常に重量感があるのに、窓と壁が面一になっていることで、ぺらぺらの薄い壁が一枚あるだけの軽いものに見える。それが虚ろさみたいなものを感じさせるんでしょうね。

酒井　ええ、多分私と笠原さんが感じていることは、同じことだと思います。なかなか上手く言葉にできないんだけど。

上への目線

松隈　それから、村野は塔屋の部分のデザインがものすごく凝っていると思うんですが、どうでしょうか。先日、日本興業銀行の屋上に登らせてもらった時に、屋上のエレベーター機械室の塔屋がガラス張りになっているのを見て、びっくりしました。

酒井　村野が設計したいくつかの建物では、竣工当時、道路からでも塔屋が見えたのではないかと思います。輸出繊維会館には、屋上に横浜市庁舎と同じような角みたいなオブジェがありますよね。新ダイビルの屋上には、塔屋と並んで不思議な形の煙突みたいなものがありました（図7）。高島屋東京店の増築部分も同様です。

松隈　なぜ村野はそれほどまで塔屋のデザインに凝ったんでしょうかね。

酒井　建築をやっている人は、建物の上を見るくせがあるように思います。私は建築の見学会で、まず建物の上の方を見てもらうんです。普通の人はほとんど上を見ないでしょうけれど、村野は建物の上の方を見られた時のことを強く意識していたと思います。

松隈　今回取り上げている読売会館（そごう東京店）の資料の中に、有楽町駅のホームの高さを測った実測図面があるんです。階段の段数を数えて、地上からホームがどのように見えるのか、所員が報告したメモが残っていた。多分村野が調べさせて、駅から建物がどう見えるかを理解した上で設計しようとしたんですね。一日に何十万人という単位の人が駅を通り過ぎるわけですから、あれほどの広告効果の高いメディアはないわけで、そこからどう見えるのかを村野

図7　新ダイビル屋上塔屋＊

が考えていた。すごいなと、ちょっとびっくりしました。

あの建物の塔屋が危うい感じで少し建物からはみ出しているんですが、それも駅から見たときに、ちょっと出ていた方がかっこいいというような、デザイン上のセンスみたいなものがあるんだと思うんです。

酒井　大阪の新ダイビルなども、昔は高速道路がなくて反対側の川岸からよく見えていたはずです。高速道路ができて周りに高いビルが建つ1960年代以降とはちょっと違うわけで、我々も頭を切り替えて理解しないと村野の意図が分からないかもしれません。

松隈　そうですね。村野の建築を読み解くには、相当に困難な時代になってしまったような気がします。

村野の都市への振る舞い

松隈　村野の作品は、丹下健三や坂倉準三、前川國男などと比較すると、外壁の材料の取り扱い方の試行錯誤や積み木を組み合わせたような形態操作については積極的なのに、内部空間の構成上の工夫が見られず、空間認識という発想自体ほとんどないように感じるんですが、その辺りはどうですか。せっかく読売会館みたいに外観のボリューム操作をやっているんだから、内部だって同じぐらいダイナミックにやってもいいと思うんですが。

酒井　そうですね。例えば大阪の輸出繊維会館では、下にホールなどの大空間があって、上はオフィスになっており、部屋が積み上げられた構成になっています。それから輸出繊維会館は、都市建築としては非常にストイックで、1階には窓がほとんどないんですね。外部に対して閉じています。これは、船場の中心部の喧騒を避けるために、地階から1階をホールにして、2階から上に事務室を配置した結果です。ダイナミックな空間よりも、構成自体は施主の要望にあわせて堅実にこなしている気がします。

松隈　実は、今年の村野展の企画は、もしかしたら僕たちの勘違いなんじゃないかと一方では思ったりしているんです。村野は、都市に対して何かしようという意識はなかったんじゃないかと思って。村野の意図を理解するのはむずかしいですね。

酒井　ただ村野さんは壁画などを早くから取り入れていますよね。丸栄百貨店、ドウトン、東京丸物（現・池袋パルコ）などです。ちょっと変わったところでは、阿倍野にあったアポロ劇場の東郷青児の壁画などもありました。あれは都市に対して意味を持っていると思います。壁面だけでなくて、今日で言うパブリックアートや芸術家の作品を建築に取り入れていますね。戦前のそごう大阪店の外壁の彫刻（藤川勇造《飛翔》）や、戦後の新歌舞伎座の鬼瓦（辻晋堂作）、髙島屋東京店にあった笠置季男の作品もそうです。

笠原　確かに村野は、都市計画とか都市全体へのビジョンはなかったかもしれないけど、都市に面した外観の表情を作るという意識は常にあって、だからこそ窓にしても、様々なデザインを生み出したんだと思います。先ほどの大丸神戸店での「窓を狙え」というのは、まさにいかに建物の表情をつくるかという関心だと思います。今回のテーマ設定が勘違いだとは思いません。村野なりの都市への表現があったということなんでしょう。

松隈　確かにそうですね。東京都庁舎の丹下と読売会館の村野が比較された「新建築問題」が象徴的かもしれませんが、丹下や前川はパブリックなピロティや広場を使って都市に対しての普遍解を出そうとしている。それに対して村野はあくまでも特殊解、あるいは個別解であるような気がするんです。しかしそれは、村野が自覚的にやっていたんでしょうね。

酒井　村野は、百貨店をかなり設計していますよね。大阪ではヴォーリズの大丸に対して村野がそごうを作り、神戸の大丸もリニューアルしています。戦後だったら近鉄の阿倍野橋もリニューアルで全く変えてしまった。百貨店は都市の中心的な施設でしたし、都市を意識していないとは思えないですね。それに阿倍野や上本町であれば、村野の作品が複数あって、村野は自分の作品で街並みを形成しようとしていたように思います。

松隈　村野がやったことは彼独自のものとして自立しているんだけど、真似たり継承したりするのがすごく難しい。真似るとキッチュで似て非なるものになりかねない。でも今のお話を聞いていると、村野にしかできなかった都市建築のあり方っていうのがちゃんとあったような気がします。それをきちんと理解しておかないといけませんね。

酒井　そうですね。それに関連して、上本町の近鉄百貨店の窓や外壁のフラットな表情の中に、2階の所にだけくねっとした曲線の、バルコニーのように見える飾りがありますが、都市への親近感のあらわれでしょう（図8）（註：当初はファンコイルの吸排気口で現状は改装後のものか）。

笠原　あの装飾は、2階の下の方に付いているから、街路を歩いていてもよく見えますよね。建物の表情をつくるために、村野が意図的にやったんだと思っています。この間アメリカのシカゴに行って気づいたんですが、サリバン

図8　近鉄百貨店上本町店＊

の名作にカーソン・ピリー・スコット百貨店（図9）がありますが、村野の大丸神戸店があれに非常に似ているんですね。そしてどちらも1階から見える2階部分に装飾が付いていて、他は比較的ツルンとしている。モダンなデザイン中で、唯一人の目につくところに装飾を与えるというものです。上本町の近鉄百貨店もそれと同じなんだと思います。

松隈　そういう意味では、村野さんの中心に人間の感覚にいかに訴えていくかというテーマが常にある。村野と丹下の違いはそこかもしれないんだけど、村野は人間を超えるようなものをつくるという発想はなかったんじゃないか。人間にどう伝えられるのか、どういう風に感じてもらえるのか、という視点を常に持っていたことがすごいと思いますね。

酒井　都市に対して人間のスケールで細やかな表情を作っていますね。

松隈　村野さんの建築がそこにあるだけで、街が全然違う空気に満たされますよね。今回の展覧会でそのことはなんとしても伝えたい、と思っているんです。建築が都市に対して何ができるのか、都市の人間に対して何ができるのかということを、村野はよく考えていたというのが、僕の印象ですね。なかなか合理的に説明がつかないのですごく難しいんですけれど。余計な装飾が付いているだけじゃないか、と言われがちで、共通言語で説明するのが難しい。そんな中で、酒井さんの恋の話は、上手に共通言語で語ってくださっているように思います。

今日は、面白いお話をどうもありがとうございました。

出典　『村野藤吾のファサードデザイン ― 図面資料に見るその世界 ―』
京都工芸繊維大学美術工芸資料館／村野藤吾の設計研究会 編　国書刊行会　二〇一三年

2012年10月8日　大阪歴史博物館にて収録
文責：笠原一人
記録：飯田将平、大西敦士、田中志宜、福嶋啓人、藤戸暖子、原宏佑、劉棟

図9　カーソン・ピリー・スコット百貨店＊

○ インタビュー：酒井一光氏に聞く ― 村野藤吾と近鉄

聞き手：石田潤一郎・笠原一人

村野藤吾と鉄道会社

石田　今回の展覧会は、村野藤吾とクライアント（施主）の関係に焦点を当てたいと考えて、近鉄を取り上げます。今日は、大阪の近代建築にお詳しい酒井さんに、村野に限らず、関西や大阪の建築家とクライアントとの関係など、広くお話しいただければと思っております。

笠原　村野の建築作品を列記してみますと、近鉄関係の建物が一番多いように思います。つまり村野にとって最大のクライアントが近鉄だったのではないか、というのが今回の展覧会で近鉄を取り上げる最大の理由です。それについてはどう思われますか。

酒井　私が２０１４年に「村野藤吾――やわらかな建築とインテリア」展（図2）を企画した時にもそう思っていました。最初はそれほど近鉄が多いというイメージはなかったんですが、実際にいろいろ調べてみると、近鉄が作品数も多くて、村野にとってのクライアントとしては大変重要だと思います。路線も、大阪から奈良、京都、名古屋、伊勢志摩まで、エリアが広いですしね。

石田　同じ鉄道会社でも東京の西武鉄道の場合は、村野や丹下健三、黒川紀章といった建築家にホテルなどを設計させて、建築を企業戦略として文化的なイメージで使っているように思います。それに対して、関西の阪急電鉄と竹中工務店や、近鉄と村野の繋がりは、その狙いが分かりにくい。文化的にブランド

解題

２０１７年3月から6月にかけて京都工芸繊維大学美術工芸資料館で開催された第14回村野藤吾建築設計図展の図録『村野藤吾とクライアント』（国書刊行会、２０１７年）に掲載された、酒井さんへのインタビュー。同展は、約50年間にわたって村野のクライアントであり続けた近鉄（近畿日本鉄道）に焦点を当てた展覧会である。酒井さんは『大阪の近代建築と企業文化』（ブレーンセンター、２００９年）を共著で出版するなど、建築家の施主となる企業や事業家についても詳しく、村野藤吾にも詳しいため、インタビューをお願いした。

酒井さんは、近鉄が村野にとっての最大のクライアントであったと思われること、「チャレンジ精神をもって短期間で色んなことをやるタイプ」の佐伯勇社長に村野が高い対応能力で応じたため重用されたこと、阪急に比べると近鉄の建築の方がおとなしいものの土地に根ざしているように見えること、などを指摘している。また、建築家と

化していくようなものではなくて、もっと日常的な関係ですね。なぜこの建築家を選んだのか、クライアント側の意図が見えにくいものなのではないかと思うんです。加えて近鉄の場合、企業と村野との関係が強かったというよりは、当時の佐伯勇社長と村野というパーソナルな関係が結構大きかったような気がします。その辺は、阪急と竹中との関係とも少し違うような気がしています。

酒井　ただ、阪急の場合も小林一三が三井にいた時から第14世竹中藤右衛門と関係があって、明治の終わりに阪急が岡町の住宅経営をやった時からずっと一緒に仕事をしていますし、阪急ビルの1期工事が始まった頃には、家族ぐるみの付き合いで、別府で会って一緒に食事をしたり、誕生会に呼ばれたりという関係だったようです。ですので、やはり竹中と小林一三という個人的な関係が重要だったと思います。

笠原　西武と建築家の関係と比較すると、近鉄や阪急と建築家や建設会社との関係は、関西特有のことになるんでしょうか。

酒井　関西特有かどうかは分からないですが、例えば竹中工務店が神戸に進出してきた時と、小林一三が大阪に来た時とは軌を一にしていて、一緒に発展していったと言えるように思います。関西のゼネコンと私鉄会社の発展・飛躍の時期と建築家の登用の時期が重なっているんですね。近鉄と大林組の関係も比較的早いです。ですので、関西という地域の問題というよりは、企業と建築家の結びつきやすい状況があったということかもしれません。

西武の場合は、土地とかホテル経営だけではなくて、オーナーだった堤義明さんが建築好きだったのではないかと思っています。プリンスホテルなどで、あれだけ著名建築家に設計を依頼したのは、建築に対する趣味があったからでしょ

企業の成長の時期が重なった時に両者の関係が深くなり、設計の仕事も増えるのではないかと言い、村野と近鉄の関係も同様であったと指摘している。

建築家とクライアントとの関係は、近代の建築を考える上で重要であるはずだが、建築が作家主義や作品主義の観点から論じられがちであるためか、従来ほとんど論じられていない。村野の建築は、両者の関係を再考させてくれる格好の事例だと言える。今後、近代における建築家とクライアントとの関係を考える上での基礎的な論考になると思われる。

なお本稿は、おそらく酒井さんにとって、最後のインタビューの記録だと思われる。この展覧会では、2017年4月に開催したシンポジウムで酒井さんに登壇をお願いしており、そのためインタビューを実施した。しかしインタビュー直後に病が判明し、シンポジウムへの登壇は実現しなかった。

（笠原一人）

う。猪瀬直樹の『ミカドの肖像』では土地の問題が中心ですが、西武が宮家の邸宅を次々と購入したのも、土地だけでなく、どこかで建築への関心が芽生えたのだと思います。堤義明以前の父・康次郎の時代から。

石田 そうですね。鉄道会社と建築家のつながりを思い浮かべると、久野節のように鉄道省にいた建築家や、戦後だったら佐野正一のように国鉄から独立した建築家が経験者として鉄道会社から施設の設計を依頼されるというパターンは、素直に頷けるのです。でも近鉄と村野藤吾の場合はそうじゃない。そこが面白いですね。

酒井 近鉄は、佐伯さんが社長になったのが1951年。生え抜きの、最初から近鉄に勤めて社長になった方です。ちょうどその1951年に、村野が設計した賢島の志摩観光ホテルの第1期（旧館）（図3）が完成しています。佐伯さんが社長になる以前から計画はあったけど、ちょうどその頃から近鉄関係の仕事をコンスタントに村野さんが設計しています。その後は上本町の近鉄会館（図4）や、阿倍野のアポロ座の設計を担当しています。近鉄会館は、最初は美術館的な機能も入れて、総合文化会館みたいにしたかったようです。しかし設備的に文化財を公開する施設にはふさわしくないということで劇場などの文化施設とし、美術館は見送りになり、代わりに後に大和文華館が造られたようです。近鉄会館は、佐伯さんが社長になって数年後のことで、この頃から村野が近鉄関係の仕事をコンスタントに受けていくようになったのではないかと考えています。

近鉄会館は、村野さんに色々案を出してもらって計画したようです。佐伯さんは企業経営者として、チャレンジ精神をもって短期間で色んなことをやるタイ

図2 「村野藤吾 ― やわらかな建築とインテリア」展図録

図1 酒井一光氏＊＊

プでした。村野さんが短期間でスピーディーに応えてやってくれたことで、近鉄会館を機に信頼関係が築かれていったのではないでしょうか。

志摩観光ホテルについても、非常に厳しい敷地条件のところでホテル建設を始めて、難工事であったことが『建築と社会』の記事の中に出てきます。こうした中で、しかも1951年という戦後間もない非常に厳しい時代にやり遂げたっていう仲間意識みたいなものも築かれたのではないかと思います。

阪急と近鉄

笠原　阪急の小林さんと近鉄の佐伯さんとは、時代が違うのですが、建築への関心が違うような気がします。小林さんは宝塚ホテルや六甲山ホテルを経営してホテル論を論じたり、世界初のターミナル駅と一体化した百貨店を建てたり、現在の逸翁美術館を自宅として建設したり、比較的建築に関心があるように見えます。

酒井　小林さん自身は、どちらかというと建築のプログラム的なものに関心があったのだと思います。宝塚歌劇にしろ何にしろ、沿線開発と一体になった施設の建設を指示するわけで。ですから、建物の細かなデザインは、おそらく小林さんにせよ佐伯さんにせよ、直接の指示はなかったような気がします。

石田　阪急の場合は、電鉄会社としては小規模なので、むしろそこから派生するビジネスでがんばっていて、その中で、宝塚のように建築が大きな役割を果たす場合が出てきます。近鉄は鉄道としてかなり規模が大きいので、少し違うのかもしれません。

図3　志摩観光ホテル第1期（旧館／1951年）＊

図4　近鉄会館（1954年）＊

酒井　しかし阪急が鉄道として小さく見えるのは今日のイメージであって、戦前に大鉄（大阪鉄道、近鉄の前身の一）が1937年に大鉄百貨店を建てる時には、阪急百貨店は成功した一大百貨店でした。阪急百貨店は、延べ床面積が当時で1万坪を超えていたという大百貨店であって、大鉄百貨店の場合は、最初は4,5,000坪でやり始めて、徐々に増築をして1万坪規模にしたかったようです。阪急は沿線住人の人口や所得が高いので、あれだけのものが作れたという見方もできると思いますが。いずれにしても、近鉄以前の大鉄時代の話ですが、当時としては、阪急というのは大成功を築いた会社として見えていたように思います。

笠原　鉄道の規模で言うとそんなに大きくないからこそ文化的な活動をトータルにデザインしようとした阪急に対して、近鉄は広大なので鉄道に徹して、建物は村野さんに任せたということでしょうか。

酒井　近鉄も、文化に対する想いみたいものははっきりとあったようです。奈良をはじめ近畿一円が沿線ですから、蒐集した古美術品を展示する施設をつくりたいという構想を戦後すぐに持っていました。上本町の近鉄会館も、ただのアミューズメントパークではなく、文化会館的なものにしたいというように、志を感じるところがあります。

石田　野球チームを持つことは広い意味での文化事業的なことになるのかもしれないですね。近鉄、阪急、阪神、南海もそうでした。1950年代から60年代ぐらいまでは、電鉄会社全体がある種の社会的なプレステージが高かったんでしょう。

酒井　鉄道会社は路線を拡大し、あべのハルカスのように、巨大なものをつくろうという志向性があるような気がします。そこに村野が入り込んで行けたのがすごいですね。施主の希望を短期間に実現させるような体制があったからなんでしょう。竹中、大林、今日の日建のような大手の建設会社や設計会社ではなく、村野さんが一建築家として、そうした要求に応えることができたというのはすごいことだと思います。

石田　近鉄は、鉄道駅の相互乗り入れとか建設工事として複雑なことを解決していかないといけなくて、そういう芸術的センス以外の、事業運営能力みたいなものが問われる分野にも村野さんは非常に長けていたのだと思いますね。

酒井　実際やっていることは芸術としての建築に近いところなのかもしれないけど、クライアントと話をするときには、もう一つの顔で対応していたのでしょうね。

石田　志摩観光ホテルの新館の設計では、本館の棟を先に手前に建ててしまったので、新館を奥に作らないといけなくなった。そのために、新館へのアクセスが非常に複雑になっていて、アプローチの道路がどう本館から分岐していくかを苦労したようで、村野図面をたどると、しつこくその辺の検討案を描いているんですね。しかも、建物の下に通路を通すといったようなかなりトリッキーなことを試みています。そういう要求に柔軟に対応できた建築家だったのでしょう。

酒井　近鉄関係の建物で、村野さんの作品集に「作品」として載っているものは、都ホテル系以外では少ないように思います。ただ、一定の規模の仕事を恒常的に受けてくれるという意味で、経営の立場の人から信頼されていたんでしょうね。佐伯さんは鉄道マンだったので、著書をみると鉄道の話ばかりで、あんまり建築のことは語っていないのではっきりと分かりませんが、1950年代から60年代にかけて、会社の事業がいろいろ困難だった時期に、村野さんが一定の質を維持した作品を生み出していたことで、佐伯さんは村野のことを信頼していたと思います。佐伯さんは村野さんに、自邸の設計まで頼んでいるわけですから。

近鉄カラーあるいは近鉄のまちなみ

酒井　それにしても、近鉄の村野の作品を見ていると、全体を捉えにくいですね。

石田　そうですね。近鉄側にしても、実にいろんなタイプの建築物の設計を村野に依頼しています。雑誌に発表されたものだけでも駅、百貨店、ホテル、劇場、住宅と広がっていますが、上本町にあった労働組合の建物とか、他にも世に出ていないものをいろいろやっていたようです。

酒井　私は「阪急カラー」はすごくわかりやすい気がするのですが、「近鉄カラー」は最初全然分かりませんでした。だけど、よく見ると、村野さんの建物は今の近鉄のイメージの中に割とすんなり溶け込んでいる気がしています。阪急とはまた違った品のあるイメージは、村野さんの建築に近いように思います。阪急は、都会的で上品な高級感はあるけど、モノとしての深さは、村野さんほどではない。阪急の建築は、良くも悪くも情報的でメディア的な感じがしています。近鉄の建築の方が、おとなしいけれど土地に根ざした感じがします。

笠原　それは竹中工務店と村野さんとの違いかもしれませんね。阪急はずっと竹中がやっていたわけですが、竹中は1960年代に、岩本博行さんが設計課長を務めていた頃に、村野の影響が強くなりますよね。けど、村野さんのように大衆にアピールするような繊細で装飾もあるようなものではなくて、シャープでモダンデザインの範疇に留まっています。その辺の違いが、「阪急カラー」と「近鉄カラー」の違いに表れているような気がします。

酒井　小林一三は、建築のプログラムとかメディアとか広告的なイメージを明確に持っていて、竹中はそれによく応えながら、モダニズムのデザインで、短期間で実現できる会社だし、優秀なデザイナーもたくさん抱えていて、いいものを生み出しています。竹中の阪急関係の作品は、全般にメディア的な建築という感じがします。村野さんの建築も、クライアントに短期間で応えていいものを提案するという意味では同じなのですが、他の要素が多く滲み出ているようにに思います。竹中の建築は、かなり村野さんの影響を受けているはずだけど、何かが決定的に違う。

笠原　村野さんの方が、手作り感がありますね。

酒井　近鉄の村野さんの建物って、一見すると強烈な個性は感じにくいですよね。上本町にしろ、阿倍野にしろ。まちなみとしてまとまっているのは上本町と阿倍野で、上本町の方がまとまっていますね。近鉄百貨店上本町店（図5）、都ホテル大阪（現・シェラトン都ホテル大阪／1985年）、近鉄本社ビル（図6）、近鉄会館。この4つは比較的統一感はなくはない。

笠原　形はバラバラだけど、白っぽい建物で統一されていますね。

酒井　一つの街区的なイメージがあるような気がします。ただ、上本町と阿倍野はまとまり方が少し違う。

笠原　上本町が駅周辺の街区にまとまっているのに対して、阿倍野は横並び

図6　近鉄本社ビル（1969年）＊＊

図5　近鉄百貨店上本町店（1969・73年）＊＊

で道路沿いのまちなみを造っていますね。

酒井　けど統一感がない（笑）。近鉄百貨店阿倍野店（図7）があって、近鉄関係の建物ではないみたいですが阿倍野センタービルがあって、きんえいアポロビル（図8）があって。まちなみ感もいまひとつ統一されていない。上本町ほどかたまってないんですね。でも、連続立面図を描いていったら、なるほど「村野のまちなみ」と分かりますよね。ぱっとみて、まちなみだと認識しにくいのが村野さんの特徴。上本町は、統一感があると思いますけど。キャンパスでも同時期にやった甲南女子大学は何かまとまったイメージがあるけど、関西大学のキャンパスになるとずいぶん違います。

笠原　私は、関西大学のキャンパス（図9）には、村野さんの都市観がよく出ていると思っています。村野さんは、都市というものは都市計画のように上から規制をかけるのではなくて、バラバラでもそれぞれの建物の質がよければその集合としての都市は自ずといいものになるはずだ、と言っています。性善説的な発想です。近代的な発想であれば、放って置くと建物は全部違う設計者が設計するので、それぞれの建物の質は全体としてはよくなるわけではない。だから都市計画としてルールを作って規制して、いわば底上げするわけですが、村野はそうではない。その村野特有の都市観が関西大学のキャンパスにはよく表れていると思っています。甲南女子大の建物だって、ある程度統一されていますが、よく見ると、どの建物もすべてデザインが違います。阿倍野はもちろんですが、上本町だって白で統一されているから統一感があるように見えますが、建物のデザインは全部異なっていますよね。

酒井　確かに、日本の都市は性善説で個々の建物が建っていくのが典型的です

図7　近鉄百貨店阿倍野店（1957・58年）＊

図8　近映レジャービル・アポロ（現・きんえいアポロビル／1972年）＊＊

ね。村野はそれをよしとしているわけですね。けど、実際には村野さんのように理想的な人ばかりじゃない。

笠原　村野だって、大学のキャンパスぐらいでしか、村野が理想とする自由でバラバラで質の高い作品は造れなかったと思うんです。結局は、一人でやっているから実現している。しかしその発想は、近代的な発想に反するもので、面白いと思います。

建築家と企業の関係

笠原　大阪での建築家と企業との関係について、特徴的なものは他にありますか。

酒井　近鉄のように一人の建築家に頼み続ける会社と、いろんな建築家に頼みたいオーナーや会社と、両方あると思います。一途なタイプは、例えばダイビルと村野との関係でしょうか。ダイビルは渡辺節以来の関係ですが、大きな企業から信頼される建築家というのが、村野さんの代まではあった。社長や会社の幹部クラスの方から信頼を得るような人柄だったんでしょうね。

　いろんな建築家に依頼する会社で思いつくのは、千島土地ですね。最初、武田五一の芝川邸に始まって、渋谷五郎と本間乙彦に自宅兼事務所ビルを建てさせた芝川ビルとか。近年だったら圓堂政嘉や安藤忠雄さんといった有名な建築家を使って、関係の建物を設計してもらっています。それは西武鉄道みたいに、いろんな建築家で試しているようなタイプですね。

石田　近鉄でも村野さん以外の建築家にも頼んでいますね。

酒井　大和文華館は吉田五十八だし、近鉄奈良駅も坂倉事務所ですしね。

図9　関西大学キャンパス模型＊＊
制作：京都工芸繊維大学学生（2016年）

笠原　関西発祥の髙島屋は、戦前から戦後まで一貫して、村野さんを登用していますが、難波の髙島屋の増築は坂倉事務所ですね。

酒井　百貨店だったら、戦前になりますがヴォーリズと大丸、鈴木禎二と松坂屋、という感じで密着型です。

石田　戦前はそういう密接な関係が多く見受けられますが、戦後は社長のプライベートとパブリックが一体化してしまうようなことはなかなか許されなくなってくるんでしょう。

酒井　戦後でも、サントリーと安井事務所みたいな強い関係はありますね。

石田　そうですね。あれはサントリーの佐治敬三さんと安井事務所の佐野正一さんの関係ですね。大山崎の工場から始まってサントリーの自社ビルとか、東京のサントリーホールまで。安井事務所で言えば、むしろ野村証券の方が数としては多いですね。日本中の野村証券の支店をやっていましたし。

酒井　関西の企業が明治の終わりから大正初期にかけて、全国的に飛躍する時期に、大阪に拠点を置いた設計事務所や建設会社が一緒になって大きくなったんだと思います。成長が重なった時に、建築家と企業との関係が深くなりやすい気がしています。

関西であれば、阪急と竹中というのがその一例です。確か小林一三と竹中藤右衛門は4歳違いくらいで同世代です。近鉄と大林組も成長の時期としては重なります。十合呉服店も近代的な百貨店として成長する時期が、建築家としての成長の時期ですし。村野さんが変わっているのは、村野さんの飛躍の時期なのかもしれないですが、60代くらいから仕事が増えていく。

石田　村野さんは伸び盛りが円熟した頃という、不思議な人なのですよね。佐野正一さんが安井事務所を引き継いだ時点では98パーセント野村証券の仕事だったそうです。それほど一つの企業と建築家の関係が深かった。しかし一社だけに特化して、もし野村証券の仕事がなくなってしまうと、設計の仕事そのものがなくなってしまうわけですから、「これは危ない」ということで、サントリーや神戸銀行などに展開していったと聞いています。

酒井　戦後であれば例えば菊竹清訓が、京都信用金庫の支店シリーズ、西武だと堤清二さんのＳＥＩＹＵや西武百貨店の仕事をやっていますが、建築家と地域の結びつきは、東京だと一体感が薄れるように思います。しかし大阪の場合、企業と建築家が成長していく時の一体感の共有が可能なんだと思います。

　それでも今だったら、建築家の登用について、おそらく株主の目が厳しいでしょうから、特定の建築家を使い続けるのは無理でしょうね。

笠原　今ではやっぱり難しいんですかね。

酒井　中小企業だったらできるのかもしれませんね。大手でも株式上場していない会社とか。

笠原　確かに、丹下健三だと、国や自治体の仕事が多いんだけど、民間のものでも何度も連続して設計しているものは西武のプリンスホテルなどを除いてあまりないですね。それは東京という土地柄のせいもあるのかもしれないけど、現代になればなるほど、企業とずっと一緒にやっていくのが難しくなっているような気がします。村野と同じく大阪を拠点にした安藤忠雄も同じで、幅広くやっているけど、一企業でほとんど連続していないですね。せいぜい2、3件です。

酒井　近年建築家と施主との関係で気になっているのは、星のや旅館でして。

東孝光さんの娘さんの東利恵さんが星野リゾートの建物の設計をしています。ワンマンが効くようなところでは、まだ個人の優れた建築家を登用し続ける企業はあると思います。

それでも大阪は、東京というまとまりでは感じにくい地縁というものが、比較的よく残っています。小さな都市ほど地縁が残っていますけど、大阪というまとまりは、まだ地縁が感じられる日本最大規模の共同体なんじゃないでしょうか。

笠原　今日は興味深いお話をありがとうございました。

出典　『村野藤吾とクライアント ―「近鉄」の建築と図面資料―』
京都工芸繊維大学美術工芸資料館／村野藤吾の設計研究会 編　国書刊行会　二〇一七年

2016年9月19日　大阪歴史博物館にて収録
文責：笠原一人
記録：櫻本康乃、橋本卓磨、筒井航、小野木敦紀、藤田拓、鈴木悠介、松岡瑛美
＊撮影：多比良敏雄
＊＊撮影：笠原一人

座談会 02 ―― 酒井さんの建築史観を語る

参加者 石田潤一郎　山形政昭　笠原一人

進行 笠原一人

石田潤一郎（いしだ・じゅんいちろう）
建築史家。京都大学、滋賀県立大学、京都工芸繊維大学、武庫川女子大学を経て、京都工芸繊維大学 名誉教授、日本近代建築史・都市史。

山形政昭（やまがた・まさあき）
建築史家。大阪芸術大学 名誉教授、日本の近代建築、ウィリアム・メレル・ヴォーリズ研究。ヴォーリズ建築文化全国ネットワーク幹事。

笠原一人（かさはら・かずと）
建築史家。京都工芸繊維大学 助教、近代建築史、建築保存再生論。住宅遺産トラスト関西、DOCOMOMO Japanなどで活動。

山形政昭　僕が酒井さんにはじめて出会ったのは、1996年。春から博物館勤務になるということで、当時上野の科博におられた清水さんに「今度大阪に来られる酒井さんです」と紹介されたことを思い出します。まだ博士課程におられたはずで、若くてフレッシュな方だと思いました。「なにを専門にされていますか？」と伺ったら、「なんでもしたいと思っています」と、ともかく前向きで。博物館に着任されてすぐに、大阪の近代和風建築調査をはじめとして様々重要なパートをうけ持っていただきました。

石田潤一郎　私は、酒井さんが関西に来た最初のうちはそれほど接触がありませんでした。というのも、彼が着任したのが1996年、私は1995年から滋賀県立大学に行っていまして、大阪歴博に若い人が来られたという噂だけで、実際にお目にかかったのは私が京都工芸繊維大学に着任した2001年以降ではないかなと思います。

酒井さんにはこちらからお願いごとというか、いろいろ仕事を頼むことばっかりの関係だったなという気がしています。2004年ころ、京都の西のほうにあった藤井厚二(1)設計の住宅が壊されるというので、その窓の部材を引き取っていただくお願いを持ちかけました。そういう建築部材を収集しておられるという情報を聞いていたんですね。それが、本格的に酒井さんとかかわった最初だと思います。

その後、原稿を頼むような仕事というのがいくつかあって、そういうお付き合いでした。だから、彼の博物館員としての仕事については、大阪の建築に詳しい研究者という、そういう側面でしか見ていなかったので、後から著書を読んで、こんな風にトータルに掴まれている人だったのか、と正直はじめて知ったような感じがします。

笠原一人 僕も酒井さんとはじめてお会いしたのはいつだったかなと思い返していたのですが、石田先生と変わらないか、あるいは少し後かと思います。お目に掛かってからは、2006年から2007年にかけて産経新聞に連載された近代建築のコラムを酒井さんと二人で担当しましたし、2014年には酒井さんが企画された大阪歴博での特別展の村野藤吾展(2)で、石田先生と一緒に私もお声がけいただいて資料を提供したり、講演者として呼んでいただいたりして、一緒にお仕事をやらせていただきました。

酒井さんは、特に建物の細部の考察力が非常に高くて、さらに書籍や論文にも載っていないようなことをたくさんご存じだったのが印象的です。私が監修を担当した第14回村野藤吾建築設計図展(3)の図録『村野藤吾とクライアント』(国書刊行会、2017年)のインタビューにも出てきますが、近鉄と村野藤吾の関係にもお詳しい。おそらく関係者へのインタビューなどから得られた情報や現物の考察を通じた情報をたくさんお持ちなのだと思います。そういう一般の人はもちろん、建築史家でもご存知ないような、あるいは文献史学とは違うような視点から語られるところが、酒井さんの特徴だと思っています。

山形 私が強烈な印象を持ったのが1998年のはじめ、ちょうど中央公会堂の保存・再生工事がはじまったころですね。酒井さんが、公会堂についての展覧会(4)を企画しているので、と展示品探しに来られたことがあって、私も後ろからくっついて行ったことがありましてね。そうしたら、どこからか照明器具を見つけてこられて、「これ、いいですね」と。それを、さまざまな岩本家の物とか、銀製カトラリーとか、そういうものと一緒に展示されました。公会堂というと、建築の様式や表現に目が行きがちだと思いますが、ちょっと彼のアプローチはユニークでナイーブだと感じました。

もう一つ、大阪城の話では、あれは、昭和のときに市民の寄付であああいう復元再建運動が結実した、注目すべきものだ。という風に話されていて、そういう見方はほとんどの人は気がついてないよなというふうに思いました。

石田 それは私も感じました。泉布観の論考の抜き刷りを送っていただいて、読んでみると、その社会的背景というのを非常にきっちり押さえている。一見物に即してという人なのだけれども、一方で社会史、経済史の中での建築ということをきちっと捉えようとしておられた。それは歴史博物館というところで文献史学の方々と共同で仕事をされるというところにもよるのかもしれないのですけれども、いわゆる建築史学が様式だとか建築家だとかというような話で閉じてしまうのに対して、その物の側と歴史の側の双方を見て議論を展開していくというスタンスをずっと持っていた人だなと思いますね。

笠原　それはやはり博物館にいらっしゃったということが大きいのではないかという気がします。博物館は、大学と違って常に社会に晒されていて、人と交流しながら調査研究し、一般の市民に向けて説明しないといけない。そういう環境の中で、モノを通じて社会との関係を語っていく視点が育まれたのかもしれませんね。

酒井さんは、煉瓦やタイルについてもお詳しいわけですが、大阪歴博が大阪城の第4師団の司令部の建物の中にあったときに、あの建物自体がタイルで覆われていたことや、博物館の仕事で建物の調査とか解体とか発掘の現場に行くことがあって、そこで頻繁にタイルや煉瓦が出たことで、関心を持つようになったと、ご自身で振り返っておられますね。

山形　煉瓦というのは、建物がなくなって、建物が解体とか焼失で姿を消してもね、どこかになにかその断片が残っている場合が多いですね。そういうものを、これはそういう当時の物だと、建物が実際に存在していた証として、その物を発見することで確かにここに人がいたのだ、と。そこにみんなが共感して、惹きつけられるものがある。建築資材の持っている実在性、ある時の歴史のようなものとして、一番人に伝わりやすい物の一つとして、やっぱり煉瓦ではないかという、そういう思想があったんじゃないですか。

笠原　そうですね。酒井さんの場合、建築の歴史研究者なので、立体的に把握しておられる感じもします。それ以前の煉瓦とかタイルの研究は、部材単品で、文様の特徴や製造地、製造者を論じることがメインだったと思うのですが、彼は建築物の中でどこにどういうふうに使われているかとか、建築家の誰それの使い方はこうだとか、建築の文脈の中で立体的に捉えている。部材を越えて建築の体系の中でいかに使われているかという視点で語ることができる、数少ない人だなという気がします。そういうのは、やはり自分で経験を積んで培っていかれたのかもしれませんね。誰かが教えてくれるわけではなく。

石田　タイル以外では、本間乙彦(5)についての論考が印象的でした。私は建築家としての乙彦にしか最初興味がなく、むしろ酒井さんの論文とか、あと京都市におられる石川祐一さんは民芸のほうから見た民家の再発見ということから本間乙彦に関心を持っていたわけですけれども、その二人が、本間乙彦、あるいはそのころの『建築と社会』でしきりと書かれていた郷土建築に注目して、地域性に対する関心という重要な論点についていち早く書いていました。酒井さんはうんと若いとき、『建築雑誌』1996年10月号に「ローカリティの可能性」という短い文章を書いています。これはまだ彼が東大の藤井恵介研究室で神社とか民家の研究をやっているころの知見を元に書いているのですけれども、地域ごとの建築史の意味を強調していて、マイノリティというものから中央を中心とした従来の通史とは違う歴史像を描けるはずだというようなことを書いておられる。そういう彼自身の中にある地域性を重要視する認識と、本間乙彦の郷土建築というのがうまくシンクロしたように思います。

笠原　なるほど。しかも本間乙彦は保存論にもつながっていく部分がありますね。建築史と保存論をつなぐ非常に面白い対象を発掘されたと思います。

山形 彼が勤務し始めたときには、大阪歴史博物館は大阪城公園の中にあって、天守が修復工事中でした。大阪城天守というものが、大きな公園の中に再現されている。だから、再建天守は、都市の中でのまさに近代の産物だという見方から彼の視点ははじまったのではないかと思うんですね。彼の論文を読むと、天守の再現だけではなくて、大阪城公園の整備、昔の史跡というものを市民が集まる公園にしていくという、そういう流れに関心があったことがわかります。

笠原 建物そのものだけではなくて、環境も含めて捉えていくわけですね。大阪城といえば太閤さん、と近世に目が行きがちですが、目の前にある現実の近代がつくった大阪城を捉えておられる。それはみんなが見落としているけれども、それが今まさに現在の社会をつくっているという、そういうリアルな環境に関心があったのかもしれませんね。身体的な感じがしますよね、タイルとか煉瓦もそうだけれど、彼の関心の持ちようが。

石田 近代大阪の都市景観と建築家というような論文をいくつか酒井さんは書いていて、安井武雄(6)と本間乙彦の貢献ということに触れています。ことに安井武雄のガスビルや高麗橋野村ビル、このあたりを非常に評価しています。私の見るところ、彼らの作品が本当に大阪の都市計画をつくったかというと少し疑問に思うところもあるのだけれども。でも、かえってそれだけに、酒井さんにとって、環境をつくっていく要素としての建築が、身体的な、触覚によって捉えるようなものとして都市に対して働きかけるということに、共感を持っていることが論文から伝わってきます。

山形　いろいろ研究したことをね、それを数年後にね、キッチリと博物館で企画展示されているんです。公会堂や、石田さんが話された大阪の建築力という企画(7)とか。タイルももちろん展覧会があって。研究から博物館での企画展示までの流れをつくって、一般の人たちへのレクチャーもする。それらが、着実に博物館活動を町に広げる働きだったと思います。

笠原　文献史学の方法に基づいて専門誌上で論文だけを書いているのではなく、常に人に、社会に、開いていく。その場合、身体の延長で捉えていくことで共感が得られる。そういう風に、酒井さんの方法は全部つながっているのかもしれませんね。

村野藤吾の話もさせてください。2014年の大阪歴史博物館での村野藤吾展、これは酒井さんの村野研究の集大成のような展覧会ですが、やはり家具や部材などを中心にまとめられているのが特徴的でした。

山形　図録の表紙が梅田の地下鉄の換気塔なんですよ。心斎橋プランタンの家具も出てましたね。ああした展示は、見にきた方も、すごく身近な気持ちになりますね。建築家村野藤吾が、換気塔から家具まで、いろんなものを生み出している。あれはやっぱり、酒井さんの見立てがつくった展覧会だと思いましたね。

笠原　建築の展覧会は難しいんですよね。建物そのものを持って来られないから、大体は写真と図面みたいな感じになる。しかしそうすると、一般の人はとっつきにくい。この図録は、家具や部材などの断片がたくさん掲載されています。

(1) 藤井厚二(1888-1938年)建築家、建築環境工学。都教帝国大学建築学科卒業後、竹中工務店(大阪)に勤務、大阪朝日新聞社などの設計を手がける。1919年に同社を退職、欧米諸国を巡り、1920年より京都帝国大学、1926年より教授。京都大山崎に環境実験住宅を次々に設計し、最後の一棟である「聴竹居」は環境住宅として知られている。

(2) 特別展「村野藤吾 やわらかな建築とインテリア」大阪歴史博物館 2014年9月3日~10月13日

そんな展覧会ができるのは村野の特徴であるわけですが、もう一方でやっぱり酒井さんの特徴でもあったのでしょう。建築家としての村野さん以上に、彼がつくったモノに関心があるという感じがします。

石田 同じように安井武雄についての文章を読むと、安井の建築思想について分析をするというのではなくて、安井武雄が使っているタイルの分析をしている。さらに言えば、中村順平と大阪の関係というようなことも、そういう読み方が可能なのかと思うほどに、かなり力技できっちり語っていくんですよね。

山形 エネルギーなのか、能力なのか。まあ両方なのでしょう。やっぱり彼の仕事量は、いろいろ書かれたもののリストを見てもね、ちょっと圧倒的ですね。

笠原 いろいろなところに書いておられますね。どんどんアウトプットしていく。しかもそれぞれの質が高い。近代建築はまだまだ語り口があるという可能性を感じさせてくれる方でした。単なる作家論ではないし、様式論でもない、企業から語ったり、モノから語ったり。だから、なおさらもっと酒井さんの研究を見ていたかったですね。

(3)「第14回村野藤吾建築設計図展　村野藤吾とクライアント」京都工芸繊維大学　2017年3月21日〜6月10日　インタビュー「酒井一光氏に聞く ― 村野藤吾と建築」は本書pp.136–

(4) 特別陳列「岩本栄之助と大阪市中央公会堂」大阪市立博物館　1999年4月〜5月

(5) 本間乙彦（1892–1937）建築家。東京高等工業学校卒業後、1915年大阪で建築・装飾事務所を開設。日本電気装飾株式会社、工業高校の教員を経て1924年大阪市に建築設計事務所を開設。1930年、渋谷五郎と共同で芝川ビルディングを設計する

(6) 安井武雄（1884–1955年）建築家。1910年東京帝国大学卒業、満洲鉄道、片岡建築事務所を経て、1924年安井武雄建築事務所開設。高麗橋野村ビルディング、日本橋野村ビルディング、大阪ガスビルディングなどを手がける

(7) 大阪歴史博物館10周年記念 特特別展「民都大阪の建築力」2011年7月23日〜9月25日

第3章

中村順平

解題　阿部文和

○〈資料解説〉建築家・中村順平資料について

中村順平は明治20年（1887）大阪市に生まれ、生涯にわたり「芸術としての建築」を追及した建築家・建築教育者である。渡仏してパリのエコール・デ・ボザール（以下、ボザールと略す）に学び、日本人としてはじめてフランス政府公認建築士（D.P.L.G.）の称号を得たことでも知られる。

中村は建築家として活躍するとともに船内装飾を手がけ、また横浜高等工業学校（現・横浜国立大学）建築科教授として、建築家の育成に尽力した。特に建築教育の分野では、ボザールの建築教育を日本にもたらし、かつ日本建築の伝統を踏まえた独自の建築教育・建築学を確立したことで高い評価を得ている。昭和51年（1976）には一連の業績に対し、日本芸術院会員に推薦された。

大阪歴史博物館では平成18年（2006）度、中村順平の遺族である中村美奈子氏のご理解とご協力の下、中村順平の教えを受け継ぐ檜の会（代表：松本陽一氏）より、建築家・中村順平の原画、スケッチ、自筆原稿等の資料（70件97点）の寄贈を受けた。本資料集では檜の会寄贈の建築家・中村順平資料を中心に、一部木村弓子氏寄贈（平成18年度寄贈）の同資料を加え、紹介したものである。

中村順平の主な業績は、①建築・室内・壁面彫刻の設計に関する業績、②船内装飾の設計に関する業績、③建築教育・建築学に関する業績、の3つに大別できるが、当館が寄贈を受けた資料は①と③に関するもので、中村の建築家・建築教育者としての業績の重要な部分を占める。なお、②の船内装飾に関する部分は現在、主に三菱重工長崎造船所史料館の所蔵となっている。また、横浜

解題

酒井氏の所属した大阪歴史博物館における中村順平資料の収集は、2006年度に中村の弟子や教え子たちによって発足した「檜の会」より寄贈を受けたことに始まる。氏は寄贈資料が中村の建築家・建築教育者としての業績の重要な部分を占めるものとして評価した。「館蔵資料集5―建築家・中村順平資料―」（2009年刊行）は氏が中村の業績を知る上で重要な資料を厳選したカラー資料集で、「建築家・中村順平の資料について」はその資料解説である。

資料集は「建築芸術の探求と実践」・「建築教育と建築学」・「スケッチブック」の3章から構成され、中村がフランスのボザール留学中に制作した「南国の別荘」や「パリ市大学街日本館設計図」、そして帰国後に勤めた横浜高等工業学校（現・横浜国立大学）において実践した「建築科大行進」ポスター原画など34点が掲載されている。図版の作品は留学経験が色濃く影響したものや日本の伝統建築の要素を加えて新

マリタイムミュージアム、日本郵船歴史博物館も関連資料を所蔵している。

中村順平の生涯と本資料群

本資料群の性格を考えるにあたり、ここでは中村順平の生涯を概観しながら、それと対応する資料について紹介していきたい。

(1) 誕生からパリ留学まで

中村は明治20年(1887)、現在の大阪市西区江戸堀に生まれた。大阪府立天王寺中学校を卒業後、建築を志す中村は、当時の大阪に建築の高等教育機関がなかったため、名古屋高等工業学校に進学した。同校の入学試験には絵画があり、建築学科長には英仏留学を終えた鈴木禎次が就任していたことも中村の心を動かしたことだろう。彼が建築に進む動機のひとつに大阪府立図書館に感銘を受けたことが挙げられ、名古屋高等工業学校1年次には同図書館設計者である野口孫市のもとで45日間実習を積んでいる。同校卒業後は、日本における建築設計事務所の草分けである曾禰中條建築事務所において活躍した。

中村にとって大きな転機となったのは、ボザールへの留学である。第一次世界大戦が終結した大正9年(1920)、中村は悲願の渡仏を果たし、アトリエ・グロモール・エ・エキスペールで修行しながら、翌年ボザールの入学試験に合格を果たした。入学後の最初の課題が「1.南国の別荘」であり、限られたわずかな時間の中で仕上げた答案は、学内でも高い評価を得た。この評価が、錦絵などにみられる縦長の構図で、当時欧州で評価の高まっていたジャポニズムのたな日本建築のかたちを追求した中村の建築観をよくあらわすものが掲載される一方で、中には氏があえて選んだと思われる設計作品やスケッチブックが含まれている。たとえば「No.13 金光教難波教会所新築設計図」は実現こそしなかったが中村の郷里・大阪で設計をした数少ない事例であり、また「No.29 挿絵 伊勢神宮外宮御饌殿」で題材とした伊勢神宮はフランス留学をする前日にわざわざ立ち寄って参拝をし、実測作業中に終戦を迎えた中村にとって特別な場所でもある。氏はこれまでにあまり注目されてこなかった大阪で中村が建築家を志したきっかけや没後さらに中村の評価を高めた教え子たちの活動にも光を当てている。こうした中村の経歴の空白部分を寄贈資料から丁寧に拾い上げ、さらに関係者へ聞き取り調査を行っており、それは詳細な中村順平年譜(pp.202-203に掲載)へと反映されている。

(阿部文和)

影響とする見方もあるが、留学中の「2.塔のスケッチ（原画）」、「3.パノラマ館（原画）」など他の作品群の完成度の高さは日本趣味から離れた視点でも評価しうるものであることを示している。卒業設計にあたる「4.パリ市大学街日本館設計図（原画）」は、中村が日本人として始めてフランス政府公認建築士（D.P.L.G.）の称号を得る資格となった作品であり、彼の評価を考える上で重要なものといえる。

（2）帰国後の設計活動

フランスでの活躍が自他ともに期待された中村であったが、大正12年（1923）9月1日に発生した関東大震災の知らせは、彼を帰国の途につかせた。翌年1月に帰国した彼は、『東京の都市計画を如何にすべき乎』を発表し、同時に「7.大東京市復興計画図（原画）」を描いた。2万分の1の地図上に精緻に描かれた震災復興の都市計画案は、「ニューヨーク以上に活動能率を、パリ以上に健全な精神生活を営める」ことを目指したもので、ボザール留学時の成果が反映されるとともに、日本の都市計画史上重要な提案となった。

帰国後の彼の建築家としての活動で代表作といわれているものが、岩崎小彌太邸食堂および喫煙室兼応接室の設計である。本計画について、資料群に含まれる唯一の資料「6.岩崎邸食堂（原画）」は、当時世界を席巻したアール・デコの先進地パリに学んだ力量を示し、かつ日本の伝統と向き合って「新日本様式」と呼ぶ独自のスタイルを築き上げたことを物語る資料といえよう。中村の建築作品で実現したものはごく少なく、岩崎小彌太邸はその希有にして最高傑作といわれたものであるが、残念ながら昭和20年（1945）の空襲により焼失した。

そのほか戦前における主な建築計画には、フランスの香水王コティ邸、鮎川義介邸（いずれも実現せず）があるが、これらに関する設計案と特定できるものは残念ながら本資料群には含まれていない。ただし、「31. スケッチブック1」は同時代の中村の力量をうかがう上で重要なものであろう。また、金光教難波教会所は昭和10年（1935）頃に彼の故郷・大阪で設計を進めていたものであるが、これも隣接する南海ビルディング増築工事のために建設が取りやめとなってしまった。「13. 金光教難波教会所新築設計図　地階平面」は、本資料群の中で当該計画案の唯一の資料である。

なお、この時期の中村の評価において船内装飾の設計は極めて重要な位置を占めるが、本資料群の中に船内装飾に関するものはほとんどないため、ここでは記述を割愛する。

(3) 戦後の設計活動

昭和22年（1947）に還暦を迎えた中村は、なお建築芸術に対する意欲が旺盛で、特に壁面彫刻・壁画の分野で数多くの秀作を生み出した。壁面彫刻（薄肉彫刻とも呼ばれる）は建築と一体となって効果を発揮するものであるが、中村が手がけたものはいずれも規模が壮大であり、建築家ならではの構想力といえる。日本の建築家で、中村ほど芸術的に優れた壁面彫刻を多数手がけた者は、管見の限り思い浮かばない。村野藤吾や丹下健三も壁画や壁面彫刻を用いた建築をいくつか設計しているが、壁画・壁面彫刻については他の芸術家に依頼している場合が多い。

本資料群には、中村の三大壁面彫刻といわれる作品の下絵である「9. 東京駅RTO待合室壁面彫刻下絵（原画）」、「10.横浜銀行本店壁面彫刻下絵（原画）」、「11.山口銀行本店壁面彫刻下絵（原画）」が含まれ、この領域における資料性の高さを示している。また、本資料群にはないが、中村は京都の祇園会館壁画、山口銀行名古屋支店壁画（いずれもタイルを使用）など複数の実作が残り、いずれも建築芸術家としての中村の到達点を示すものといえる。

(4) 建築教育および建築学上の功績

中村の業績を語る上で欠くことが出来ないのが、日本の建築教育に及ぼした影響であろう。大正14年（1925）、横浜高等工業学校（現・横浜国立大学）建築科の教授に就任した中村は、建築を芸術と考える立場から指導にあたった。建築とは本来、社会的な要請を踏まえ、芸術と工学の上に成り立つものであるが、当時の日本では工学的方面から建築学をとらえる向きが優勢を占めていた。中村は芸術としての建築という理念に基づき、学生を指導した。しかし、その指導は単にボザールの直輸入ではなく、むしろ留学したがゆえに日本の伝統建築を強く意識したものとなった。また、同校での授業とならび大正14年（1925）に私塾・中村塾を開設し、ここでも建築家の育成を行った。

ボザールの伝統である芸術的な図面表現は、「建築図画」として教え子に伝えられた。それは設計図としての立面図や断面図に薄墨による彩色を施し、45°太陽光線による陰影を付けていくものである。題材としては西洋や日本の伝統建築が選ばれ、日本の建築については時に実測を伴い、図面を起こして仕上げた。日本の建築教育界には存在しなかったこの描写法は、門下生に受け継がれたことは勿論、他の教育機関における建築教育でも模倣され、中村の「建築図画」

祇園会館

に習った表現方法が今日の日本の建築教育、ひいては実際の設計の中で取り入れられていった。戦前における最後の世代の学生による「22. 宇野良雄・松本陽一画「江戸時代之研究」は、中村建築教育本来の質を示すものといえよう。

中村が情熱を注いだ教育現場では、建築図画の指導はもちろん、建築学の講義でも独自性が発揮された。建築学の講義の流れを継承して晩年に刊行された『建築という芸術』は、建築学・建築美学の基本文献として現在も読み継がれている。本資料群には「26.『建築という芸術』自筆原稿」が含まれており、推敲過程を知る上で注目されよう。

中村自身は建築の実作が少なかったが、横浜高等工業学校の教え子の中からは網戸武夫や松本陽一ら優れた建築家が生まれた。網戸は水の江瀧子邸、石原裕次郎邸、長嶋茂雄邸など住宅建築を数多く手がけ、松本は国立劇場をはじめとする設計競技で入賞や当選を果たし、横須賀市庁舎、神奈川県立金沢文庫、地球市民かながわプラザ自治総合研究センターなど公共建築の名作も多い。中村塾塾生の圓堂政嘉は、京王百貨店新宿本店、祇園会館などを設計し、山口銀行本店では日本建築学会賞を受賞している。中村の建築教育は、単にその手法が国内の他の教育機関に影響を与えたのみでなく、優れた建築家を輩出し、本人や教え子たちが建築家の職能確立に尽力した点においても功績が大きいと言えるだろう。

建築家・中村順平資料の今後

これまで、中村順平の評価や作品の紹介は、主に檜の会のメンバーが中心になって行われてきた。フランス留学、そして第二次世界大戦の戦火をくぐりぬけ、多数の資料が今日に伝えられてきたことは、中村本人ばかりでなく教え子たちの熱意があったために他ならない。さらに近年では、中村順平の評価は広がりをみせつつある。

パリのポンピドゥ・センターで開催された「前衛芸術の日本（JAPON DES AVANTGARDES 1910-1970）」展（1986年12月9日〜87年3月2日）で中村作品がまとまって紹介されたことにより、国内外での評価を高めた。これらを受けセゾン美術館における「日本の眼と空間」（1990年9月8日〜9月24日）展などでも中村の代表作が展示された。

横浜国立大学では、名教自然碑が国の登録有形文化財となり、横浜銀行本店壁面彫刻の一部が移設保存（主要部は、みなとみらい線馬車道駅に保存）されるなど、中村順平再評価の機運が高まりつつある。

平成18年（2006）度に中村順平資料の寄贈を受けた当館では、特集展示「生誕120年大阪が生んだ偉才　建築家・中村順平」展（2007年5月30日〜7月9日）を開催したが、これとほぼ同時期に横浜の日本郵船歴史博物館で「洋上のインテリア」（2007年3月3日〜9月2日）が開催され、中村順平の船内装飾関係の資料が多数出品され注目を集めた。今後は個人が所蔵する資料の解明が課題となるだろう。これについては、東大阪市立郷土博物館が「中村順平展建築芸術家のドローイング」（1991年10月22日〜12月23日）を開催し、出品者の所蔵資料を中心に調査した北尾晴雅の論文が同展出品の個人資料に関して、現状では唯一の研究成果となっている。

当館が寄贈を受けた建築家・中村順平資料には、これまでさまざまな展覧会

〈中村順平に関する主な参考文献〉

・『横浜国立大学工学部五十年史』（田口武一、1973）
・網戸武夫『情念の幾何学』（建築知識、1985）
・北尾靖雅『中村順平の建築活動について』（京都工芸繊維大学工芸学部住環境学科卒業論文、1992）
・網戸武夫『建築経験とモラル』（住まいの図書館出版局、1999）
・吉原正・松本陽一・村上潤・大西春雄「中村順平フランス・ボザールに学んだこと」『日本の生活デザイン』（建築資料研究社、1999）
・吉田鋼市「歌い舞う鉛筆中村順平」『建築雑誌』1463号（日本建築学会、2000）
・『中村順平作横浜銀行旧本店壁面彫刻の復元』（壁面彫刻保存の会、2004）
・『ヨコハマ「みなとみらい線」誕生物語』（神奈川新聞社、2004）
・酒井一光「祇園会館」『月刊タイル』2006年4月号 No.525（黒潮社）

※中村順平本人の著作については、年譜（pp.202-203に掲載）参照のこと。

で紹介されてきた代表作が多く、またスケッチブックなどあまり紹介されてこなかった資料も含まれる。本資料集の刊行が、中村順平再評価の一助となれば幸いである。

出典　大阪歴史博物館　館蔵資料集5　建築家・中村順平資料　2009年

◯ 中村順平画「前橋八幡宮透視図」と実現した社殿について

はじめに

大阪歴史博物館では、平成一八年（二〇〇六）度に檜の会（代表松本陽一）より、大阪出身の建築家・中村順平に関する資料の寄贈を受けた。これらは「南国の別荘」（原画）、「メゾン・ド・ニッポン（在パリ学生日本館）」（原画）等、中村の初期代表作を含むものであった。当館では受贈を記念して平成一九年に特集展示「生誕一二〇年　大阪が生んだ偉才　建築家・中村順平」展を開催した。また平成二〇年度に『大阪歴史博物館館蔵資料集5　建築家・中村順平資料』を刊行し、資料の紹介に努めてきた。

中村順平に対する歴史的な評価は、（一）日本人としてはじめてパリのエコール・デ・ボザールに学び、フランス政府公認建築士の称号を得たこと、（二）横浜高等工業学校（現・横浜国立大学）建築学科初代教授として、また私塾・中村塾において芸術的な建築教育を実践し、多くの優れた建築家を育てたこと、（三）岩崎邸室内設計をはじめとする建築・室内設計を行ったこと、（四）戦前に一連の豪華客船・船内装飾の設計を行ったこと、（五）建造物の壁面彫刻の分野で優れた業績を残したこと、に大別できる。これらの点についてはすでに網戸武夫らの研究でも言及されてきた（1）。しかし、前述の（三）（四）に関連する実作は戦災等によりほとんど残っていないため、「建築作品」が現存しない建築家と考えられた傾向がある。

解題

群馬県前橋市に鎮座する前橋八幡宮の拝殿は建築家・中村順平の設計により実現し、かつ現存する数少ない建築作品の一つである。しかしこの拝殿についても中村の建築作品としてよいのか異論がある。それは本殿・幣殿・拝殿が中村によって設計計画されたが、戦後間もない時期の技術者不足や戦前の神道復古に難色を示す市民の声があって予定通り竣工したのは拝殿のみだからだ。その拝殿についても築50年のあいだに改修が加えられているために、これまで中村の設計作品として言及されることが少なかった。酒井氏は設計に先だって作成した透視図から、中村が設計に込めた意図、木造にかわる鉄筋コンクリートという新素材での神社社殿の表現方法を細かく読み解き、前橋八幡宮社殿を中村の設計作品として再評価した。氏の考察は単なる透視図と現存拝殿の比較検討に留まらず、中村が著した『建築という芸術』から中村の建築芸術理念が透視図にどのように反映され、さらにどこまで拝本稿では、中村順平が戦後に関与した建築作品として、これまで言及されることが少なかった群馬県前橋市の前橋八幡宮社殿について、その透視図と実現した社殿について報告する（2）。なお、本建築が中村順平の「建築作品」として紹介されなかった背景として、本建築が実際の計画の半分にあたる拝殿のみの完成にとどまったため、「建築作品」と呼ぶには異論があったからかもしれない。しかし、設計の時点で描かれた「前橋八幡宮透視図」を中村の「作品」と呼ぶことに異論はないだろう。本論では、「前橋八幡宮透視図」の特徴を考察し、あわせて実現した社殿について検討を加え、その評価を試みる。

一　前橋八幡宮と中村順平

本章では、まず「一－一八幡宮の歴史と境内」において前橋八幡宮について述べ、次いで「一－二中村順平の経歴と前橋」において既往の研究を基礎に中村の経歴と前橋八幡宮設計にいたる経緯を考察する。そして「一－三社殿実現の過程」では、中村が設計し、青木榮が現場監理を行った前橋八幡宮社殿の建設経緯について考察する。

一－一　八幡宮の歴史と境内

前橋八幡宮は、群馬県前橋市本町二丁目九に所在し、正式名称を八幡宮といい、厩橋八幡宮とも呼ばれてきた（図1・2）。祭神は誉田別尊・比売大神・息長帯比売命他である（3）。

前橋八幡宮は、前橋の総鎮守的な存在で、創建については諸説があり、在原

殿に実現できたのか、あるいは実現できなかった相違点を分析している。

中村の評価はボザール流の建築教育を日本にもたらし、そこに日本建築の伝統やデザインを踏まえた独自のスタイル「新日本様式」を築き上げたことにあるが、本稿において氏は前橋八幡宮の現存事例を通じてより具体的にその建築理念を考察している。

（阿部文和）

図1　西側の鳥居前からみた前橋八幡宮全景

業平の子孫・業重が京都の石清水八幡宮から勧請したといわれている。また一説には、古代の都城や大寺院の建設に際し各地で八幡神を勧請し、国府八幡や国分寺八幡が創建されたことから、当社が国府八幡にあたるとする次のような説もある(4)。

上野国の国府八幡・国分寺八幡については、その所在は不明であるが、前橋市元総社町に上野国府があり、その数百メートル西に上野国分寺の建立されたことから、前橋市付近に八幡宮の古社を探すと、前橋市本町二丁目の八幡神社(引用者註：八幡宮のこと)以外に見当たらない。また古代に勧請された八幡の分布をみると、碓氷八幡・前橋本町八幡など東山道に近接しているので、かなり古い時代に勧進されたものであろう。源氏の東国発展期以前の八幡宮と考えられる。本町(旧連雀町)八幡宮の創建は、社伝によると在原業平の苗裔業重が貞観年間男山八幡宮を勧請したとあり、上野国の多くの八幡が鎌倉鶴ヶ丘八幡を勧請しているのに比べ、古い伝承であり社殿は厩橋城或は上野国府に向けた西向きである。

以上のように、創建については諸説あるが、当社が前橋における古社であることは相違なかろう。

現在の境内は、ＪＲ前橋駅と県庁の中間付近、前橋の中心部にあたるが、旧所在地は現在の前橋市文京二丁目付近の林中であったという。永禄年中(一五五八－七〇)に兵火にかかり、元亀二年(一五七一)・天正一五年(一五八七)に北条氏より寄進等を受けた。また、八幡神が源氏の守護神であったことから江戸時代には前橋藩主より武の神として信仰を受け、前橋の総鎮守的な存在となった。近代に入ると、明治六年(一八七三)に県社に列せられた。毎年一月

図2　八幡宮公園からみた前橋八幡宮境内

九日の初市には、神輿の渡御がある。

現在の社地は古墳上に西向きに営まれている。墳丘は形をとどめていないが、周囲を石垣で固めた小高い場所である。境内の古墳から出土した伯牙弾琴鏡は前橋市指定重要文化財となっている。かつて八幡宮北西には神宮寺（別当最勝院）があったが、明治一六年の大火の際にその建物は焼失した（5）。また、八幡宮社殿も昭和二〇年（一九四五）八月の空襲により焼失してしまった。その後、昭和二九年に再建計画が動き始めた。中村順平の設計により、鉄筋コンクリート造の拝殿が復興されたが、この折には予算等の都合で幣殿・本殿は未完に終わり、仮建築で遷座祭を迎えた。後年、別の設計者により幣殿・本殿が完成し、凸字型平面の現在の形となった。本殿は神明造で、鉄筋コンクリート造の内部に納められている。

現在、八幡宮には参道上に石鳥居、水盤舎がある。水盤舎は柱を石造、その上部を木造とする。石段を上がると正面に西向きの本社社殿があり、その南側に西向きの境内社（春日造本殿）が祀られている。水盤舎、春日造本殿の来歴は不詳であるが、戦災で焼失を免れたものであろう。本社拝殿向かって右手（南側）、春日造本殿前には推定樹齢八〇〇年といわれる公孫樹の古木がある（図3）。当初は左手（北側）にも対となる公孫樹の古木があったという。二本の公孫樹は戦災を免れ、後に中村順平が当社社殿を設計する際にも影響を与えた。

一－二　中村順平の経歴と前橋

中村順平の経歴については先行研究（6）に詳しいので、本稿では要点を述べるにとどめるが、中村と前橋との関係についてはこれまで触れられる機会が

図3　社殿南側の公孫樹古木

少なかったため、主にこの点を論じておきたい。

中村順平は明治二〇年八月二九日、本籍地である大阪市西区江戸堀南通二丁目一四番地（現・大阪市西区江戸堀一丁目二六番付近）に生まれた。明治二五年、五歳の頃相生町（現・都島区片町）に引越し、同二七年に栄信小学校尋常科（7）入学、同三一年に栄信小学校高等科へ入学し玉堀町へ移った。同三五年大阪府立天王寺中学に入学し、森の宮に引っ越した。同四〇年に名古屋高等工業学校建築学科へ入学し、鈴木禎次の下で建築を学んだ。卒業後、明治四三年に東京の曾禰中條建築事務所に就職した。同事務所では、大正三年（一九一四）の大正博覧会の会場設計、同八年に如水会館の設計等を担当した。大正九年、第一次世界大戦の終結を待って、かねてより希望していたパリのエコール・デ・ボザール入学を目指して渡仏し、アトリエ・グロモール・エキスペールに入塾した。翌年にボザール入学を果たし、同一二年「メゾン・ド・ニッポン（在パリ学生日本館）」の設計でフランス政府公認建築士（D.P.L.G.）の称号を得た。しかし、同年に日本で起こった関東大震災の知らせを受け、翌年一月に帰国し、「大東京復興計画」を発表した。大正一四年、横浜高等工業学校に新設された建築学科の初代教授に就任し、「建築学科に入学を志望する青年諸君への注意」を発表し注目を集めた。当時の日本の建築教育において、工学面の指導が盛んだったことに異議を唱え、同校で彼はボザール流の芸術的な建築教育を実践した。これらと並んで昭和二年に東京麻布鳥居坂の岩崎邸の室内装飾の設計を行った。また、それと前後して大阪商船や日本郵船が発注した一連の海外航路豪華客船の船内装飾を手がけた。これらの船内装飾の仕事は昭和一六年まで続くが、設計した客船は次々に戦時供用され、現存していない。また、岩崎邸も戦災により焼失してしまった。これらにより、戦前における中村の建築等の「作品」は、わずかに横浜国立大学の「名教自然」碑（登録有形文化財）を残すのみとなってしまった。

戦後は、昭和二二年に東京駅ＲＴＯ待合室壁面彫刻、同三九年に山口銀行本店壁面彫刻などを手がけ、壁面彫刻・壁画の作家としても注目されるが、そのスケールは単なる壁面彫刻・壁画のレヴェルを超え、建築的な雄大さを兼ね備えたものだった。これら一連の業績が評価され、昭和三三年に日本藝術院賞を受賞、同五一年に日本藝術院会員となった。翌五二年三月二四日、八九歳の生涯を閉じた。

以上が、中村の主たる経歴である。中村の戦前までの建築・船内装飾における業績のほとんどは戦災等で失われてしまったが、戦後は壁面彫刻だけでなく、いくつかの建築設計が行われていた(8)。それらは、どこまで中村自身が関与したか、透視図や図面通りに施工がなされたか、構想の一部分しか完成していないものを「建築作品」と呼び得るか等の点で議論があり、中村の生前に紹介されることはなかったと考えられる。これら戦後に建築設計に関与したものの中で、本稿では前橋八幡宮社殿について採り上げる。

中村順平と前橋市との本格的な関係が生じたのは、横浜高等工業学校における卒業生の一人・青木榮との関わりによる。青木は終戦直後、昭和二〇年に群馬県庁へ就職し、県の計画課地方計画係長として前橋の戦災復興都市計画事業や総合運動公園の敷地選定等にあたっていた。総合運動公園の設計にあたって青木は中村に意見を求め、昭和二六年五月九日に当時六三歳の中村が前橋を訪れた。赤城山を望む敷地を視察した中村は「ヴェスヴィオス火山の麓にいるようだ。素晴らしい、ここなら東洋一の運動公園を造ることができるよ」と述べたという(9)。中村は早速、運動場計画概要、公園全体計画、運動場計画概要を作成した。しかし、財政難や昭和二七年になって同三五年の開催を目指していた第二二回国民体育大会群馬開催が実現しない見通しになったことで、中村の総合運動公園原案は大きな変更が加えられ、昭和三五年に完成した。

いっぽう、前橋市では昭和二七年、いまだ市の財政が厳しい折、前橋市立工業短期大学(現・公立前橋工科大学)を創設した。同校は地方産業の発展に寄与することを目的に、勤労学生に道を開くための夜間大学として発足した。中村は同短大の創立間もない昭和二九年から同三〇年にかけて同校講師に就任した。また、就任にあたって、同学長であった松崎茂が中村順平の教え子であり、青木とともに中村の講師就任への理解者であった。

同校の講師就任後、昭和二九年一〇月に前橋八幡宮の復興計画が持ち上がり、青木の紹介により中村が設計を担当することになり、「前橋八幡宮透視図」が描かれた。当時の様子を青木は次のように述べる(10)。

昭和二九年(一九五四)一〇月漸く戦災の跡整理も終わり復旧の兆しが見え始めた頃八幡神社再建役員会の一人である友人から神社再建の設計を依頼された。「そんな記念すべき建築は古典建築の巨匠中村順平先生にお願いしたらどうか」と持ちかけたところ、なんと彼は名古屋高工(名工大)卒業で大先輩としての先生の名声は夙に承知しており、諸手を挙げて賛成してくれた。彼を通じて神社の方には話をつけてもらい、私は先生宅に行き神社側の意思を伝え懇望したところ、何とか話にのって頂いたので予め準備しておいた基礎資料を説明し、建物は鉄筋コンクリート耐火構造建築とし、平面及び形態はできる限り焼失前のものに近くしてもらいたい等をお願いした。

こうした依頼に基づいて「前橋八幡宮透視図」が作成された。青木の回想によれば、八幡宮境内を視察した中村は、境内にあった公孫樹の古木に感銘を受け、鎌倉の鶴ヶ丘八幡宮の公孫樹を想起し、創作に取りかかったという。なお、「前橋八幡宮透視図」については次章で、建設計画の発端から社殿実現にいたる経緯については、「三ー一社殿実現の過程」で詳述する。

二「前橋八幡宮透視図」の特徴について

中村順平の建築観において、透視図は建築の全体構想を示して描くという点で、もっとも大切な図といえる。ボザール入学後、最初の試験答案である「南国の別荘」（大阪歴史博物館蔵）以来、中村においては透視図が「建築作品」を代弁するものとして、「建築作品」と等価に論じられてきた。第二章では、中村の建築観を表現する上で重要な位置を占め、本計画の全体像を知ることができる「前橋八幡宮透視図」をひとつの「作品」として検討する。

二ー一「前橋八幡宮透視図」の概要

「前橋八幡宮透視図」は、中村順平が描いた紙本着色の原画で、縦四五・五センチ×横九〇・〇センチ（本紙）からなり、青木榮が所蔵する（図4）。描線は鉛筆で描かれ、透明水彩で着彩されたものと思われる。画面右下に「前橋八幡宮透視図（印）／中村順平／昭和廿九年秋」（図5）と書かれ、この図が制作されたのが八幡宮再建の依頼があってから、それほど時間を置かない時期のものであっ

図4 「前橋八幡宮透視図」（青木榮蔵）図の左手から拝殿・幣殿・本殿と続く複合社殿。

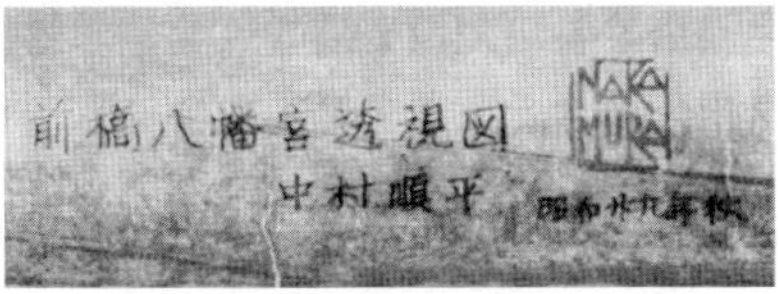

図5 「前橋八幡宮透視図」より署名・落款部分

たことをうかがわせる。透視図は通常、配置図・平面図・立面図・屋根伏図などがある程度想定されていなければ描けないものであり、短期間に密度濃い計画が練られたことをうかがわせる。

右下の落款は、「NAKAMURA」とアルファベットの大文字二段で構成され、同種のものは冊子『昭和二七年六月　伯理記念博物館新築概要説明　書横須賀市』掲載の透視図のモノクロ写真で確認できる(11)。

経年変化による僅かな退色や、表面の小さなしわ等はあるものの、保存状態は概ね良好といえ、青木により大切に保管されていたことが分かる。

二―二「前橋八幡宮透視図」構図の全体的特徴

本透視図は西向きの社殿を、南側西寄りからの視点で描く。左端に特色ある公孫樹の古木が描かれ、画面に納まりきらない樹勢は、古社の貫禄をものがたり、同時に画面の広がりを感じさせる。前述のごとく、境内の公孫樹をみた中村は鎌倉・鶴ヶ丘八幡宮の公孫樹を連想し、これをスケッチして本透視図に用いた。神木のような厳かな雰囲気は、樹木の写実的描写からも充分に読みとることができる。中村はボザール留学時代より、浮世絵の構図を意識した作画を試みており、本図で公孫樹の上端・左端が納まりきらない点も、あるいはそうした構図を意識したものかもしれない。

本図において、視線はまず公孫樹の古木に注がれ、次いで白く鮮やかに描かれた社殿を、左から右へと自然に流れていくように構成されている。画中では、視線と呼応するように左から右に向かって拝殿・幣殿・本殿と続く。右側には神社の杜がうっそうと茂り、神奥な雰囲気を醸しだす。画面手前では境内に鳩が休息し、和やかな静けさを感じさせる。南東側からは朝の陽射しが差し込んでいるのであろう、深い軒の出が壁面に淡く影を落とす。陰影は中村が建築図画や透視図においてもっとも気を使った点である。

以上のように、本透視図は公孫樹の古木が左端・上端に収まりきらない大胆な構図で目をひき、その後視線が左から右へと自然に流れるように構成されている。また、公孫樹の写実的な描写、社殿や背後の樹木の陰影は、六七歳にしてなお闊達な中村の筆致を見事にあらわしたものといえよう。

二―三「前橋八幡宮透視図」に描かれた建築の考察

社殿の描写に着目すれば、左手に切妻造平入の拝殿、右手に切妻造平入の本殿、そして両者の間を棟が直交する切妻造の幣殿が結ぶ。本殿・幣殿に対し、本殿の床面（勾欄面）・屋根が高く設定されている。与件を踏まえ破綻なくまとめあげた神社建築の姿というべきであろうが、仔細にみていくと鉄筋コンクリート造により新しい神社建築の形態を求めた中村の軌跡がみえてくる。以下に、本透視図から読みとることができる前橋八幡宮社殿の建築的な特徴について四つの観点から検討する。

(一) 新しい神社建築の表現

前橋八幡宮の設計にあたり第一に意識されたことは、鉄筋コンクリート造による新しい神社建築様式の創造にあったと思われる。実際、寺院建築（本堂）では戦前以来、鉄筋コンクリート造による伝統的な形の再現から新しい形の探求まで、さまざまな実践が行われた(12)。一方、神社建築においては、鉄筋コンクリート造で伝統的な形を継承しようとする例がわずかながらあった(13)。鉄筋コンクリート造による社殿建築の前例があったとはいえ、前橋八幡宮社殿は新しい神社形式を創造しようとする志に支えられたものとして評価できる。

後述する(二)~(四)とも関わるが、直線的で無駄のない線で表現された社殿は、鉄筋コンクリートという構造本来の持つ性格を表現し、新しい神社建築の様式を目指したことと関連するといえよう。

(二) 装飾

特色の第二は、装飾である。本透視図の建築装飾について考察する前に、中村の建築装飾観を知るために『建築という芸術』の記述に触れる。同書は、本設計と同時期に月刊誌『国際建築』への連載として執筆が進められていたもので、中村の建築観が最もよく表現されており、彼の言説と実作の対応関係を知る上でも重要である。同書の「建築装飾の意義」では、装飾の性格を次のように述べている(14)。

建築の性格表現上、絵画や彫刻などによる装飾の役目は、必要不可欠のものとして、見逃すことのできない要素である事実を肯定しなければならぬ。その上、装飾は建物の重要度に応じて、よくその性格を表すのに役立つものである。

当時のモダニズム建築家が装飾を忌避する傾向にあったのに対し、中村は装飾の意義を高く評価している。同時に、装飾を建築の性格表現の手段と捕えていたことがわかる。さらに次のように続ける(15)。

絵画や彫刻の装飾は、常に建物の構造的な趣旨に従順で、かつ謙虚であって、決して出過ぎるような振舞があってはならず、これの立場は、飽くまで建物の主体である構造体を引き立てるための、潤色的な役目に立つことにある。
以上のように、建築の性格表現に必要不可欠の装飾も、構造体を引き立てることが趣旨であると述べている。本透視図でも、構造を素直にみせることに力点をおいて描かれ、装飾は控えめながら、その真価を発揮するように配されている。

本透視図における建築装飾のうち主要なものを挙げるとすれば、①本殿欄間彫刻、②拝殿装飾扉、③鬼瓦および飾瓦がある。

①本殿欄間彫刻

本殿の側面に欄間彫刻があり、本図でみる限り、かなり立体的な表現といえる（図6）。欄間彫刻のモチーフは松とそこにとまる鳩の姿であろう。中村は「東京駅RTO待合室壁面彫刻」（昭和二二年）や「山口銀行本店営業室壁面彫刻」（昭和四〇年）等で、自らの下絵をもとに彫刻家の本郷新、田畑一作らに制作を依頼したことから、ここでも条件が整えばそのような制作体制を望んだものと考えられる。なお、欄間状の壁面彫刻を立体的で目をひくものとしながらも、建築の構造部材である柱や梁等に覆いかぶさることがないようにしている点で、これも彼が装飾を「出過ぎるような振舞があってはならず」と述べたことと一致する。

②拝殿装飾扉

八幡宮社殿を側面からみたとき、視線が収斂するのが拝殿の大屋根とその下の大きなガラス窓、そして中心に位置する扉であろう。この扉は両開きの装飾扉で、表面の幾何学文はアール・デコの雰囲気を伝えている。これは、中村が戦前に室内装飾や船内装飾で試みた意匠とも類似し、彼の戦前・戦後における

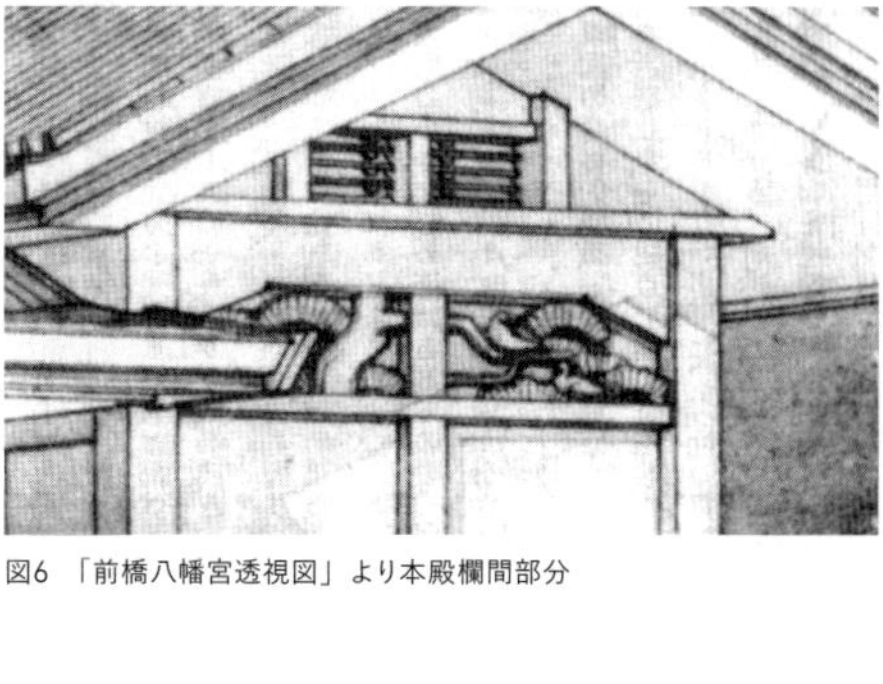

図6 「前橋八幡宮透視図」より本殿欄間部分

作風の連続性を示す上でも興味深い。

③鬼瓦および飾瓦

本図の特徴として、本殿および拝殿の屋根側面にみられる鬼瓦を挙げることができる。この鬼瓦は古代日本建築にみられる鬼瓦の輪郭を参考にしたと推察される。画面上ではそれが極めて薄い存在として描き上げられている。

飾瓦としては、拝殿前方の向拝正面軒先にみられるものが特徴ある。本図では向拝が左端に描かれているが、参詣者の目線では、参道正面に向拝をみることとなる。通常の神社建築にはない飾瓦の使用がこの建築の大きな特徴となっている。

(三) 簡潔な描線 ― 構造の尊重

特色の第三は、無駄な線の排除である。これは建築構造の率直な表現と関わりがある。とりわけ、通常の神社建築にくらべ屋根勾配が極めて緩く、しかも直線的である点は見事である。

本設計にあたって、中村は全国の八幡宮の本宮にあたる宇佐八幡宮本殿を念頭においたと考えられる。実際、中村は『建築という芸術』の中で複数回にわたり宇佐八幡宮に言及するとともに、その図版を掲載している。とりわけ同書では、八幡造(宇佐八幡宮本殿)の二つの切妻屋根が並列する谷の両端に置かれた竪樋について、厳しい指摘をしている(16)。

本殿だけでなく、これに軒を接して細殿を付加し、軒の出の空間を合の間として使用した場合などには、軒樋の必要も生じたに相違あるまいし、自然内樋の雨水排出用に竪樋の設備も、止むを得ないものとなったに相違ない。しかしこの竪樋は建築的には、単なるつつましい付帯設備という程度の表情をしているのではなく、ひとかど建築的意匠のように誇らしくふるまって、極めて顕著に、しかも臆面もなくぶざまな形態を晒している。この宇佐神宮の内樋に関しては、雨量の多いわが国の気候では、ことに雪解けに当たって、雨漏りの原因となるために、絶対になすべき構造法でない。いわばこの場合は、窮策という言葉につきるのであろう。

以上のように、中村の宇佐神宮の樋に対する批判は厳しい。彼はその論述を具体化するように、本透視図では軒樋を目立たせずに納め、雨水を処理しようとする意志がうかがえる。

軒まわりをすっきりとみせているもう一つの要因は、垂木を作らない点であろう。鉄筋コンクリート造の社寺建築では、木造と同じような垂木の表現に苦心する場合が多いが、鉄筋コンクリート造では本来垂木は必要ない。中村の考える構造の原理に従えば、垂木の線を排除してすっきりとした軒のラインをみせることこそ、構造に正直な表現といえるだろう。

また、通常神社建築では本殿の身舎柱を円柱とする。しかし、ここでは拝殿・幣殿と同じく角柱で表現している。後に鉄筋コンクリート造で建てられた神社建築の多くが木造本殿を踏襲して円柱とするのに対し、ここでは鉄筋コンクリート造において合理的な角柱としている。

(四) 機能性の追及

特色の第四は、機能性の追及である。中村は『建築という芸術』中の「われらの神社建築」で、伊勢神宮正殿の合理的で勇壮な造形美を賛美しつつ、階の先端が茅葺屋根の外側に出ていることや、廻縁が棟持柱にさえぎられている点を残念であると記している。同節において神社建築の本殿と勾欄について、次のように述べている(17)。

もともと神の安住所である宮というものの性格からいえば、廻縁や、勾欄のあるのは、極めて妥当である。従って後世の流造りや、八幡造りで棟持柱を排除する法はあっても、周囲には昔のままに勾欄を保存しているのは、むしろ当然の処置であり、却ってそのために、建物の性格表示を助けていさえする。

実際、透視図においても勾欄は拝殿・幣殿・本殿それぞれに巡らされ、ゆったりとした大屋根が勾欄や階を雨から守る。本殿も、ここでは必要のない棟持柱や脇障子を設けず、廻縁を連続させている。

もう一点は、拝殿側面柱間をガラス窓としている点である。木造の拝殿であれば明かり障子を入れるところであろうが、本建築は鉄筋コンクリート造であるために、これに代わるものとしてスチールサッシを入れたものと思われる。さらに幣殿では天窓を設け、内部の採光を計っている。天窓は、外部と同じような明るく開放的な内部空間を実現し、神の住まいとそこで執り行われる儀式のあり方に対する一提案として構想されたものかもしれない。

三　実現した社殿

前章では「前橋八幡宮透視図」について論じたが、実際に竣工した前橋八幡宮社殿は拝殿のみにとどまり、後に幣殿・本殿部分が増築され、現在の姿となった。また、築五〇年以上が経過し、拝殿竣工後に変更が加えられた部分もある。

こうした諸条件により、本建築が中村の「建築作品」として発表されることなく今日にいたったと思われる。

本章では、「三―一　社殿実現の過程」で中村の設計案が実現する過程について触れ、次いで「三―二　実現した拝殿の特徴」、および「三十三〈前橋八幡宮透視図〉と実現した拝殿の相違点」を考察し、最後に「三―四　前橋八幡宮社殿の評価」について記す。

三―一　社殿実現の過程

社殿実現の過程は、本建築を中村順平の「建築作品」と呼び得るかという点で、大きな意味をなす。しかし、この段階を裏付ける資料としては、実際に現場監理を担当した青木榮の所蔵する資料、記憶による部分が大きい。青木は既に「未完の社　前橋八幡宮　顛末期」としてその概要を記している(18)。本節はいくつかの知見・補足を加えたもので、既存の成果に負う所が大きいが、次節以降の考察に必要であるために触れておく。

前章でも記したとおり、前橋八幡宮復興計画が持ち上がったのは、昭和二九年一〇月のことであった(表)。その後、拝殿・幣殿・本殿からなる社殿の平面図・立面図等が送られてきたのは昭和三〇年五月のことだった。同年七月に設計監理契約が結ばれ、本設計に入った。昭和三一年一月に「前橋八幡宮透視図」が氏子総代に提示された。その後、四月までに拝殿・幣殿・本殿の詳細図が整い、建築確認申請に必要な図面が作成された。積算の結果、総工費は約八〇〇万円となった。当時は終戦間もなく、戦前の神道復古を懸念する市民の声もあり、神社再建には風当たりが強かったという。そのような困難の中でも神社側は建

前橋八幡宮社殿復興略年表

年	月日	進捗状況
昭和29年	10月	青木が神社より社殿再建の設計を依頼される。青木は、設計を中村に依頼。
昭和30年	5月	中村から青木のもとへ、拝殿・幣殿・本殿よりなる立面図・平面図が届き、神社再建役員会代表に提出。
	7月	神社側は中村と設計監理契約を結び、本設計に入る。
昭和31年	1月	青木は中村より「前橋八幡宮透視図」を見せられ、写真を受け取る。拝殿詳細図が青木のもとに届く。
	2月	幣殿・本殿詳細図が青木のもとに届く。
	4月	確認申請のための仕様・意匠図・構造図・設備図等作成終了。積算により総工事費が約800万円であると神社側世話人代表に報告。
	4月頃	神社は建設費として500万円を準備。
	5月	拝殿と幣殿・本殿を分離し、拝殿を先行工事することを決定し、修正設計が完了。
	6月10日	入札により、建設工事を前橋土建工業株式会社が落札。
	9月	鉄筋コンクリート工事はじまる。
	10月	コンクリート打設終了。
	10月28日	拝殿上棟式。中村臨席。
昭和32年	5月	幣殿・本殿工事の見通しが付かなくなり、地元の業者で設計・施工。
	5月22日	中村より青木宛に本工事に関する最後の手紙が届く。
	6月	仮説建物(幣殿・本殿)の完成を待って遷座式が執り行われた。

※本表は、青木榮「未完の社 前橋八幡宮 顛末記」『あすなろ』第八号(平成一九年)をもとに作成。
[凡例]神社:前橋八幡宮、中村:中村順平、青木:青木榮

設費五〇〇万円を準備し、設計は拝殿のみを先行して完成させ、資金の目処が付き次第、幣殿・本殿を建設する方向に変更された。同年五月末に修正設計が終了し、六月一〇日、入札により前橋土建工業株式会社が工事を落札した。

昭和三一年頃は、戦時中の動員により多くの建設作業従事者・職人の生命や技術が失われたため、前橋市のような県庁都市であっても、熟練した技術者の確保は困難であった。とりわけ本工事では、瓦・手摺・擬宝珠・扉等の制作で中村が期待したレヴェルは高く、その実現は困難を極めた。おそらく中村の脳裏には、漆工の第一人者・松田権六と共同で制作した岩崎邸での経験や、彫刻家・本郷新らと実施した東京駅RTO待合室壁面彫刻等があったのであろう。また、芸術家気質の中村の制作態度は、妥協を許さぬものであった。そのため、中村の構想を実現させる立場にあった青木は、資金・資材・職人の不足に苦闘しながら、当時の社会情勢の下、可能な範囲内で出来うる限りの実現を目指したという。

実際の工事では、青木が現場監理を行い、各段階での工事写真を中村宛に送り、指示を仰いだ。中村は写真により工事状況を確認し、細かな指示を葉書や封書で書き送った。昭和三一年九月～一〇月にコンクリート工事が行われ、その後昭和三一年一〇月二八日に上棟式が執り行われた。その際、中村は式に出席した。

上棟式をはさみ、瓦・擬宝珠・手摺・扉等の制作が行われた。手摺等は当時加工技術の高かった富山県高岡市の銅加工工場の職人に依頼したが、設計図通りに実現するには困難を極めた。飾瓦（正面軒先および側面梁の巴文）は、地元の瓦工場では意図通りに制作できないため、セメントモルタルによる鋳込み制作とした。

細部表現では苦心を極めたが、昭和三二年にはおおよその建具も取り付けられ、内部の葛布張りが行われ、拝殿が完成をみた。しかし、続く幣殿・本殿の着工の見通しが立たなくなり、それらは仮設の木造建築で地元の業により設計・施工されることとなった。同年六月、仮説建物の完成を待って遷座式が執り行われたが、中村も青木もこの式典には出席を辞退した。

以上のような経緯で建物が竣工したため、拝殿は中村の原案に基づき竣工したものの、心残りとなる部分が少なからずあったと想像できる。遷座式への出席辞退は、中村の芸術家的態度の表明でもあろうし、芸術家としての署名を拒んだようにも受け取られる。しかし、中村の原案のもと、青木が現場監理をしたことは確かであり、芸術作品的な意味での「建築作品」と呼ぶことには異論もあろうが、中村が深く関わった実作であることに違いはないだろう。

三―二　実現した拝殿の特徴

(一) 外観の特徴

参拝者は西向きの参道に立つと、鳥居をくぐる以前から、小高い墳丘の上に建つ直線的な社殿の姿を望むことができる。やがて鳥居を抜けて境内に入り、石段の上に位置する社殿を仰ぎみる。

石段下から望めば、切妻造平入の拝殿の直線的で緩い勾配の屋根が目に入る(図7)。その様は、スケールや構造・材料、社殿形式の差はあるが、伊勢神宮正殿前の神門を石段下から見上げたときのような印象を抱かせる(2)。切妻造平入屋根を構成する直線要素を見上げる視線が、そう感じさせるのであろう。

図7　正面階段下より見上げた拝殿

本八幡宮拝殿は、正面に向拝が付く。これは拝殿正面の階段を覆う機能を有し、中村が指摘した伊勢神宮正殿の不具合(20)を改善したものともいえる。また、鼻隠板の内側に軒樋を納め、軒樋の煩雑な線を隠す等の工夫がみられる。直線的な向拝に対し、屋根の飾瓦が目立つ(図8)。神社建築よりも西洋の神殿建築にみられる軒先飾(アンテフィクサ)に類似し、洋の東西における神殿建築のイメージを重ね合わせたようでもある。

向拝柱は、断面が正方形ではなく木造建築における「五平」のように、見付が小さく見込みが大きい。また、柱の断面に対してかなり大きな面取りをしている。こうした細部は古代の日本建築を想起させるとともに、鉄筋コンクリート造では木造にくらべ柱の断面が著しく大きくなってしまうため、正面からみたときにそれを少しでも和らげようとする配慮であろう。

拝殿が建つ二重の基壇は当初、人造石貼り等の仕上げであったと考えられるが、現状ではタイル貼りに変更された。柱と基壇の接点には、木造建築であれば礎石を置くが、ここでは鉄筋コンクリート造であるために礎石をつくりださない。構造的な合理性を追求した結果であろう。

拝殿本体には、北・西・南の方に勾欄が取り付く。勾欄は束柱を建てずに片持ちとし、浮遊感を出している。擬宝珠柱や欄干装飾は、竣工当時の様子と変わってしまったために、不釣合いの感は否めない。

拝殿の柱や壁面は現在、薄紫色に塗装されている。壁面は北・西・南各面の中央間を扉とし、両脇間をガラス窓とする。北・南中央間の扉は、アール・デコ風の菱文の装飾があり、そこに視線が収斂する(図9)。南北側面上部の梁には三つ巴文のレリーフ彫刻がつく(図10)。また、西面(正面)は身舎屋根と向拝

図10　拝殿南側梁の三つ巴文レリーフ

図9　拝殿南中央の扉

図8　軒先飾(飾金物は後補材)

の間に隙間があり、ここに横長の高窓を設けるが、この高窓は向拝に隠れ、正面の参拝者から望むことはできない。

側面から望む切妻屋根は、この建築でもっともこだわった点のひとつで、直線的な美しさが強調されている（図11）。破風板を用い、けらば瓦をみえないようにすることで、外観における線の単純化を計っている。しかし、これによって破風板状部分の厚みが増し、外観の印象がやや重たく、薄くつくられた鬼瓦とのバランスが上手く保てていないようにも感じられる。この点は中村が現場監理まで一貫してできなかったことに起因するのかもしれない。また、屋根を単純化してみせるため、妻に懸魚を用いない、切妻の両端部で屋根の厚みを低減させる等の工夫がみられる。総じて、さまざまな配慮が直線的な屋根のみえがかりのために投じられたことがわかる。

（二）内部の特徴

内部は、五間×三間の平面を基本とし、さらに東側に一間分を伸ばして南北に付属室（神具庫・神饌所）各一室を配し、中央を幣殿・本殿との接続部とする（図12・13）。正面五間のうち中央は扉とし、両脇各一間を腰高のガラス窓とする（図14）。中央間は外側を両開き戸、内側を両開きの引き込み戸とする。両脇間のガラス窓は二列二段の跳ね上げ窓（上軸回転窓）となり、みえがかり上は縦長の二連窓にみえる。また、各柱間上段を嵌め殺しの高窓として十分な明るさを確保している。ガラスはいずれも半透明のすりガラスが用いられている。

南北両側面は中央間を両開き戸とし、両側面を二列二段の跳ね上げ窓（上軸回転窓）とする点は正面と同じである。ただし、扉及び窓のすぐ上部に欄間窓

図11　拝殿南側全景

図12　拝殿内部より本殿方向をみる（中央の円柱までが拝殿）

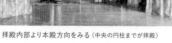

を配しており、正面高窓にくらべると一段低い位置となる。

天井は、拝殿の南北両側面一間分を除き、木の格天井で白くペンキ塗りされている。南北両側面は一段低く白塗りの鏡天井とする。その他の壁面もすべて白塗りであり、床面は段差のない木板張りとする。

以上のような仕様により、拝殿内部は外部からの自然光を存分に導き、大変明るい空間となっている。格天井等、日本建築の伝統的な細部を用いているにも関わらず、白塗りとした点で、伝統的な神社建築の拝殿とは印象が異なる。むしろ、中村が戦前に手がけた住宅建築の内装を思わせる明瞭さに満ちている。先に「前橋八幡宮透視図」において外観に触れたが、内部空間のイメージも大変重要なものとして設計されたことが分かる。内部空間の明るさ・清浄さは、神社建築の性格と背馳するものではないから、中村が目指した新しい神社建築様式の実現とみることもできるだろう。

三－三「前橋八幡宮透視図」と実現した拝殿との相違点

「前橋八幡宮透視図」と実現した拝殿をくらべたとき、おおよその部分は原案通り実現したといえる。また、勾欄・擬宝珠部分等は本透視図と異なるが、これは後世の改造であり、竣工時から変更された部分である。

本透視図と竣工拝殿とのもう一つの大きな違いは、飾り金物の有無であろう。拝殿のけらば部分には、頂部および先端部・中央部にそれぞれ飾り金物がみられる。また南北面東端の柱から手前に突き出した梁の先端を覆う鼻隠しの飾り金物が用いられているが、これらも後世の付加である。本来、鉄筋コンクリート造であれば必要のないこれらの飾りが竣工後に取り付けられたことで、中村

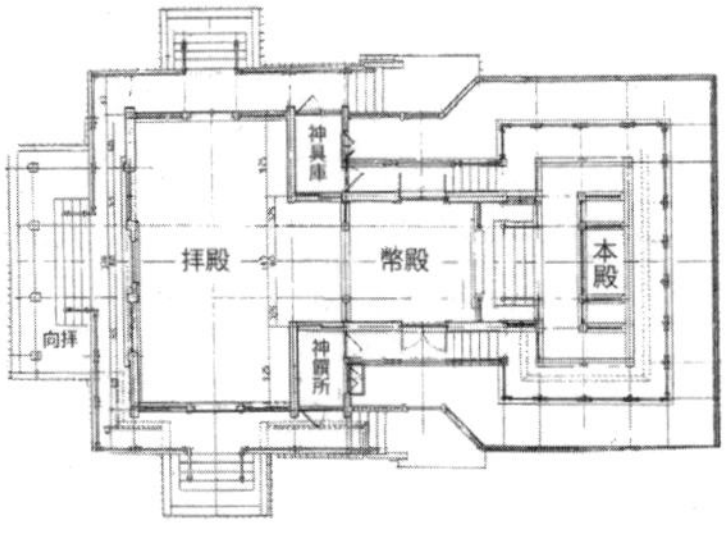

図13　中村順平原案による平面図（青木榮提供のものに一部加筆、幣殿・本殿は未完）

図14　拝殿内部西側（正面）をみる

の意図とはかけ離れてしまった面がある。

以上のように、竣工時の姿と「前橋八幡宮透視図」における相違点を考えた際、大筋で意図した姿を実現したといえるが、細部のプロポーションでは依然、中村の満足がいかない点があったものと思われる。

とりわけ、中村は青木に拝殿正面向拝の軒の厚みと、拝殿側面の梁とハンチの形状について悔いを残した点を伝えている(21)。常に建築の比例について細心の注意を払ってきた中村にとって、これは許容の範囲を超えていたのかもしれない。しかし、昭和三二年前後の前橋市における一般的な鉄筋コンクリート造建築の施工現場の実態を加味すれば、こうした差異は致し方なかった現実ともとれる。

中村の理想を描いた「前橋八幡宮透視図」と実現した拝殿の相違点について、本節では大筋で拝殿は描かれたように完成したが、軒の厚みなどの細部では中村の満足行く結果とはならなかったことを指摘した。今後、青木の所蔵する実施図面の検討により、もう少しその具体像を検討する必要がある。また、後世の改造は竣工時の姿を変えてしまったが、みる者によってその評価は分かれる点も付記しておきたい。

三-四　前橋八幡宮社殿の評価

前節で検討したとおり、後世における改造を除けば、前橋八幡宮拝殿の建築は、ほぼ「前橋八幡宮透視図」通りに完成したとみることもできる。しかし、中村本人およびその門下生の建築家たちにとって、中村のこだわった比例を実現できなかったことにより、本建築を中村の「建築作品」と認めることに躊躇させたのかもしれない。また、拝殿のみの完成で幣殿・本殿を含む全体の完成にいたらなかったことは、「建築作品」と呼ぶことをためらわせるものがあったのかもしれない。中村の「作品」としての「前橋八幡宮透視図」と実現した拝殿の建築の差異は、「建築作品」を巡る問題の難しさを提示している。

　しかし、建築とは建築家の「建築作品」であると同時に、竣工時点から建築家の手を離れて施主、使い手のものとなっていく宿命を負う。前橋八幡宮の場合、神社社殿という性格から、前橋の総鎮守として日々参拝者に開かれ、地域の象徴として実在している。紋日ともなれば、境内は多くの参詣者で賑わう。前橋八幡宮の社殿は、中村順平の「建築作品」としての評価は特定しにくいが、竣工後五〇年以上を経過し、戦後間もない時期の初期鉄筋コンクリート造社殿建築として貴重な存在といえる。

　また、中村の意図が完全な形で反映されたとはいえないが、当時の彼の建築理念の一端が現われていることは事実であろう。一方で「前橋八幡宮透視図」は中村の理念がほぼ完全な形で表現されていると考えることもできるので、両者が一体となって建設経緯とともに伝えられることにより、中村の建築理念と当時の社会情勢、中村晩年における建築実現に向けた弟子たちの協力態勢等を知ることができる貴重な存在といえる。青木が自省の念もこめて「未完の社」と呼んだのは、師である中村の建築理念がここに宿っており、中村の思い通りに全体が完成していれば、中村の「建築作品」と呼ぶことに躊躇がなかったためであろう。

（1）網戸武夫『情念の幾何学　形象の作家中村順平の生涯』（建築知識、昭和六〇年）等。
（2）戦後における中村順平の建築設計については、『あすなろ』第七・八号（平成一八・一九年）に報告されている。
（3）前橋八幡宮の歴史については、註のない場合、「前橋市総鎮守　前橋八幡宮」（同社由緒書）、『群馬県の地名』（平凡社、昭和六二年）五四七頁、『全国神社名鑑』上鑑（全国神社名鑑刊行会史学センター、昭和五二年）二一七頁によった。
（4）『前橋市史』第五巻（前橋市、昭和五九年）六五八頁。
（5）『前橋市史』第一巻（前橋市、昭和四六年）八四〇頁。
（6）（1）に同じ。
（7）網戸武夫『情念の幾何学　形象の作家中村順平の生涯』（前掲書）三七〇頁によれば「栄信小学校」と記されているが、第一盈進高等小学校（堀川小学校校地）、第二盈進高等小学校（中之島・堂島大橋南詰）、第三盈進高等小学校（滝川小学校校地）等の可能性があったのではないかと考えられる。
（8）（2）に同じ。
（9）青木榮「中村順平先生と群馬県営敷島運動公園」『あすなろ』第七号（平成一八年）。
（10）青木榮「未完の社　前橋八幡宮　顛末記」『あすなろ』第八号（平成一九年）。

おわりに

中村順平は、建築家でありながら「建築作品」の実作がほとんど残っていないために、建築図画や透視図、それに一連の壁面装飾・壁画が「作品」として語られてきた。また建築教育者としての優れた側面が強調されてきた。これらは事実であり、それらのみによっても建築家・中村順平を評価することは不可能ではない。

本論であつかった「前橋八幡宮透視図」と実現した前橋八幡宮社殿は、中村晩年の「作品」であり、建築透視図と実現した建築を対応できる稀少な事例として重要な存在といえる。実現した社殿については、中村の意思がすべて反映されていないという点で彼の「建築作品」と呼ぶことには異論もある。こうした「建築作品」のあり方を問う真摯な態度こそ、中村が門下生に対して伝えようとした建築の理念であるのかもしれない。

前橋八幡宮社殿は、中村の設計であることと切り離して考えたとき、(一)神社社殿建築の鉄筋コンクリート造化を目指した戦後では初期の実例であること、(二)伝統的な神社建築のあり方に対して、原点に立ち返り新たな造形を思考・提示した貴重な作例であること、(三)戦災復興期の建築技術を知ることができる実例であること、(四)地域に親しまれ、歴史的景観を形成する重要な建築であることなどの評価が可能である。とりわけ、(一)(二)の点は、建築史ばかりではなく日本神社建築史上からも注目されてよいのではないだろうか。これらに加え、中村順平自身の原画「前橋八幡宮透視図」を伴う中村の設計であることを考えたとき、中村の意図が完全な形で実現したとは言えないにせよ、

(11)『大阪歴史博物館館蔵資料集5　建築家・中村順平資料』(大阪歴史博物館、平成二一年)二七頁。なお、同資料掲載の写真は落款の右側の一部が欠落している。

(12)木造本堂を忠実に再現しようとしたものとしては東本願寺函館別院(九代目伊藤平左衛門設計、大正四年竣工)等、鉄筋コンクリート造による新たな本堂の形を求めたものとしては本願寺築地別院(伊東忠太設計、昭和九年竣工)等がある。

(13)鉄筋コンクリート造で伝統再現を試みた社殿としては、江東天祖神社(昭和四年竣工)、神田明神社殿(昭和九年竣工)、織姫神社社殿(昭和一二年竣工)等がある。伝統の踏襲と新しい形の実現を図った例としては、明治神宮宝物殿(大江新太郎設計、大正一〇年竣工)等がある。

(14)中村順平『建築という芸術』上巻(相模書房、昭和五三年)二四〇頁。

(15)(14)前掲書二四二頁。

(16)中村順平『建築という芸術』下巻(相模書房、昭和五三年)一四四頁。

(17)(4)前掲書一四四頁。

(18)(10)前掲書。

(19)中村は昭和二〇年の終戦間際、伊勢神宮で実測奉仕をした。また、『建築という芸術』では、伊勢神宮を「祖先の建築芸術の全歴史を通して、これほどわれらを感動させた放胆無類の作風は、またとほかにあり得ない」(上巻一三九頁)などと度重

前橋八幡宮の社殿はより注目されてよい建築といえるのではないだろうか。また、本建築の存在により実作を通して中村順平に対する評価の道が開かれるであろうし、前橋八幡宮に対する注目も高まるのではないだろうか。

本論は、「前橋八幡宮透視図」と社殿の実見、青木らの教示をもとに論じたもので、実施図面や関連資料の検討、社殿の詳細な実測などを伴っていないという点で雑駁な点があるが、今後の中村順平研究、前橋八幡宮研究の一助になれば幸いである。

［付記］本文中においては、すべて敬称を省略させていただきました。

［謝辞］本論執筆にあたっては、前橋八幡宮宮司宮澤克典氏および檜の会会長松本陽一氏、同会の青木榮氏、上村実氏、仁瓶俊介氏、若命陽子氏の諸氏にご高配・ご教示いただきました。末筆ながら感謝申し上げます。

出典　共同研究成果報告書4　大阪歴史博物館　2010年

なる賛辞を送っていることから、伊勢神宮の建築に対して極めて強い思い入れがあったと考えられる。

(20) 中村は伊勢神宮内宮正殿の屋根がその下の階を覆いきれていない点を挙げ、「階を切妻屋根の軒から外へ、突き出させるものとすれば、これを覆う屋根を記念的な構造にするためには、切妻屋根の前面全部なり、また一部なりを葺きおろして、問題を解決するのが最も自然な方法である」（『建築という芸術』上巻一四四頁）と述べている。

(21) (10)前掲書五三頁

建築家・中村順平の設計活動についての一考察

はじめに

明治20年（1887）、現在の大阪市西区江戸堀に生まれた中村順平は、パリのエコール・デ・ボザールに学び、日本人最初のフランス政府公認建築士（D.P.L.G.）となった。昭和33年（1958）日本芸術院賞を受賞し、同51年に日本芸術院会員になるなど、華々しい活躍で知られる（表1 ※改訂版年譜をpp.202-203に掲載）。現在、彼の業績として広く知られていることは、横浜高等工業学校建築学科（現・横浜国立大学工学部建築学科）初代主任教授として学生を、私塾・中村塾において建築家を指導し、ボザール流の建築教育や建築図画と呼ばれる独自の建築図法を日本に紹介し、実践した点である。また、戦前に多くの豪華客船の船内装飾を、戦後は建築の壁面装飾を手がけ、さらに『建築という芸術』等の著作を通して、芸術としての建築を生涯主張した。建築の実作に携わった業績は、これまで2、3の実例(1)を除き紹介されることがなかったが、彼は実現・非実現を含め一定数の建築を設計しており、設計者としての業績は過小視できない。本稿では、中村順平の設計活動を曾禰中條建築事務所時代とその後に分け、現状で知り得る建築、船内装飾、壁面彫刻、壁画のそれぞれの作品を調査し、中村順平の設計者としての業績を考察することを目的とする。

解題

これまでの中村順平については日本人として初めてフランス政府公認建築士（D.P.L.G.）の称号を得たこと、ボザール流の建築教育を日本で実践したことなど芸術家あるいは建築教育者としての側面が強調されて評価されてきた。酒井氏は本稿において中村の関わった作品の中から建築・船内装飾・壁画彫刻を選び、設計者としての中村順平を再評価した。氏は中村の設計活動を①曾禰中條建築事務所時代の設計②独立後の横浜高等工業学校時代の設計③船内装飾の設計に分類している。このうち①に該当する建築作品で現存するものはなく、氏が所属した大阪歴史博物館へ寄贈された中村順平資料の中から中村自筆の「仕事歴」をもとにリストを作成しており、さらに生涯建築事務所を構えなかった中村がどのように仕事依頼を受けて設計活動を行ったのかを明らかにしている。②については、それまでに氏は中村が設計担当をして現存する前橋八幡宮について考察をしており、2013年にはYukiya洋

1. 中村順平に関する先行研究

中村順平の業績についての先行研究や紹介文をみると、次の三つの執筆者が挙げられる。（1）弟子の建築家によるもの、（2）建築史等の研究者によるもの、（3）博物館関係者によるもの、である。なお、中村自身は自らの業績を回顧する文章は公表していない。ここでは、この3つの分類により考察する。

(1) 弟子の建築家によるもの

横浜高等工業学校建築学科第1期卒業生の建築家・網戸武夫が、弟子の立場から師・中村について記した著述（2）および他の弟子たちの著述（3）による紹介で、網戸の著述が質量ともに突出している。とりわけ『情念の幾何学　形象の作家中村順平の生涯』は月刊誌『建築知識』に連載されたものを書籍にまとめたもので、中村順平を知る基本文献といえる。同書や弟子の著述に共通する記載事項として、①曾禰中條建築事務所時代の如水会館をはじめとする担当作品、②ボザール留学中の作品、③横浜工高および中村塾における芸術家としての建築家教育、④ボザール留学後の岩崎小彌太邸食堂・喫煙室（実現、現存せず）の設計、⑤戦後の壁面彫刻・壁画の制作、⑥『建築学』や『建築という芸術』など一連の建築芸術論、の6つが挙げられる。このうち、建築作品に言及したのは①④であり、独立した建築家としての業績としては④があるに過ぎない。

(2) 建築史等の研究者によるもの

建築史等の研究者による中村の作品論や論考（4）は、多くが中村の建築図

裁店と尾上美粧院について論じている。本稿は中村順平を「建築家」として追究し続けた氏の研究成果が凝縮されたものであり、中村の設計活動の全体像を把握する基礎資料となるものである。

（阿部文和）

画やエスキスの紹介を中心に据え、（1）とは異なる独自の視点で考察したものも少なくない。対象とする素材の多くは中村の弟子の建築家から提供を受けたもので、扱われる作品については（1）と類似する傾向がある。

（3）博物館関係者によるもの

近年、中村の手がけた船内装飾の展覧会（5）やそれにあわせた研究が盛んになり、当該分野における中村の経歴がより詳しく知られるようになった。大阪歴史博物館では、中村の弟子の集まりである檜の会（代表：松本陽一氏）より、中村順平に関する資料の寄贈を受け、展覧会の開催（6）や資料集（7）の刊行を行い、筆者も中村の作品について論述した（8）。これらの多くは、中村の弟子の建築家たちが所有していたもので、扱う素材は（1）と同じだが、弟子たちが言及しなかった原画や作品に関するメモ類があり、未発表の作品に関する情報も含まれている。

2. 中村順平の設計作品について

中村がフランスから帰国し、横浜高等工業学校で教鞭をとるようになったのは大正14年（1925）、38歳の時である。横浜工高や中村塾において建築教育に情熱を傾けながら、多岐にわたる設計をこなしたが、設計の全容は明らかにされていない。本稿では、（1）曾禰中條建築事務所時代の建築設計、（2）独立後の船内装飾設計、（3）独立後の建築・壁面彫刻・壁画設計の3つにわけ、中村の業績を可能な限り列挙した。なお、（1）（3）は網戸武夫の著書を中心に、既往研究に加え、中村自筆の「仕事歴」(9)「経歴書」(10)(ともに大阪歴史博物館蔵)をもとにした。

(2)は志澤政勝氏の研究成果(11)をもとに作成した。これら通して、中村の設計活動の全体像を把握し、設計者としての姿を再評価する。

(1)曾禰中條建築事務所時代の建築設計

中村が曾禰中條建築事務所時代に担当した作品を(表2)にまとめた。これらは、自筆の「仕事歴」をもとに作成した。曾禰中條建築事務所は明治41年設立で、中村が入所した明治43年は草創期に当る。中村は入所直後から榎本歯科医院の設計監理を担当し、慶應義塾図書館の家具・照明器具の設計監理という大きな仕事を手がけた。以後、曾禰中條建築事務所時代最後の作品・如水会館は設計監理を中村が手がけた代表作といえる。しかし、その間は博覧会の仕事が多く、その手腕は遺憾なく発揮されたが、多くが仮設建築物であった。

(2)独立後の船内装飾設計

中村が設計した船内装飾作品を(表3)に掲げる。横浜高等工業学校就任直後の昭和2年に竣工した長城丸をかわきりに、昭和15年まで26の国内・海外航路の豪華客船を設計した。年平均2隻だが、とりわけ昭和9年以後は数が増える。なお、橿原丸と春日丸は建造中に空母隼鷹・大鷹に改造されたが、船内装飾設計は完了していた。これらは、ほとんどが戦時中に軍に徴用され改造されたため現存しない。

(1)曾禰中條建築事務所在籍時の担当作品・如水会館と独立後の岩崎小彌太邸食堂・喫煙室(いずれも現存せず)が代表作とされる。

(2)網戸武夫解説・評論『中村順平先生米寿記念　中村建築教育の精神とその展開　日本古典建築遺構建築図面展に寄せて』(近代家具、1975)、網戸『情念の幾何学　形象の作家・中村順平の生涯』(建築知識、1985)、網戸『建築・経験とモラル』(住まいの図書出版局、1999)等。

(3)圓堂政嘉「亡き師中村順平を偲ぶ」・添田賢朗「中村順平先生を悼む」『建築雑誌』1128号(日本建築学会、1977.10)、中村順平『建築という芸術』(相模書房1978)における巻末年表、『中村順平生誕百周年記念回顧展』目録(1987)、吉原正・松本陽一・村上潤・大西春雄「中村順平　フランス・ボザールに学んだこと」『日本の生活デザイン』(建築資料研究社、1999)等。このほか、檜の会が刊行した会誌『檜』1～14号、『あすなろ』1～8号がある。

(4)三宅理一「強烈な異国体験に生きた孤高の建築家　中村順平」『近代日本の異色建築家』(朝日新聞社、1984)、香山壽夫「パリ美術学校における中村順平の課題作品」『UP』239号(東京大学出版会、1992.9)、吉田鋼市「素描空間歌い舞う鉛筆　中村順平」『建築雑誌』1468号(日本建築学会、2000.12)。佐々木宏「中村順平(1887-1977)『巨匠への憧憬　ル・コルビュジエに魅せられた日本の建築家たち』(相模書房、2000)等。このほか、北尾靖雅『中村順平の建築活動について』(京都工芸繊維大

（3）独立後の建築・壁面彫刻・壁画設計

前出の「仕事歴」に加え、中村自筆の「経歴書」、大阪歴史博物館所蔵資料中の記載をもとに（表4）にまとめた。このうち、戦前に手がけたものはNo.1〜6までの6件あり、建築5件、石碑1件である。うち実現した建築はNo.1、4の2件とNo.5の石碑1件だが、現存するのはNo.5（登録有形文化財）のみである。戦後は、横浜高等工業学校退官時とほぼかさなり、昭和52年に逝去するまで、特に60・70代を中心に、建築9件、壁面彫刻・壁画を1件設計した。設計は主に中村の弟子の建築家を通して師である中村に依頼された。実現した建築は、No.7、11、13、14、18の5件（内4件が現存）、壁面彫刻ではNo.8、10、16、17、20、21、23、25の8件（内6件の現存を確認）である。建築作品は雑誌等に発表されず、ほとんど知られていないが、壁面彫刻や壁画は言及されることも多い。このように中村は建築よりも壁面彫刻・壁画の作者として汀目される機会が多いが、建築の実作を通しての評価を考えていく必要があるだろう。

3．設計体制についての考察

建築家としての中村順平は、曾禰中條建築事務所独立後、設計事務所を構えず、自らエスキスや透視図を描き、弟子たちが実施設計を手伝ってきた。船内装飾では中村塾の大泉博一郎らが実施設計を手伝い（12）、前橋八幡宮や厳正寺ではそれぞれ青木榮、吉原正が実施設計を行っている（13）。中村はその教育や著作を通して芸術としての建築を生涯追い求め、社会に根付かせようとした。そのため実務的な設計事務所を構えるのではなく、芸術家としての建築家とい

学工芸学部住環境学科卒業論文、1992）は、弟子たちも触れていない中村美奈子氏旧蔵資料に基づいて書かれている。

（5）日本郵船歴史博物館企画展「洋上のインテリア」（2007）・「洋上のインテリアII」（2011）、横浜みなと博物館「豪華客船インテリア画展」（2010）、INAXギャラリー巡回企画展「にっぽんの客船　タイムトリップ展」（2010-11）等。

（6）大阪歴史博物館特集展示「生誕120年　大阪が生んだ偉才　建築家・中村順平」（2007）、同「中村順平　建築芸術の探究」（2012）。

（7）『館蔵資料集5　建築家中村順平資料』（大阪歴史博物館、2009）

（8）拙稿「祇園会館」『月刊タイル』525号（黒潮社、2006.4）、拙稿「山口銀行名古屋支店」『タイルの本』17号（タイルの本編集室株式会社、2009.5）、拙稿「中村順平画（前橋八幡宮透視図）と実現した社殿について」『共同研究調査報告書』4号（大阪歴史博物館、2010）、拙稿「中村順平が設計した商店建築　Yukiya洋裁店と尾上美粧院について」『研究紀要』11号（大阪歴史博物館、2013）

（9）「仕事歴」はノートの断片に太字万年筆書き。明治43年12月の榎本歯科医院から、大正13年4月の著書「東京の都市計画を如何にすべきや」までが年代順に記され、その後「岩崎邸」から「群馬の競技設計」に至る昭和20年代後半までの建築やエスキスの代表作13を記載。経歴に該当する部分は3頁。

う立場で活動したため、仕事を積極的に取るのではなく、依頼に対し芸術家個人として応えるという姿勢で臨んだと考えられる。また、本論で取り上げた以外に、中村は様々な賞牌やロゴマーク、スーベニア・スプーンなどの小物をデザインしており、規模の大小を問わず納得のいくまでエスキスを繰り返そうとした姿勢がうかがえる。中村の建築作品が少ないといわれる理由は、芸術家としての中村の信念とそれに基づく設計体制、設計・デザイン対象の多彩さなども考慮して考える必要があるだろう。

おわりに

中村順平は、芸術としての建築を生涯にわたり追求した建築家として評価されてきたが、現存する建築作品について語られる機会はほとんどなかった。本稿では、曾禰中條建築事務所在籍時の担当作品を明らかにするとともに、独立後に手がけた船内設計、建築、壁面彫刻、壁画作品の全体像を明らかにした。独立後の建築作品では現存するものもあり、今後は設計事務所を構えなかった個人建築家としての実績を含め、中村順平の評価を進める必要があるだろう。

出典　日本建築学会近畿支部 研究報告書　2013年

(10)「経歴書」は、230×180mmの紙2枚に、細字万年筆で記したもので、出生時から学歴、前橋八幡宮までの作品歴が箇条書きされ、昭和29年頃の制作。

(11) 志澤政勝「中村順平　船内装飾を牽引」『にっぽんの客船　タイムトリップ展』（INAX出版、平成22年）

(12)『館蔵資料集5　建築家中村順平資料』（註(7)前掲書）参照。

(13) 拙稿「中村順平画〈前橋八幡宮透視図〉と実現した社殿について」、「中村順平が設計した商店建築　Yukiya洋裁店と尾上美粧院について」（註(8)前掲書）参照。

[表2] 曽禰中條建築事務所時代に設計担当した建築

番号	作品名	所在地	時代	設計	監理	実現	現存
1	榎本歯科医院	東京都千代田区	1910	○	○	○	×
2	慶應義塾図書館 家具照明器具	東京都港区	1912	○	○	○	○
3	清野茂氏邸	東京都新宿区	1912	○	不明	○	×
4	富山県主催連合共進会式場	富山県	1913	○	×	○	×
5	東京大正博覧会第一会場 (正門、工業館、鉱業館、林業館、美術館、拓殖館、奏楽堂)	東京都台東区	1914	○	○	○	×
6	日本郵船株式会社名古屋出張所	名古屋市	1915	○	×	○	×
7	北海道開堂五十周年記念博覧会 (正門、水産館、林業及鉱業館、参考館、北極柱、園芸館、土木交通館、農業別館、貴会館)	北海道札幌市	1918	○	×	○	×
8	如水会館	東京都千代田区	1919	○	○	○	×

[表3] 中村順平が設計した船内装飾

番号	船名	室名	竣工年	船主	主な航路	実現	現存
1	長城丸	階段室、喫煙室、玄関	1927	大阪商船	天津航路	○	×
2	うらる丸	喫煙室、ヴェランダ、階段室	1929	大阪商船	大連航路	○	×
3	ぶえのすあいれす丸	社交室、喫煙室、ヴェランダ、玄関	1929	大阪商船	南米航路	○	×
4	りおでじゃねろ丸	社交室、喫煙室、ヴェランダ、玄関	1930	大阪商船	南米航路	○	×
5	照国丸	ヴェランダ	1930	日本郵船	欧州航路	○	×
6	靖国丸	ヴェランダ	1930	日本郵船	欧州航路	○	×
7	うすりい丸	喫煙室、ヴェランダ、玄関	1932	大阪商船	大連航路	○	×
8	高千穂丸	喫煙室、ヴェランダ	1934	大阪商船	台湾航路	○	×
9	にしき丸	食堂、展望社交室、表玄関、出入口室	1934	大阪商船	別府航路	○	×
10	吉林丸	喫煙室、ヴェランダ、上部階段室、玄関	1935	大阪商船	大連航路	○	×
11	熱河丸	喫煙室、ヴェランダ	1935	大阪商船	大連航路	○	×
12	香港丸	社交室、食堂	1936	大阪商船	香港航路	○	×
13	こがね丸	展望室、食堂、出入口室、階段室、2等喫煙室	1936	大阪商船	別府航路	○	×
14	あきつ丸	社交室、廊下	1937	阿波国共同汽船	小松島航路	○	×
15	高砂丸	社交室、喫煙室、ヴェランダ、2等食堂	1937	大阪商船	台湾航路	○	×
16	黒龍丸	社交室、ヴェランダ、階段室、玄関	1937	大阪商船	大連航路	○	×
17	盤谷丸	食堂、喫煙室、出入口室、廊下	1937	大阪商船	サイゴン・バンコク線	○	×
18	鴨緑丸	社交室、階段室	1937	大阪商船	大連航路	○	×
19	西貢丸	食堂、喫煙室、廊下	1937	大阪商船	サイゴン・バンコク線	○	×
20	あるぜんちな丸	社交室	1939	大阪商船	南米航路	○	×
21	ぶらじる丸	社交室	1939	大阪商船	南米航路	○	×
22	橿原丸	社交室	1939	日本郵船		○	—
23	新田丸	社交室、カフェ・ダンシングスペース(ヴェランダ)	1940	日本郵船	欧州航路	×	×
24	報国丸	食堂	1940	大阪商船	南アフリカ航路、大連航路	○	×
25	八幡丸	喫煙室、読書室	1940	日本郵船	太平洋航路	○	×
26	春日丸	カフェ・ダンシングスペース	1940	日本郵船		×	—

[表4] 中村順平が設計した建築・壁面彫刻・壁画作品(曾禰中條建築事務所独立後のもの)

番号	作品名	所在地(予定地)	時代	種別	実現	現存	仕事歴	経歴書
1	岩崎小彌太邸 食堂・喫煙室	東京都港区	1927	建築	○	×	○	○
2	コティ邸別荘	フランス	1930	建築	×	―		○
3	金光教難波教会	大阪市	1935	建築	×	―		○
4	保土ヶ谷曹達株式会社愛染明王堂	横浜市	1935頃	建築	○	不明		
5	横浜高等工業学校「名教自然」石碑	横浜市	1937	建築	○	○	○	
6	鮎川邸	不明	戦前	建築	不明	―	○	
7	クリフサイド	横浜市中区	1946	建築	○	○		
8	東京駅RTO待合室壁面彫刻	東京都千代田区	1947	壁面彫刻	○	移設○	○	○
9	東京駅貴賓室	東京都千代田区	1947	建築	×	―		
10	日本貿易博覧会壁画	横浜市	1949	壁画	○	×	○	
11	敷島公園・大競技場	前橋市	1951	建築	※1	○	○	○
12	伯理記念博物館	横須賀市	1952	建築	×	―		
13	前橋八幡宮	前橋市	1956	建築	※2	○		○
14	Yukiya洋裁店	横浜市	1956	建築	○	×		
15	尾上美粧院	横浜市		建築	不明	―		
16	祇園会館壁画	京都市	1958	壁画	○	○		
17	横浜銀行本店営業室壁面彫刻	横浜市	1960	壁面彫刻	○	移設○		
18	厳正寺本堂・鐘楼門	東京都大田区	1962	建築	○	○		
19	新橋演舞場舞台欄間	東京都中央区	1964	欄間	不明	―		
20	山口銀行本店営業室壁面彫刻	下関市	1965	壁面彫刻	○	○		
21	山口銀行名古屋支店営業室壁面彫刻	名古屋市	1966	壁画	○	○		
22	比叡山ホテルロビー欄間	京都市	1968	欄間	不明	―		
23	岡山市庁舎壁面装飾	岡山市	1969	壁面彫刻	○	○		
24	杉並八成町教会	東京都杉並区	戦後	建築	不明	―		
25	田島順三製作所壁面彫刻「真善美」	不明	戦後	壁面彫刻	○	不明		

※1 計画案をもとに形を変えて実現。
※2 拝殿のみ実現。

中村順平年譜

時代	和暦	年齢	中村順平年譜	一般社会・建築界の出来事
1887	明治20	0	8月29日、大阪市西区江戸堀に生まれる。	10月6日、ル・コルビュジエ生まれる。
1889	明治22	2		大日本帝国憲法公布。大阪市政施行。 パリ万国博でエッフェル塔竣工。
1892	明治25	5	江戸堀の幼稚園へ。途中、9月に大阪市相生幼稚園に転校。	
1893	明治26	6	大阪市相生幼稚園卒園。大阪市立相生尋常小学校入学。	
1894	明治27	7		三菱1号館竣工(コンドル設計)。日清戦争始まる。
1896	明治29	9	大阪市立相生尋常小学校(4年課程)卒業。 天満の大阪市立盈進尋常高等小学校に入学。	日本銀行本店竣工(辰野金吾設計)。 岩崎家住宅竣工(コンドル設計)。
1899	明治32	12	大阪市立玉造尋常高等小学校に転校。	治外法権撤廃。
1901	明治34	14	3月25日、大阪市立玉造尋常高等小学校卒業。 4月大阪実業学館商用簿記学科入学、9月卒業。	八幡製鉄所操業開始。
1902	明治35	15	4月、大阪府立天王寺中学入学。この頃、森ノ宮に移る。	ハワード『明日の田園都市』(英)。
1904	明治37	17	尺八を中尾都山に師事する。	大阪府立図書館竣工(野口孫市設計)。 日露戦争始始まる。
1906	明治39	19	4月、中村都完(順平)、都山流尺八花の巻十二曲免許。	島崎藤村『破壊』、夏目漱石『坊ちゃん』。
1907	明治40	20	大阪府立天王寺中学校卒業。4月、名古屋高等工業学校入学、夏に建築家・野口孫市のもとに研修に行く。	
1910	明治43	23	3月20日、名古屋高等工業学校建築学科卒業、曾禰中條建築事務所に入る。12月、一年志願兵として大阪府三島郡高槻工兵第四大隊第一中隊に入営。	『白樺』創刊。
1911	明治44	24	11月29日、陸軍工兵伍長に任命される。12月兵役解除。	辛亥革命。
1914	大正3	27	東京大正博覧会会場設計。この頃、渋谷道玄坂に下宿。	東京中央停車場竣工(辰野金吾設計)。 第一次世界 大戦始まる。
1916	大正5	29	この頃、白金三光町に移る。	
1917	大正6	30		関西建築協会創立。日本建築士会創立。 『主婦の友』創刊。ロシア革命。
1918	大正7	31	北海道博覧会(設計担当)竣工。 議院建築意匠設計懸賞募集に応募。	大阪市公会堂竣工(原設計:岡田信一郎)。米騒動。 『赤い鳥』創刊。第一次世界大戦終結。
1919	大正8	32	如水会館(設計担当)竣工。 議院建築意匠設計懸賞募集予選入選。	関西建築協会、日本建築協会と改称。
1920	大正9	33	神戸より熱田丸にてフランスに渡航。	分離派建築会結成。国際連盟発足。
1921	大正10	34	2月4日、アトリエ・グロモール=エクスペールへ入門。7月15日、全入学者中2位の成績でエコール・デ・ボザール入学許可、2級課程へ。	志賀直哉『暗夜行路』。西村伊作ら、文化学院を創立。
1922	大正11	35	2級課程で、体育館、パノラマ館、南国の別荘(バスチード)などの、1級課程で高等電気学校、グリル(万国現代装飾美術及び工業会正門鉄扉)などの設計演習課題に取り組む。父・譲乏逝去。	今和次郎『日本の民家』。アインシュタイン来日。
1923	大正12	36	11月14日、「パリ市大学街日本館」設計の卒業設計が受理され、フランス政府公認建築士D.P.L.G.の称号を与えられる。	関東大震災。旧帝国ホテル本館竣工(F.L.ライト設計)。ノートル・ダム・デュ・ランシー竣工(オーギュスト・ペレ設計)。ル・コルビュジエ『建築をめざして』(仏)。
1924	大正13	37	関東大震災後の日本に帰国、「大東京復興計画」を発表する。 大森ホテル・パンションに居を構える。	築地小劇場開場。
1925	大正14	38	横浜高等工業学校建築学科教授に就任、4月21日授業開始。 中村塾を開設(東京・日本橋)、建築家教育の道場とする。	横浜高等工業学校に建築学科設置。治安維持法公布。 パリで現代産業装飾芸術国際博覧会(アール・デコ博)開催。
1926	大正15	39	大阪商船天津航路「長城丸」設計、以後21隻以上の船内装飾を設計する。ジュネーブ国際連盟会館設計懸賞競技に参加。	川端康成『伊豆の踊子』。 自由学園明日館竣工(F. L. ライト、遠藤新設計)。
1927	昭和2	40	岩崎邸迎賓館の食堂と喫煙室(東京・鳥居坂)設計。	日本インターナショナル建築会結成。 上野ー浅草間に地下鉄開通。
1928	昭和3	41	横浜高等工業学校建築学科から第1回卒業生を送り出す。 第1回建築科大行進(主題:天壌無窮)。 フランス政府からオフィシェル・アカデミー勲章を受ける。	毎日新聞京都支局竣工(武田五一設計)。
1929	昭和4	42		米ウォール街で株式大暴落、世界恐慌。
1930	昭和5	43	中村塾を東京・銀座に移す。フランスの香水王・コティ邸客室設計(実現せず)。第2回建築科大行進(主題:ARS LONGA)。	J・ラスキン『建築の七灯』日本語版。 クライスラー・ビル竣工(ヴァン・アレン設計)。
1931	昭和6	44	第3回建築科大行進(主題:精神文化の勝利)。	柳条湖事件(満州事変始まる)。 サヴォア邸竣工(ル・コルビュジエ設計)。
1932	昭和7	45	第4回建築科大行進(主題:光ハ東方ヨリ)。	ヒッチコック/ジョンソン『インターナショナル・スタイル』(米)。5.15事件。
1933	昭和8	46	第5回建築科大行進(主題:大アジア主義)。	梅田ー心斎橋間に地下鉄開通。B・タウト来日。
1934	昭和9	47	第6回建築科大行進(主題:文芸復興)。	築地本願寺竣工(伊東忠太設計)。室戸台風。
1935	昭和10	48	第7回建築科大行進(主題:日本文化ノ独立)。この頃、金光教難波分教会設計(実現せず)、保土谷曹達株式会社愛染明王堂を設計。	和辻哲郎『風土』。
1936	昭和11	49	第8回建築科大行進(主題:藝術之歓喜)。	中條精一郎逝去。2・26事件。
1937	昭和12	50	『横浜高等工業学校建築設計競技図集』洪洋社より刊行。 横浜高等工業学校「名教自然」碑竣工。	盧溝橋事件。曾禰達蔵逝去。曾禰中條建築事務所解散。 パリ万国博日本館竣工(坂倉準三設計)。
1940	昭和15	53	皇紀2600年の奉祝行進を皇居前で行う。	皇紀2600年(紀元2600年)祝典。
1941	昭和16	54		ハワイ真珠湾攻撃、日米開戦。
1943	昭和18	56	在盤谷日本文化会館競技設計に参加。	
1944	昭和19	57	『建築学 総説編』土木雑誌社より刊行。	昭和東南海地震発生。
1945	昭和20	58	教え子5人とともに伊勢神宮式年遷宮奉仕に行き、 終戦を迎える。	広島・長崎原爆投下。ポッダム宣言受諾(終戦)。 国際連合成立。

1946	昭和21	59	元町クリフサイド竣工。横浜市西ノ谷・蒲生久敏宅に移る。	日本国憲法公布。昭和南海地震発生。
1947	昭和22	60	東京駅RTO（鉄道輸送事務局）待合室壁画完成。 横浜高等工業学校退官、同校講師に。	日本国憲法施行。教育基本法・学校教育法公布。 浜口隆一『ヒューマニズムの建築』。
1949	昭和24	62	日本貿易博覧会壁画制作。 このころ杉並八成町教会設計（実現せず）。	法隆寺金堂壁画焼失。
1950	昭和25	63	横浜高等工業学校講師退官。『建築学 技術編』相模書房より刊行。この頃、群馬県営敷島総合運動競技場設計。	文化財保護法公布。金閣、放火で焼失。 朝鮮戦争始まる。
1951	昭和26	64		サンフランシスコ平和条約・日米安全保障条約調印。
1952	昭和27	65	5月31日、前橋市立工業短期大学講師就任。 伯理記念博物館設計（実現せず）。	マルセイユのユニテ・ダビタシオン竣工 （ル・コルビュジエ設計）。
1954	昭和29	67	横浜市庁舎設計競技において主席審査員を務める。	世界平和記念聖堂竣工（村野藤吾設計）。
1955	昭和30	68	雑誌『国際建築』誌上に「建築という芸術」を連載開始。	広島平和記念資料館竣工（丹下健三設計）。 ロンシャンの礼拝堂竣工（ル・コルビュジエ設計）。
1956	昭和31	69	3月20日、横浜文化賞受賞。10月28日、前橋八幡宮拝殿上棟式。 Yukiya洋裁店（住宅からの改装）竣工。	日ソ共同宣言。国際連合加盟。
1957	昭和32	70	前橋八幡宮拝殿竣工（実施設計：青木榮）。	ソ連、人工衛星打ち上げ成功。
1958	昭和33	71	3月31日、前橋市立工業短期大学講師退官。 祇園会館陶壁画完成。この年、横浜・本牧に移る。	スカイハウス竣工（菊竹清訓設計）。東京タワー竣工。 米、人工衛星打ち上げ成功。
1959	昭和34	72	5月26日、日本芸術院賞受賞。比叡山国際観光ホテル壁画「風神雷神」（実現せず）。この頃、新宮殿を設計（実現せず）。	伊勢湾台風。キューバ危機。 国立西洋美術館竣工（ル・コルビュジエ設計）。
1960	昭和35	73	横浜銀行本店壁面彫刻完成。	大阪市立博物館開館。
1961	昭和36	74	『建築という芸術』彰国社より刊行。	大和文華館竣工（吉田五十八設計）。 東京文化会館竣工（前川國男設計）。
1963	昭和38	76	厳正寺本堂・鐘楼門竣工（実施設計：吉原正）。	テレビアニメ「鉄腕アトム」放送開始。
1964	昭和39	77		オリンピック東京大会開催。 国立代々木競技場第一・第二体育館竣工（丹下健三設計）。
1965	昭和40	78	4月3日、中村先生謝恩会（ホテル・ニューグランド）。 山口銀行本店壁面彫刻完成。この年、横浜市中区羽衣町に移る。	大学セミナーハウス竣工（吉阪隆正設計）。 博物館明治村開村。米、ベトナムで北爆開始。
1966	昭和41	79	山口銀行名古屋支店モザイク壁画完成。	ビートルズ来日公演。 R・ヴェンチューリ『建築の多様性と対立性』（米）。
1967	昭和42	80		公害対策基本法公布。四日市ぜんそく訴訟。
1968	昭和43	81	「巴里美術院」を『新建築』に連載（2～7月）。	文化庁発足。霞が関ビル竣工（山下寿郎設計事務所設計）。 パリ、五月革命。プラハの春。
1969	昭和44	82	岡山市庁舎漢詩壁面装飾完成。	水俣病訴訟。
1970	昭和45	83		日本万国博覧会開催。よど号ハイジャック事件。
1972	昭和47	85		冬季オリンピック札幌大会開催。沖縄復帰。 日中共同声明。
1973	昭和48	86		第一次石油危機。
1974	昭和49	87	「米寿記念 中村建築教育の精神とその展開」開催。	北九州市立美術館竣工（磯崎新設計）。
1975	昭和50	88	12月15日、日本芸術院会員となる。	沖縄海洋博覧会開催。ベトナム戦争終結。
1976	昭和51	89	「中村順平先生卒寿祝賀会（日本橋倶楽部会館）。 11月3日勲三等瑞宝章受章。	住吉の長屋竣工（安藤忠雄設計）。
1977	昭和52		NHKスタジオ102出演。 5月24日、横浜市立大学医学部病院にて逝去。	
1978	昭和53		『建築という芸術』上・下、相模書房より刊行。	
1985	昭和60		網戸武夫『情念の幾何学形象の作家中村順平の生涯』 建築知識より刊行。	
1986	昭和61		パリ、ポンピドゥ・センターにて「前衛芸術の日本」展開催、中村順平作品展示。『豪華客船インテリア画集ーカラースキーム』アテネ書房より刊行。	
1987	昭和62		横浜市民ギャラリーにて「中村順平生誕百年記念回顧展」 （6月16日~21日）開催。	
1991	平成3		「中村順平展 建築芸術家のドローイング」 （東大阪市郷土博物館、10月22日~12月23日）開催。	
2004	平成16		横浜市営地下鉄馬車道駅に、 横浜銀行本店壁面彫刻が移設保存される。	
2007	平成19		大阪歴史博物館特集展示「生誕120年 大阪が生んだ偉才建築家・中村順平」（5月30日～7月9日）開催。日本郵船歴史 博物館「洋上のインテリア」（3月3日～9月2日）開催、中村順平作品展示。	
2011	平成23		日本郵船歴史博物館「洋上のインテリアII」（8月6日～11月27日）開催、中村順平作品展示。	
2012	平成24		大阪歴史博物館特集展示「中村順平 建築芸術の探究」 （4月4日～5月28日）開催。	
2014	平成26		神奈川県建築安全協会「中村順平の軌跡 馬車道駅開業十周年を祝して」展（10月16日～10月27日）開催。	
2015	平成27		大阪歴史博物館特集展示「中村順平と建築芸術教育」 （6月3日～8月3日）開催。	

【主要参考文献】網戸武夫編『中村順平先生米寿記念 中村建築教育の精神とその展開』近代家具、1975／前橋市立工業短期大学二十周年史 編集委員会編『前橋市立工業短期大学二十周年史』前橋市立工業短期大学、1975／網戸武夫『情念の幾何学 形象の作家中村順平の生涯』建 築知識、1985／松本延太郎『東京駅戦災復興工事の想い出』私家版、1991／青木榮「中村順平先生と群馬県営敷島総合運動公園」『あすなろ』7、檜の会、2006／吉原正「中村順平と厳正寺」『あすなろ』8、檜の会、2007／青木榮「未完の社 前橋八幡宮 顛末記」『あすなろ』8、同前／『大 阪歴史博物館館蔵資料集5 建築家・中村順平資料』大阪歴博、2009／酒井一光「中村順平画『前橋八幡宮透視図』と実現した社殿について」『共同研究成果報告書』4、大阪歴博、2010／酒井一光「中村順平の設計した商店建築—Yukiya 洋裁店と尾上美粧院について—」『研究紀要』11、2013／『柳紅山厳正寺修復完成慶讃法要』柳紅山厳正寺営繕委員会事務局、2014／酒井一光「厳正寺本堂立面構想図」『なにわ歴博カレンダー』53、大阪歴博、2015／林要次『博士学位論文 近代日本におけるフランス建築理論と教育手法の受容 一中村順平の理論と教育を中心 として一』横浜国立大学大学院都市イノベーション学府、2015／『共同研究成果報告書12 中村順平のスケッチブックと図面類の画題・作画 時期解明に関する研究—』大阪歴博、2018

※本年譜は、「館蔵資料集5 建築家・中村順平資料」（大阪歴史博物館 2009）では一部誤りの部分があったため、続編の『館蔵資料集14　建築家・中村順平資料2』（大阪歴史博物館 2018）版の内容を掲載する。

座談会 03

大阪の近代建築と酒井さん

参加者　芝川能一　佐野吉彦　生駒伸夫
進行　倉方俊輔

芝川能一（しばかわ・よしかず）
千島土地代表取締役社長。芝川ビルや名村造船所跡地などの所有資産を活かし、地域の文化・魅力向上に貢献する活動に取り組んでいる。

佐野吉彦（さの・よしひこ）
安井建築設計事務所代表取締役社長。神奈川県生まれ、兵庫県西宮市に育つ。東京理科大学大学院修了。日本建築士事務所協会連合会会長、日本建築協会会長を歴任。

生駒伸夫（いこま・のぶお）
生駒時計店代表取締役として生駒ビルヂングを受け継ぎ、活用している。船場近代建築ネットワーク代表を務める。

芝川能一　2005年3月に印度ビルディング（写真1）で開催された「大大阪サロン2005」（写真2）が酒井さんとの出会いでした。酒井さんはレクチャーに参加されていて、私にとっては、はじめて近代建築についての話し合いに触れる場でもありました。その後、同じ2005年の9月に、今度は「大大阪サロン2005 in 芝川ビル」（写真3）が開催され、芝川ビル周辺の近代建築ビルオーナーによるパネルディスカッションが行われました。われわれ近代建築のオーナー同士をつないでくださいました。

その次に酒井さんにお世話になったのが、甲東園にあった芝川又右衛門邸（写真4）解体のとき。これは、明治44年に武田五一の設計で建てられた「洋館」と、その後、昭和2年に増築部された「和館」があって、洋館は、阪神淡路大震災で被災して、博物館明治村に行くことになりました。その後、2006年に和館も解体することになり、大阪歴史博物館 友の会による解体前の建物ツアーを酒井さんが企画してくださいました。解体の際には、一部の部材を歴博に引き取っていただき、展覧会「煉瓦のまち　タイルのまち」ではサンルームのタイルなどが展示されました。

佐野吉彦　酒井さんの大阪における貢献というのは非常に偉大なものがありま

した。なかでも、安井建築設計事務所が戦前に設計をした大阪ガスビル（写真5）や大阪倶楽部（写真6）、高麗橋野村ビル（写真7）などに非常に的確な評価をいただきました。建築の価値が共有されるためには、建築は建築家が生み出した作品の素晴らしさ故に残っているだけではなく、建築主やユーザーなどが協力し合ってその建物の価値を維持し続けることが非常に大切で、そういう意味では酒井さんのまなざしというのは建築本体だけではなくて、建築にまつわるあらゆる人の努力みたいなことが組み合わさって建築の価値を高めているということを教えてくれたと感じています。

生駒伸夫　阿倍野の再開発エリアに、「グリル・マルヨシ」（本文p.310）という古い大衆フレンチのお店があって、そこに耐火煉瓦でつくった石炭ストーブが置いてありました。それを実際に調理に使っている、ということで有名なお店でした。そこが再開発で移転をする、と。移転にあたってはその石炭ストーブは持っていけない、という話を聞いて、すぐに煉瓦のことなら酒井さんに連絡しなきゃ、と思ったんですね。当時、酒井さんとそれほど親しくはなかったのにお食事にお誘いして、阿倍野で待ち合わせて、その石炭ストーブのマルヨシで、カウンターに2人並んで名物のロールキャベツを食べたんです。そうして、酒井さんとお近づきになりました。その後、「美の壺」で窓のシリーズがあったとき、まず私どもの生駒ビル（写真8）を撮影の拠点のひとつにしていただいて、時計の振り子の出窓あたりをご紹介いただいたり、そして地下の部屋でほかのビルの写真をご覧になっているようなシーンを撮影したり、その流れで京都の聴竹居など有名どころをご案内されていました。

写真1　印度ビルディング

写真2　大大阪サロン2005

写真3　大大阪サロン2005 in 芝川ビル

佐野　私は、酒井さんときちんと話をしたことはないのですが、実は酒井さんは私の出身校、東京理科大学の後輩なんですね。酒井さんは卒業後に東京大学の大学院に行かれて、建築史を専攻されたということですが、理科大では建築史の研究室ではなくて材料の研究室にいらした。どうしてかと思えば、当時まだ理科大には建築史の研究室がなく、どちらかといえば堅実な建築生産や材料という分野に存在感があったので、それで材料系に行ったのかな、と。どんな卒業論文を書いていらしたかというと、テーマがコンクリート。その後大阪で、建築の歴史のストーリーテラーとして語るという人生とはちょっと違う、非常に確実な、着実な歩みから建築の経験がはじまっているというのがすごくおもしろい、と私は感じました。さらに、これは皆さんにぜひ知ってもらいたいのですが、酒井さんの卒業設計は、その年の優秀作品5作品に選ばれています。酒井さんには設計の才能もあったということも申し添えておきたいと思います。

生駒　酒井さんに対する最初の印象はタイルでした。その後、『窓から読みとく近代建築』を執筆され、生駒ビルのことも書いていただきましたし、大阪に限らず、近代建築の窓の研究を相当学術的にやっておられることがよくわかりました。そして、ビルへよく遊びに来てくれている近代建築マニア、いわゆる当時はしりのブロガー。そういう方たちの記事に頻繁に出てきたのが窓の格子（写真9）です。面格子のマニアの、徹底的に写真を撮って回る人たちが次第に広がって、マンホールや階段、一部のディテールやジャンルに特化してできるだけ見て回る、記録するという方々が増えました。ディティールを見て、これはと思ったところを記録する癖を広めたのは、やっぱり酒井さんかもしれないですね。

写真4　芝川又右衛門邸 和館 解体前建物ツアー

写真5　大阪ガスビルディング　撮影：淺川敏

芝川　芝川ビルは非常に開口部が狭くて、入りにくい雰囲気があるのかも知れませんが、イケフェスや夏の屋上ビアガーデン（写真10）などをきっかけに皆さんが非常に関心を持って見てくれるようになりました。直接感想を聞いたことはないのですが、来ている人たちが階段の装飾（写真11）を触ったり、写真を撮っていたり、というのを見るのはとても嬉しいことです。

佐野　建築の歴史としては、理念的といわれるモダニズムが、ポストモダニズムという、面なデザインの流行へと切り替わる流れがありましたが、同時にどこかできちんと建築を見つめなおそう、という意識、それが市民にもだんだんと広がっていったのがこの20年ぐらいなのかなという気がしますね。タイルは、その仕掛けの一つであったのかもしれません。芝川ビルをいまご覧になる方は、20年前とはまったくちがう知識量で来られていると思います。だから、建築も表面のデザインだけではなくて、一つひとつの部材から見ていくことが、建築を知る重要な手がかりであるということがだいぶ認識されていると感じています。

生駒　酒井さんは、最初はとっつきにくいマニアックな専門家なのかなというイメージがあったんですが、もう2回目ぐらいからそうじゃないんだということが伝わってくるかたでした。酒井さんは関東の方で、言葉が大阪弁じゃないから、私は馴染むまでちょっとだけ時間が必要でした。でも慣れてしまえばこんなに建物の細かなところまで興味を持ってくれたり、喜んでくれたりする人はめずらしかったので、記憶に残りました。

この窓の本には、すごい数の建物の窓が紹介されているのですが、その表紙

写真6　大阪倶楽部　撮影：淺川敏

写真7　高麗橋野村ビル　撮影：淺川敏

写真8　生駒ビル

に生駒ビルの写真を使っていいですか、というメールをいただいてびっくりしました。特徴的な窓がたくさんあるなかで、酒井さんが、大大阪の近代建築を選んでくださったのか、このリクエストをいただいたことによって私は、この人とはもっといろんな話をしたいと思いました。大阪人じゃない人が大阪をきちんと客観的に見てくれるというのはすごく大切なことで、大阪人とは違う目で大阪の近代建築の魅力を見つけてくれました。

佐野　酒井さんは、時代の流れを変えてやろうと思っていたわけではないけれど、先ほどのモダニズム建築も必ずしも理念だけでできているわけではなく、材料を選択して、あるいは材料を工夫して作っている。そういう意味では建築には必ずリアルなベース、さらにいえば、その街と呼応しあってできているということを広く伝えてくれました。建物は、街のひだみたいなものとつながっていて、必然性を持って窓が開いているとか、入口が両方向に取られているとか、大阪の街に呼応して、呼吸してつくられている、使われている。そういう部分まで、みんなの目を向けてくれましたね。

生駒　大阪は戦後、公共ではない建物もたくさん残りました。これは、関東大震災や戦争など、いろいろ含めて大阪のちょうどよさがあったのかと思います。東京のスピードで伸びていたら、ここまで残ってはいなかったかも知れません。そして、この大阪の近代建築界隈では、女性もとても積極的に活動をされています。日本で一番エレベータを見て回っている人や、建物をたくさん見ている人、針穴カメラを持って走り回っている人、みんな女性ですよね。不動産業に

写真10　芝川ビル屋上ビアガーデン

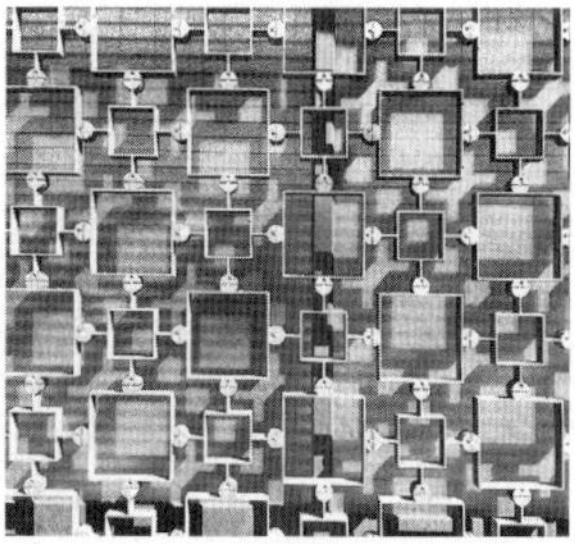

写真9　まちなかの窓格子　撮影：大場典子

関わる女性もとても多い。大手金融機関や大手ゼネコン、そういう男性社会のマッチョな流れではなく、ジェンダーレスな小さな立場として、われわれ小規模な近代建築は生き延びています。その大きくないところを、真面目な学芸員で、柔らかな物腰の酒井さんがコツコツと拾い集められたところ、窓という部分であったり、タイルやレンガなどの材料であったり。その姿勢がやっぱり酒井さんを象徴しているような気がします。

佐野　建築はつくられるまではあっという間で、そこから先の生きながらえるためにはやっぱり人と人とのつながりとか思い、オーナー同士で影響しあったり支え合ったりする関係のようなものがあることがすごく大事だということを気づかせてくれますよね。

生駒　この酒井さんの本は、1冊はクラウドファンディングをあっという間にクリアし、1冊は全国タイル業協会が支援をされた。そして、3冊目が出版される。その反響にも驚きましたが、関わられている先生方のお名前を見ると、われわれもよく知っている方々で、本当に多くの方を巻き込んでいる。人が生きるっていうのは生物学的な命だけではなく、人の記憶に長く残るというのが生き続けるということだとしたら、酒井さんは、かなり長生きされるような気がしています。すばらしいことです。

写真11　芝川ビル外観／芝川ビル階段装飾

第4章

タイル・煉瓦

解題　笠原一人

○ 日本のタイルと建築の歴史

タイルは、建築に欠くことのできない魅力的な存在である。しかし、日本の歴史をふりかえった時、タイルは往々にして、欧米の建築文化が移入された幕末・明治以降にはじまったと考えられやすい。そもそも日本では木造建築が多く、室内では靴を脱いで過ごすため、タイルが使われる必然性が少なかったのだろう。だが、タイルとは建築の仕上材として使われる薄板状のやきものの総称であるという定義に立ちかえった時、仏教建築が日本にもたらされた飛鳥時代までさかのぼることになる。しかも、その流れは現在まで途切れることなく、一四〇〇年以上にわたって続いている。本論では、日本のタイルの歴史を、タイルの使われ方の変化とともにみていきたい。

古代・中世のタイル

日本に仏教が伝わり、寺院がたてられるようになると、瓦を製造する職種が生まれた。おそらく、それに近い時期に塼《せん》がつくられるようになった。塼とは、中国で灰黒色に焼かれた煉瓦や平瓦のことを指す。塼には、建物の土台となる基壇《きだん》を積み上げて築くためのものと、基壇の上に敷くものがあった（写真1）。前者は一種の煉瓦の原型であり、後者は敷瓦とも呼ばれ、床面タイルの原型といえる。基壇の塼積にくらべ、敷瓦は広く用いられたようで、寺院や宮殿で普及していった。現存する法隆寺中門や新薬師寺本堂などの床面にも敷瓦が用い

解題

書籍『美濃のモザイクタイル』（名古屋モザイク工業、2016年）のために書かれた論考。日本におけるタイルの歴史を古代から現代まで時間を追いながらまとめている。

酒井さんによれば、タイルを「建築の仕上げ材として使われる薄板状のやきものの総称」と広義に捉えるなら、その歴史は日本に仏教が伝わった飛鳥時代にまでさかのぼるという。最初は「塼」と呼ばれる焼き物が中国から伝来し、煉瓦や敷瓦のようなものとして使われる。近世には平瓦が登場し、なまこ壁に使われた。近代になり、狭義のタイルの歴史が始まる。当初はイギリスなどから輸入されるが、ほどなくして、瓦や陶器製造の伝統を背景に兵庫県や愛知県など国内でも製造が始まる。そんな中で伝統的な意匠や製造方法と混ざりながら、日本独自のタイルが製造されていく。

その種類は豊富で、煉瓦造の外装材として用いられる化粧煉瓦、フランク・ロイド・ライト設計の帝国ホテルで使

られている。

敷瓦は基本的に土間に用いられたが、やがて寺院建築における木の床の使用とともに実例が少なくなる。再度、敷瓦が多用されるようになるのは、鎌倉時代に禅宗建築がもたらされた頃であろう。禅宗建築では、講堂・法堂《はっとう》などの主要建築が土間であり、そこに敷瓦が用いられた。禅宗様《ぜんしゅうよう》建築の伝統は今日まで続くが、中世において他の建築への広がりは限定的であった。

近世のタイル

古代・中世の建築におけるタイルがもっぱら床タイル、つまり敷瓦として使われたのに対し、近世になると壁面タイルの原型として、なまこ壁が登場する。なまこ壁は、平瓦を壁面に貼りつけ、目地部分を半円形断面などの漆喰で盛り上げて化粧したものである。

なまこ壁の実例としては、新発田城《しばたじょう》表門・旧二の丸隅櫓（写真2）が現存する初期のものとして知られる。城郭建築では、大坂城金蔵、金沢城石川門など数多く、住宅建築でも大分県日田《ひた》市の草野家住宅や岡山県高梁《たかはし》市の旧片山家住宅（写真3）など、全国に広がりをみせる。これら、なまこ壁は建築の表情を豊かなものにしたが、タイルとしての平瓦そのものよりも、左官の漆喰仕事が見せ場としては大きかった。

福島県会津地方のなまこ壁は、赤瓦を使っており地域色豊かな美しさをみせる（写真4）。なまこ壁は、江戸中期ころから現存例が増えることから、屋根瓦や土蔵などの大壁と同じく、建築の耐火構法としても意識されていた。このほか、

われ始めたスクラッチタイル、立体的なタイルとしてのテラコッタ、泰山タイルなどで知られる美術タイル、小さなタイルを多数組み合わせて用いるモザイクタイルなど、鉄筋コンクリート造の建築の普及とともに多様化する。戦後には、復興期の建設ラッシュとともに、「外装にはタイル」が当たり前になるほど普及する。そんな中で、建築家や美術作家がモザイクタイルや陶板作品を用いるようになるなど、表現や技術の幅が広がり、現在にいたるとする。

ここではタイルが製造技術の観点からではなく、建築物や建築家、あるいは建築の歴史との関係から論じられているのが特徴である。建築史家としての酒井さんならではのタイル史だと言える。「世界各地で外装タイルの使用はみられるが、日本ではそれが突出して多いのが特徴である」といった位置づけも、豊富な知識を持ち数多くの実物に触れている酒井さんだからこそのものだと言える。酒井さんによるタイル論の集大成である。

（笠原一人）

平瓦などの特殊な使用例として、京都府舞鶴市の円隆寺鐘楼の袴腰《はかまごし》（写真5）や多宝塔の亀腹《かめはら》（写真6）など、本来は漆喰塗りとすべき場所へ瓦を用いたものがある。これらは防水性・意匠性に優れたタイルの使い方に通ずるものであり、注目されよう。

また、江戸時代には実例こそわずかであるが、近代タイルの原型もみられた。敷瓦では、愛知県瀬戸市の定光寺《じょうこうじ》にある尾張藩祖・徳川義直（源敬公《げんけいこう》）廟で、床面に施釉敷瓦が用いられた。また、京都・大徳寺の塔頭《たっちゅう》・玉輪院にある大坂の豪商・鴻池家の先祖・山中鹿之助の位牌を祀る南明庵《なんめいあん》には、敷瓦として華やかな赤楽《あからく》が使われた。

京都の本願寺（西本願寺）経蔵では、内部の腰壁に伊万里焼の平瓦が用いられており、今日的な装飾タイルの祖形といえる。特殊な例としては、京都の二条陣屋の浴室における浴槽内壁に用いられた陶板がある。これらの事例が単発的なものであったのか、あるいは消滅したものも含めれば一定普及していたものなのかは明らかではないが、近代以降に続くタイルの流れは十分に育まれていた。

幕末・明治初期における輸入タイル

幕末に黒船が来航し、嘉永7年（一八五四）に日米和親条約が締結された頃から、日本には欧米諸国の影響を強く受けるようになった。建築でも、西洋館が本格的に建てられるようになる。

泉布観《せんぷかん》は、明治政府がつくった造幣寮《ぞうへいりょう》（貨幣を製造する工場）の応接所として、

写真1　伊丹廃寺跡金堂復元基壇

明治4年（一八七一）大阪に創業した（写真7）。泉布観は、1・2階にそれぞれ4か所、計8つの暖炉があり、そのうちの3つにタイルが用いられた。これらは英国製のタイルであり、日本における暖炉まわりの装飾タイル使用例としては最初期のものだ（写真8）。ただし、泉布観は明治半ばに大規模な改築があり、これらの暖炉はその時のものと考えられるが、改築時であってもごく初期の例であることに変りはない。泉布観は造幣寮の他の施設と同じくアイルランド出身の技師ウォートルスが設計したもので、日本の住宅の玄関におけるような靴を脱ぐスペースがなく、内開きの扉をあけるとすぐに廊下となり、当初は土足での利用を想定していた可能性も考えられる。

旧岩崎家住宅は、東京都台東区の岩崎邸庭園内にある和洋館並存型住宅で、三菱財閥の創始者・岩崎彌太郎《やたろう》の長男で三菱第三代社長の久彌《ひさや》の本宅として明治29年（一八九六）頃建てられた（写真9）。設計は、英国出身の建築家ジョサイア・コンドルである。壮麗な洋館の前の車寄せの先に正面玄関があり、土間はモザイクタイル敷きになっている。この玄関土間が当初のものかわからないが、日本におけるモザイクタイル使用例としてごく初期のものだろう。主たる部屋には暖炉があり、炉辺には装飾タイルが用いられている。また、玄関と反対、芝生の庭園側にはヴェランダがあり、1階のヴェランダ床面には、市松模様の美しいタイル貼りがみられる（写真10）。その一部は、象嵌タイルが使われている。象嵌タイルとは、もともと中世の教会建築で発展したもので、19世紀にリバイバルした。本例のように、イギリス製タイルをふんだんに用いた住宅が出現した。

以上は、外国人建築家、あるいは技術者による輸入タイルの導入例であるが、日本の開国から明治時代前半には、主にイギリスの建築家・技術者による影響

写真2　新発田城旧二の丸隅櫓

写真3　旧片山家住宅

が大きかったことから、タイルも英国製がひとつの規範となった。幕末から明治時代の英国はヴィクトリア朝時代（1837〜1901）で、産業革命の恩恵を受け、タイルも主要な産業に成長した。このころのイギリスのタイルを、ヴィクトリアン・タイルと呼ぶ。

やがて、日本で教育を受けた建築家が育つと、彼らも輸入タイルを住宅の設計に使いはじめた。こうした需要の拡大は、ヴィクトリアン・タイルを模した国産タイル誕生の契機となり、淡路島の淡陶、名古屋の不二見焼などが生産を開始した。明治中後期のヴィクトリアン・タイルの模倣から始まる国産の洋風装飾タイルを、マジョリカ・タイルと総称することもある。これら国産マジョリカ・タイルの図案では、ヴィクトリアン・タイルの模倣にとどまらず、早くから日本の伝統意匠に着想を得た図案が発達していたことも見逃せない（写真11）。明治中後期はすでに、建築や建材の分野でも欧風化一辺倒ではなく、意図的に西洋と日本の伝統意匠を使い分ける時代になっていた。

擬洋風建築のなまこ壁と和風建築の本業敷瓦

先に、ヴィクトリアン・タイルの普及とその国産化をみたが、各地の建築とタイルの洋風化は、また別の次元でも進行していた。

そのひとつが、擬洋風《ぎようふう》建築である。擬洋風建築とは、日本人建築家が活躍する以前の幕末から明治前半に、伝統的な技術を身につけた大工が西洋建築を研究し、施主からの要望を受けつつ和風・洋風の意匠を意図的に取捨選択して、独創的なデザインで建てた西洋館のことである。擬洋風建築の代表的なモチー

写真4　会津若松の町家

写真5　円隆寺鐘楼　袴腰部分に平瓦を使用。

フが、なまこ壁であった。だが、洋風建築になまこ壁を導入したのは、日本人大工よりも西洋人建築家らが先行した。横浜居留地で活躍したアメリカ人ブリジェンスが設計した横浜の英国仮公使館は、全体がなまこ壁で覆われていた。欧米人の目に、なまこ壁はエキゾチックに映ったのだろう。彼らが建築をつくるにあたり、本国の純粋な様式よりも日本趣味を取り入れた可能性は高い。日本人大工が建てた擬洋風建築は、こうした欧米人のジャポニズムを摂取し、さらに独創性を加えたものだった。江戸時代以来のなまこ壁の意匠は、開国とともに花ひらいた。今日に残る旧新潟税関庁舎（一八六九）(写真12)、慶應義塾三田演説館（一八七五）(写真13)などは、文明開化期の独創的な意匠として高く評価されている。

もうひとつ、明治時代の国産タイルで無視できないのが本業敷瓦だ。明治24年（一八九一）に起きた濃尾大地震の復興にともなう需要拡大により、愛知県瀬戸地方で生産されたものである。同地方では、新しく導入された磁器を新製焼というのに対して、伝統的な陶器生産を本業と呼んでいた。呉須や鉄釉の美しいタイルで、ヴィクトリアン・タイルの影響も無視できないが、日本の伝統意匠を母体にしたものが多かった。瀬戸を中心に製造されたが、同様の図案が全国各地にみられることから、別の地域の窯元でも類似の製品を作っていたと思われる。

本業敷瓦は、洋館よりも伝統的な町家・農家の台所や風呂場、便所などで使われることが多かった(写真14)。また、神社境内や寺院の土間など、伝統建築の独壇場にも進出していった。しかし、本格的な教育を受けた日本人建築家が使った例はほとんどなく、洋館の暖炉辺に用いた例もみかけない。本業敷瓦の

写真6　円隆寺多宝塔　本来は漆喰塗りとする亀腹（上層の円筒部分と下層屋根の間）を、異形の瓦貼りとしている。

写真7　泉布観

写真8　泉布観2階暖炉

使用場所は、水まわりなどに限られていた。本業敷瓦は、意匠上ヴィクトリアン・タイルに影響を受けながらも、独自の発展と市場開拓が行われた。

本業敷瓦の盛期は、大正半ばまでであった。鉄筋コンクリート造が普及しはじめた大正2年（一九二三）の関東大震災後は、ほとんど姿をみせなくなった。二つの大震災の間に開花した、伝統的美意識を備えたタイルといえる。これがもし、関東大震災後の時代に勢いが衰えていなければ、民藝などの隆盛とともに注目され、日本人建築家の中にも積極的に取り入れる者が現れていたのではないだろうか。

外装タイルとテラコッタの時代へ

幕末・明治以降、日本の主要な建築は、木造とならび煉瓦造《れんがぞう》で建てられるようになった。煉瓦の国産化は早く、幕末からすでに生産がはじまった。しかし、日本における煉瓦造は大正時代前半までが盛期で、その後は下火となった。地震が多い日本では、大震災の都度煉瓦造の耐震化の工夫がなされたが、大正時代からは耐震耐火性に優れ、高層化に適した鉄筋コンクリート造にとってかわられる。その際、煉瓦の寸法を基準とした二丁掛《にちょうがけ》と小口平《こぐちひら》のタイルが建築の外装に用いられるようになった。世界各地で外装タイルの使用はみられるが、日本ではそれが突出して多いのが特徴である。タイルの職人も、大正から昭和初期の建設需要拡大の中で、煉瓦工や左官らによる兼業や転職がみられるようになった。

外装タイルでは、煉瓦造の表面仕上げを美しく見せるための赤煉瓦風の小口

写真9　旧岩崎家住宅

写真10　旧岩崎家住宅1階ヴェランダ

写真11　明治期の国産タイル（『日本のタイル工業史』INAXより）

平タイルが明治30年代から流行した。その頃から都市の中心部を飾った煉瓦造建築は、多くが煉瓦の上に小口平タイルを用いており、白い石材（あるいは擬石）と組み合わせたものが多い。これらの建築様式は、当時の建築界の実力者・辰野金吾が好んだことから、「辰野式」とも呼ばれた。辰野が留学したヴィクトリア朝時代の英国でみられたクイーン・アン様式を、手本としたものだ。京都文化博物館別館（旧日本銀行京都支店、辰野金吾・長野宇平治、一九〇六）、東京駅丸の内駅舎（東京中央停車場、辰野金吾、一九一四）（写真15・16）、大阪市中央公会堂（岡田信一郎原案、一九一八）（写真17）、名古屋市市政資料館（旧名古屋控訴院庁舎、金刺森太郎、一九二二）（写真18）などが代表例で、私たちが「赤煉瓦の西洋館」としてまず思い浮かぶなじみ深い建築は、こうした赤煉瓦風タイルを用いたものである。

だが、赤煉瓦風タイルの流行は、煉瓦造の衰退と辰野金吾の逝去とともに下火になり、代わって茶褐色のタイルが流行した。東京や横浜などでは、関東大震災後の復興需要に伴い、名古屋、京都、大阪、神戸などでは都市の発展に伴い、建設ラッシュの時代を迎えた。かつてのタイルは、色むらなど品質検査が厳しかったが、石材の風味を帯びた茶褐色のタイルは、むしろ色むらがある方が自然で好まれた。その代表例が、この時期に登場したスクラッチタイルである。スクラッチタイルは、大正12年（一九二三）にアメリカ人建築家フランク・ロイド・ライトの設計で竣工した帝国ホテル旧本館（写真19）の外装で使用されたスクラッチ煉瓦がもとになり、これを薄い外装材であるタイルとしたものだ。スクラッチとは引っかくという意味で、タイルの成型段階に表面に引っかき傷のような筋を入れ、焼成したものがスクラッチタイルである。スクラッチタイルは黄色から茶褐色を呈し、目地とあわせて外観に細やかな陰影を生んだ。当時の建設

写真12　旧新潟税関庁舎

写真13　慶應義塾三田演説館

ラッシュにともない、若い世代の建築家が好んだことや、自然に近い肌合いが日本人の感性にあい、流行したのかもしれない。スクラッチタイルの使用例としては、早稲田大学大隈記念講堂（佐藤功一ほか、一九二七）（写真20）、大阪の生駒ビルヂング（宗《そう》建築事務所、一九三〇）（写真21・22）など、枚挙にいとまがない。

やがて、スクラッチタイルをはじめとする茶褐色のタイルとならび、白の外装タイルが台頭した。それまでの様式建築や装飾を重んじた建築から、合目的で機能的なプラン、幾何学的な構成美を追求したモダニズム建築の時代になると、白色タイルが好まれた。白色の外装タイルは明治時代からあるものの、古いものは花崗岩の白を模して表面に斑点のある「擬花崗岩」とでも呼ぶべきタイルが多かったが、モダニズム建築にふさわしいのはより均質な白色であった。実際、昭和初期に白色無地タイルが使われたのは、東京中央郵便局（吉田鉄郎、一九三一）、大阪ガスビルディング（安井武雄、一九三三）（写真23）などがあり、この流れは戦後モダニズム建築にも継承された。

関東大震災以後、タイルとともに見逃せないのがテラコッタの隆盛である。テラコッタとは本来、素焼きのやきものを指すが、建築では装飾用の大型のやきものをいう。鉄筋コンクリート造のビルなどに使われた、一見石材にみえる大型の装飾である。初期にはアメリカなどからテラコッタを輸入し、やがて国産品が登場した。京都府立図書館（武田五一、一九〇九）は国産テラコッタの黎明期の事例である。しかし、本格的に国産テラコッタが登場するのは大正時代後半からで、タイル貼りと合わせて一世を風靡した。東京の聖路加国際病院（A・レーモンド＋バーガミニ、一九三三）、横浜銀行協会（大熊喜邦・林豪蔵、一九三六）（写真24・25）、大阪の南海ビルディング（久野節《くのみさお》、一九三二）（写真26・27）、旧

写真14　窯垣の小径資料館　浴室の本業敷瓦

写真15　東京駅丸の内駅舎

松坂屋大阪店（現・高島屋東別館、鈴木禎次、一九三七）などは、テラコッタ時代の秀作といえる。

内装タイルの隆盛

鉄筋コンクリート造タイル貼りビルディングの全盛期、内装タイルにおいても大きな変化がおこった。本業敷瓦やマジョリカ・タイルに代わり、時代の寵児となったのが和風美術タイルである。これらは、日本の伝統的なやきものの風合いをもつタイルで、やきものの窯元が、販路拡大のためにタイルを製造するようになった。ここでは、こうしたタイルを和風美術タイルと呼ぶ。ところで、陶芸家によるタイルや陶板の制作は明治初期からみられ、優品も生まれたが、生産量や使用量において大正から昭和初期の和風美術タイルの比ではなかった。大正半ば以降の和風美術タイルは、質・量ともに日本の建築を変革する力を備えていた。

和風美術タイルの代表例に、布目タイルがある。表面は、窯の中での予期せぬ色の変化（窯変）を楽しむ仕上げである。布目タイル以外にも、さまざまな釉薬をかけ、窯変による表情を追求したものが多い。和風美術タイルの製造にかかわった代表的な人物が、池田泰一（号泰山）、福田直一、小森忍、山内逸三らであった。とりわけ、池田泰一の泰山製陶所は有名で、「泰山タイル」の名で広く知れ渡るようになった。泰山タイルは、多くの建築家に愛好され、ブランドとしての価値を確立した。これは、日本のタイル界にとってひとつの画期といっていいだろう。

写真16　東京駅丸の内駅舎　外装タイル

写真17　大阪市中央公会堂

泰山の名が知られたのは、著名建築家の作品で使われたことも大きい。代表的な使用例としては、武庫川女子大学甲子園会館（旧甲子園ホテル、遠藤新、一九三〇）の旧酒場床面（写真28・29）、綿業会館（渡辺節、一九三一）の談話室でもっとも重要な壁面を飾るタイル・タピストリー（写真30・31）などがある。

和風美術タイルは、外装がスクラッチタイルや茶褐色タイルの建築でよく使われ、また映えることが多かった。京都の先斗町《ぽんとちょう》歌舞練場（大林組・木村得三郎、一九二七）、神戸市立御影公会堂（清水栄二、一九三三）（写真32・33）などはその好例といえよう。

モザイクタイルの興隆期

大正から昭和初期の建築を華麗に彩ったスクラッチタイルや和風美術タイルとともに、頭角をあらわしたもうひとつの存在が、モザイクタイルであった。モザイクタイルは現在、表面積が50㎠以下の小さなタイルを指す。モザイクタイルが使われた場所は、壁面、床、そしてドーム屋根などであった。

モザイクタイルの中で、まず先行したのが床面であった。下足式の日本の住宅では、車寄せや玄関の土間に、モザイクタイルによる装飾が施された。その古い実例として、旧岩崎家住宅があることはすでに触れた。また、オフィスビルやホテルのエントランス、銀行の客溜り床面など、人目につくデザインの要に、モザイクタイルが現れた。機能面から、水まわりである風呂やトイレの床面にも使われた。床面モザイクタイルの中には、正方形にとどまらず、五角形、六角形、円形など多様な幾何学形態が生まれた。名古屋陶磁器会館（鷹栖一英、

写真18　名古屋市市政資料館

写真19　帝国ホテル日本館

一九三一）の1階床面には、モンキーやダイヤと呼ばれる各種形状のモザイクタイルが用いられている（写真34・35・36）。

ドーム屋根は、近代建築の特徴的な屋根形状のひとつだが、銅板などで葺かれることが多い。それをモザイクタイルとすることで、華やかな表情が生まれた。京都の東華菜館（旧八百政、ヴォーリズ建築事務所、一九二六）などは、その代表例といえる（写真37）。

壁面への使用は、外装と内装がそれぞれある。

外装の場合、50mm角などで建築全体を覆い、モダニズム建築で特に好まれることになった。一般的な外装タイルが煉瓦の寸法を基準にした二丁掛や小口平だったのに対し、正方形モザイクタイルは、過去の様式にとらわれないニュートラルな印象を建築に与えた。外壁を一色に統一した場合は、目地も目立たずプレーンな印象を与えたことも、モダニズムの建築家から好まれた一因であろう。

内装の場合、壁面を鮮やかに彩る効果や装飾として用いられる場合がある。壁泉など、内装のアクセントとしても用いられた（写真38）。絵画性を備えた壁画も登場した。ガラス質タイルを用いたものであるが、阪急百貨店旧大阪うめだ本店（竹中工務店、一九二九・三一）には、伊東忠太による四神をモチーフにした壁画があった（現在は阪急百貨店うめだ新本店の13階に再現）。また、銭湯の浴室の壁画としてるモザイクタイルが活躍した。

隆盛を極めた各種タイルであるが、昭和13年（一九三八）頃を境に、ほとんど使用されることはなくなった。資材統制により、大規模な建築が建てられなくなってしまったためである。竣工時期で昭和14年（一九三九）頃のものが、戦前期の本格的なタイルの最後の時期にあたる。その後、細々とつかわれてい

写真20　早稲田大学大隈講堂

写真21　生駒ビルヂング

写真22　生駒ビルヂング スクラッチタイル

たタイルも、昭和16年（一九四一）からはタイルへの物品税が順次引き上げられ、使用環境は一層厳しくなっていった。

復興とタイル

戦争により、多大な被害を受けた国土の復興が始まると、建設産業が活況を呈するようになった。タイルも、他産業に先駆けて復活をとげた。一般的な復興需要に先駆けて、進駐軍用の住宅や施設でたくさんのタイルが必要とされたのだ。家の中でも靴を履いて生活する英米人の住宅や施設には、タイルの需要が大きかったことは想像に難くない。

進駐軍需要に続く本格的な復興の波とともに、各地で建設産業が急成長を遂げた。戦前のような凝った装飾やテラコッタは少ないが、ビルの外装にタイルを用いて耐久性や美観に気を使うことは忘れなかった。〝外装にはタイル〟という美意識が戦前から根付いたためか、ビルの外装ではタイルが一般的な仕様として定着した。

そうした中、戦後の民主主義時代の建築にふさわしい建築と芸術の融合が試みられるようになった。そのひとつが建築外壁を利用した壁画やレリーフで、開かれた芸術として脚光をあびた。大阪能楽会館（竹腰健造、一九五九）（写真39）のように、テラコッタによるレリーフの復活もあったが限定的であった。かわってタイルを用いたモザイクが脚光をあび、村野藤吾や今井兼次らが活躍した。

村野藤吾の設計した名古屋の丸栄（一九五三・五六）（写真40）、大阪の食堂ビル・ドウトン（一九五五）などは、通常のタイルや煉瓦を用いて、通常より大きな

写真23　大阪ガスビルディング

写真24　横浜銀行協会

写真25　横浜銀行協会　テラコッタ

目地とのコントラストでビルの外壁全体に豊かな表情を与えた。

今井兼次は、日本にアントニ・ガウディを本格的に紹介した建築家としても知られる。千葉県の大多喜町役場（一九五九）、長崎の日本二十六聖人殉教記念館（一九六二）・同聖堂（一九六五）（写真41・42）、香淳皇后の還暦を記念して皇居東御苑に建てられた桃華楽堂（一九六六）（写真43）などで、モザイクを用いたユニークな作品を展開した。とりわけ、今井は窯元をまわって集めたやきものの廃材や、使われずに家で眠っている食器や火鉢、疵物のタイルなどをもちいて、新たな生命を与えた。遠くからみても近くからみても味わい深く、アントニ・ガウディの作品とは一味ちがう魅力をうみだした。

美術作家による陶板作品も見逃せない。丹下健三は、戦後日本を代表する建築家の一人で、その作品の外装はコンクリートや鉄、金属板、石材などを用いたものが多く、タイルとは距離を置いているように思える。しかし、東京都庁旧本庁舎（一九五七）では岡本太郎の、香川県庁舎（一九五八）では猪熊弦一郎の陶板壁画作品を重要な箇所に採用するなど、コンクリート打放し建築の中で陶板芸術への新たな道を指し示した。

こうした陶板作品は一時期、公共建築を中心に広がりをみせたが、より広い視点からみて、高度経済成長期以降の建築の質を向上させたのは外装タイルや、内装モザイクタイルなどの普及であろう。

高度経済成長期とタイル

日本の経済成長の象徴となった昭和39年（一九六四）の東京オリンピックと

写真26　南海ビルディング

写真27　南海ビルディング　テラコッタ

同45年（一九七〇）の日本万国博覧会の前後にも、魅力的なタイルが多数誕生した。タイルは、建築構造体の保護材料として、また美観上も欠かせないものであったが、コンクリート打放し、石材やガラスによる外装の隆盛により、建材のひとつの選択肢として厳しい競争の中を生き抜いてきた。だがそれは、より魅力的なタイルを生み出す原動力ともなった。

前川國男は当初、コンクリート打放しの表現を好んだ建築家であったが、新宿の紀伊国屋書店（一九六四）以降、打ち込みタイルを開発し、これを自作に採用するようになった。東京都美術館（一九七五）（写真44・45）の建築は、その到達点といえよう。あわせて、東京海上日動ビルディング本館（一九七四）で同様のタイルを使用し、超高層建築の外装にタイルを用いるという道を切り開いた。

個性的なモザイクタイルの登場も見逃せない。群馬ロイヤルホテル（写真46）（坂倉建築研究所、一九七五）は、ラスター彩のあざやかに輝くタイルが外装に使われた。当初は、あまりに独創的な表現に追従する建築は少ないとみられていたが、モダニズム建築への反省に立ったポスト・モダニズムの隆盛とともに、ラスター彩タイルは流行した。神戸ポートアイランドのポートピア・ホテル（日建設計、一九八一）（写真47・48）では、タイル表面を特殊形状にする新しい試みもみられた。

東京オリンピック施設や日本万国博覧会会場における魅力的な床タイルの使用は、床タイルの需要を大きくひきあげた。また、万国博覧会とその前後ではイタリア産デザインタイルが流行し、これに対抗した国産デザインタイルの生産も活発化した。

大規模施設ばかりではなく、各家庭でもタイルの使用は増大し、台所や風呂場、トイレなどの水まわりには、モザイクタイルが広く使用されるようになっ

写真28　武庫川女子大学甲子園会館（旧甲子園ホテル酒場床面）

写真29　武庫川女子大学甲子園会館（旧甲子園ホテル酒場床面）

た。だが、下足式の生活は変わることがなく、欧米諸国にくらべると依然として使う範囲が限られているのも事実である。また、ユニットバスの登場などにより、一九八〇年代頃から、一時にくらべタイルの需要は減少してしまった。

現代のニーズにこたえたタイルへ

タイルは、建設需要の拡大に伴い、やきもの本来の味わいから離れ、大量生産される工業製品として認識されるようになってしまった。均質に大量供給しようと努力してきた結果、タイルは本来持っていた手作りのよさを、同一のものを作るのが困難なやきもの本来の持ち味を、徐々に失ってしまったのかもしれない。現代のタイルは、こうした課題から脱却しようと格闘している。

マンションやオフィスビル、住宅などの内外装材として、今後もタイルはなくなることがないだろう。しかし、やきものの味わい、手作りのよさを取りいれたタイルも、少しずつ増えている。その萌芽は、高度経済成長期にすでにみられた。倉敷アイビースクエア（浦辺鎮太郎《しずたろう》、一九七四）内で使われた柱を覆う手描きのタイル（写真49）などは、イギリスのアーツ・アンド・クラフツ運動の中で試みられたウィリアム・モリスやウィリアム・ド・モーガンらによるタイル制作を彷彿とさせる。大阪の火防《ひぶせ》陶器神社（一九七一）社殿内の陶板などは、小規模で特殊なものだが装飾タイルの集大成ともいえる。梵寿綱《ぼんじゅこう》のドラード早稲田（一九八三）（写真50・51）などの一連の作品でも、建築の中に手の復権を求める一手段として、タイルが重要な位置を占めている。

現代の建築家は、石や木など、素材本来が持つ魅力を表現した建築を設計し

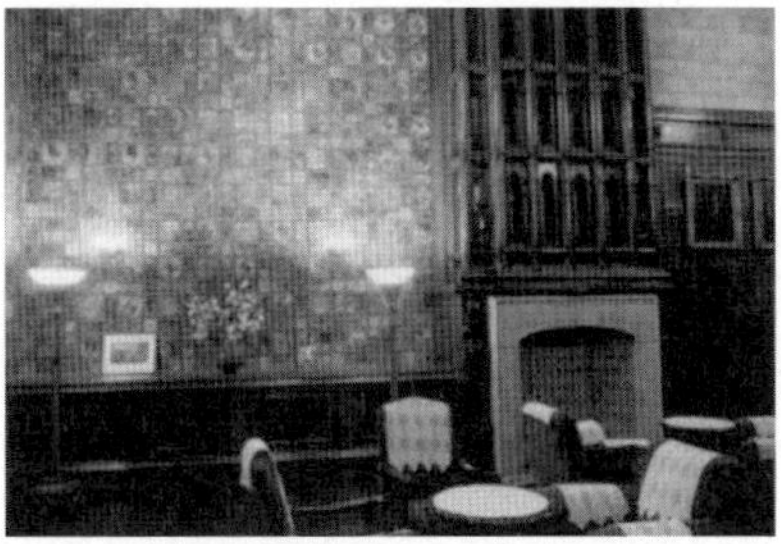
写真30　綿業会館談話室

写真31　綿業会館談話室　タイルタピストリー細部

ようとする傾向がある。建築外装から、店舗のインテリアにいたるまで、タイルはやきものに近い表情を取りもどしていくのではないだろうか。戦前に一世を風靡した泰山タイルのようなブランドタイルの登場など、あこがれの対象となるタイルが多数生まれることに期待したい。そして、家の中では靴を脱ぐという日本人の生活スタイルが変わらないとしても、美しいタイルはそれ自身が魅力的であり、床の間に飾っても十分耐えうるようなものもある。時代の流れに耐えうる、味わいと深みのあるタイルが、ビルディングから住宅にいたるまで、新たな地位を確立することに期待したい。

出典　美濃のモザイクタイル：つながる思い、つなげる力　名古屋モザイク工業　2016年

写真32　神戸市立御影公会堂

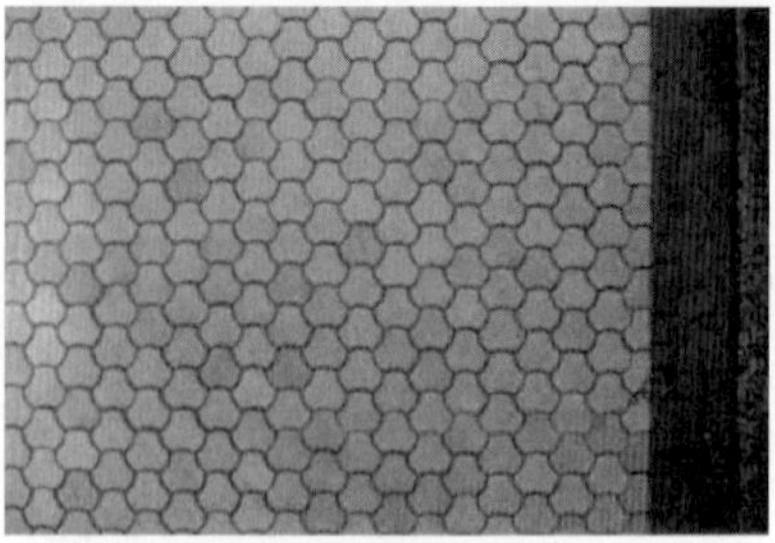
写真35　名古屋陶磁器会館1階 床面モザイクタイル“モンキー”

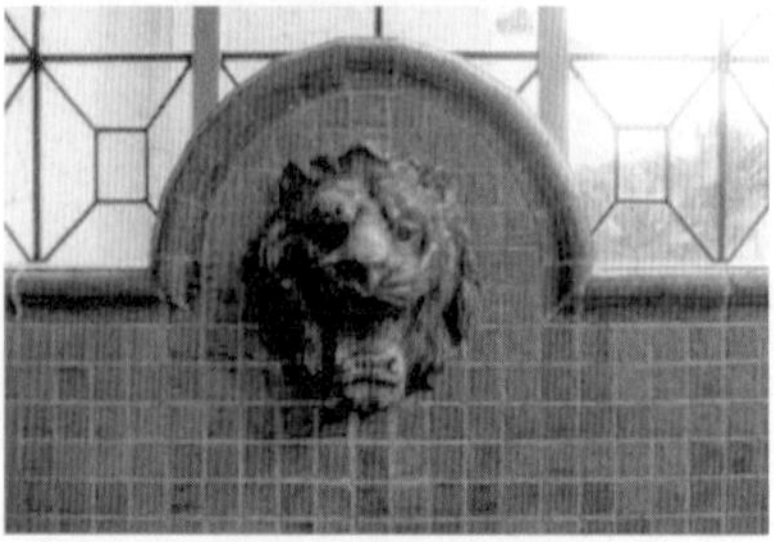
写真38　ベーリック・ホール壁泉

写真40　丸栄

写真34　名古屋陶磁器会館

写真33　神戸市立御影公会堂 1階円柱に用いられた和風美術タイル

写真37　東華菜館ドーム

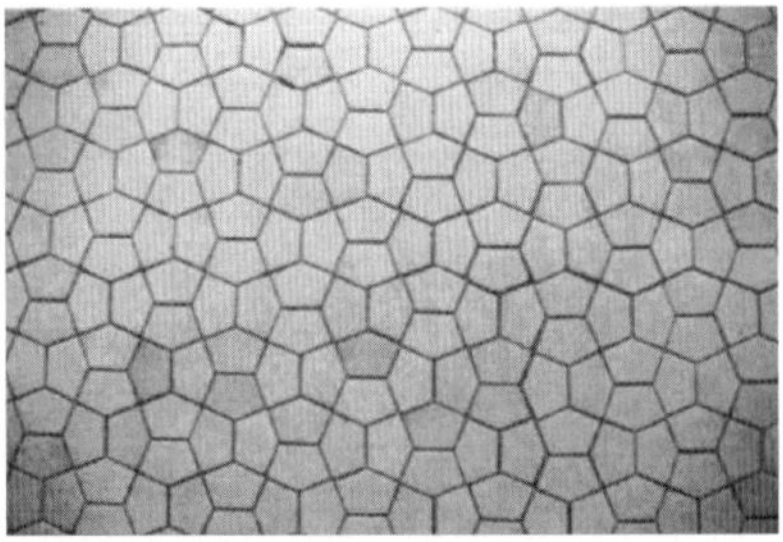

写真36　名古屋陶磁器会館1階 床面モザイクタイル“ダイヤ”

写真39　大阪能楽会館

写真38　ベーリック・ホール壁泉

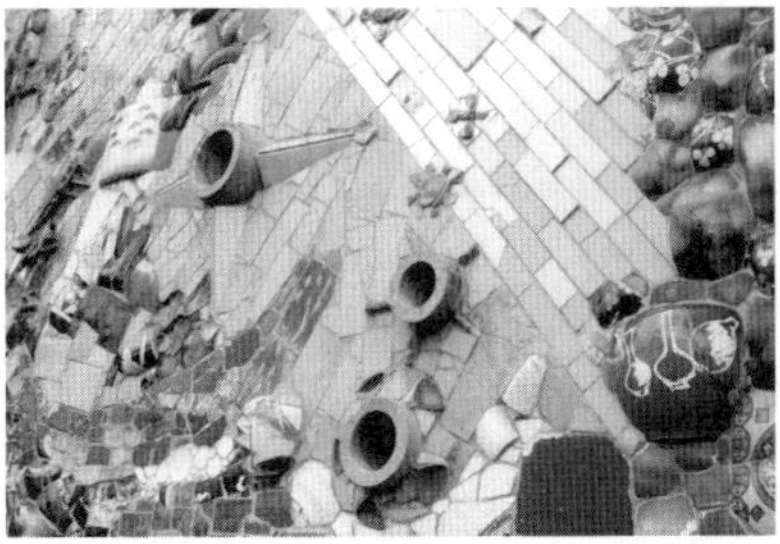

写真42　日本二十六聖人殉教記念館

写真41　日本二十六聖人殉教記念館

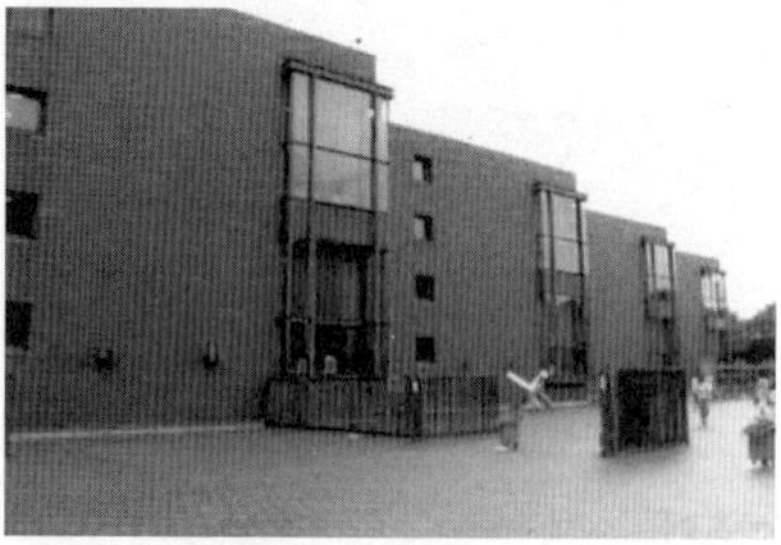

写真44　東京都美術館

写真43　桃華楽堂

写真46　群馬ロイヤルホテル

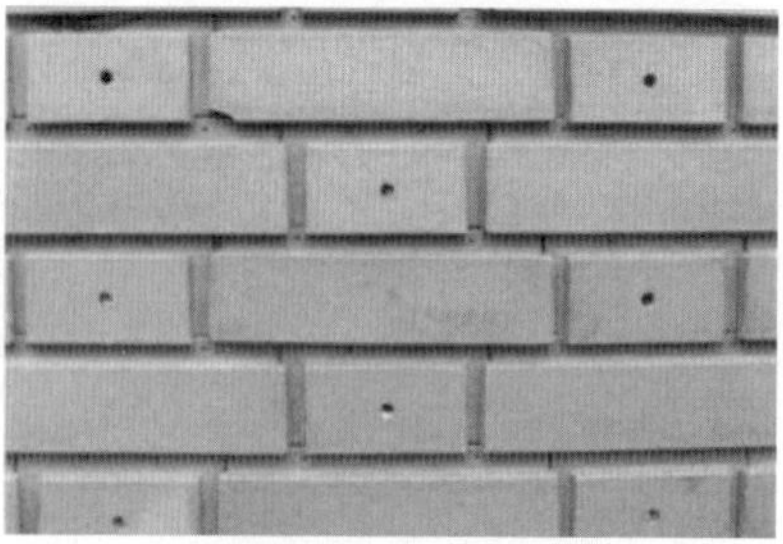

写真45　東京都美術館打ち込みタイル

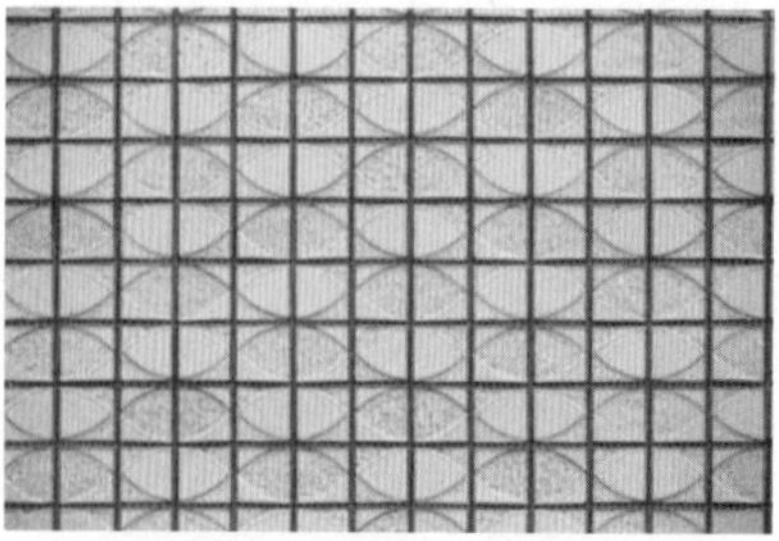

写真48　ポートピアホテル

写真47　ポートピアホテル

写真51　ドラード早稲田

写真50　ドラード早稲田

写真49　倉敷アイビー・スクエア

ドラード早稲田

０　材料からみた大阪の近代建築

1．はじめに

大阪は近年、近代建築の宝庫として脚光を浴びている。大阪市内中心部の船場、中之島やその周辺には、数多くの近代建築が密集している。府下全域を見渡した場合にも、摂河泉各地域にそれぞれの土地の来歴を物語る近代建築がみられる。１９９６（平成８）年、文化財保護法の改正で文化財登録制度がはじまると、それまで知られていなかった近代建築が次々と明らかになった。いっぽうで、依然取り壊されていく近代建築も数多い。

本報告では、大阪の代表的な近代建築を、使用された建築材料に着目しながら時代を追って紹介する。また、建築材料の中から特に煉瓦と外装タイルに着目し、建築史と考古学等の研究の接点について探りたい。

2．材料からみた大阪の近代建築

(1) 煉瓦造時代の建築

幕末から明治時代に建てられた洋風建築のうち、官庁、銀行などの本格的な洋風建築には構造に煉瓦が用いられた。しかし、そのほとんどは表面を漆喰塗、あるいは石積仕上げとする場合が多かった。煉瓦積みを外壁にむき出しにする建築は、倉庫、工場、火薬庫など都市周辺部に多数みられた。

解題

２０１１年3月に財団法人大阪府文化財センターの主催で開催されたシンポジウム「発掘・復元・検証　いま、よみがえる枚方の20世紀」のために作成された資料集所収の論考。煉瓦を中心とした材料から大阪の近代建築の歴史を概観している。

大阪における煉瓦造の建築は鳴野や堺で製造された煉瓦を用いた泉布観に始まるとする。その後明治30年代から大正期に入ると、化粧煉瓦で丁寧に仕上げた建築が増える。その一つが大阪市中央公会堂であるという。その後、大正半ば以降、鉄筋コンクリート造が主流となる中で、化粧煉瓦から派生したタイルが主流となる。中でもスクラッチタイルや筋面タイルなどが流行し、前者を多用した生駒ビルヂングなどが建設される。その後はモダニズム建築が主流となる中で、タイルを使用しない建築が建設されるようになる。

また当時の煉瓦やタイルの特性についても論じている。煉瓦は、従来、積み方など構法に注目されがちだったが、泉布観は、１８７１（明治４）年に創業した造幣局の応接所として建てられた。現存する洋風建築としては大阪最古の遺構であり、全国的にみてもごく古い時期のものである（写真１）。構造は煉瓦造《れんがぞう》2階建。一階外壁は二枚積、二階は一枚半積の煉瓦壁で、外側は漆喰塗、室内側は裂地《きれじ》張りになっているため、煉瓦を直接見ることはできない。造幣局用の煉瓦は、大阪・鴫野《しぎの》や泉州堺をはじめとする地域で製造された。現在、泉布観内部に「YEGAWA」の刻印のある煉瓦が保存されているほか、国立科学博物館等に収蔵品がある。近年、泉布観前庭において行われた発掘調査で、泉布観正面塀で用いられた煉瓦の一部が見つかっている［大阪市文化財協会2009］。

(２) 化粧煉瓦時代の建築

明治30年代頃から大正時代半ばにかけ、都心部でも赤煉瓦建築が建てられるようになった。旧日本銀行京都支店（１９０６）、東京駅（１９１４）、旧名古屋控訴院地方裁判所区裁判所庁舎（１９２２）などはそうした例で、いずれも赤煉瓦と白い花崗岩（または擬石）を組み合わせている。１９１８（大正７）年に竣工した大阪市中央公会堂もその代表例のひとつである（写真２）。

大阪市中央公会堂は、「赤煉瓦の公会堂」として親しまれている通り、２３８万８,５００個の煉瓦が使用された。嫌瓦の寸法は２２６×１０８×５９ｍｍであった［大阪市2003］。当時「東京形」と呼ばれた寸法に近い（現在の規格は２１０×１００×６０ｍｍ）。しかし、実際の構造は煉瓦造、鉄骨造などの混構造であった。表面の煉瓦積は、小口積となっている。これは煉瓦の構造体の上に「化粧張」用煉瓦、「化粧煉瓦」と呼ばれる赤煉瓦の色をした外装タイ

刻印の調査による製造会社の特定などの研究が進み、製造地との関係が明らかになりつつあるという。寸法にも特徴があり、東京が一定の寸法であるのに対して、関西は数種類の寸法があるなど地域差があるとする。また煉瓦やタイルの編年調査や発掘調査など考古学的手法によって、建築史研究が進展する可能性についても論じている。

煉瓦造の建築や、煉瓦の刻印に基づく製造地調査については前出の「大阪における煉瓦製造と研究の課題」（２００８年）でも論じていたが、本稿ではタイルを用いた建築や煉瓦の特性としての寸法について言及し、材料としての建築史研究の可能性を論じていることが新しい。酒井さんの関心がより広がり、考古学研究と建築史研究が接続されようとしていることが興味深い。

（笠原一人）

写真1　泉布観

ル（110×60×14mm）が用いられたためである。その数16万7,700個であった。煉瓦は表積に用いる美麗な表現仕上げのものと、内部の構造体に用いる少々荒い仕上げのものとがあり、これらを合理的に使い分ける観点からも化粧煉瓦が誕生した。

大阪市中央公会堂の化粧煉瓦のように、明治30年代から大正時代半ばにかけて都市部に建てられた赤煉瓦建築の多くは、表面に化粧煉瓦が用いられていた。

(3) 外装タイル全盛期の建築

大正時代半ば以降、ビルディングの建築構造は主として鉄筋コンクリート造に変わっていく。小口の化粧煉瓦は影をひそめ、鉄筋コンクリート造のビルでは外装用の二丁掛《にちょうがけ》・小口平《こぐちひら》タイルが主流となった。二丁掛は煉瓦の長手の寸法を基準としたもので、小口平は煉瓦の小口の寸法を基準としたものである。日本の外装タイルは主として煉瓦の寸法から派生したもので、他に三丁掛、四丁掛、ボーダーなどの種類がある。

日本でタイルという名称が普遍的なものとなったのは、1922（大正11）年4月12日のことである。それまで、貼瓦、敷瓦、化粧煉瓦などと呼ばれていた建築の化粧材としての薄板状のやきものが、この時タイルに名称統一された。タイルは構造に関係なく使われ、表面にさまざまなデザインを施すことができ、その時々の流行を反映する。大正時代の終わりから昭和初期にかけて流行した外装タイルに、スクラッチタイルや筋面タイルがある。前者は表面に引っかき傷のような粗い凹凸があり、後者は表面に山形などの細い筋が規則的に入っている。ともに黄～茶褐色を呈し、表面は凹凸により陰影を生じる。タイル一枚

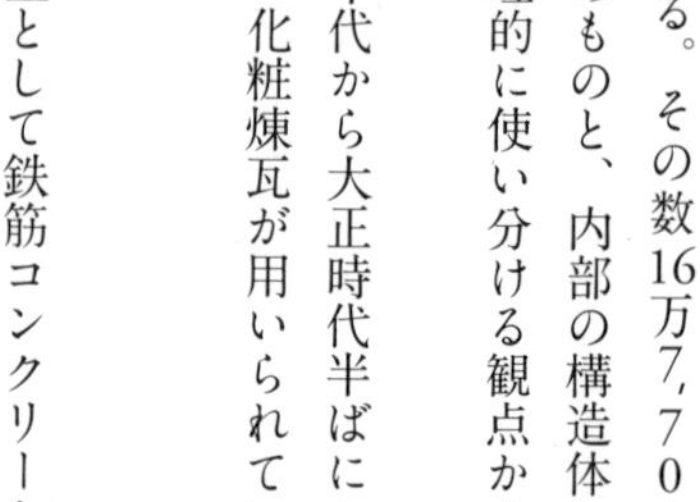

写真2　大阪市中央公会堂

一枚の色の差は大きな問題とならなくなり、むしろまだらな色合いが自然石のような仕上がりに近く、好まれる傾向にあった。

内田祥三はまた、タイル業界にとっては隠れた恩人である。従来タイルの色揃い検査は厳格を極めたが、東大の建築でスクラッチタイルをランダムに混合して張り付け、陶器の暖かみをうまく表現して、しかも材料費を安く上げるよう工夫をこらしている。ランダムタイル（乱張り）は内田祥三に始まる。[INAX1991]

内田祥三《よしかず》をはじめ建築家たちは、こうしたスクラッチタイル、筋面タイルの特徴を積極的に利用した。

1929（昭和4）年竣工の旧交野《かたの》無尽金融株式会社本社屋（交野市立教育文化会館）は、スクラッチタイルを用いた代表例のひとつである。全体に石造のような深い色合いで、個々のスクラッチタイルは色の違いをむしろ持ち味として活かしている。

1930（昭和5）年竣工の生駒ビルヂングは、スクラッチタイルとテラコッタを駆使した名建築として知られている（写真3）。とりわけ、スクラッチタイルは釉薬が施されており、全体に光沢感がある。石材仕上げと比した場合でも見劣りのしない、やきものとしての独自の表現を獲得している（写真4）。

外装タイルは、明治時代から出現したが、大正後半から昭和初期にかけて大量に用いられ、戦後再び隆盛を極めた。外装にタイルを多用する国・地域は、イスラム教文化圏、日本と日本がかつて統治していた地域など限られたエリアである。こうしたことから、日常的にみられる外装タイルについても見直してみる必要があろう。

写真4　生駒ビルヂング施釉スクラッチタイル

写真3　生駒ビルヂング

(4) タイル・石材仕上げを施さない建築

鉄筋コンクリート造建築では、外壁をタイルまたは石材で仕上げることが多い。しかし、一部のみをタイルや石材で仕上げ、主たる壁面をモルタル仕上げなどとする場合がある。特に、昭和10年代半ばからは各種資材統制が厳しさを増し、鉄材の使用が制限され、鉄骨、鉄筋コンクリート造がつくりにくくなった。タイルは1941（昭和16）年以降、順次物品税が引き上げられ、使用が困難になっていった。

1939（昭和14）年に竣工した大阪中央郵便局は、戦前の本格的な建造物としては最後の時期のものといえる。外装には二丁掛タイルが用いられている。1939～42（昭和14～17）年頃に完成したとみられる旧香里工廠安瓦《こうりこうしょうあんが》薬化成・混和・塡実《てんじつ》室は、鉄筋コンクリート造3階建の建築であった（写真5）。近年まで使用されており、建物の改造は激しかったが、柱・梁など構造の骨格は変わっていなかった。柱・梁を直接むき出しにした外観で、外装仕上げにはタイルや石材は使われていない。こうした機能主義的な外観、タイルや石材を仕上げに使わない方法は、戦後建築にも引き継がれていった。

3. 建築材料からみた諸問題

(1) 煉瓦の刻印・製造会社

大阪府は明治後半に、日本の煉瓦生産量の半分近くを占めていたことが統計からわかる。

本邦煉瓦の製造額は明治三十八年度は一億九千七百七十四万五千四百五十個に

写真5　旧香里工廠安瓦薬化成・混和・填実室

して内大阪府下煉瓦組合業者の製産額は実に九千四百六十万七千五百三十八個、最近四十二年度の全国生産額は、三億八千二百一万三千六百〇九個にして内大阪府同業組合の製産額は一億七千七百九十四万八千八百二十二個、即ち大阪府同業組合の製産額は実に全国製造高の半額に当る〔野村商店調査部1912〕

こうした実情を考えた場合、大阪において煉瓦製造に関する研究は不可欠のもので、地域的な特色としても重要な研究対象になると考えられる。

建築史の立場から、発掘調査における煉瓦の報告について関心があるのは、まず煉瓦の刻印であろう。煉瓦の刻印は、現存する建築でもみることができる場合があるため、互いに参照する機会が多いと考えられる。煉瓦の刻印は主として責任印（煉瓦製造職人の符牒など）と社印に分けられる〔水野信太郎1999〕。しかし、刻印が示す内容については、ごく一部を除いてわかっていないのが実情である。大阪市内での発掘調査では、漢数字やカタカナなどの刻印のある煉瓦が数多く報告されている。社印についても、大阪窯業、岸和田煉瓦会社（写真6）など大手煉瓦会社のものが多いが、製造会社が判然としないものも多数みられる。大手とあわせ、中小の煉瓦会社・焼成窯についても研究の進展が望まれる。

(2) 煉瓦の寸法

煉瓦に関して、次に重要に思われるのが寸法である。１９０５（明治38）年時点における煉瓦の寸法は表1のとおりである〔大高庄右衛門1905〕。ここに示された並形、東京形、作業局形、山陽形、山陽新形の少なくとも5種類が存在していたことが注目されるが、大高庄右衛門《おおたかしょうえもん》（大阪窯業技術長兼支配人）が本論文

写真6　岸和田煉瓦のホフマン窯（熊田松蔵氏旧蔵写真・個人蔵）

▷左手前の巨大な煙突が岸和田煉瓦のホフマン窯と思われる。貼紙に「（岸和田紡績）野村工場海岸ヨリ野村工場・・本社工場中間海岸ヲ望ム／昭和九年九月二十一日午後時三十分撮影」との記載があり、室戸台風後の被害の様子を写す。当時、岸和田紡績と岸和田煉瓦の敷地は隣接していた。

で述べた要点は、関西における形状のばらつきと、そこから派生する生産者側の諸問題である。関東がほぼ東京形に統一されているのに対し、関西では上記5類型をはじめとして、発注者ごとの煉瓦サイズの不統一があり、これが生産者を悩ませていた点である。

　注文の途絶へたる間際には果たして何形を造り置くべきや…（中略）…若しそれ煉瓦の形状をして一定不変のものたらしめれば閑暇を利用するに些の憂患なく些の疑惧なく生産力の許す限り之を造り置き…（中略）…関西地方に於て使用せらるる煉瓦石が形状区区にして一定せず為めに需要者、供給者共に多大の損害を受け居れることは前の如し…（中略）…同じく鉄道作業局なり、同じく砲兵工廠也、同じく火薬製造所也、而かも東京及び東部地方の建築作業に使用せらるる煉瓦石は悉く「東京形」なるにも拘らず、大阪を中心とせる関西地方の建築作業には、主として「並形」を用ひ、或は特殊の様式を用ゆ、これ果たして如何なる事由に基く乎［大高庄右衛門1905］

以上のように、大高の切実な問題意識がうかがわれる。また、ひとつの会社であっても、現場に応じて様々なサイズの要望にこたえていたことが分かる。しかも、それが公共事業においても繰り返されていた。大阪、あるいは関西特有の問題として、煉瓦の寸法には注意を払う必要があるだろう。

(3) タイルの編年

　考古学の成果のうち、建築史研究に最も益すると思われるのが建材の編年である。一例として、珉平《みんぺい》焼窯跡の発掘調査で明らかになった明治から昭和半ばまでの珉平焼タイルの編年がある［兵庫県教育委員会2005］。珉平焼タイルは現・

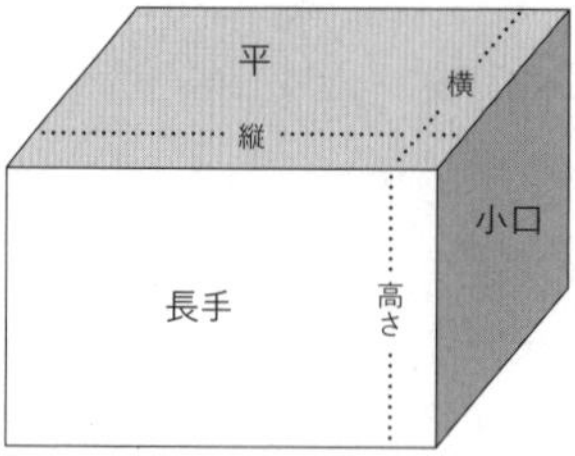

図1　煉瓦各面の名称と計測部位

時代	種別	縦	横	高さ
明治後半	並形	7寸4分	3寸5分	1寸7分5厘
		224mm	106mm	53mm
	東京形	7寸5分	3寸6分	2寸
		227mm	109mm	60.6mm
	作業局形	7寸5分	3寸6分	1寸8分5厘
		227mm	109mm	56mm
	山陽新形	7寸2分	3寸4分5厘	1寸7分
		218mm	105mm	52mm
	山陰形	7寸5分	3寸5分5厘	2寸3分
		227mm	107mm	70mm
大正14年	日本標準規格	210mm	100mm	60mm

表1　明治時代後半の主な煉瓦の寸法　［大高庄右衛門 1905］をもとに作成

（株）ダントーの前身の製品であり、戦前同社は主に内装タイルを生産していた。これらのタイルは伝統木造建築の台所・風呂場・便所などの水まわり、玄関土間の床などに用いられることが多い。建築類型としては、住宅、旅館、温泉、銭湯、料亭などに好まれた。タイル編年の成果は、建築年代判定の一指標として重要な意味合いを持つと思われる。これらの編年には、出土品とならんで、製品のカタログ、伝世品が大きな役割をになった。

ただし、タイルは外装・内装ともに化粧材であるために、竣工当時のままであるとは限らない。煉瓦などの構造材にくらべ、交換される可能性が高い材料であるが、歴史的建造物の改装時期などを考える上で重要性が増すと考えられる。

（4）壁体内部などの仕様

建築は使われている状態では壁体内部の仕様を確認することは困難である。発掘調査における知見は、これまで余り知られることがなかった壁体内部の仕上げなどの情報をもたらすのではないかと期待される。

名古屋市の旧川上貞奴《かわかみさだやっこ》邸では、移築復元工事によって当時使われていた竪瓦壁が再現された［名古屋市2005］。竪瓦壁は、下地に平瓦を打ちつけ、その上に下地塗り、上塗りをして仕上げた壁である。こうした特殊な仕様は、従来歴史的建造物の修復や移築、取り壊しの際に明らかになることが通例であった。

発掘調査の事例でも、四隅などに穴のあいた平瓦の出土例が多数ある。こうした平瓦はなまこ壁と考えられることが多いが、竪瓦壁などの可能性も含めて検討することがあり得るだろう。そのためにも、建築史と考古学等の諸分野の情報交換は欠かせないと思われる。

4．おわりに

前近代の建築史研究では、考古学をはじめとする歴史系諸分野との研究交流は大きいが、近代建築分野では十分とは言い難い。建築材料分野における情報交換などが進めば、研究の進展が大いに期待される。とりわけ煉瓦やタイルなどの建築材料は、洋風建築に限らず、在来工法の和風建築でも使用されている場合が多い。枚方市をはじめ大阪府下では伝統的な町並みが多く残っており、それらの建築の解明にも、建築材料の研究が寄与することができると考えられる。

〔参考文献〕

大高庄右衛門　1905「煉瓦の形状に就て」『建築雑誌』225号　日本建築学会
野村商店調査部編　1912『最近セメント及煉瓦業（事業界の大勢第二輯）』野村商店
大阪市　1964『重要文化財泉布観保存修理工事報告書』
INAX　1991『日本のタイル工業史』
水野信太郎　1999『日本煉瓦史の研究』法政大学出版局
大阪市　2003『重要文化財大阪市中央公会堂保存・再生工事報告書』
名古屋市　2005『登録有形文化財旧川上貞奴邸復原工事報告書』
兵庫県教育委員会　2005『兵庫県文化財調査報告第284冊　玼平焼窯跡』
森井貞雄　2006「香里団地以前」『大阪文化財研究』第30号（財）大阪府文化財センター
（財）大阪市文化財協会　2009『桜宮地区埋蔵文化財調査（天満1丁目所在遺跡発掘調査）報告書』

出典　シンポジウム資料集「発掘・復元・検証　いま、よみがえる枚方の21世紀」
財団法人大阪府文化財センター編　枚方市教育委員会　2011年

○ 大阪における煉瓦製造と研究の課題

はじめに

大阪は、明治4（1871）年に操業した造幣寮（後に造幣局と改称、以下造幣局と記す）の応接所・泉布観（写真1）をはじめ、明治時代から昭和時代初期に建てられた煉瓦造、または部分的に煉瓦を用いた建造物が多数残っている。本稿では、これらの建設を支えた大阪府内の主な煉瓦製造の歴史を概観する。また、筆者は建築史を専門とする立場から、建築史研究から見た煉瓦研究の課題について述べる。なお、本稿であつかう煉瓦は原則として構造用の普通煉瓦（赤煉瓦）で、耐火煉瓦等は含まない。

1．大阪における煉瓦製造の歴史

大阪は東京や横浜等と並び、明治から昭和初期にかけて大規模な建造物が数多く建てられたが、これらの建設に使われた煉瓦は主として大阪府南部で生産された。ここでは、大阪の近代建築を考えるうえで重要な煉瓦とその製造所について、代表的なものを概観したい。具体例として、明治初期の大阪を代表する造幣局と旧大阪府庁舎に用いられた煉瓦、また民間の大規模な煉瓦会社であった第一煉瓦製造会社（岸和田煉瓦）と大阪窯業株式会社、さらにその他の煉瓦製造工場等についてみていく。

解題

2008年3月に発行された「煉瓦の生産と供給」を特集した『考古学ジャーナル』に掲載された論考。大阪における煉瓦製造の歴史を概観し、建築史研究から見た煉瓦研究の今後を展望している。

大阪における煉瓦製造は、明治初頭に建設された造幣局の建物のために鴫野や堺などで開始され、続いて第一煉瓦製造会社（岸和田煉瓦）や大阪窯業株式会社などが創業する。その後大阪府下の煉瓦製造は生産量を増やし、1909年には全国シェアの47％をも占めていたという。また煉瓦の研究は、イギリス積やフランス積（フランドル積）といった構法的な研究が先行し、製造地に関する研究が進んでいないが、その進展を支えているのは発掘調査であるとする。煉瓦は朽ちることがないため、埋蔵文化財として発掘され、製造会社の刻印により製造地が特定できる。今後の発掘調査にさらなる研究進展の期待を込めている。

建築史研究において、煉瓦製造地に

（1）造幣局における煉瓦

明治元（1868）年にはじまる造幣局（現・北区天満）の建設工事は、アイルランド出身の技師ウォートルスにより設計・監理が行われた。明治政府により行われた初期の大規模な建築工事のひとつで、大阪の近代的な建設業発達に与えた影響は大きい。

造幣局は大規模な工場群であったことから使用された煉瓦も複数の製造所から取り寄せたものであった。それには諸説あり、『明治工業史　化学工業編』は「播州明石の瓦屋をして、同工場の煉瓦を焼かしめたるも、其の結果不良に終わりしより、更めて大阪の瓦屋に命じ、英人オードロス（引用者註：ウォートルス）の監督の下に、焼製《ママ》せしめたり」と記している。また、『造幣局六十年史』は「泉州堺湊に於て新に炉を築きて製造せしめたるものを用ゐたり」と記し、『堺市史』は小澤扶公の談話として「（明治）二年に造幣局の建築起工にに際し、用材として製造された。当時瓦製造師して有名であった東湊の瓦屋藤吉に用命した」と記しており、記述には幅がある。

昭和37〜39（1962〜64）年に実施された泉布観の保存修理工事で明らかになった刻印は①「MLAY SEIOZSHO・HIOGO／ト・チ・ル」（当初品、使用品）、②「sugimoto YEGAWA M・OSAKA・：z」（構内出土品）、③「さかいひばち利」（増改築時）の3種類である（『修理工事報告書』）。しかし、このうちで現在、泉布観内に保管されているものは②と思われるもののみで、平の面に「YEGAWA」の刻印が確認できる。水野信太郎氏の研究では、②③の刻印を紹介し、「YEGAWA」の刻印を大阪・鳴野の江川某としている。

以上のように、造幣局で使用された煉瓦は、大阪の近代建築史上、また煉瓦

ついての研究は少なく、近年では酒井さんがその研究を進展させたと言っても過言ではないだろう。そしてそれは、酒井さんが博物館に勤務する研究者だったからこそ可能だったと思われる。博物館には考古学の研究者が数多く在籍し、発掘調査は重要な研究活動の一つである。その中で発掘される近代建築に関わるものとしては、煉瓦が多くを占めると聞く。煉瓦は建築史と考古学を接続する存在であること、また酒井さんが煉瓦やタイルなどの材料から近代建築研究を行った理由を読み取ることができる。

（笠原一人）

写真1　泉布観

製造史上重要でありながら、鴨野や堺等で生産されたことのほか、詳細はまだ不明な部分が多い。

(2) 旧大阪府庁舎における煉瓦

旧大阪府庁舎は大阪市西区江之子島に明治7(1874)年に建てられ、大正15(1926)年に現庁舎が竣工するまで府庁舎として使用されたが、昭和20(1945)年の空襲により焼失した。設計者はキンドルとも伝えられているが、はっきりしたことは分かっていない。

この旧府庁舎跡地の再開発に伴う発掘調査の結果、小口面に「阪府/授産所」と刻印のある煉瓦が発見された(写真2)。「阪府」は大阪府を指し、「授産所」は明治元(1868)年に設置された「救恤場」に端を発し、同5(1872)年に「授産所」と改称された福祉行政施設を指す。その中でも難波新地に置かれた「出張授産所」が煉瓦製造を行っていた。同所における煉瓦の製造期間は、明治5年8月から翌年8月までの1ヵ年間であり、大阪府庁舎竣工が同7年であることから、同所の煉瓦が使われたと考えられる。

(3) 第一煉瓦製造会社(岸和田煉瓦)

元岸和田藩士・山岡尹方《ただかた》は明治5(1872)年、士族授産と泉南地域における産業振興を目的に、岸和田藩練兵場跡(岸和田市並松町)に丸窯3基をすえて煉瓦製造をはじめた。同社製造煉瓦の何割かには社印「×」が刻印されている。「×」印は、山岡が熱心なキリスト教信者であったことから、十字架をかたどったものだといわれる。しかし、事業は順調に進んだわけではなかった。明治20

写真2 「阪府/授産所」刻印煉瓦(『大阪府教育委員会文化財調査事務所年報』11、大阪府教育委員会提供)

（1887）年、同じ岸和田の実業家・寺田甚与茂《じんよも》が経営に参画し、第一煉瓦製造会社を設立してから事業が軌道に乗った。同26（1893）年に岸和田煉瓦株式会社、大正8（1919）年には岸和田煉瓦綿業株式会社、昭和46（1971）年に岸煉と改称された（以下、岸和田煉瓦と統一して記す）。

岸和田煉瓦の刻印は、大阪府下及び近畿圏で広く確認されている。現存する主な建造物では、大阪市赤レンガ倉庫（旧住友倉庫、大阪市）、同志社女子大学静和館（京都市）等が挙げられる。大阪及びその近郊では後述の大阪窯業に次ぎ、同社製造煉瓦の使用例が多いと思われる。

（4）大阪窯業株式会社

大阪窯業株式会社は、明治15（1882）年創業の硫酸瓶製造会社に遡る。やがて同21（1888）年に大阪窯業会社となり煉瓦製造を手がけ、同年には安定した品質の煉瓦を大量生産するため、ワグネルの指導によりホフマン式輪環窯を築造した。明治32（1899）年には本社を堺分工場の場所に移転して本社工場とし、同39（1906）年には貝塚煉瓦株式会社、和泉煉瓦株式会社を合併し、それぞれ貝塚工場、岸和田工場とした（写真3）。その後、東京、愛知にも進出するが、大正12（1923）年を境に煉瓦部門は衰退する。その要因として同年の関東大震災により煉瓦建造物の被害が象徴的に受け取られたこと、また主要な建造物の構造が煉瓦造から鉄筋コンクリート造へ移行していったことがあげられよう。同社では大正7（1918）年からセメントを製造し、昭和元（1926）年12月には同部門が大阪窯業セメントとして独立した。

管見の限り、大阪窯業の刻印（社印「⚲」）を持つ煉瓦は、大阪及び近畿圏の

写真4　日本聖公会川口キリスト教会の煉瓦にみられる「⚲」刻印煉瓦

写真3　大阪窯業株式会社岸和田工場（『大阪窯業五十年史』より）

現存建造物や発掘調査で確認される確率が最も高い。同社製の煉瓦が使われている建築例は、『大阪窯業株式会社五十年史』に詳述されている。同書掲載例以外では、旧大阪砲兵工廠化学分析所、日本聖公会川口キリスト教会（以上、大阪市）（写真4）、日本基督教団京都御幸町教会（京都市）等を挙げることができる。また、同社では煉瓦造建造物の表面仕上げ用として、明治時代後半から大正時代半ばにかけ、小口サイズの化粧煉瓦が盛んに製造された（写真5）。一般に煉瓦造建築物で小口積と呼ばれるものは、煉瓦壁の仕上げとして小口サイズの化粧煉瓦（厚15〜45mm）を張り付けたものである。実例としては、大阪市水道記念館、大阪市中央公会堂等が挙げられる。大阪市水道記念館に展示されている大阪窯業製化粧煉瓦は裏面に「OSAKA YŌGYO」の刻印がみられる。このほか、同社は昭和初期に、耐火煉瓦、タイル、テラコッタ等、各種窯業建材を製造していた。

(5) その他

造幣局や旧大阪府庁舎と並び、明治初期の大阪における代表的な煉瓦工事として、大阪砲兵工廠および京阪間鉄道建設を挙げることができる。前者について『明治工業史 化学工業編』は「工場用の煉瓦を堺にて焼製《ママ》せしめたるが、この際同地の瓦屋原口忠太郎の担当にて、極めて堅牢のものを得たりき」と記し、後者について『堺市史』は「当時民部省の所属であった住吉橋通二丁目旧函館会所跡に煉瓦製造所を設け、京都府、兵庫県の陶器職工、屋根瓦職人を招いて製造法を教へ、因徒等を使役して盛んに製造した」と記している。いずれも、堺周辺が明治期の産地として有力であったことがうかがえる。

このほか、大阪府で有力な煉瓦製造会社としては堺の丹治煉瓦製造所（明治3年操業）、

写真5　大阪市中央公会堂の小口積（化粧煉瓦）

堺煉瓦株式会社（明治26年操業）、貝塚の貝塚煉瓦株式会社（明治27年操業）等があった。

2．煉瓦研究の課題

大阪における煉瓦製造は、全国的にきわめて高いシェアを占め、最盛期は明治時代後半から大正時代半ば頃といえる。明治42（1909）年度における全国の煉瓦生産高は約3億8千万個、うち大阪府は約1億8千万個と約47パーセントを占めていた（『最近セメント及煉瓦業』）。

こうした事実は、当時の大阪府下の煉瓦工場が出荷していた地域における建築工事の多さを反映したものといえる。出荷先の大半は大阪市など都市部の民間施設、周辺各地の港湾・鉄道・軍事施設等であった。このように、全国的に大きなシェアを持った大阪の煉瓦生産は、今後の考古学、建築史の等の研究においても大きな位置を占めると思われる。ここでは、建築史と考古学における煉瓦研究の現状と課題に簡単に触れておきたい。

（1）建築史調査の現状

建築史分野における明治時代～昭和時代初期の現存遺構調査としては、1960年代より明治建築調査、近代建築調査、近代和風建築調査、近代化遺産調査等が系統的に行われた。これらにより、近代における歴史的建造物の所在、設計者、意匠上の特徴等が明らかになった。しかし、使用された煉瓦の来歴については十分解明されたとは言い難い。建築史的な調査では、都道府県や各市町村ごとに調査が行われ、各一冊の報告書として刊行する場合が多く、建築物自体の竣工年や設計者、意匠上の特色に重点が置かれるためである。また、建物一棟についての詳細調査を行う場合でも、瓦や煉瓦の刻印は、建物を解体しない限り発見できない場合もあり、調査が行き届きにくい（煉瓦は、平の面が露出する部分等で刻印を発見可能な場合もある）。イギリス積やフランス積等、意匠に関係の深い煉瓦の積み方に関する研究に比べ、製造地に関する研究は低調な現状にある。最近は個別建築の調査や文化財建造物の保存修理工事で報告されることが多いが、現存遺構数が多く調査研究の進展には時間がかかるであろう。

（2）発掘調査への期待

先に触れた旧大阪府庁舎の煉瓦では、発掘調査における知見が大きな役割を担った。同様に、大阪府の煉瓦について触れた発掘調査のうち、管見のなかで興味深いものをいくつか採り上げ、発掘調査における煉瓦研究への期待に触れておきたい。

比較的早い時期に大量の煉瓦遺物に関する報告を行った『住友銅吹所跡発掘調査報告書』では煉瓦刻印一覧を載せ、重要な情報を提供している。これらの中には、泉布観煉瓦刻印のひとつ「MLAY」が含まれる等、興味深い内容を含んでいる。

堺環濠都市遺跡（SKT772地点）では、煉瓦、耐火煉瓦の報告と並んで酒造用煉瓦竈でフランス積の壁の例が報告されている。フランス積の壁面を持つ建造物は多くが明治時代半ば頃までのもので、現存建築では実例が少ないため、発掘調査で報告されたことは興味深い。

枚方市の禁野本町遺跡では、禁野火薬庫跡の大規模な発掘調査が行われた。同遺跡の調査報告書では遺構の図面が紹介されるとともに、岸和田煉瓦製と大阪窯業製を中心とした大量の煉瓦刻印が報告されている。また個別の煉瓦のほか、円形の換気口やアーチ積の一部分等、禁野火薬庫が爆発事故を起こした際の建築の痕跡が報告された。

このほか大坂城跡（址）等、前近代の遺跡と近代の遺跡が重なる部分において、近年は煉瓦の遺構・遺物に関する報告が増えている。

大阪の近代化を考える場合、旧大阪砲兵工廠、造幣局、紡績工場群、旧川口居留地等の実像を明らかにすることは、建築史、土木史、近代史等の研究にとって興味深い点である。これらの遺跡が前近代のものと重なっている場合はよいが、主として近代以降のみのものは、まとまった成果が現れることが難しいと考えられる。特に旧川口居留地については、居留地時代に建てられた建造物が一棟も残っていない現在、発掘調査に対する期待は極めて大きいといえよう。

［参考文献］

（1）『大阪府史』第二編（大阪府、1903）
（2）『最近セメント及煉瓦業』（野村商店、1912）
（3）『明治工業史 化学工業編』（工学会・啓明会、1925）
（4）『堺市史』第五編（堺市役所、1930）
（5）『大阪窯業株式会社五十年史』（大阪窯業株式会社 1935）
（6）『重要文化財泉布観修理工事報告書』（大阪市教育委員会、1964）
（7）『日本の赤煉瓦』（横浜開港資料館、1985）
（8）『住友銅吹所跡発掘調査報告』（大阪市文化財団協会、1998）
（9）水野信太郎『日本煉瓦史の研究』（法政大学出版、1999）
（10）水野信太郎「国内煉瓦刻印集成」『産業遺産研究』第8号（中部産業遺産研究会、2001）
（11）『新島襄と山岡家の人々』（岸和田市立郷土資料館、2001）
（12）『堺市文化財調査概要報告』第95冊（堺市教育委員会、2001）
（13）『禁野本町遺跡』（大阪府文化財センター、2006）
（14）『大阪府教育委員会文化財調査事務所年報』11（大阪府教育委員会、2007）

出典　月刊考古学ジャーナル　No.569　2008年3月号　ニューサイエンス社

○「レンガ」と「煉瓦」の謎をとく

本書を開くと、鮮やかな赤色の建物とともに「レンガ」という言葉が繰り返し登場する。建築における文明開化の象徴として、「レンガ」ほどふさわしい材料はないだろう。だが、「レンガ」という鮮烈な響きとカタカナ表記により、この建築材料が持つレトロなイメージが先行してしまい、日本における「レンガ」の歴史が少々分かりにくくなってしまったように思う。ここでは「レンガ」という言葉を手がかりに、その歴史を探ってみたい。

日本語としての「レンガ」

「レンガ」とは、どこの国の言葉だろう？ 英語ではBrick、中国語では停といい、他の国では「レンガ」とはいわない。外来語というイメージが強いこの単語は、元来日本語であったのだ。西洋風の「レンガ」が伝わった幕末から明治前半には「焼石」や「煉化石」などさまざまに訳され、やがて「煉瓦」に落ちついたようだ。

では、カタカナで「レンガ」と記すようになったのはいつごろだろう？はっきりしたことは分からないが、定着したのは昭和も半ばを過ぎてからであろう。倉敷アイビースクエアや神戸・北野の異人館街などが注目を集め、煉瓦がレトロな存在として市民権を得はじめた頃、「レンガ」という表記がしっくりと来るようになった。

解題

アート・ディレクターとして活躍し2018年に亡くなった佐藤啓子さんの編著『赤レンガ近代建築―歴史を彩ったレンガに出会う旅―』に寄稿した煉瓦の歴史をめぐるコラム。

酒井さんは、煉瓦は「レンガ」と記述されることがあるが、それがいつの頃からなのか、と問いかける。「レンガ」と記述するようになったのは戦後のことだとしながら、それが「煉瓦」という単語が持つ戦前のネガティブなイメージを払拭しレトロなイメージを与えていることを指摘する。また「レンガ」がヨーロッパ由来のものであるというイメージを伝えるのにふさわしい単語だったのではないかと、推測を交えながら読み解いている。さらに、煉瓦が人の手のサイズから寸法が決まっていたこと、人の手で積まれたこと、そして人の手で焼かれたことでムラのある味わいある材料であること、そして鉄筋コンクリートが普及して以降は煉瓦タイルが用いられるなど現在でも煉瓦は「レンガ」のイメージとともにでは、「レンガ」とカタカナで表記される以前の「煉瓦」とは、どのような印象のものだったのだろうか。

「レンガ」イメージの変遷

本書で登場する赤煉瓦建築は、鉄道施設や工場、倉庫、軍事施設など幅広い。都心部の庁舎や銀行、洋館などは思いのほか数少ない。この傾向は、現在まで残った建築の種類や本書の嗜好にもよるのだろうが、歴史的な必然性も併せもっている。

幕末から明治半ばまで、洋風建築の中でも官庁や銀行など格調高い建築は石造風仕上げや漆喰塗り仕上げが好まれた。構造は煉瓦を積んでつくったもの（煉瓦造）であっても、表面を石積み風、あるいは漆喰塗りで仕上げていたのだ。煉瓦をそのまま外壁に露出した建物は、工場や倉庫、鉄道施設や軍事施設などに多かった。旧日本銀行京都支店、東京駅、大阪市中央公会堂など、都市部に華やかな赤煉瓦建築が建つようになるのは、主として明治後半から大正半ばのことであった。それでも赤煉瓦のオフィスビルは依然少数派で、倉庫や工場が主流であることに変わりはない。

こうした歴史によるのか、「レンガ」よりも「煉瓦」という表記に親しみを感じる世代の方の話をうかがうと、刑務所や工場など、煉瓦に対してネガティブなイメージをもっている場合が少なくない。また、日本で有名な煉瓦造建築は原爆ドームや浦上天主堂など、戦争遺産であることも多い。時代によって煉瓦に対するイメージが変化し、いまや現代建築が失いかけている魅力を備えた

浦上天主堂の遺壁　長崎の爆心地付近に移設されている。

使われ続けていることを煉瓦の特徴として論じている。

煉瓦を「レンガ」と記述するくのはなぜなのか。普段から何となく疑問に思いながら、理由を考えることなく使用していたが、この論考を読んでようやくその理由に合点がいった。即物的な煉瓦の技術論や種類の特定などからは得られない、煉瓦の文化論とでも言える論考である。人の手が介在している材料であることを強調するあたりに、酒井さんの煉瓦に対する愛情のようなものが感じられる。

（笠原一人）

材料として、憧れや回顧の対象となってきたのだろう。

生産に秘められた歴史

「レンガ」という表記のもうひとつの影響は、それが外国でつくられたとイメージさせる点にある。確かに、現代のガーデニング用や建築用の味わいある煉瓦は、ヨーロッパや中国から輸入される例が多い。しかし、煉瓦が主要な建材であった幕末から昭和初期にかけて、筆者の知る限りほとんどすべては国産品であった。輸入されたのは、暖炉や煙突などに用いた耐火煉瓦（白煉瓦）など特殊な煉瓦で、それもきわめて限られた範囲だった。初期には外国人技術者の指導を受けながら、ほぼ一〇〇パーセント国内の原料・工場で生産されたものである。

煉瓦の大きさも、時代や地域によりまちまちであったが、一九二四年（大正十三）以降は二一〇×一〇〇×六〇ミリに統一された（現実にはそれ以降も寸法のバラつきはあった）。これは、煉瓦積み職人が右手で鏝（こて）を持ち、左手で煉瓦を持って作業する際に都合よい寸法であったためである。

また、煉瓦製造工程で働く女性が持ちやすいサイズだったともいわれている。実際、女性がどの程度煉瓦の製造にかかわっていたのだろうか。西日本の有力な煉瓦会社のひとつ岸和田煉瓦株式会社の一九〇八（明治四十一）の記録によれば、「素地製造職工」六三名中一八名、「運搬夫」四七名中八名が女性だったという（『岸和田市史』四）。紡績業などにくらべ、割合として高くはないが、女性が労働の一角を占めていたことがうかがえる数字であろう。

煉瓦製造のうち素地仕上げ（『大阪窯業株式会社五十年史』より）

原爆ドーム　ところどころ、構造体の赤煉瓦が露出している。

炎と人がつくった造形

煉瓦のサイズが人の手の大きさを基準に決まったこと、また煉瓦はひとつひとつ手仕事で積み上げられたことは、それをみる現代の人びとへ無意識に安心感や回顧の念を抱かせる。加えて煉瓦は工業製品とはいえ、土を焼き固めて作ったものだ。土の種類、窯の中での位置や温度などで焼きあがりは一様でない。煉瓦を単品で見ると、肌色、みかん色、赤紫色などさまざまであるが、それらを積み上げて作った建築は「赤レンガ」と呼ぶにふさわしいことが多い。

かつて足立区立郷土博物館で特別展『炎の中から生まれた近代 文明開化と足立の煉瓦』が開かれ、そのタイトルに衝撃を受けた。やきものに造詣が深い学芸員らしい命名だと感心したが、確かに煉瓦は炎の中で生まれたものだ。時に焼きムラ、焼き損じた製品が生まれ、それがまた味わい深い。ヴォーリズやあめりか屋など、意図的にそうした雰囲気を好んだ設計者もいた。しかし、建築界の主流は均質な製品としての煉瓦を求め、結果、建物の外装をきれいに仕上げるための化粧煉瓦（外装タイル）を生んだ。実は先述した都市部の赤煉瓦建築である東京駅や大阪市中央公会堂は、化粧煉瓦仕上げの建築であったのだ。

やがて、煉瓦に代わって鉄筋コンクリートが主要な建築の構造に用いられた大正後半以降、外装タイルが建築を覆うようになる。外装タイルの寸法は煉瓦のそれを引き継いでいる。均質さの追求から生まれたはずの外装タイルの中にも、煉瓦同様やきものとしての質感を追求したものが現れ、新たな炎と手の痕跡を伝える建築材料へと成長した。「レンガ」という言葉が流行した戦後には、表面が「レンガ」のようなタイルも登場し、新たな「レンガ」ブームに一役買うこととなった。日本の煉瓦建築のピークは明治・大正のわずか五〇年余りだが、その魅力は今日の人びとを十分捉えて放さないものであろう。

出典 『赤レンガ近代建築 ― 歴史を彩った煉瓦に出会う旅』 佐藤啓子 編 青幻舎 2009年

○ 鉄筋コンクリート造時代のタイルとテラコッタ

外装タイルの時代

タイルは幕末・明治以降、洋風建築を象徴する材料として日本にもたらされた。タイルとは「建築に用いられる薄板状のやきものの総称」であるという定義に立ちかえれば、古代建築の塼《せん》や禅宗寺院の敷瓦、なまこ壁の平瓦と、伝統建築の中にもその祖型を見出すことができる。近代以降、イギリスなどから輸入されるようになったタイルも、明治半ば頃から徐々に国産化され、大正から昭和初期にかけては重要な輸出品にもなった。

日本における煉瓦造全盛時代は明治から大正半ば頃で、その後は鉄筋コンクリート造が増えるとともに、外装タイルの生産が活発化した。日本の外装タイルの規格は、煉瓦の側面のうち細長い面（長手《ながて》）と一番小さな面（小口《こぐち》）の寸法を基準にした二丁掛《にちょうがけ》、小口平《こぐちひら》が主流となった。いっぽう正方形タイルは、基本的に内装や床面タイルに用いられた。

建設現場へのタイルの納品検査は厳格で、色むらがある製品ははねのけられた。これは煉瓦の時代からの伝統で、広島県江田島の旧海軍兵学校生徒館では、「一枚一枚紙に包んで煉瓦が輸入された」という伝承が残る。おそらく実際は国産煉瓦で、本当に紙で包んだかは分からないが、そうした話が残ることも納得できるほど、同建築には均質で美しい仕上がりの煉瓦が使われている。煉瓦からタイル全盛の時代に移行してからも事情は変わらず、納品検査は業者泣かせで

解題

２０１５年10月から12月にかけて、神戸の竹中大工道具館で開催された企画展「近代建築　ものづくりの挑戦」の図録に寄せた論考。

煉瓦は煉瓦造の建物に使われたものであったが、タイルとテラコッタは特に鉄筋コンクリート造の建物に使われることで発展したものである。中でもタイルについては、フランク・ロイド・ライト設計の帝国ホテルにおいて、手づくり感や味わいのあるスクラッチタイルが使われたことをきっかけに全国でスクラッチタイルが多用されるようになり、またモダニズム建築には白い外装タイルが多用されたとする。

一方、テラコッタは、タイルよりも立体的なやきものの外装材のことを指し、大正後半から昭和初期に普及する。戦後の屋内に飾られるレリーフにもつながっていくという。また日本で独自に発展したものとして内装タイルがあるとする。いわゆる泰山タイルなどが「美術タイル」として普及したことで、外装にスクラッチタイルとテラコッタ、

あった。こうした状況をかえたのが、スクラッチタイルの登場だった。スクラッチタイルは最初、ライトが帝国ホテル本館用に黄色いスクラッチ煉瓦を焼かせたことにはじまり、これが後に厚みの薄いタイルとして作られるようになった。スクラッチタイルは、素地《きじ》に引っ掻き傷状の筋を入れて焼成したもので、黄色〜茶褐色の肌で、張り合わせた際にタイルの焼きむらが味として認められるものだった。スクラッチタイルは自然石のような風合いの仕上がりで、建築家からも好まれた。ちょうど関東大震災後の建設需要拡大期とも重なり、歩留まりの比較的よいスクラッチタイルは急速に普及した。

質実剛健、あるいは個性の強いイメージのスクラッチタイルが官公庁や学舎、表現主義の建築で好まれたいっぽうで、モダニズム建築には白色の外装タイルが多用された。旧東京中央郵便局や大阪ガスビルディングなどがその例である。特に後者は各階に庇をめぐらせ、庇の裏面まで47ｍｍ角モザイクタイルを張りつめている。外装タイルで一面が覆われた建築は、合理的・均質というモダニズム建築の一般的イメージとは異なる独特の肌理細かさや光沢感を与え、なまめかしさを感じさせる表現さえあった。

大正後半から昭和戦前・戦後を通してファサードをタイルで覆うビルが流行したが、世界中を見渡しても、これほど外装タイルの好きな国はほかにない。いまでこそ、外装タイルは少なくなったが、ひとつの日本文化として見直してもよいだろう。タイルは建築の美観を長期的に保障し、風雨などから建築を守るほか、一枚一枚を正確に張り、完成した表情も繊細であるといった点が、日本人に好まれている一因であろう。

内装に和風の美術タイルが用いられるのが、日本の近代建築の特徴になったとしている。

短い文章であるが、近代建築に特有の外装材としてのタイルとテラコッタ、さらには内装材としての「美術タイル」に言及しながら、その違いや共通する特徴を説明したこのような論考は、基本的なもののようでいて、他で見ることはない。「世界中を見渡しても、これほど外装タイルの好きな国はほかにない」といった指摘など、ちょっとした位置づけやエピソードを交えた酒井さんの語り口が分かりやすく、そして面白い。

（笠原一人）

テラコッタ

テラコッタとは、一般にタイルより大型の建築外装仕上用のやきもので、モルタルだけでなく金物によって躯体に固定されている。ビルにおいて、外見上は石にみえる装飾でも、実際はテラコッタであることが多い。テラコッタは、石材彫刻より量産化に適しており、また内部を空洞化することによって建築の重量を軽くすることに貢献できるなど、数々のメリットがある。

テラコッタは当初、アメリカなどからの輸入で始まったが、武田五一設計の京都府立図書館での使用が国産品の嚆矢といわれる。その後、鉄筋コンクリート造による建設ラッシュとなった大正後半から昭和初期にかけて、外装タイルとともに国産テラコッタが普及した。名古屋市庁舎、旧松坂屋大阪店など、この時期の代表的建造物は、外装タイルとテラコッタ抜きには語れない。

テラコッタは、昭和初期の東京大学医学部附属病院や宇治電ビルディングのレリーフのように、一点ものの芸術作品として作られる例もあった。戦後は、丹下健三の旧東京都庁舎における岡本太郎、香川県庁舎における猪熊弦一郎のレリーフのように、芸術家の作品として受け継がれ、戦後の一時期はビルの内外に作家の陶壁を設けることが一種のブームにもなった。

内装タイルの独自の発展

外装にスクラッチタイルやテラコッタが使われた大正から昭和初期、内装タイルでも独自の発展が見られた。第一次世界大戦後から昭和初期にたびたび訪

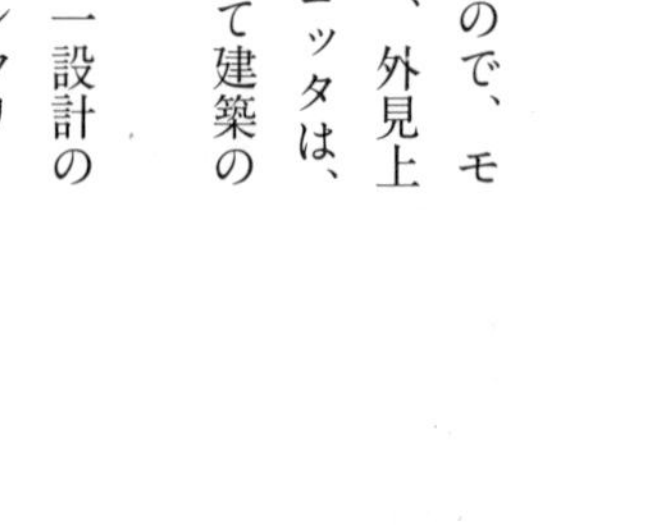

大阪瓦斯ビルディング　設計：安井武雄施工　施工：大林組 昭和8年（1933）　大林組蔵

▷安井武雄は東京帝大卒の第三世代に属する。芸術家肌で細部までこだわった独自デザインが特徴。この建物は歴史主義からの脱却を目指し「自由様式」を標榜した安井の代表作。水平線を強調したモダンな外観に加え、夜には乳白色のタイルが照明で綺麗に浮かび上がるなど、完成当初から話題となり、記念碑的作品と賞賛された。

れた不況の中で、陶芸家が販路拡大を目指して建材分野に進出してきたことが要因として挙げられる。〝泰山《たいざん》タイル〟として知られる池田泰一（号泰山）の泰山製陶所、小森忍の山茶《つばき》窯などがその代表である。これらは美術タイルとも呼ばれ、日本・中国陶磁の釉薬研究に基づく成果をタイルにも応用した。また、焼成時の窯内部での自然発生的な焼きあがりを美とする窯変タイルも好まれた。これらのタイルでは、アール・ヌーボーの建築やライトの帝国ホテルでもみられた金色の目地などと組み合わせ、妖艶な雰囲気を醸し出するのもあった。

外装はスクラッチタイルとテラコッタ、内装は和風の美術タイルという組み合わせは、一種の型として定着し、昭和初期の日本の鉄筋コンクリート造建築に独特の雰囲気をもたらした。タイルとテラコッタが生みだしたこの時期の建築を、日本の近代建築の特色のひとつとして再評価してみてもよいのではないだろうか。

出典　『近代建築　ものづくりの挑戦』竹中大工道具館　２０１５年

座談会04 ―― 博物館人としての酒井さん

参加者 文珠省三　澤井浩一　船越幹央
進行 橋寺知子

文珠省三（もんじゅ・しょうぞう）
元大阪歴史博物館学芸員、関西大学博物館学芸員。考古学。

澤井浩一（さわい・こういち）
大阪歴史博物館 学芸員。民俗学、芸能史。

船越幹央（ふなこし・みきお）
大阪歴史博物館 学芸員。日本近代史、庶民文化史。

澤井浩一　酒井さんは、1996年に大阪歴史博物館の前身である大阪市立博物館に入りました。大阪歴史博物館では、はじめての建築系の学芸員でした。

船越幹央　彼が入ると決まった段階では博物館建物の設計もできておらず、どんな展示模型をつくるかというのも決まっていなかったのですが、建築の学芸員がいずれ必ず必要になるということを当時の学芸課長が強く主張していました。

文珠省三　建築系学芸員を採用したい、というときにその課長が想定していたのは近世建築だったんじゃないかな、と思った記憶があります。でも酒井さんが入ってから実績を積んでいったのは、近代建築でしたね。

船越　彼は、かなり早い段階から近代建築に興味を持っていたのでしょうね。入って2年目の秋に、「建築史探偵団」(1)（写真1）という見学会をはじめていますよね。東京から大阪にきた当初は大阪の近代建築のことはよく知らなかったはずなのに、急激に興味を持ったのかもしれません。藤森照信先生の「建築探偵」から名前を少し借りて、まったく同じにはならないように「建築史探偵団」とネーミングしたのも彼でした。

学芸員の場合は一般市民の方と触れ合うことが多いので、彼のなかではこの建築史探偵団というのは大きな意味を持っていたのでしょうね。展覧会やリニューアルオープンで忙しい時以外は毎年、欠かさずやっていました。新しい発見があれば、建築史探偵団で一般の方に紹介する、というのを続けていました。

澤井 近世建築の方も守備範囲としては考えていたとは思うのですけれど、スタート時から近代建築をやっていた印象ですね。でも、彼が最初に企画した展覧会は「描かれた聖域と名所―寺社境内図の世界―」(2)で、それも興味深かったです。

文珠 酒井さんは大学院から東京大学で、修士論文は社寺建築だったと聞いています。当時の東大には藤森照信先生がおられて、その影響で東京の近代建築についても当然のように学んでいたのだとは思いますが、そのまま大阪の近代建築も自分なりに見つめはじめたのかな、と感じていました。

船越 そして、酒井さんといえば建築部材の収集です。彼なら引き受けてくれる、という評判が広まっていました。もらい受ける前には、よく相談をされました。この部材は大きすぎないか、大丈夫でしょうか、と。

鮮明に覚えているのは、宇治電ビルディング(3)の女神像(写真p.363)です。外壁のテラコッタ・レリーフで、とても大きなものなので、引き受けるとすればどの範囲で切断するか、写真を見ながら相談されました。大きく切ればもちろんベストだけれど、大きいと置き場にも困るし、と。だから一番小さく切ったんですよね、全身像ではなくて。

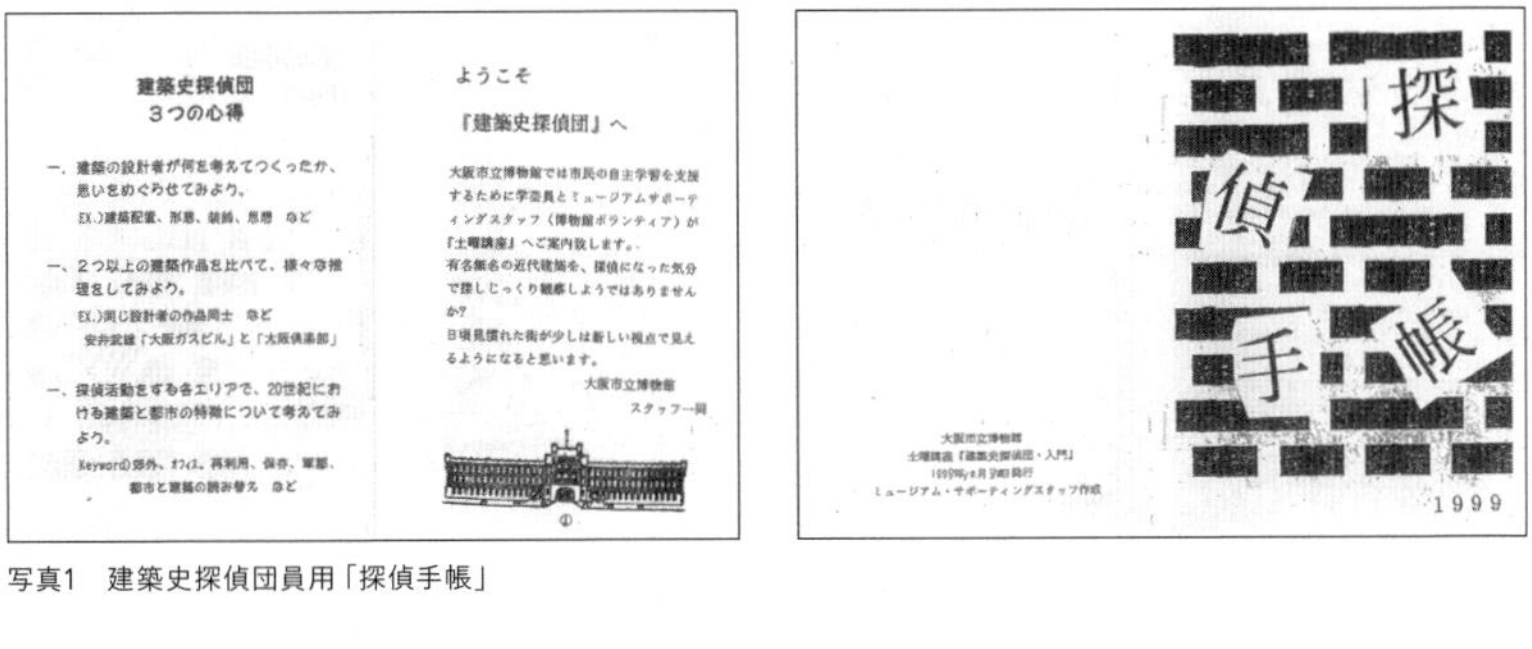
建築史探偵団
3つの心得

一、建築の設計者が何を考えてつくったか、思いをめぐらせてみよう。
EX.)建築配置、形態、装飾、意匠　など

一、2つ以上の建築作品を比べて、様々な推理をしてみよう。
EX.)同じ設計者の作品同士　など
安井武雄「大阪ガスビル」と「大阪倶楽部」

一、探偵活動をする各エリアで、20世紀における建築と都市の特徴について考えてみよう。
Keyword)郊外、オフィス、再利用、保存、軍都、都市と建築の読み替え　など

ようこそ

『建築史探偵団』へ

大阪市立博物館では市民の自主学習を支援するために学芸員とミュージアムサポーティングスタッフ(博物館ボランティア)が『土曜講座』へご案内致します。
有名無名の近代建築を、探偵になった気分で探しじっくり観察しようではありませんか?
日頃見慣れた街が少しは新しい視点で見えるようになると思います。

大阪市立博物館
スタッフ一同

①

写真1　建築史探偵団員用「探偵手帳」

文珠 近鉄百貨店（阿倍野店）の装飾格子や大阪新歌舞伎座の唐破風も酒井さんが貰い受けた資料です。近鉄百貨店阿倍野店の葡萄唐草文装飾格子は大きなもので、展示には苦労しました。

澤井 本人もわかっていて、できるだけコンパクトにしよう、という考えはあったみたいですよね。できるだけたくさん貰いたいけれど、絞りに絞って、と。

船越 僕らから見ると、ちょっと変わってるなと思うチョイスもけっこう多かったですね。階数を示すプレートとか、「庶務課」と書いた札とか。建築の本筋からいえば、もう少し本質的なものをもらうところを、彼は本能的にぱっと目についた、印象に残る部分を切り取って保存するようなところがありました。

文珠 展示という観点からいえば、近代建築をビルの中にある博物館にどう展示するかということにも彼は頭を悩ませていたようでした。ベーシックな建築展では、図面、模型、写真なのだけれど、そうじゃないのをやってみたい、と。確かに、特別展ではあまり模型は展示しておらず、特別展『煉瓦のまちタイルのまち―近代建築と都市の風景―』（4）（写真2）でも、大丸心斎橋店御堂筋側ファサード石膏模型、京都大学所蔵の旧帝国ホテル石膏模型、そういうものを持ってきた以外は、タイルや煉瓦、建築部材、装飾部材など、一般の人が興味を持ちそうなものを借用してきていたと思います。

船越 僕が本人に聞いておきたかったのは、近代建築の保存についてです。彼

写真2　特別展『煉瓦のまち タイルのまち』　展示風景／展示入口

が大阪に来てからも、近代建築がたくさん取り壊されています。部材の保存はしていたけれど、建物そのものの保存ということについて、彼自身がどういう風に考えて、どういう取り組みをやっていたのか、を聞いてみたかったですね。

澤井 酒井さんにとっての、彼なりの保存が収集活動だったのかと僕は思っています。もちろん、公務員ということである程度の自制をしていたのかも知れません。保存運動には関わっていなかったけれど、その価値をいろんな観点から伝えようとしている、という印象でした。

船越 彼が、普段は建物に対してマニアックで、展覧会も自分の好きなものをとことん伝えたいタイプなのに、保存の部分だけなにか常識人のような感じがずっとしていました。もう少し積極的に保存活動をやってもよかったのにとずっと思っていました。難しい立場であるのはわかるのだけれど、意外に慎重だな、と。

澤井 博物館が好きだったのだと思いますね。特に、病を得てからあとは、彼の博物館に対する愛情のようなものを強く感じましたね。もちろんそれまでもあったのでしょうが、僕たちにはちゃんと見えていなかったのかも知れない。

彼の収集方法は、周りが驚くことも多かったけれど、建物がこわされるときに部材を集めてくるという手法は、彼が構築したのではないでしょうか。

そして、いまでは近代建築ツアーが当たり前になりました。商業ベースでも成り立っているほどに人気のツアーもあります。そういうような、建築の価値をわかってもらうための酒井さんのいろいろな活動（写真3、4）は、直接的では

写真3　街歩きツアーでの酒井さん　撮影：田浦紀子

写真4　観心寺恩賜講堂にて実測中の酒井さん

ないけれど、保存への意味があるということだったのかな、と感じています。
ある意味、残すための環境づくりとして。意味のわからないものは、残した方が良いかどうかも誰もわからない。それをよいことだと思ってもらえる目を持ってもらいたい。一緒に見るという立ち位置だったのだと思います。それまでも、大阪の近代建築へ向ける目がなかったわけではないけれど、一般の人向けにやるというのは、市立博物館時代からの酒井さんの手法だったのかな、と。

船越 彼は、ずっと好きなことをやっていて、自分の時間のかなりの部分を建築のことに使っていたのだろうな、と感じていました。すごく熱心でした。
そして、有名建築が好きという、いわゆる優品主義とはまったく異なるスタンスでもありました。資料としての価値を等価に考える。建築史探偵団でいろいろな建物を見に行きましたが、誰もその建物について語っていない時期から面白さを自分で見つける、そういう隠されたものを発掘する目を持っていました。

文珠 博物館に展示するということを考えたときに、部材や写真や設計図で建築を見せようと思ったら切り取ることになるし、切り取ることで展示になる。私には2011年7月の特別展『民都大阪の建築力』(5)でも、建築というものをいろいろな形に分解して、建築がどう見えるのかということの可能性を探り、それを実践していく手法だなと彼の展示を観て思いました。
そして、学芸員の仕事としては、観覧者とのコミュニケーションとか、展示をどう見せるとか、以外にも市民とコミュニケーションをとって、自分のツアーのファンをたくさんつくって、博物館に来る人を増やして、研究者とも情報交換をして、近代建築のオーナーとも親しくして…。生涯教育的なことも含めて、彼の活動の範囲はかなりマルチだったという気がしています。

船越 誤解を恐れずにいうと、美術の展示に近いと感じます。ものを見せる。概念よりも形のあるものをしっかり見せる。それがお客さんにも伝わっている。一般的な研究者とは違う、学会評価とはまた別の、博物館人としての視点で独自の道を拓いていました。

建築史の学芸員として単身大阪に来て、一から一人でやっていったというのはなかなかできることではなかったと思います。最初は誰も知り合いがいない段階から、最後は本当にいろいろな人が酒井さん酒井さんと言ってくれるまで、多方面に付き合いを広げた、というのは、彼の人柄の賜物だった気がしますね。

澤井 ものを残す、展示する、そして市民と実物を見に行く、というようなことが、保存運動には関わらなかったけれど、最終的には彼の学芸員生活の中で、近代建築のファンを一般のなかにつくる、裾野を広げる、そういうことで間接的に建物の保存などに寄与している。声高には叫ばないけれども、20数年の間で、いろいろな影響を周りに与えたと思います。そして、この博物館にも新しい一つのスペックをつくってくれました。

文珠 建築への気持ちが強いから、美しいものを見せたいという気持ちもあったのでしょうね。いろんな手法で組み合わせて見せたい、というのが彼の、建築と博物館への愛情なのだったと感じています。

(1)「建築史探偵団」１９９８年 大阪市立博物館の土曜講座として企画。以降２０１５年まで全49回の見学会を実施

(2)特別陳列「描かれた聖域と名所―寺社境内図の世界―」大阪市立博物館 １９９８年1月～3月

(3)「宇治電ビルディング」１９３７年竣工、２０１２年解体。大阪市北区西天満四丁目、長谷部竹腰建築事務所 設計

(4)特別展「煉瓦のまち タイルのまち―近代建築と都市の風景―」大阪歴史博物館 ２００６年10月7日～12月11日

(5)大阪歴史博物館10周年記念 特別展「民都大阪の建築力」大阪歴史博物館 ２０１１年7月23日～9月25日

第5章

都市と保存

解題　髙岡伸一

○ 建築家・片岡安による大阪遷都論について

1. はじめに

明治2年（1869）長らく都のおかれた京都から、天皇が東京に2度目の行幸を行ったことで実質的な東京遷都は始まった。その遷都にいたる議論の過程で大久保利通によって「大阪遷都建白書」が提出され、一時は大阪が首都の候補地として着目された。しかし大久保による遷都論以降、遷都論は散発的には見られたが、社会的に大きな注目を浴びることはなくなった(1)。その中で建築家として活躍していた片岡安は大正7年（1918）、都市計画的な視点から大阪への遷都を提言した。それはちょうど大阪市の人口が急増し、発展を続けていた時代であり、ようやく市区改正条例が大阪に準用されることになった年でもあった。また翌大正8年は都市計画法・市街地建築物法が成立した年である。本稿では大阪の都市計画や西日本を中心とする建築の設計・監理に関わった片岡の考えた遷都論について考察し、あわせて大久保利通以降の大阪遷都論の中での位置づけを行うことを目的とする。

2. 片岡安の経歴と執筆の背景

片岡安の建築家、都市計画家、あるいは財界人としての事績については、これまで多くの先行研究がある(2)。ここでは本論の考察の上で必要な片岡の略

解題

近代建築史を主たる専門とした酒井氏は、また大阪という都市にも強い関心を示し続けた。しかし氏が大阪について書くときは、ある特定の建築ないしは建築家を通して語ることが多く、近代都市・大阪を真正面に据えた論考は多くない。本稿もまた建築家であり都市計画家でもあった片岡安の主張した「大阪遷都論」について、その特徴を先行する遷都論との比較から明らかにしようとした論文であって、そこからある種の切実さをもって遷都が語られた、当時の大阪の状況を透かしみようとしたものといえるだろう。氏の仕事のなかでも類例のない、ユニークな近代都市計画史論ともいえる。

氏が片岡の大阪遷都論を取り上げた直接の理由はわからないが、この続編として「吉村長慶『畿内遷都論』について」（財団法人大阪市文化財協会、大阪歴史博物館研究紀要、第3号、2004年10月）を著していることから、その関心の中心は遷都論にあったと考えられる。しかしながら氏の所属した大

歴と都市計画に対する姿勢を見ることとする。
片岡安は明治9年、加賀藩士だった細野直重の次男として金沢に生まれ、東京帝国大学工科大学造家学科を明治30年に卒業した。卒業後日本銀行技師となり、当時日銀大阪支店長だった片岡直輝と出会う。そして直輝の紹介で弟の片岡直温《なおはる》（当時日本生命社長）の長女・盈衛《みつえ》の婿養子となった。彼はその後、第三十四銀行の技師を経て明治38年大阪で辰野片岡建築事務所を主催し、西日本最大級の設計事務所へと育て上げた。こうした大阪での建築界、政財界との強い結びつきの中で、彼は都市計画の必要性を痛感し、その実践として大正5年『現代都市之研究』(3)を出版した。また翌年3月に関西建築協会を設立し自ら理事長を勤めるとともに、機関誌『関西建築協会雑誌』を刊行した。この関西建築協会の初期の活動では、大阪を中心とする大都市の都市問題を盛んに取り上げていた。「都市計画の最も緊急にして最も積極的なるを要する都市は商工業の最も殷盛なる都市」(4)であると彼が語るとき、強くイメージしていたのは「大阪に代表される繁栄する商業都市（とくに、その都心部）」(5)だったと指摘されている。関西建築協会設立の3年前、大正3年に大阪の都市計画を推進した関一が大阪市高級助役に就任した。関は片岡とも親交が厚く『関西建築協会雑誌』でも都市計画に関する議論を発表していた。同協会は大正8年1月に日本建築協会と改称し、機関誌名も『日本建築協会雑誌』、『建築と社会』と変更し、今日まで活動を続けている。片岡は同協会の理事長に続き、昭和2年（1927）から亡くなる同21年まで会長を務めた。

阪歴史博物館の所蔵史料である吉村の「畿内遷都論」よりもまず先に、片岡の論を取り上げたのが興味深い。片岡安は近代大阪の建築・都市分野における最重要人物の一人であるが、建築家・都市計画家であると同時に、実業家でもあり、政治家でもあった。その多面的な存在を解明するにはまだ多くの研究が求められるが、本稿もまた片岡安研究を構成する論考のひとつに加えられるだろう。

（高岡伸一）

3. 遷都論の構成

片岡安が大阪遷都に関して言及したのは『関西建築協会雑誌』第1集第10号（大正7年8月発行）〜第1集第12号（同年10月発行）に3回に分けて発表した「都市計画よりみたる遷都」（以下「片岡の遷都論」と呼ぶ）においてである。同誌に片岡はたびたび都市計画を中心とする原稿を寄稿しており、特に大正時代を通じてその数が多かったが、本論もそのひとつである。

片岡の遷都論は（上）、（中）、（下）の3編に別れており、（上）は「一、緒言」と「二、我国遷都の由来」、（中）は「三、明治維新の遷都」と「四、帝都としての淀河流域」、（下）は「五、大陸遷都論」と「六、結論」からなる。つまり（上）〜（下）は雑誌掲載上の分類であり、実質的には「一、緒言」から「六、結論」にいたる6編から編まれている。ここでは後者の章立てに従って片岡の遷都論の構成を見ていくことにする（6）。

（1）緒言

本章では導入として、当時の都市計画のおかれた状況を説明している。彼は内務省内に置かれた都市計画調査会への批判を交えながらも、日本の主要都市に市区改正条例が敷かれることを歓迎し、都市計画への世論の高まりに期待している。そこで先ず都市計画の取り組むべき課題として「近き将来に我国都を遷すの時期は来らずやという我国の一大積極的国策の樹立に関係ある問題に触れて我現時の帝都及将来の国都に対する都市計画にまで論及し、朝野一般識者の教を乞はんとする」（傍点は原文による、以下同）と提案している。

（2）我国遷都の由来

この章では日本古代の遷都の歴史について述べている。当時の歴史学、考古学などの研究成果に基づき「平城京」、「恭仁京」、「長岡の京」、「平安京」、「福原京」の遷都の動機を考察している。「平安京」遷都以来、遷都の儀は起こらなかったが「唯一の記録破り」として「福原京」については多くをさき、「清盛の炯眼なる帝都を国勢上交通の利便最も多き地に遷して其繁栄を期するを考へたものと見るを至当とする。（中略）清盛は我国の繁栄を瀬戸内海に求め疾くに福原の地を相して其海岸の港を修築し、別業を造りて親しく其地利を看取したので、今日より其計画の基礎のみを見れば必ずしも無暴であったとも言へない」と評している。

（3）明治維新の遷都

本章では明治維新における東京遷都の過程を紹介している。まず慶応4年（1868）1月の大久保利通による大阪遷都についてふれ、その目的を「弊習打破を第一の目的とし、海外交通の便と富国強兵の利を第二として遷都の地を大阪に」したと述べている。また「其形に於ては大阪遷都論なれども、其実質に至っては実に君主立国の経論の神髄を説くもの」であったと評している。この大阪遷都は宮中や京都市民の強い反対にあい実現しなかった。また江戸開城を受け、当時京都、大阪にくらべ有利だった東京へ遷都にした過程を説明している。しかし一方で次のような疑問を呈し、次章への布石を打っている。

乍然其当時東京嘆美者が唱へた如く東京は果して帝国の中心地なるや否や、又其海面は大鑑巨船を容るるに便なるや否や、其防備完全にして缶街宏闊なりと言う実あるや否や、数え来れば其当時の東京遷都論者の以て特長なりと信じたる其の地相や海面の関係、及市街の組織等は、吾人の都市観を以てすれば、何れも貧弱姑息のものたるを免かれぬ（中略）けれども其当時の事情又余りに切迫して、都市建設の計画をなすが如き暇なかりしことも考慮して江戸城利用の如き姑息手段を寛恕して遣られればならぬ。

（4）帝都としての淀河流域

「我国の帝都建設の位置としては淀河流域を最好適の地となすべきこと、古来定説ありて今更事新らしく論ずるまでもなきこと」として、片岡以前に畿内遷都を唱えた中橋徳五郎の大阪遷都論（以下、中橋論）と九鬼隆一の京都遷都計画（同、九鬼論）を引き合いに出して説明している。片岡は中橋論を「今後の東亜の形成より打算して東京を偏僻の地と見做し、むしろ大阪の平原を以て適当なる中心地点と断定」したことを評価する一方、これが社会から黙殺されたことについて「何故に更らに数理的に之を敷桁し」なかったのかと批判している。また九鬼論については東京よりも「京都は国勢上からも亦此の危機を避くるに於いても好適の地」とする点は評価しながら「現代都市の発展を眼中に置かざる消極的見地より出発せるもののみにして此所に列挙すべき価値あるものではなかった」と厳しく批判している。これらの言説をふまえ、「東北鎮定」と「江戸従来の繁栄の便利を踏襲」するという東京遷都の当初の目的が達せられた現在、「淀河流域の好適の地に永遠的計画の帝都を建設」すべきであると論じている。

(5) 大陸遷都論

日露戦争以後「大陸に相当の足場を得、其後更に朝鮮全国を我版図に併合した関係上我国の地理的中心は大に移動して来た」ことに伴い、地理的に見た「大陸遷都論には必ずしも不賛成のものではない」と述べている。これらを「地理的利便」、「国防上の関係」、「地震地帯を免かる点」から首都が東京にあるよりも大陸に遷都することを支持し、その候補地として「平壌の付近」や「奉天城の外廓地帯」をあげている。ただし本章の最後には「大陸遷都は其趣意に於ては之を賛同するけれども、今日大正の庶政革新の際には時期尚早と言ふ意味に於て反対せざるを得ない。むしろ現時の状態に適応したる畿内遷都に就て考慮するの緊急なるを感ずるのである」と述べている。

(6) 結論

明治維新における東京遷都の必然性を認めつつ、「明治中興の事業は一段落」し、日清日露戦争を経た時点において、遷都を考える必要性を説き、「京畿地方に政治の中心たる帝都を遷すこと」を提言している。(4)でも触れられた論点として「摂河の平原は其中央に淀河の洪流貫通し、瀬戸内海の湾入するあり、天然の地形大都市の建設に好適するのみならず古来帝都として又経済の中心として久しく全国を支配し、二千年間未だ一たびも衰頽の事実を示さない」とし、地理的利便と歴史的隆運から大阪遷都の必要性を次のように説明する。

まず地理的な観点から考察し、「東京を中心として本州各地への距離（鉄道路線に依る）を見」て、

下之関（西南端）…東京間　七百五哩七分

青森（東北端）…東京間　四百五十六哩九分

と例示し、東京が本州の鉄道網の起点から見て「東部に偏」し、大阪がより中心であることを述べている。またアジア大陸の重要関門ウラジオストックへの玄関口敦賀港への距離や、朝鮮半島や中国、インドの貿易港が神戸、大阪である点からも東京の地理的不便さを指摘している。また大阪と当時の「内地各地」との距離として

大阪…基隆間（台湾の北端）　海路約千哩

大阪…札幌間（北海道の中心地）　陸路約千哩

と示し、大阪からほとんど同距離であることを述べている。同様の観点から「若し本州東部の産業中心地を東京とし西部の工業地帯を筑前の平原とすれば、其大阪よりの海陸の距離亦殆んど同哩程なのである。又東北の中心点を仙台とし、九州の南部産業の中心地を鹿児島市とすれば其距離亦相等しきも偶然である」と様々な観点から地理的に大阪が中心であることを述べている。

次に産業の面から「製造工業の興隆を以て国家最大の目的」とすべきとし、この点から「摂河泉の平原を其策源地とせねばならぬ」と述べている。そして経済の中心は大阪であり、政治の中心は東京であるという論者に対し「政治の中心が経済の中心と相接近することこそ望ましい」と述べている。また東京が海の玄関を持たないことから、東京が首都であり続けるためには「東京大築港」が必要であると指摘する。そして最後に次のようにまとめている。

吾人の理想とする大阪湾頭の新帝都は、現時の大阪市街の東方飯森山生駒山草香山麓を東の境とし南は大阪軌道線路の付辺に迫り、北は寝屋川沿岸に沿ひ、西端現時の市街に接するまで其広袤

約十平方哩を以て之に充て、此所に理想的の都市計画を建設し、旧市街の改良大街路に連絡せしむるを要する。之を交通上より見、衛生設備の点に鑑み、都市建築の整備、街区の美観等あらゆる現代文化の精華を実現するに努力せねばならぬ。（中略）新設市街地の買収と其買収後の価格騰貴の差額莫大なるものあるを計算し得るが故に公共的設備たる街路、上水、下水、遊園其他一般公館の築造は殆んど之を其差額により支弁し得るものと見ることが出来るのである。

大阪遷都の概論は以上各章に於て大体之を述べ尽した積りであるけれども、新都の計画と東京の今後の改良計画とは単純なる理論を離れて実際的至大至難の問題として残るのである。此の両問題はそれぞれ非常に複雑にして弾力性に富み其研究に無限の余地を輿ふるのである。

4. 片岡の遷都論の特徴

(1) 構成上の特徴について

まず「一、緒言」において都市計画の世論の高まりに触れ、都市計画的観点から遷都問題を議論することを提唱している。また「二、我国遷都の由来」から「五、大陸遷都論」にわたって主として地理的観点から幅広い考察を行っている。この中で核心を述べたのは「六、結論」であり、二章から五章までは大阪遷都論への地ならし的な役割を果たしていたといえよう。特に五章の大陸への「我版図」の拡大に伴う「地理的考察」は、六章の日本における大阪の地理的考察を説得力あるものと見せる上で効果的な配置となっている。

（2）論点の特徴について

片岡の関心はこの遷都論の表題にもある「都市計画」であるが、その中でも地理的、地政学的な視点が多くを占める。それらは国内経営上の主要地点や両端部からの距離的な中心であることから導いている点が興味深い。ただし取り上げられた実例は恣意的な側面もあることは免れない。また対外貿易上も主要貿易港に近く、大阪もそのひとつであるとしている。こうした地理的、経済的側面を中心に述べるが、文化的な観点からの言及はほとんどない。これは過去の遷都の例から一貫して都市計画的視点で語ろうとしているためで、都市計画のマクロな視点である地理的、経済的側面が強調されているのはやむを得ない。ただし都市計画の中でも具体的な方法については「新設市街地の買収と其買収後の価格騰貴の差額莫大なるものあるを計算し得るが故に公共的設備たる街路、上水、下水、遊園其他一般公館の築造は殆んど之を其差額により支弁し得る」という件があるものの、詳細には述べられていない。また遷都後の首都の範囲を具体的に示している点は本遷都論の特徴といえるが、各官庁配置のゾーニングなど具体的な首都づくりには論及されていない。

以上のように片岡の遷都論では都市計画の中でも地理的、経済的視点から大阪が首都にふさわしいことを指摘している。そして地理的、経済的中心を政治的中心と一致させることで「我国」の利益になると結論づけている点に特徴がある。

5．大阪遷都論の中での位置づけ

次に片岡の遷都論以前の大阪遷都論との比較を試みる。ここでは明治維新後の大阪遷都論の魁となった大久保利通による大阪遷都論（以下、大久保論とよぶ）と片岡の遷都論の中でも取り上げられ、片岡に影響を与えた中橋論を取り上げ、比較する。

大久保論とは慶応4年1月の「大阪遷都建白書」（大阪府立中之島図書館蔵）を中心とした一連の大阪遷都の主張である。大久保論は実際の維新政府内部からの発案として、遷都実現の可能性を含んだものだった。大久保が大阪に遷都すべきとした理由は「外国交際ノ道、富国強兵ノ術、改守ノ大権ヲ取リ、海陸軍ヲ起ス等ノコトニ於テ地形適当ナルヘシ」という地理上の観点だった。この他、これまでに次の2つの理由が指摘されている(7)。第一に王政復古以来の薩摩藩の「私意」的行動に対する批判が朝廷を中心に強かったため、遷都を機会にそうした政治行動を天皇親政と結びつけてアピールする必要があったためである。第二に当時薩摩滞が大阪統治の中心的役割を果たしていたため、そこに遷都するのは新政府にとって都合が良かったためである。以上のように大久保論は新政府の政治的目論見を除けば、大阪を軍事・外交上、地理的に有利とみていたことが分かる。

大久保論以降の大阪遷都論は、現実的な遷都論というよりも遷都への提言という形を取る。片岡の遷都論でも触れられた中橋論(8)は、商業的な視点から大阪遷都の必要性を説いている。中橋徳五郎はこれを発表した明治32年当時39歳で、大阪商船会社社長であった。中橋によれば「東亜南洋に対して版図を開拓し大に我商権を拡張せんが為に宜しく帝都を帝国商業中枢の地に移すべし」とのべ、巨艦の入港できない東京港よりも「築港竣成を告げ東亜と南北亜米利加を制するの勢」の大阪を首都とし、政治と経済の中心とすべきことを説いている。また東京を首都にふさわしく築港する費用を一億円と試算する。一方大阪への首都移転に関わる費用を七千万円とし、これに大阪遷都後の東京を一大都市にふさわしく築港工事する場合の費用を三千万円と試算している。こうした試算は中橋の財界人らしい論点といえよう。

片岡の遷都論は中橋論から約20年後、大久保論から50年後のものである。前二者とは時間的に隔たりがあるものの共通点も少なくはない。片岡の遷都論は地理的視点、対外貿易的視点から論じている点に最大の特色がある。これは大久保論が簡潔に言い表した点である。中橋論は地理的視点は希薄であるが、対外貿易的視点はその主軸をなすもので片岡にも影響を与えたと思われる。しかし片岡の遷都論では大久保論が指摘した地理的視点の中での軍事的な側面には触れられていない。これは片岡の遷都論中の「大陸遷都論」で触れていた飛行船や飛行機、潜水艇などの登場により、従来の大阪の軍事上の利点が説明しづらくなってしまったためと考えられる。

次に片岡の遷都論と大久保論、中橋論の大きな違いをみると、片岡の遷都論はその論証過程の幅広いことが指摘できる。これは大久保論が政治的な建白書であり簡潔にまとめられていること、中橋論が財界人の視点で書かれた提言の形であること、それに対し片岡の遷都論が啓発的な文章でありながら今日の論文に近く大部な内容であること、という各々の成立事情の相違によることによる。また「都市計画」の視点から一貫して分析し、大阪遷都の必然性を論証しようとした点は、いままでの遷都論にないものといえるだろう。

（1）本稿で扱う片岡の遷都論以前には、中橋徳五郎「大阪遷都論」（明治32年）、吉村長慶「畿内遷都論」（明治34年）、九鬼隆一「京都遷都運動」（大正2年）、木崎愛吉「大阪遷都論」（大正7年）等の遷都論があった。これらについては別稿を予定している。

6. おわりに

片岡の遷都論は近代に散発的に現れた大阪遷都論のひとつである。地理的側面、対外的貿易の側面から大阪遷都の必要性を説く点は従来の大久保、中橋による大阪遷都論と共通するが、全体を通じて「都市計画」的な視点から書かれ、論証の質量ともに従来のものを大きく越えたものといえる。また建築家、都市計画に関わるものの立場から書かれた点も特色があるといえよう。

片岡はその遷都論の最後で遷都問題と東京の今後の問題に触れて終えている。本論執筆の直後、彼は「東京大改造論」(9)を発表した。まさにその末尾を受けての論文であるが、ここでも「吾人は我東京市を以て帝国の帝都たるべき都市とは思惟せざるものであるけれども（中略）新帝都建設とは何等杵格を生ずることなく、その大改造の急要は目下の大問題として取扱はねばならぬ」と前置きをしている。皇居の移転を伴う遷都への言及は当時憚られたことであろうが、片岡を遷都論執筆に向かわせた要因のひとつには大久保論から50年目という節目の年であることがあったと思われる。また、それ以外にも発展の最中にある大阪市において、市区改正条例の準用が東京に比べ大幅に遅れを取ってしまったことに対する都市計画運動家としての焦燥感があったのではないかと思われる。しかし片岡の遷都論の登場は当時の大阪の状況を的確に反映したものであり、後の彼の東京市の都市改造の提言等にも影響を与えたものといえよう。

出典　日本建築学会近畿支部 研究報告集　2004年

(2) 石田潤一郎『関西の近代建築』（中央公論美術出版、平成8年）、『日本建築協会80年史』（日本建築協会、平成11年）など。

(3) 都市研究生「建築学会大会に於ける都市計画講演会所感」『関西建築協会雑誌』第1集第7号（関西建築協会、大正7年5月、p.73）。ここでの都市研究生とは片岡安のこと。

(4) 渡辺俊一「旧都市計画法の成立過程」『建築研究報告』122（建築研究振興協会、1989、p.17）。

(5) 片岡安『現代都市之研究』（建築工芸協会、大正5年）。

(6)「都市計画より見た遷都」は後に片岡安『都市と建築』（市民叢書刊行会、大正12年、pp.161-224）に再録された。しかしそこでは1～6の章立てはなくなり、代わりに40の小見出しが付けられた。

(7) 家近良樹「維新政府成立後の政治状況について ―大阪遷都問題を軸として―」『大阪の歴史』20（大阪市史編纂所、昭和62年）および『新修大阪市史』第5巻（大阪市、平成3年、pp.20-33）。

(8) 中橋徳五郎「大阪遷都論」『大阪の経営』（三和市蔵、明治36年）より。なお中橋は文久元年（1861）、片岡と同じ金沢に生まれた。

(9) 片岡安「東京市大改造論（一）」『日本建築協会雑誌』第2集第1号（日本建築協会、大正8年1月）。

○「大大阪」時代の都市景観と建築家の役割

1. はじめに

本稿では、1920〜30年代大阪の都市景観の創造と保存に対する当時の建築家の姿勢について報告する（1）。この時期の大阪は「大大阪」と呼ばれた都市発展の時代である（2）。この時代に活躍した建築家の姿を二つの側面から論じていきたい。

まず、建築を創造する側の立場から建築家がいかに都市の顔となる建築を築いていったかを述べる。次に、都市開発や建設活動と同時に起こる古い町並みの喪失という問題に対し、どのように取り組んだかについて報告する。

現在の都市景観を考える上で、創造と保存は大変重要な課題であるが、この両面が都市の開発者の側である建築家から叫ばれた時代として、建築家と都市景観の関わりについて述べていきたい。それぞれの側面を代表する建築家を各一名取り上げ、彼らの活動を通してこの問題を考察する。

2. 安井武雄 ── 新しい大阪の都市景観の創造と継承

大阪の都市景観の創造という側面で、建築家・安井武雄について考察する。安井は、日本近代建築史の中でも重要な建築家として繰り返し言及され、多くの先行研究がある（3）。これらは主として作品論、作家論の立場から研究されて

解題

酒井氏は展覧会の主題とした中村順平や村野藤吾の他にも、葛野壮一郎や安井武雄、本間乙彦といった近代大阪にゆかりの建築家を度々取り上げた。本稿では急速に変貌する「大大阪」時代の都市景観をテーマに、「創造」と「保存」という建築家が担うべき両極の役割について、主に「創造」を安井武雄に、「保存」を本間乙彦に託して語っている。

安井武雄は大阪のみならず、日本近代建築史上も重要な建築家の一人であり、先行研究も数多い。ここでの氏は大阪の近代都市史に安井の作品を重ね合わせながら、その個性的なデザインによって、堺筋と御堂筋という歴代のメインストリートの都市景観を、安井が如何に創造しようとしたかを追っている。また考察が十分とは言えないものの、増築を得意とした安井の設計手腕、また大阪ガスビルの設計に見出せる町家のような繊細さなど、既存の条件や周辺環境をうまく活かすことのできた建築家だったことを指摘している。

きたが、本稿では安井武雄の建築作品が大阪の都市景観形成にいかに寄与してきたか、という側面にしぼり報告する。

安井武雄を取り上げた理由は、大阪そして関西の建築界の特質をよく体現した建築家のひとりだからからである。その特質とは、大阪の財界の人々との結びつきを大切にしながら、クライアントの要求をうまく建築に反映させていった一方で、独創的な作家として評価された点である(4)。また大阪の歴史的風土やその土地の性格を大切にしながら、設計活動を行っていた建築家という点で取り上げた。なお、同様な性格を持つ建築家として安井のほかにも、渡辺節、長谷部鋭吉、村野藤吾らの建築家を挙げることができる。

(1) 安井武雄の経歴

安井武雄は明治17年(1884)に千葉県佐倉市に生まれ、青年期を愛知県豊橋市で過ごした後、明治40年(1910)東京帝国大学工科大学建築学科を卒業した(5)。卒業後はすぐに南満州鉄道株式会社に入社し、満州で10年近く設計活動を行った。満州に赴任した理由について、彼は大学在学中から非常に頭角をあらわした建築家であり、新天地・満州の新鮮な風土のもとで建築活動をしたいという思いがあったと推定される。彼は満州の地でいくつかの代表作を残し(6)、日本本土でも注目される存在となった。このような活躍をおさめた安井であったが、同時に日本本土でも活動したいという希望もあったと思われる。

ところで当時の大阪には辰野・片岡建築事務所があり、関西における設計事務所の草分け的な存在として知られていた。大正8年(1919)事務所の主

一方の本間乙彦は、現存する大阪船場の芝川ビルや小川香料大阪支店社屋の設計者としてその名は知られるものの、本格的な研究がほとんどなされていない建築家である。氏は安井と同様に独創的な作風の建築を残した本間がその一方で、自ら編集に携わった日本建築協会発行の「建築と社会」誌上において、建築の保存を訴え「郷土建築」なる概念を積極的に展開したことに強い関心を寄せる。大大阪時代といえば近代的な建築・都市の「創造」ばかりが注目されるが、すでにこの時代の建築家にも、「歴史を帯びた都市景観の保存に対しても責任を担うべき」との認識が芽生えていたことを氏は指摘する。

その構図は現代にもそのままあてはまる。酒井氏自身は建築家ではないものの、人びとの日常に寄り添う郷土建築に向ける本間の眼差しや、建築部材の保存に対する考え、そして多分野の人びとと議論を交わそうとする姿勢などに、明らかに自分を重ね合わせている。それは本間が「建築と社会」誌上で多分野の文化人と開催した「郷土建築座談会」をなぞるようにして、酒井氏も同じく「建築と社会」の2008年3月号において、「大阪を中心とした郷土建築座談会」を開催し、

宰者の一人・辰野金吾が亡くなると、事務所名を片岡建築事務所（7）とした。その頃の大阪の建築界は、第一次世界大戦後の好景気の中で建設ラッシュを迎えていたため、片岡建築事務所でも有能な人材を欲していたという事情があった。同事務所の波江悌夫は安井武雄の大学時代の同期であり、彼の熱心な誘いを受け、安井は大阪で活動することとなった。この時点で安井と大阪との関わりが生まれ、大阪での建築活動が始まることとなる。

（2）大阪での設計活動

安井は大正８年（１９１９）に片岡建築事務所へ入所してから、大正13年（１９２４）に自らの事務所を設立するまで、約5年間同事務所で設計活動を行った。同事務所在籍中に、野村銀行堂島支店、同本店などを設計した。さらに代表作のひとつ大阪倶楽部を設計しているが、その中で野村財閥の野村徳七との信頼関係を築いていった。ここで安井武雄の１９２０～３０年代の大阪での主要な建築作品について、都市景観との関わりの中で論じて行きたい（8）。

1　野村銀行堂島支店

片岡建築事務所に入所して最初に手がけた建築は、野村銀行堂島支店（9）であった（図1）。大正11年（１９２２）、堂島浜に完成した小規模な銀行建築である。様式建築の流れを踏まえたスタイルを持ちながら、同時に安井ならではの個性を加えた作品である。通りに面した正面外観と、反対側の堂島川に面したデザインはまったく異なっており、非常にユニークな二つの顔を持つ建築であった。特に通り側の正面はアーチを連続させており、このような表現は当時の銀行建築では珍しいものだった。また本建築は現存していないため、写真か

本間と同様に自ら司会を務めて、肥田皓三氏ら多彩な文化人を相手に議論した様子をレポートしていることからも明らかだ。

（高岡伸一）

図1　野村銀行堂島支店 外観

ら類推するよりほかないが、通りに面した側は茶褐色のタイルが使用されていたのではないかと推測できる。日本国内で茶褐色タイルが盛んに使われるようになるのは大正12年（1923）頃からであり⑽、もし本建築に茶褐色のタイルが使用されていたとすれば、大阪で最初期の実例となるであろう。満州で活躍し、国際的な視野を持っていた安井ならではの斬新な表現が、当時の都市景観に大きな影響を与えたと思われる。そして本建築の設計が縁となり、野村銀行の創立者・野村徳七との信頼関係を築いていくこととなった。

2　野村銀行本店

野村銀行の支店の仕事を請け負う中で、現在の大阪市中央区の堺筋に面した敷地に建つ本店⑾の設計依頼があり、本件も安井が担当することとなった。この建築は大正13年（1924）に完成した地上7階建の規模をもつ建物であり、当時としてはきわめて大規模なものだった（図2）。この建物の竣工の翌大正14年（1925）、現在の中央区今橋に完成した鴻池銀行本店は、規模が5階建であり、野村銀行本店と比較するとひとまわり小さいことからも、その壮大さがうかがえる。

当時の銀行建築の意匠はヨーロッパの古典主義建築の影響を受けて設計されたものが多く、正面に巨大な列柱を並べ威厳を出すなど、信頼を重んずる重厚な外観の表現が多かった。この建物でも堺筋に面した1階部分に列柱をならべ、非常に堂々とした構成を取っている。さらに建物全体を三層構成とする西洋の古典的な建築構成法に基づいて設計された。その一方で、均整の取れたプロポーションと細部の独創的な装飾により安井独自の表現を加え、他の建築家との差別化を図った。伝統的様式を押さえた建築家であること、また他の建築家

図2　野村銀行本店 外観

にはみられない非常に個性的な部分を持った建築家として、クライアントの信頼を獲得していった。そして本建築は単に規模が壮大であるというだけでなく、当時の大阪のメインストリートである堺筋にふさわしい偉観を呈していたといえよう。このことは、安井が建設される土地の性格を十分に読みとり、設計を行った建築家であることの証しともいえよう。

3 大阪倶楽部

大阪倶楽部(12)は安井武雄が片岡建築事務所在籍中に設計し、独立の契機となった作品である(図3)。現在の中央区今橋の通りに面し、大正13年(1924)に完成した。この建築は茶褐色の粗面タイルで覆われた深い色彩であり、外観は一見すると単純であるが、仔細に見ていくと実に複雑で奥行き感のある建物であり、竣工当時から高い評価を得ていたものと考えられる。

本建築の意匠上の特色は、建物の接する通りと筋にあわせて段々状に建物をセットバックさせる点、今までの様式建築の細部にとらわれない非常に豊かで個性的、独創的な装飾を施している点等が挙げられる。また室内においても彼独特の表現が発揮されている。一部屋一部屋異なったデザインを持ちながら、全体としてはひとつの統一されたスタイルをつくりだした。本建築はこの後に続くどこか謎めいた東洋的な魅力を持つ作風の始まりといえるだろう。同時にこのようなスタイルの建築が、後に堺筋に建てられる安井武雄の個性的な建築の原点となった。

このように安井武雄は、来阪してわずか5年ほどの間に大阪における彼の新しい作風を確立し、当時の日本の建築界からも広く脚光を浴びる存在になっていった。

図3　大阪倶楽部 外観

4　野村證券本社

片岡建築事務所勤務のあと、安井は独立して安井武雄建築事務所を構えた。大正13年（1924）、大阪倶楽部が完成した年のことである。独立後も今までの仕事でのかかわりから野村徳七との信頼関係を深め、野村からの仕事の依頼が来るようになる。大正15年（1926）、野村の依頼で野村銀行本店に続き、野村證券本社(13)を同じ堺筋沿いに完成させた。

このビルはデザイン面で大阪倶楽部と同様、安井武雄の独特の感性が存分に発揮されたことが特徴といえるが、都市景観の上からはもうひとつ注目すべき点がある。昭和8年（1933）、隣接して7階建の事務所を増築した際に、それまでの野村證券本社の意匠と景観上うまく調和を図りながら、新しい部分を増築した。新しい建物が新しい個性を与えられながら、もとからあった建物に違和感なく連続するよう付加された。これは激しい勢いで古い建物が取り壊され、新しく建て替えられていた当時の大阪都心部の建築の中では、特筆に値する。安井はこの増築により、古いもの、歴史的なものを継承した建築デザインの手法を確立したといえるだろう。

5　高麗橋野村ビル

昭和2年（1927）、再度堺筋に面して高麗橋野村ビル(14)を設計した（図4）。このビルは三越大阪店のほぼ北向かいにあるオフィスビルである。各階の境に瓦をならべたストリングコースをまわし、建物の外観を黄土色にしたため、非常に東洋的な雰囲気を持つ建築となった。安井武雄が満州で活動していたために、中国大陸のデザインの影響を受けたのではないかという指摘は以前からあった。また、建築全体のシルエットについてはドイツ人建築家エーリッヒ・メン

図4　高麗橋野村ビル 外観

デルゾーンの影響を受けたのではないかと指摘されている。

しかし彼がこの建物で表現したかったこととは、おそらく中国大陸にあった建築様式、あるいは意匠をそのまま取り入れることではなかっただろう。また当時のドイツの新興建築に影響されたことはあろうが、それらを学び自分のものとした上で、独創的な建築デザインに昇華させた点こそ、注目すべきであろう。

高麗橋野村ビルの堺筋側の入口周辺（図5）は、現在でも竣工当時の面影をよく残している。竹と三日月をかたどったような、あるいは門松を連想させる東洋的なモチーフが使われている。こうした意匠はそれまでの日本の近代建築にはほとんど見られなかった要素である。エントランスホール（図6）には、中央に金属とガラスを用いたモニュメントがあり、床面は人造石を用いて白と黒のストライプ状の模様を形成している。さらにモニュメントの周囲の床面には、真鍮を用いた十二支の文字が刻まれている。またエントランスホールの天井は緩やかな太鼓張りになっており、いちばん上には太陽の形を模した照明器具がある。このビルが竣工した昭和2年（1927）は、アール・デコが流行した時期と重なる。こうした幾何学的なデザインは、アール・デコにも一脈通ずる面があるのではないかと考えられる。しかも欧米の直写ではなく、彼の中で独自に考案した意匠といえよう。

当時の堺筋では欧米スタイルの百貨店建築、古典主義の流れをくむ銀行建築、あるいは伝統的な町家建築が主流であった。その中で安井の設計した野村銀行本店、野村證券本社の建物はオリジナリティの高い建築として町並みの中で独特の存在感を持っていた。これに新たに高麗橋野村ビルディングが加わったことで、堺筋の景観は安井の作風を反映して、他の町とは違う独特の個性、そし

図6　高麗橋野村ビル エントランスホール

図5　高麗橋野村ビル 入口周辺

て東洋的な趣を強めていくことになった。

安井武雄の独創性は堺筋の町並みに対して、どのような建築を創造すべきかという問題と、絶えず向き合っていたように思われる。実際に堺筋に安井の設計した建築群を見るとき、アジアに向けて発展する都市の街路を、欧米の模倣でなく、新しい自由なスタイルで築き上げようとした果敢な姿勢が現れていると感じられる。

6 大阪ガスビルディング

堺筋にかわり新たに大阪のメインストリートとなった御堂筋の拡幅工事は大正15年（1926）から始まった。そして、御堂筋沿いに大阪ガスの本社となる大阪ガスビルディング(15)（以下、ガスビルと記す）の設計依頼が安井のもとに来た。

新社屋の建設を計画していた当時の大阪ガス社長・片岡直方が、アメリカを訪問して新社屋をどうするか思案する中で、「1街区・1ビルディング」方式という建て方に興味を持った。実際に自分が建てようとするガスビルにおいても、御堂筋に面して「1街区・1ビルディング」方式で建てたいという希望を持った。実際にはこの構想は直ちには実現しなかった(16)が、まず船場の御堂筋に面した1ブロックの南半分を使って、ガスビルを建設することが決まった。安井武雄建築事務所が設計を引き受け、昭和5年（1930）にガスビルが着工することになる。

今まで堺筋に沿って自分の作風を築き上げてきた安井だが、御堂筋に設計したガスビルはそれとはまったく異なった建築造形であった（図7）。この図では手前が御堂筋にあたり、左手に伸びていく道が平野町の通りになる。ガスビル

図7　ガスビル 南東側外観

は地上8階地下2階の大規模な建築であった。外観は1、2階部分が黒い御影石張り、3階から7階までは白いタイル貼りの間を連続した縦長窓が規則的にならぶ。8階は柱間に連続した横長の窓を配置している。野村銀行本店と同様、三層構成を用いながら、様式建築にとらわれない新しい時代の要求を満たす建築を設計したのである。

ガスビルの階ごとの用途をみると、地下1階から2階までがガス器具のショールーム、3階から6階がオフィス階、7階には調理実習室等、8階にはガスビル食堂等になっている。このように単なるオフィスではなく、情報発信機能や娯楽性を兼ね備えたビルディングであった。デパートとならぶ情報文化の発信拠点として、ガスビルは当時の大阪において非常に脚光を浴びた建築となった(17)。

ガスビルは一見すると現代的なオフィスビルのようにみえるが、他の建築にはみられない意匠上の特色を幾つか持っていた。先行研究(18)でも指摘されているが、御堂筋と平野町に面して、非常に緩やかな独特の曲面を用いている。また、この曲面は単なる円弧曲線ではなく、御堂筋と平野町の交差する大阪の中心ともいうべきこの場所に、いちばんふさわしい形はどうであるべきかを考えつつ設計されたのであろう。また各階には庇がまわり、この庇のプロポーション決定にも相当の労力が注がれたものと推察される。各階の外側に付柱が規則的にならび、その間に窓がついている。そうした柱や窓のプロポーションを思案しながら、都市景観に調和するように設計したと思われる。安井が設計段階で残したスケッチからも、その試行錯誤の跡がうかがえる。

彼は御堂筋側のファサードを最も意識して設計したと思うが、当時の伝統的

図8　ガスビル 南側外観（遠方から）

な繁華街であった平野町側に対しても深い敬意をあらわしていた。御堂筋に面して8階の高さで建てているが、伝統的な町家が軒を連ねる平野町側は御堂筋から奥に行くにしたがい、徐々に階数を下げている。さらに平野町の御霊神社側に面して講堂を設け、外側に映写室を張り出すなどの変化を与え、平野町側に独特の表情を与えている。このようにして御堂筋と平野町の両方が正面になるように設計されたといえよう。

当時2階建や3階建の町家が多い船場の家並みが続く中に、「白哲の巨人」と形容されたガスビルが現れ、都市景観に刺激を与えた（図8）。ガスビルは船場の町並みに突如として出現したかのようであるが、新しい大阪のメインストリートと伝統的な繁華街という場所の固有性を念頭に置きつつデザインされたものといえよう。

また、夜景を意識して建物全体をライトアップした点も注目される（図9）。白熱灯を用い、建物全体を均一に照明できるよう、苦心しながらライトアップを行った。その演出の中心は庇の上面に組み込まれた照明器具で、照明器具が目立たないようにしてビル全体を美しくライトアップするような工夫が試みられていた。北東側のガラスブロック（デッキグラスを転用したもの）を多用した塔では、内照式の照明を用いて行灯のように浮かび上がらせる演出が試みられた。その結果、ガスビルは夜間にも都市的な景観を演出した。

8階のガスビル食堂に上がると、窓から両御堂や船場の町並みが一望できた（図10）。都市の文脈をうまく読み込んだビルといえよう。また、技術至上主義の造形にみえながら、実際には町家のような繊細さをもって設計されていた。建築家が近代大阪の新しい景観形成のために果たした役割、それは建築が巨大化、

図10　ガスビル 8階食堂

図9　ガスビル 夜景

工業化する中でも既存の建築と対応したスケール感、町家のような感性と手工業性を持って制作に挑んだ点にあるのだろう。

ガスビルは全国的にも非常に評価の高い建物であるが、それはビルのデザインのためだけではない。昭和8年（1933）の完成後、30年以上の時を隔てて、非常に優れた増築が行われたことにもよる。安井没後、安井建築設計事務所を継承した佐野正一により、昭和41年（1966）に北半分が増築された。これによって最初に構想されていた「1街区・1ビルディング」の形が整えられたのである。遠くから見ただけではどこが増築したのかがわからないほど、一体的なデザインのビルになっている。ところが近寄ってみると、窓ガラスの大きさなど細部に、その時代の個性、それぞれの作家の個性があらわれている。このように、新旧のデザインそれぞれが個性的であり、しかも両者がひとつの建物として調和するようにまとめている。

近年、建物の保存・再生が脚光をあび、しばしばリフォームの話題がマスコミでも取り上げられるようになった。その中には、リフォームの前後で建物がいかに大きく変貌するかが焦点となり、まるで新築のようにしてリフォームすることが良いかのように語られることも多い。しかし安井は古い建物を大切にしながら、新しいものをそれに加えていくことに長けた建築家だったことを、ガスビルは示している。

（3）小結

安井武雄は大阪の近代を象徴した最初のメインストリート・堺筋で、既存の様式にとらわれない作風を確立し、堺筋の都市景観を大陸貿易の窓口として発展する大阪の中心にふさわしい新たな方向へ導こうとしたように思われる。

また、御堂筋という新しい大阪のメインストリートに対してガスビルを設計し、町家とかわらぬ繊細さを持って巨大な建築に挑み、新しい形を創造した。町家の繊細さを持ったモダニズム建築により、新たな都市景観を築こうとしていたことがうかがえる。

こうした点から、安井武雄は大阪の1920年代、30年代大阪の二大メインストリートにふさわしい都市景観を形づくる建築を設計してきたといえるだろう。

また、彼は建物の歴史を継承する見事な増築を得意とした建築家であり、都市景観の形成の中で、古いものを活かしながら新しいものを付加するという大阪の建築家の伝統を築いた一人といえるだろう。

3. 本間乙彦 ——歴史的な都市景観へのまなざし

新しい都市景観が創造されることは、同時に伝統的・歴史的都市である大阪の町並みが徐々に失われることを意味していた。それに対して、建築家あるいは市民の間から、慣れ親しんだ都市景観が消え去ることを、惜しむ感情が湧きあがっていた。

本稿が対象とする1920~30年代、つまり大正末年から昭和初期には、明治初年から数えると50~60年経っており、明治初期に建てられた洋風建築が急速に建て替えられる事態が発生していた。そうした背景から、雑誌『建築と社会』誌上で「郷土建築」という言葉が使われるようになった(20)。「郷土建築」とは、その土地の歴史的な建造物のうち、当時文化財として保護されていた古社寺以外の建築を指している。例えば町家や農家、茶室、そして明治以降に新たにつくられた西洋建築、それらが「郷土建築」の範疇に入る。ここでは市民と建築家による「郷土建築」へのまなざしを論じる。

（1）失われ行く明治初期の「郷土建築」

当時、明治初年の都市景観と関わった大きな話題として、造幣局の建て替え問題があった。大川に面して明治4年（1871）に開業した造幣局の中心施設・金銀貨幣鋳造場が、造幣局の規模拡張・耐震化に伴い、建て替えられることになった。この建物は、当時の大阪の名所絵の題材としてもしばしばとりあげられた文明開化を象徴する存在であったが大正15年（1926）に取り壊され、そのあと現在の昭和13年（1938）に完成した新庁舎に建て替えられた。この時の再建問題が世論を巻き込んで話題となり、明治建築を残そうとする大きな動機になった。この建物自体は建て替えられたものの、小沢扶公をはじめとする人びとの熱心な保存運動により、一端解体された玄関部分の保存が決まった(21)。隣接する旧造幣局応接所・泉布観《せんぷかん》の敷地内にそれらの部材が移設され、それを再度組み上げて明治天皇記念館の正面玄関とした(22)。現在の保存概念でいえばファサード保存にあたる。この明治天皇記念館が完成したのは昭和10年（1935）のことである。明治天皇記念館の建物は、現在も大阪市立ユースアートギャラリーとして使われている。

ところで造幣局は明治天皇が訪れた場所であり、建て替え問題の起こった時点では明治天皇聖跡とされ、その点も保存運動の主要な動機のひとつであったと考えられる。「郷土建築」への回顧意識とならび、明治天皇聖蹟という意識が保存に向けて強く働いたことは事実であろう。しかし、歴史的な建物の一部が新しく建てられた明治天皇記念館の一部として甦ったという事実は、「郷土建築」保存への意識を高揚させたといえるだろう。

(2) 本間乙彦による問題提起

『建築と社会』誌上で「郷土建築」保存に対する記事が現われたのは、まさにこうした時代だった。『建築と社会』は、片岡安が設立した日本建築協会の機関誌として刊行されたものである(23)。それまでは事務局を東京におく日本建築学会の発行する『建築雑誌』が建築家や研究者の成果発表、あるいは議論の主たる場であった。しかし大阪に本拠を置く日本建築協会が機関誌『建築と社会』を発行したことで、関西を中心とした建築家たちの議論や成果発表の土壌が形成された。『建築と社会』はその名称で示された通り、建築と社会との関わりを念頭において編集された。そのため発刊当初から建築界だけではなく、外部のさまざまな人びとの声を取り入れて誌面が構成された。その中で、ある時期から「郷土建築」が盛んに取り上げられるようになった。

建築界の新動向を紹介する『建築と社会』において、最初に建築の保存が記事として取り上げられたのは、昭和3年(1928)3月、本間乙彦「我等が父祖の建築文化記念物を保存せよ」である。これは造幣局解体のはじまった少し後に書かれた記事である。本間乙彦が挙げた論点は二つあり、一点目は「郷土的建築文化記念物保存」のため、二点目は「明治時代欧米文化移入当初の記念物保存」のためである。これらの必要性から「郷土建築」を保存しようと主張したのである。本間の論文では、大阪の町家などの伝統的な町並みとならび、明治初期の建物を保存する必要性が、次のように述べられている(24)。

神社仏閣等は信仰的勢力、又は国の命ずる保護によって其の厄に遇ふものが割合に少ないのであるが、郷土的記念物としての古き伝統を持つ商店住宅等々、明治時代欧米文化移入当初の記念物として官衙、教会堂、商館等々は所有者或は保管者に於ても、其の史的価値を殆ど認めていないので、無惨にも破壊し去らるるのである。殊に欧米文化移入当初の遺物の如きは、現在の完備せる教養を持つ建築家から見れば拙劣、俗悪と見へるかもしれない。されど我が建築界も嘗てはかかる過渡期を経たのである。即ち吾々建築家としては先学者の貴き記念物である。吾々の今日あるは先学者の業蹟に僅か一歩を進めたのに過ぎないのである。此の種の記念物の一として、旧府庁舎及造幣局庁舎の一部が保存せられることになったのは、不幸中の幸である。(中略)倫敦、巴里等の都市もある地域に古き都市の姿をそのままに保存することを努めておる。何んといふ美はしい仕事であろう。わが大阪の旧き郷土建築が如何に低く暗くとも、狭小な街路であらうとも、之れを限定した一区画に保存することが都市計画の根本方針と背致することはあるまい。これこそ生きた市民博物館の一つである。吾々の後継者がこの古き伝統の姿を持つ街区に立って新しき都市と対照する時、初めて吾々の業績の偉大なことに感謝するであらう。保存の方法は問ふ所でない。露天博物館式も可なり。博物館に主要なる部分を保存するも可なり。唯だ時々刻々消滅しつつあるこれ等貴き記念物の現状を述べて世論に訴ふるものである。

このように非常に積極的な立場で、失われつつある建築の保存を訴えていたことがわかる。建築家は新たな都市景観を生みだすだけではなく、歴史を帯びた都市景観の保存に対しても責任を担うべきことが述べられている。こうした意識は、それまでの日本の建築家には希薄だったものであろう。

(3)『建築と社会』誌上における「郷土建築」特集号

本間乙彦は、明治25年(1892)生まれで、これを発表した当時は30代後半で比較的若手といって良い年齢であった(25)。彼は建築家として、大阪を中心にいくつか作品を残している。代表作は昭和2年(1927)竣工の芝川ビル(26)、昭和5年(1930)竣工の小川ビルディング(小川香料)(27)、昭和10年(1935)に竣工した松竹アドビル(28)などであり、個人住宅も数多く設計している。これらは安井武雄と同じように独創的な作風で、住宅においては「民芸」風を取り入れていた(29)が、都市部のビルの設計では新しい都市景観の創造に取り組んだ建築家のひとりといえる。そうした経歴を持つ建築家が「我等が父祖の建築文化記念物を保存せよ」で記したような、積極的な「郷土建築」の保存を唱えた。しかも部分保存や移築保存も念頭におきながら、都市の内部に歴史的な町並み、街区を継承することを提唱していた点は注目してよいだろう。

「我等が父祖の建築文化記念物を保存せよ」に続く形で、昭和4年(1929)から同7年(1932)にかけて毎年1回のペースで『建築と社会』の誌上において、「郷土建築」特集が組まれるようになった。これには本間が同誌の編集委員として関わっていたことが大きかったと推測される。

昭和4年(1929)4月発行の最初の「郷土建築」の特集号には葛野壮一

(1) 本報告は大阪・ハンブルクプロジェクト研究第7回研究会(平成14年3月8日、大阪市立大学法学部棟)において「大阪の近代建築と都市景観」というタイトルで行った発表をもとに、新たな知見を加えてまとめたものである。また本論一部については拙稿「建築家・本間乙彦と〈郷土建築〉保存論」『2003年度大会(東海)学術講演梗概集 建築歴史・意匠』(日本建築学会、平成14年)679-680頁、拙稿「近代大阪の都市景観と建築家」『都市問題研究「大阪市とハンブルク市をめぐる都市・市民・文化・大学」報告書』第4分冊(大阪市立大学大学院文学研究科プロジェクト研究会、平成17年)45-59頁にて発表した。

(2) 大阪市は大正14年、第二次市域拡張にともない、人口、面積ともに当時の東京市を抜いて日本第一の規模の都市となった。この時代の大阪市のことを「大大阪」と形容した。

(3) 山口廣『日本の建築 明治大正昭和』六

郎らが執筆している。葛野は大阪府で活躍し、その後独立した建築家である。また建築界以外からは小出楢重「西洋館漫歩」等の寄稿がみられる。小出はパリなど本場・西洋の町並みを見聞しているわけだが、大阪の旧川口居留地にあったような明治初期のペンキの塗りや漆喰塗りの小さな西洋館、住友の鰻谷本邸洋館、江ノ子島の旧府庁舎等に対して、深い愛情を記している。

さらに翌昭和5年（1930）6月にも「郷土建築」の特集号が出された。この巻頭で葛野壮一郎は「郷土建築」を「民芸」と比較して、次のように述べた(30)。

近く「民芸」と言ふ言葉が聞かれる。民芸とは「官公芸」に対する新らしい称呼で有らう。数百年前の行灯皿や小田原提灯が幾十円の価格を持ち骨董品として世の好事家に喜ばれる時代と成った。（中略）郷土建築は民芸品の優なる物で有る。何時々々までも是れに精命有らしめ度いと思ふ。郷土建築の保護は所謂古社寺建築の保護よりより以上の緊要性が有るかも知れない。併せて考慮し度いもので有る。

ここでの葛野の叙述は、「民芸」と「郷土建築」を対比させながら語るユニークなものであるが、「郷土建築」保存に対する主張は、まさに本間が述べていたことと同義である。

この特集号の中で本間は、大阪の失われゆく町並みのスケッチや写真を紹介している。例えば「大阪南森町現在逓信局の蔵」のスケッチや細部、「北浜裏長屋の便所」等にいたるまで記録にとどめ、次のような文章を加えている(31)。

電車通りから五六間裏にある裏長屋、灘萬ビルや安田信託ビルをこの長屋の屋根越しに見るのは実に皮肉なものである。この長屋も大塩焼けに残ったとの伝へのあるもので、間取りの型に捕はれていない点から考へて、年

（三省堂、昭和54年）、同『自由様式への道　建築家安井武雄伝』（南洋堂出版、昭和59年）、石田潤一郎『関西の近代建築』（中央公論美術出版、平成8年）、佐野正一・石田潤一郎『聞き書き　関西の建築』（日刊建設工業新聞社、平成10年）、佐野正一『建築家三代』（相模書房、平成14年）、拙稿「安井武雄と建築作品」『大阪人』平成14年12月号（大阪都市協会）35－43頁など。

(4) 関西の建築家とクライアントの関係については、佐野・石田（平成10年）ほか多くの論考がある。最近では日本建築協会主催のシンポジウム「パトロンが育てた建築家と建築」（平成16年12月4日、神戸市立御影公会堂、パネリスト：橋爪紳也、福田晴虔、佐野吉彦）などがある。

(5) 安井武雄の経歴については、『建築と社会』昭和30年8月号、および山口（昭和54年）180－182頁を参照した。

(6) 安井武雄が満州で設計した主な建築作品としては、大連税関長舎宅（明治44年）、大連満鉄用度課倉庫（大正4年）、大連満鉄中央試験所（大正4年）等がある。

(7) より正確には、辰野片岡建築事務所は大正8年11月に片岡松井建築事務所を開設し、同11年に片岡建築事務所の単独経営となった。『日本建築協会80年史』（日本建築協会、平成11年）96－97頁による。

(8) 本節の安井武雄の作品については（註3）の先行研究を参照したほか、安井建築設計事務所の佐野正一氏、山本純孝氏、武田正一氏からご教示をいただいた。

代は可なり古いと見られる。

スケッチや写真、文章から、まちの隅々にまで本間の視線がめぐらされていることがわかる。このようにして本間は、当時の失われゆく大阪の「郷土建築」の様子を記録にとどめている。

ところで本間乙彦より少し前に、今和次郎が『日本の民家』を大正11年（1922）に出版し、日本各地の民家の現状を記録していた。本間の記録の方法は今和次郎のそれに近い形であり、おそらく直接、間接に影響を受けていたと思われる。しかし本間がスケッチや写真で記録した大阪は、その対象となるものが急速に失われていく最中にあった。両者の記録方法は一見類似するが、本間は記録保存が主目的であったという点で、今とは問題意識がやや違っていたように思われる。

再び『建築と社会』の記事に戻ろう。昭和6年（1931）5月にも「郷土建築」号が出され、その中で今度は座談会が掲載された。「郷土建築座談会」という名称で、本間らが出席し、建築界以外からは『郷土研究 上方』を出版した南木芳太郎らを迎えた。この座談会でも本間は「郷土建築」に対する自らの主張を、語調を和らげながらも繰り返している。座談会中、本間は「何とか民家のやうなものの保存法ですね、むろん全部を保存すると云ふやうな馬鹿なことも出来ませぬが、其の外観の一部なり或は特徴のある部分を保存すると云ふやうなことが出来ないものでございませうか」、「壊し屋に売ってしまふやうな建物で極くティピカルなものを持って来て建てて置くとかしたならば、昔の大阪の町が何時までも遺って居ると云ふことになって可からうと思いますから、是非一つ有力な方々の御後援でさう云ふ計画を実行したいものだと思ひます」と述べて

(9) 野村銀行堂島支店については山口（昭和54年）、山口（昭和59年）33頁等のデータによった。

(10) 大正時代半ばまでの日本の近代建築の外装は赤煉瓦状のタイルや白色タイルが主流であり、一般に茶褐色タイルが登場するのは大正12年の帝国ホテル竣工以降といわれている。

(11) 野村銀行本店については山口（昭和54年）134頁、山口（昭和59年）40－42頁等のデータによった。

(12) 大阪倶楽部については、山口（昭和54年）133－136頁、山口（昭和59年）40－64頁等のデータによった。

(13) 野村證券本社については、山口（昭和59年）72－73頁等のデータによった。

(14) 高麗橋野村ビルについては、山口（昭和59年）71－79頁、拙稿「高麗橋野村ビルディング」『大阪人』平成14年5月号（前掲）76－78頁等のデータによった。

(15) 大阪ガスビルディングについては、『建築と社会』昭和8年7月号（前掲）7－16頁、山口（昭和54年）145－150頁、山口（昭和59年）108－129頁等のデータによった。

(16) 大阪の中心・船場の街区は正方形に近い街区割になっていたが、その中央には東西に背割下水が通り、町境にもなっていた。当初の計画はこの町境を越えない形で計画されたものと考えられる。

いる（32）。この議論の中では、明治時代に建てられた湊町駅の駅舎が例に出されている。この時の駅舎は明治22年（1889）頃竣工のものであるが、そろそろその駅舎も壊されそうだといった議論が交わされている。明治22年は、この座談会の行われた昭和6年（1931）からわずか40年程前で、現在も私たちが行っている「歴史的建築の破壊と保存」の議論とそう変わりがない。当時もこのようにまちなかから、古いものがどんどんなくなっていく状況への憂慮を、建築家とその他の分野の人びとが『建築と社会』誌上で議論していた。

また、本間乙彦の主張で興味深い点は、のちの民家園や建築博物館の発想につながる部分保存や移築保存、さらに移築した「郷土建築」で一つの街区をつくろうという積極的な保存論を提唱したことである。さらに大阪の歴史や文化を記録、紹介した『郷土研究 上方』は、昭和6年（1931）1月号が創刊号で、その頃から大阪の歴史的なものの研究が活発化していくと思われるが、この『郷土研究 上方』が出版される数年前に、本間がこのような提言をしている点は注目に値しよう。

なお、東京では大正12年（1923）の関東大震災による都市の壊滅と復興の中で、古き景観への懐古意識が強まったと考えられる（33）が、大阪ではそれが主として人為的な開発の中から生じた点が異なるといえるだろう。

4．おわりに

以上見てきたように、2章では、安井武雄を通して建築家による新しい都市の景観創造について考察した。また、3章では本間乙彦を通して、新しい都市

（17）大阪の郊外住宅を調査した際に、戦前に大阪へ遊びに来るときには阪急デパートなどと並び、ガスビルを訪れて映画を見たりレストランで食事をしたという話を聞くことが多いのもその査証といえよう。

（18）石田（平成8年）110頁など。

（19）『建築と社会』昭和8年7月号（前掲）7頁。

（20）『建築と社会』誌上における「郷土建築」の語の初出は昭和3年3月号である。

（21）この間の事情については林野全孝「造幣局の沿革と建築遺構」『建築史研究』第29号（昭和36年、彰国社）および拙稿「近代大阪と泉布観」『研究紀要』第29冊（大阪歴史博物館、平成9年）39－48頁参照。

（22）この時移設された旧造幣局の部材は、正面玄関部分だけではなく、随所に利用されたと考えられる。例えば新築された明治天皇記念館の正面玄関両側や背面の窓枠部分にも正面玄関と同じ竜山石が使われており、それらは鋳造場解体時に発生した部材を転用したものと推定される。大正15年（1926）に解体された建築を、一部とはいえ移築保存しようとする動きがあったことは、全国的にみても画期的な事例であろう。

（23）当初は関西建築協会といい、機関紙名も『関西建築協会雑誌』であった。

（24）本間乙彦「我等が父祖の建築文化記念物を保存せよ」『建築と社会』昭和3年3月号（前掲）48－51頁。

の創造の中で、失われゆく建築や町並みの保存、継承を訴えるという建築家の役割の誕生をみてきた。このような二つの流れは、現在の都市景観の創造と保存に対する建築家による論点と極めて類似したものであり、こうした枠組みが１９２０～３０年代の大阪で発生していたということは、非常に興味深いといえよう。

このように１９２０、３０年代の大阪では、いっぽうに新しい景観の創造があった半面、景観の保存という近・現代都市特有の問題が持ち上がってきていた。また、伝統的な景観の保存を積極的には唱えなかった建築家の中にも、安井武雄のように伝統的な景観に調和した増築をすることによって、都市景観を連続的に変化させることを試みる者があらわれていた。

都市景観の創造に関わる建築家の中に、古くからあるデザインを継承する、歴史的景観を保存、継承するという考え方が芽生えた時代・都市として、１９２０年代、３０年代の大阪は注目されてよいのではないだろうか。

［付記］本稿の図版は安井建築設計事務所よりご提供いただきました。感謝申し上げます。

出典　近代大阪と都市文化　大阪市立大学文学研究科叢書　第4巻　清文堂出版　２００６年

(25) 本間乙彦の経歴については、「会員 故本間乙彦氏」『建築と社会』昭和12年9月号（前掲）および「追憶 本間乙彦君を憶う」『住宅』昭和12年10月号（住宅改良会）によった。なお、本間乙彦に関する先行研究としては、石田（平成8年）69頁、酒井（平成14年）679–680頁等がある。

(26) 『建築と社会』昭和3年1月号（前掲）参照。大阪市中央区伏見町に現存。

(27) 『建築と社会』昭和6年5月号（前掲）参照。大阪市中央区平野町に現存。

(28) 『建築と社会』昭和10年1月号（前掲）参照。大阪市中央区道頓堀にあったが現存せず。

(29) 京都市文化財保護課石川祐一氏のご教示による。

(30) 葛野壮一郎「巻頭言」『建築と社会』昭和5年6月号（前掲）10頁。

(31) 本間乙彦・鶴丸梅太郎「滅び往く建築風景」『建築と社会』昭和5年6月号（前掲）13–16頁。

(32) 「郷土建築座談会」『建築と社会』昭和6年5月号（前掲）23頁。

(33) 東京における建築家を中心とした景観への懐古意識としては、『建築画報』昭和5年12月号（建築画報社）特集「回顧旧東京風景」等を参照。

□ 近代建築の保存と活用について

はじめに

関西ではここ四、五年の間に、近代建築に対する関心がかつてない高まりをみせている。その背後には、年々減少しつつあるとはいえ、かなりの数の近代建築のストックがあることが挙げられる。

特に大阪の中心・中之島や船場では、いたるところに近代建築が点在している。金融街として知られる北浜には銀行や証券関係の事務所建築が残り、薬種商のまちとして知られる道修町《どしょうまち》には明治から昭和初期に建てられた製薬会社の本社が現役で使われている。まさに地域ごとの特性、歴史を視覚化するものとして近代建築が息づいている。こうした近代建築を中心とした歴史的建造物の活用とその支援事業を通して、大阪における登録文化財制度の今を追ってみたい。

地域の文化財への関心

平成十六年八月現在、大阪府下では二九五件の歴史的建造物が登録されている。この件数は全国の都道府県中もっとも多い。なかにはこれまで建築史研究者がその存在さえも知らなかったものが多数含まれている。また、大阪の各地域の特色を色濃く反映したものも多い。これら地域の人びとから愛されている建物が登録を受けることにより、歴史的建造物への関心が高まっている。その

解題

本稿は文化庁監修のもとに発行される雑誌「月刊文化財」が、2004年9月号で特集した「登録有形文化財建造物　八年の軌跡と今後の展望」所収の一編である。「各地の取り組み」と題された章の冒頭に大阪府の状況を紹介する本稿が置かれ、その後に奈良県と新潟市が続く。大阪府とその市町村は登録有形文化財創設の当初から建造物の登録を積極的に促し、本文にもある通り当時から全都道府県中最大の295件の登録数を誇っていた。その後もその数は増え、現在も765件で全国一位となっている（2021年4月現在）。大阪が代表的事例として取り上げられるのは当然であろう。

氏は登録有形文化財の創設によって社会の近代建築に対する関心がかつてない高まりをみせていることを高く評価し、特に元遊郭であった料理店「鯛よし百番」を取り上げ、これまで指定文化財が対象としてこなかった建築が、地域の人びとの愛着を通じて再評価される登録制度の意義を強調する。

一例として、鯛よし百番という建造物を紹介しておこう。

　鯛よし百番は大阪市西成区《にしなりく》山王に大正十三〜十四年ころに建てられた。もと遊郭の建物であり、現在は料理店として使われている。内部は大阪の住吉反橋、京都三条大橋・小橋の擬宝珠付き親柱のある階段、日光東照宮の陽明門を模した待合室（写真1）、潮来《いたこ》の間、宮島の間など、日本各地の名所の写しが庶民的な感覚でちりばめられている。この建築は大阪人に愛され、この雰囲気を楽しむためにここを会場に選ぶ人も多い。この建物を愛する市民により「百番を愛する会」も結成された。この建物が登録されたのは、まさにそうした活動に支えられてのものだった。そして彼らにより写真集（橋爪紳也編『飛田《とびた》百番　遊郭の残照』、創元社、平成十六年）も出版された。こうした従来の指定文化財では取り上げられる機会の少なかった身近な歴史的建造物が登録されることで、市民の関心も自然と歴史的建造物へと向かいはじめている。

活発化する普及事業

　今まで文化財建造物がなかった大阪市内の各区や府下の各市町村で、登録文化財は続々と誕生している。近代建築を中心とした歴史的建造物への関心の高まりも、登録制度の開始と深く関わっているといえるだろう。しかし古文書や考古資料等とは異なり、市民が歴史的建造物について学ぶ機会は少なかった。最近ではようやくこれに応えるかたちで、さまざまな普及事業やガイドブックの刊行が目立ってきた。

　行政が実施した普及行事として注目を集めたのが「船場・中之島の近代建築」（平成十六年三月二十七日実施、主催・大阪市教育委員会文化財保護課）である。重

　そして人びとの関心を更に高め、広げている実例として、見学会やまちあるきの実施、ガイドブック等の発行、所有者の努力と工夫が実を結んだ活用事例、そして大阪府による助成事業など、近代建築を巡る様々な主体の取り組みを具体的にあげ、その相乗効果によって大阪の今があることを示している。しかし最も重要なことが書かれていない。それはそのほとんどに、酒井氏自身がなんらかの形で関わっていたということだ。つまり本稿は結果的に、氏の視野の広さとフットワークの軽さをコンパクトにまとめた活動記録となっている。我々はそこから現在の船場を中心とする近代建築の保存・活用の活況を準備した、氏の存在の大きさを改めて確認することになる。

（髙岡伸一）

写真1　鯛よし百番1階待合

要文化財・綿業会館での講演会と、船場・中之島地区の建築見学会を組み合わせたもので、新聞各紙で取り上げられたこともあり、五〇名の定員に対して一四〇〇名余りの応募があった。この応募者数はかつてない関心の高まりを示す数字といえるだろう。

テーマ性のある見学会も行われている。大阪歴史博物館が実施した建築史探偵団「大阪の産業と建築」（平成十五年十月十八日、二十五日実施）では、近代史と建築史の学芸員が講師となり、大阪の産業と建築を結びつけた見学会を実施した。見学場所は二つの地区、船場・堺筋沿いと大阪府南部の泉佐野市であった。堺筋は銀行や百貨店の建ちならぶ近代大阪のメインストリート、いっぽう泉佐野市周辺は紡績工場やその創業者の邸宅がある。参加者は堺筋の新井ビル（旧報徳銀行大阪支店、登録文化財）とそのオーナーの住居、泉佐野市の新井家住宅（登録文化財）を見学することで、建造物を通した地域同士のつながりを体験した。都心部の新しい流行を採り入れたビルディングと、郊外の広大な近代和風邸宅建築の結びつきは、建造物を通してはじめて実現できる歴史体験といえるだろう。

近代建築を紹介した雑誌の特集記事やガイドブックの刊行も目立っている。大阪府教育委員会文化財保護課が企画・発行した『水都の風景と記憶　大阪府近代建築ガイドブック』（写真2）は地域ごとに見学ルートを紹介したほか、「保存活用の技術」「食とニュービジネス」などの活用事例報告が掲載されている。ガイドブックに掲載された建築は代表的なものばかりだが、巻末には刊行当時の府下の登録文化財全件を含む近代建築の詳細リストが付されている。

また大阪府立産業開発研究所からは『都市部における近代建築等の再生活用による地域活性化について』（平成十六年）という報告書が刊行された。今まで

写真2 「水都の風景と記憶 大阪府近代建築ガイドブック』大阪府教育委員会、平成十六年

歴史的建造物とは関連の薄かった分野からも、その保存・活用が注目されはじめた例といえるだろう。

地域にとけ込む活用事例

登録文化財の導入当初にくらべ、歴史的建造物の活用方法も多様化してきた。特に大阪では民間の所有する建物で活発な動きがみられる。ここでは船場の登録文化財・伏見ビルディングと生駒ビルヂングを通して、民間が実施する活用事例を紹介しよう。

伏見ビルディングは大正十二年、ホテルとして建てられた鉄筋コンクリート造三階建の建築である。その後しばらく製薬会社の事務所等として使われていたが、現オーナー・上村田鶴子氏の先代がこのビルを入手して以来、少しずつ修復を加えてきた。一階事務所の薬棚をはがすと、ホテル時代の理髪店の大きな鏡やつくりつけの家具があらわれてきた（写真3）。また文化財に登録されるのと前後して外壁を美しく補修した。現在、三階ではガラス工芸、陶磁器、漆器などの作家の企画展を開催し、一階のもと理髪店では企画展出品作家の作品を常時展示販売している。ホテルの個室を利用した二階には、小さなアトリエ兼店舗を構える若手アーティストなども入居している。ビルの入口には道行く人が入りやすいよう、花を活けたり催しを案内している。伏見ビルディングの例は、派手ではないが地域の雰囲気に合わせ、一歩一歩着実にその魅力を高めている例といえるだろう。

生駒ビルヂング（写真4）は同じ船場でも、現代のビジネスに重点をおいた活

写真3　伏見ビル1階　ギャラリーもず内部

写真4　生駒ビルヂング外観

用を試みている。このビルは昭和五年に生駒時計店として建てられた。堺筋の交差点に面してそびえるシンボル的な建物で、細部装飾にも優れ、古くから市民に親しまれてきた。大阪でもごく初期の登録文化財の一つである。このビルは平成十四年から「コンシェルジュオフィス北浜T4B」という名の賃貸オフィスビルとして活用されている。個人の起業家向けに小さなオフィスを貸し出し、ホテルのコンシェルジュなみのきめ細かなサービスを入居者に提供している。船場の一等地という立地条件、指定文化財なみの注意をはらった歴史的建造物の改修、という付加価値をもつ新たなビジネススタイルとして注目されている。こうした登録文化財を利用した新しいビジネスの定着は、その活用の可能性を高めるものといえるだろう。

地域から発信する

最後に、広がりゆく歴史的建造物の活用をサポートする制度について触れておきたい。大阪府では平成十五年度から近代建築物を活用し、府民にひらかれた文化活動に補助金を出す「大阪楽座事業」がスタートした。今年度は対象を近代建築だけでなく、古民家や近代化遺産などを含む歴史的建造物全般へと広げた。

それを受けて平成十六年度の「大阪楽座事業」には二六件の応募があり、このうち七件が助成対象に選ばれた。事業内容としては、安井武雄の設計した大阪倶楽部（登録文化財）を会場にした「古典の新芽シリーズ　Vol.01　舞踏の源流文楽」、船場の老舗楽器店・三木楽器開成館（登録文化財）を利用した「公開レコーディングライブイベント　カレイドスケープ〈あなたとわたしの間に〉」、富田林寺内町の一七世紀の町家・旧杉山家住宅（重要文化財）を舞台にした「旧杉山さんちに踊りに行こう！」など、多彩な内容であった。このほか未指定・未登録の歴史的建造物を会場としたものとして、大阪府庁舎での手話コーラスと朗読、フジハラビルでの演劇や展示会などが選ばれた。選ばれた七件は歴史的建造物を広く知ってもらうためのさまざまな新しい試みを含んでおり、各世代の人びとが参加できるものが多く、新しい活用形態が期待できそうである。

おわりに

登録文化財制度が引き金となって活発化した大阪での歴史的建造物活用の動きは、まず身近な建物が文化財となることで市民の学習意欲を高めた。そして自分たちのまちを、日ごろ目にする建造物から見直す機会を飛躍的に増やしたといえるだろう。さらに文化活動の場として利用されることで、今まで古い建物に関心の薄かった層の人びとにも、その存在が浸透しつつある。歴史的建造物は市民と行政がよい意味で補完しあい、成長しあえる場となる可能性を秘めている。

ともあれ、大阪では依然として近代建築や民家、近世寺社建築が建て替えられている。実際、壊される歴史的建造物の件数と登録されるものの件数と、どちらが多いのかわからない。歴史的建造物を壊すのではなく、活用することを常とするためには、越えるべきハードルはまだまだ高いが、その差が縮まるのは時間の問題であろう。登録文化財制度スタートから八年、流れが大きく変わってきたことは確かに感じられる。

出典　月刊文化財　No.492　2004年9月号　第一法規

○死を前にした建築　ストックされない建築・都市 連載第1回

学生の頃、私はさまざまな先生の話から、建築には永遠性があるべきことを無意識に感じ取ったように思う。もともと建築史に関心があったので、古代ギリシア・ローマ建築、あるいは日本の法隆寺や薬師寺など「永遠」の古建築にひかれるところがあったからかもしれない。

ところが、実際は建築に「永遠の命」があるのだろうかと心配になることが多い。建築史の授業はたいてい、永遠に残ることを前提とした作品を通して語られる。いや、少なくとも建築史に登場する建築ぐらいは残ってもらわないと困るのである。それほど、実際の建築の「命」ははかない。いったい、人間の寿命を上まわる長寿建築は、どれほどあるのだろう。

このシリーズでは、3回にわたって建築が本来持っていたであろう「永遠性」という本質と、実際は避けることが難しい建築の「寿命」、「死」の間の葛藤を考えてみたい。

第1回目は、博物館という仕事柄、「死を前にした建築」と出会う現場を紹介する。第2回目では、目まぐるしく変貌する都市・建築から生じた「郷土建築へのまなざし」を、第3回目では現在の「急変する大阪」について探っていく。

建築の誕生と成長

建築にとって、もっとも大切なのは「生まれる」瞬間である。実際、『建築人』

解題

酒井氏はどのような思いでこのタイトルをつけたのだろうか。本稿は建築士の職能団体である大阪府建築士会の機関誌「建築人」において、3回にわたって連載された論考の全文である。第2回の内容は前掲の『大大阪』時代の都市景観と建築家の役割」と重なるものの、ひとつづきの論考であることから全文を掲載することにした。氏は初回の冒頭で、この連載で建築に備わるべき「永遠性」と、現実に横たわる建築の「寿命」「死」の間の葛藤について考えてみたいとその目的を述べている。

初回の「死を前にした建築」では、竣工した瞬間の姿に最高の価値を置く建築の考え方に疑問を投げかけ、建築のライフサイクルを人の一生に喩えながら、年齢を重ねることによって人びとに愛着を持たれ、逆に「増価」する建築もあるのではないかと問う。自身は建築の保存を訴える立場でありながら、実際に関わりをもつ建築の多くは、すでに死を宣告され解体を待つ建築たを含め、専門誌は建築誕生の瞬間を報じるものだ。読者が建築家や建設業に携わる人びとである以上、同業者がどのような建築を生み出してきたのかに関心が集まるのは当然のことである。

建築史の世界でも、竣工時に対する関心は高い。その時代の理念、精神がもっとも純度高く表現されていると考えられるからだ。歴史的建造物の修復工事でも、科学的根拠があり、予算と工期が許されるならば、当初の状態に復元しようとする考え方が根強い。また、復元により現状とはまったく見えがかりや規模が異なってしまう場合は、その建物が一番完成度の高かった時代に復元されることもある。建築が生まれた瞬間の重視、あるいは歴史的建造物の竣工当時への復元行為は、建築を作る側からみて、当初の状態の永遠性を希求した結果ともいえるだろう。

だが、実際の建築は一部の記念碑的なものを除いて、使い続ける中で改造を受けていく。つくり手の側から言えば、当初の作品性が失われてしまうことに等しい。良心的な設計者や管理者・使用者が、理想的に建物を使い続けることもありうるが、そうした例は少数であろう。築数十年を経た建築は、竣工写真とは似ても似つかない姿になっていることも珍しくない。私が出会う建物の多くは、そうしたものだ。

高齢建築との出会い

私が直面する建物には、大きく分けて次の2種類がある。

ひとつは、幸運に使い続けられている建物。調査や取材などで訪れる建物である。戦前の建物で、齢70~80年のものが多い。これらは、増改築やオーナー

ちであり、氏が注力した建築の部材収集は、あたかも「人の形見を保持するようなもので、必ずしも嬉しいものではない」と、自身の葛藤が吐露される。ストレートな言葉遣いが印象的だ。

第2回はタイトルの通り、人びとの愛着から生まれる「『郷土建築』へのまなざし」を重視した、大大阪時代の建築家・本間乙彦を取り上げる。急変する近代大阪のなかで初めて「郷土建築」への関心が高まった皮肉を、歴史はその後も繰り返してきた。現在の我々にできることはただ、「今あるものだけは大事に伝えていく環境をつくること、そして「普段から建築に思いを寄せる環境づくり」だと自身を鼓舞するように結んでいる。「都市を変えていく最大の要因は建築であるが、都市の歴史や記憶を継承する最大の要素もまた建築なのだ」との一文が、建築の「永遠性」と「死」の問題を、都市とその歴史に接続して捉えようとする氏の姿勢を端的に表している。

そして最終回では、「急変する大阪を目の前にして」その我々にできることを、具体的に掘り下げようとする。その主体は酒井氏や建築家のような専門家ではない。自分の母校や、愛着のある建築を絵葉書に描く「大阪ええはがき研究会」の活動、現代版の『郷

の交代はあるものの、おおむね良好な状態が保たれている。所有者や、そこを使っている人びとに愛されている場合が多い。もちろん、なぜこんな建物を見に来たのかといぶかしがられる場合もあるが、7〜8年前に比べると、だいぶその割合は減ったように思う。

もうひとつは、壊される直前の建物。これらとの出会いには、更にいくつかのケースがある。第一に、壊されることが事前に分かっており、こちらからお願いして見せていただく場合である。第二に、建物に愛着を持っていた第三者から、ぜひ見ておいて欲しいと連絡を受ける場合である。第三に、建物の所有者・管理者から連絡を受けて、建物を見に行く場合である。それぞれのケースに応じて、建物への愛着は変わってくる。

別れ際に気づく哀惜の念

第一のケース、こちらからお願いする場合は、壊される建物が竣工当時は有名建築だったものやランドマークである場合だ。残念なことに、竣工当時の名品が、解体時にそうと気づかれるとは限らない。それを惜しむのは、部外者であることが多い。建物の所有者が組織である場合、昔からその場所に勤めていた社員が、その建物はかけがえのないものと感じていることがある。しかし、経営側の判断がそれと一致することは少ないのが実情だろう。これが保存問題となると、さらに大変である。第三者的には残して欲しい、しかし経営側の判断としては建て替えざるを得ない。組織として残さないと判断されると、そこで働いている人びとの総意のように受け取られがちだが、案外現場の人たちは

土建築』へのまなざし」をもつ人びとの活動だ。連載は決して明快な結論が導かれるわけではなく、「最後は人力《ひとぢから》」と、そのような大阪の人びとの存在に期待して終わっている。しかしこの連載は、専門家である建築士を読者に想定して書かれたものであった。酒井氏は決して専門家を見捨てたわけではなく、何より彼らに自分の思いを受けとめてもらいたかったのだと思う。

（髙岡伸一）

大阪市交通局庁舎（1930年竣工、2004年撮影）

愛着をもっていたりするものだ。

　第二のケース、第三者から連絡を受けてお願いをする場合も、その建築が名建築であったり、地域の中で親しまれている場合が多い。第一のケースと同様、建物の所有者・管理者からみれば、厄介な依頼かもしれないが、実は所有者側も壊される前に見ておいてほしかったという場合がある。連絡をした第三者、つまりはその建築のファンがいたことも決して悪い気持ちはしないだろう。

　第三のケース、所有者・管理者側から連絡が来る場合は、その建物に対して重要性を認識し、愛着を持っている場合が多い。やむなき事情で建て替えられる場合もあれば、積極的に改築を計画したが、別れ際になってはじめて、自分がその建物を愛していたと気づくことも少なくはない。衣食住の中でも、毎日着替えたり作ったりする衣服や食べ物と違い、住まいやその他の建物は簡単に変えることができない。もとから存在する空気のようなものだろう。日常の中で好き嫌いを判断するよりも、別れ際にはじめて本当の気持ちに気づくことのほうが多いのは仕方のないことかもしれない。

最末期とその後

　人の場合、医師からそう長くはないことを告げられて、最後に顔を見せに訪ねるつらい経験をした方は多いだろう。建築の場合も、間際になって多くの人が訪れる。人の場合と異なるのは、建物は竣工時に次ぐ（あるいは凌ぐ）賑わいと活気を呈していたりする。建築が活気付いているがゆえに、別れは一層惜しいものとなる。だが、確実にその日はやってくる。使われなくなってしまった建物は、急激

大阪市立愛日小学校（1929年竣工、2005年撮影）

東宝南街会館（1953年竣工、2004年撮影）

に体温が下がり、埃っぽくなってしまう。なぜ、数日前はあんなにぬくもりのあった空間が、急激に冷めてしまうのだろう。

私の場合、このときの訪問が一番つらい。訪問の目的は、学術的な調査であったり、博物館として「建築の一部分」を収集することだったりする。写真や平面図で記録するのは、別れの作法でもある。また、「建築の一部分」を収集することは、保存がかなわない建物の存在を、後世に一次資料として伝えていくほとんど唯一の手段である。だが、「建築の一部分」の採集は、人の形見を保持するようなもので、必ずしも嬉しいものではない。

これらの作業では、すぐ横で解体が進行している場合もある。最低限必要なものだけを取り外して、後は解体に任せる。

私も、すべての主要な建物の死に際に立ち会えるわけではない。実際は、ごく一握りの場合に限られる。

グリル・マルヨシ

知人の生駒伸夫氏から連絡をいただいた。阿部野橋の老舗洋食店グリル・マルヨシが再開発に伴って店舗を移転するという。昭和21年の創業当時から、何度かの改築はあるものの、ずっと営業を続けてきた店だ。中でも、調理に使われていた石炭ストーブは、耐火煉瓦で作られた店のシンボルであり、この店の味を生み出してきた原動力ともいえる。

生駒さんと移転前の店を訪れた。明るい店内、いきいきと働く人びと、次々と訪れるお客さん。何一つ取り壊す理由はなさそうである。

グリル・マルヨシ（1946年竣工、2007年撮影）

今回のケースは、所有者も常連客も店に愛着を持っているし、取り壊す必要を感じていないようである。再開発という外的要因によって、この場所から立ち退かなければならない。調理場の石炭ストーブだけでも、もって行くことは出来ないだろうか。皆がそう感じていたが、作り付けの石炭ストーブを新しい仮店舗に移転することは極めて困難であった。平成19年10月29日に店が閉店した2日後、60年以上の歴史を刻んだ石炭ストーブから、取り壊しが始まった。建物全体は既に、50時間程前の活発な体温や脈拍はなく、石炭ストーブは撤去のため、無残にも打ち砕かれていた。やがて、建物全体が取り壊され、分別回収されていくのだろう。

グリル・マルヨシの名は、グルメの本には繰り返し登場し、今後もそれは続くだろう。だが、歴史があり品格がただようこの店の建築が、建築史の中で語られることはほとんどない。同様に、建築史上それほど重要ではないが、市民から深く愛されている建築は数多い。

年齢を重ねるにしたがい、増改築される建築は当初の価値を減じてしまうという見方も出来よう。だが、同時に人びとから愛着を持たれることによって増価する建築もあるのではないか。

建築の人生はさまざまであり、名建築が必ずしも長生きするとは限らない。現実の建築の誕生や最期には人が関わっており、さまざまなドラマがある。建築がなくなるということは、生活や仕事、あるいは思い出の舞台が失われることで、少なくとも壊されるときには、多くの人はそれを重く受け止める。建築が社会の重要な要素と気付かれるのが最末期というのも悲しいものではあるのだが。

出典　建築人　通巻25号　2008年1月号　大阪府建築士会

グリル・マルヨシ閉店2日後の石炭ストーブ

グリル・マルヨシの石炭ストーブ

○「郷土建築」へのまなざし　ストックされない建築・都市 連載 第2回

大正14年（1925）4月1日の新聞各紙は、東洋一の大都市「大大阪」の誕生を華々しく伝えた。明治30年（1897）に次いで2度目の市域拡張を果たした大阪市は、人口・面積ともに当時の東京市を抜き、日本第一の都市となったのである。現在、大阪市内に残る近代建築の多くは「大大阪」時代の遺産ともいえる。「大大阪」は単に人口や面積が巨大であったばかりではない。幹線道路の拡幅、地下鉄の建設、土地区画整理事業の実施、不良住宅の改善、公園や公設市場の設置など、さまざまな公共事業を推進し、全国から注目を集めた。その中心役だったのが第七代大阪市長・関一《せきはじめ》だった。都市問題の解決においても、大阪市は全国の先駆けとなったのである。

以上の説明は、多少誇張の感はあるかもしれないが、決して大げさなことではない。しかし、あくまでも上からの視点である。では、当時そこに住んでいた人びとの目線でみた場合はどうだったのだろうか。今回はもう少し、大阪に住んでいた人びとに近い立場から、変貌する都市・大阪の姿をみて行きたい。

「戊辰」という年

昭和天皇の即位の大礼を翌年に控えた昭和3年（1928）、大阪ではひとつの保存問題が持ち上がっていた。造幣局の規模拡張と耐震化にともなう旧金銀貨幣鋳造場（以下、鋳造場と記す）の建て替えを惜しむ声であった。

明治4年に操業した造幣局鋳造場大正時代頃の様子。

明治4年（1871）に操業した造幣寮（後の造幣局）は、維新後の大阪に置かれた（軍を除く）唯一の国の施設であり、明治政府の威信を大阪、そして西日本に示すものだった。鋳造場や応接所である泉布観《せんぷかん》の建築は、すでに操業の前年に完成していた。後に銀座煉瓦街を手がけることとなるアイルランド出身の英国人技師T・J・ウォートルスが、建築をはじめとする施設全般の設計を手がけた。つまり、これらは明治初年の文明開化を飾る代表的な記念物でもあった。それは今日の評価というだけでなく、昭和の初年においてすでに確立していたのだ。加えて、造幣局は明治天皇が訪れた施設でもあり、そのゆかりの場所を保存しようとする声が上がった。結果として、建て替えは予定通り実施されたが、鋳造場正面玄関の建築部材は少し離れた泉布観の敷地内に移設された。そして昭和10年（1935）、泉布観の隣に建てられた明治天皇記念館の玄関として、鋳造場の正面玄関がもとの建築部材を用いて復元された。

ところで、同じ昭和3年、鋳造場の保存問題にも触発されたであろう建築家・本間乙彦は、雑誌『建築と社会』昭和3年3月号に「我等が父祖の建築文化記念物を保存せよ」を発表した。表題からも察せられる通り、急激な都市開発の中で失われる先人たちの建築遺産全般の保護を訴えた文章である。この中で、本間は次のように述べている。

神社仏閣等は信仰的勢力又は国の命ずる保護によって其の厄（引用者註：開発にともなう取り壊し）に遇ふものが割合に少ないのであるが、郷土的記念物としての古き伝統を持つ商店住宅等々、明治時代欧米文化移入当初の記念物として官衙、教会堂、商館等々は所有者或は保管者に於ても其の史的価値を殆ど認めていないので無残にも破壊し去らるるのである。

現在の文化財保護法の前身となる古社寺保存法（昭和4年に国宝保存法となる）が保護の対象としていたのは、その名の通り古い神社寺院のみであった。しかし、現実に取り壊され、それを惜しいと感ずる対象はもっと身近な建造物である。前記の引用文から、本間は特に明治初期の洋風建築の保存に関心を抱いていたことが読みとれる。そして、同業者たる建築家に向かっても、警鐘をならす。

殊に欧米文化移入当初の遺物の如きは、現在の完備せる教養を持つ建築家から見れば拙劣、俗悪と見へるかも知れない。されど、我が建築界も嘗てはかかる過渡期を経たのである。即ち吾々建築家としては先覚者の貴き記念物である。吾々の今日あるは、先覚者の業績に僅か一歩を進めたのに過ぎないのである。

造幣局鋳造場の保存問題が起こり、本間が「建築文化記念物」たる明治初期の洋風建築の保存を訴えた昭和3年の干支は「戊辰」であった。それは明治元年の「戊辰」から60年、人間なら還暦を迎えた年にあたる。明治維新、あるいは明治以前への回顧の意識が高まった年とも言えるだろう。

「郷土」を語る媒体

明治戊辰年の影響は、その後も社会に影響をもたらした。昭和6年（1931）12月、郷土史研究の大家である南木芳太郎により『郷土研究上方』が創刊された。南木が記した「発刊に際して」には、次のようにある。

亡びゆく名所史跡、廃れゆく風俗行事、敗残せる上方芸術、その一歩々々薄れ行く影を眺めて、私は常に愛惜の情に堪へません、滅びゆくものは時の勢として如何とも致方がないが、せめて保存に努めたい、そして記録に留めて置きたい、これが私の念願でした。（中略）上方のもつ特色！　誇りである文学、美術、風俗、行事、演芸、地蹟、信仰、伝説、娯楽、里謡の等々、あらゆる上方趣味の宣揚を目的とせる郷土研究を各方面の権威ある研究家、篤学者に依嘱して毎号得意の執筆を願ふて、上方文化の小縮図を漸次展開し、記録に留め置き、後学の参考の資に供したいと思ひます。

大規模な都市開発の波に危機感をいだいたのだろうか。郷土研究に関心ある有志は、大阪の歴史文化の保存に心血を注いでいた。

いっぽうで、新しいものづくりが本業であった建築界も例外ではなく、むしろその動向をどこよりも敏感に感じ取っていた。本間乙彦が編集常務を務めていた月刊誌『建築と社会』では、昭和4年（1929）から毎年のように「郷土建築」特集が組まれた。徐々に今日の建築史学のような学術的色彩を色濃くしていくが、昭和4〜6年の頃は文字通り「郷土建築」を懐かしむ内容であった。特に、「郷土建築」特集の一環として昭和6年5月号に掲載された「郷土建築座談会」では、建築界以外から論客が招かれている。前出の南木芳太郎に加え、小林利昌、江崎政忠、鶴丸梅太郎、今井貫一といった面々である。小林は阿弥陀池の粟おこし製造「大黒」の主人で、大正6年（1917）に皇陵巡拝会を立ち上げた一人で、小林宅がその事務局にあてられていた。江崎は植林学に造詣が深い林学者で、帝室林野庁、鴻池組等に勤務していた。『郷土研究上方』では「大阪に遺れる名木老樹」（昭和6年12月）等を執筆し、小林の皇陵巡拝会の熱心なメンバーであった。鶴丸は、ステンドグラスを制作するベニス工房を主宰しており、建築家とも交友があり、また郷土関係の蔵書にも恵まれていたようである。本間乙彦と共に、大阪のまちを巡り記録活動を行っていた。今井貫一は、大阪府立図書館初代館長で大阪研究の第一人者であった。こうした、郷土大阪研究のサロン的な雰囲気を持っていたといえる。

いっぽう、『郷土研究上方』にも建築関係の論者が目立ちはじめる。中でも、寺社建築の設計や調査を得意とした建築家・池田谷久吉は一番の常連で、建築遺構から考古学資料まで、博識を示した。同誌では、ほかにも武田五一が橋の話題を執筆したり、大阪市建築課課長だった波江悌夫《やすお》が天守閣復興について記せば、建築史家・佐藤佐《たすく》が鯱の形状に関する批判を展開するなど、郷土研究に建築は不可欠な一翼を担っていた。

「郷土建築」論から浮かび上がる建築の本質

都市の表情を変えていく大きな要素は、建築と土木である。郷土研究家・愛好家からみれば、建築関係者は慣れ親しんだ都市を変えてしまう敵でもあるはずだ。なのに、一部の建築家はこれらの郷土研究の動きに対して敏感で、互いに好意的ですらあった。

波江悌夫は当時の状況を「その時分（引用者註：大正時代末）に出来た建物は十年経たぬ裡には、時世遅れとなる（中略）多くの百年後を考へた建物でも時代の進歩に伴ってそこ迄ゆかぬ裡に壊さなければならぬと云ふ時代が来るように思ふ、之は日本の進歩が早かったためかもしれない」（『建築と社会』昭和7年10月）と述べている。建築家も、自作をどんどん失う時代だったのだ。

考えてみれば、都市を変えていく最大の要因は建築であるが、都市の歴史や

急変する「大大阪」の風景　住友ビルディングと大同生命（右端）、川面には遊覧船「水都」、昭和10年代前半の絵葉書より。

現存する鋳造場正面玄関　建て替えの際、正面玄関の部材が泉布観の脇に移設され、昭和10年に現在の姿になった。正面玄関部分が重要文化財。

記憶を継承する最大の要素もまた建築なのだ。かつてはどうであったか分からないが、現在は建築の中で生活・仕事をしていても、その建築を意識することは少ない。特に建築を専門としない人にとっては、そうであろう。ところが、生活の舞台である建築が無くなるかもしれないと思うと途端に、それを思い返し愛おしくなる。当時、郷土大阪に目覚めた人たちは、芸能や文学から入って行ったかもしれないが、やがては自分たちを取り巻いている建築が、非常に重要な要素であることに気づいていったのだろう。

急変する環境の中で、「郷土建築」への関心が高まったことは皮肉ではあるが、都市や建築の向かうべき方向性を見直すよいきっかけでもあっただろう。しかし、「郷土建築」へ関心が向かいつつあった頃、日本は戦争へと邁進する。結果はご承知の通り、日本は大都市のほとんどを空襲で失ってしまった。都市の記憶をよみがえらせるために、古い建物の建築部材を集めて復元を試みた国もあったが、日本では新たな都市整備と建設活動へと向かった。再び「郷土建築」が注目されるのは、高度経済成長期やバブル経済、そして現在の実感の伴わない急成長（?）の時期を待たねばならなかったというのは悲しい。当時としては致し方ないことだったのかもしれないが、今から思えば残念な限りである。ただ、昔を惜しんでも始まらない。今あるものだけは大事に伝えていく環境をつくりたいものだ。そのためには、建て替える直前でなく、普段から建築に思いを寄せる環境づくりが必要なのだろう。

出典　建築人　通巻26号　2008年2月号　大阪府建築士会

○急変する大阪を前にして　ストックされない建築・都市 連載 第3回

平成16年（2004）10月23日に発生した新潟県中越地震は、阪神淡路大震災並みの最大震度7を記録し、震源に近い地域での地すべり、多数の家屋の倒壊などが大きな話題となった。また、地震後の豪雪や融雪後の雪崩等による二次災害で倒壊した家屋も報告された。さらに追い討ちをかけるように、平成19年（2007）7月16日に起こった新潟県中越沖地震では、せっかく補強した家屋の一部が被害を受けた例もあったという。これらの家は自然災害にあわなければ、まだ50年や100年は生き延びられたかもしれないが、相次ぐ地震を前に、建物は意外な弱さをさらけ出してしまった。

人と同じく、建築の寿命も事故や自然災害の前では如何ともしがたい場合がある。一方で、人には起こらないはずのこととして、建物は天寿を全うする前に取り壊しにあう場合がある。現代の大阪では、こうした例があまりにも多いことが深刻だ。

年月日のある写真

私の職場の先輩である伊藤純（考古学が専門）は写真を得意としており、よく建物の写真を撮ってもらう。彼は建物を撮る際はブローニのフィルムで、あおりを効かせてきちんとした写真を撮ってくれる。しかし、休日は35mmモノクロフィルムで、まちの風景を撮るのが好きだという。「富士山など、自然の情景は5年や10年で大きな変化があるわけじゃない。だけど、まちは1年も経てば大きく変わってしまうから、撮影対象として面白い」というのが彼の持論だ。数年のスパンで変わってゆくものは、人の服装や車の形だけではなく、建築やまちの姿が当然含まれている、というより中心的な主題になっている。「年月日を入れて意味があるのは、まちの写真。写真とは記録である」と彼は続ける。

なるほど！と聞き入ってしまう話だが、この状況自体が大阪の建築やまちの持つ面白さであり、弱点でもあるのだ。確かに1年ほど前に撮影された繁華街の写真を見せてもらうと、必ずといっていいほど、どこかが変わっている。だから写真は意義があり面白いのだろうが、建築史を専門とする私は釈然としない。

現代の「郷土建築」メディア

「大阪ええはがき研究会」というグループがある。平成13年（2001）に結成され、徐々にその会員数は増えているという。「大阪には、大阪城や通天閣など、お決まりの絵葉書ばかり。自分たちで好きな図柄の絵葉書を作ってみたい」というのがこの会の趣旨であるが、それに賛同する人たちが多く、広がりを見せたのだろう。写真や絵、イラストなど、メンバーがそれぞれの持ち味を活かして制作活動を行っている。

その一人、田浦紀子は自分の得意とする日本画や水彩画で愛着ある建築を題材にした絵葉書を作成した。特に、阪急百貨店の絵葉書には彼女の強い思いが込められているように思う。設計事務所を営む分田よしこは、自分の母校である旧大阪市立精華小学校を写真に撮り、絵葉書にした。母校とは、とりわけ思

梅田界隈1（2006年5月4日、撮影：伊藤純）

い出深い場所。校舎が別の用途に転用されようとも、その建物が残っているか否かで、学校へのアイデンティティのありようは全く異なってくるだろう。学校とは、建築があることの意味を考えさせてくれる重要な存在なのだ。

このように、メンバーが絵葉書の対象とするのは、取り壊される建築であるケースも少なくはない。これらの建築が、大阪の風景の重要な一部であることを、手作りの絵葉書は伝えてくれる。まさに現代版の「郷土建築」と言っていいだろう。「郷土建築」とは、名建築であることが条件ではなく、そこに人びとの愛着がみなぎっているかが大事であると思う。

しかし、「郷土建築」が脚光を浴びるのは、それが取り壊されてしまったり、その寸前だったりと、回顧の対象となっている場合が少なくない。「郷土建築」への思いは、その言葉が生まれた80年前も今も、変わっていないように感じられる。「ええはがき」が普通の絵葉書を超えて魅力的に感じられるのは、そんな一抹の寂しさを伴っているからだろう。

ストックすることの意義

3回にわたったこの連載では、建造物の保存の意義を建築の作品性よりも、人びとの記憶を通して考えてきた。これは建築の作品性を軽視するのではなく、作品性を語る土壌として、人びとの建築への関心・愛着を高める必要性を感じているからである。関心や愛着があってこそ、作品としての建築にも目が向けられるのではないだろうか。

さらに、ここでもうひとつ考えておきたいことがある。建築の物理的な寿命

梅田界隈2（2006年5月4日、撮影：伊藤純）

の問題だ。いまや、あらゆるものが短いサイクルで消費されている。足もとの地球環境がどんどん危うくなっていることは、季節感・気候の乱れで無視できないものになっている。にも関わらず、さまざまな商品の消費サイクルを短くするような気風は衰えることがない。商品ばかりでなく、言葉のサイクルも気になる。例えば3年ほど前「コンプライアンス」という言葉を聞いたときは大仰な感じを受けたが、今や誰もが「コンプライアンス」と唱えている。言葉の浸透速度も、ものすごいものだ。

商品や言葉のめまぐるしい変化の中で、ひとり建築だけが安泰でいられるはずはない。古代ギリシア・ローマの建築や法隆寺のように、永遠の生命を持つ建築は特別な存在で、まちなかの建築とは関係がないかのようである。

また、冒頭でも述べた自然災害は、建築のか弱さを突然意識させる。人が災害の前で無力であるように、いくら建築基準法を満たしていても、どこで想定を超える災害が起こるかわからない。人を守るはずの建築も、実際は人間以上に弱く、守っていくべき存在なのかもしれない。人は人為的に殺されることはないはずだが、建築は寿命が訪れる前にたやすく壊されてしまうことの方が多い。最近、長寿を売り文句にする建築が増えているが、長寿になる前に意図的に壊すのは良くないであろう。それこそ「コンプライアンス」の精神に反する「偽」ではないだろうか。

たえず新しいものを求めるのは、大阪だけではあるまい。だが、この風潮をたやすく変えることは難しいだろう。人には高齢者を大切にする習慣があるように、高齢建築に対しても、もっと優しくなることは出来ないであろうか。高齢建築は資産価値がなくなると捕らえるのではなく、それだけまちの風景に対

道頓堀界隈（2007年3月13日、撮影：伊藤純）

し長い間貢献してきたのだ。そのすべてがプラスの評価だけではないだろうが、より長く人びとの記憶と関わってきた建築は、もっと尊敬されてしかるべきだろう。

最後は人力

私たちは新しいものが好きである。その一般論を建築や都市にまで当てはめてしまったのが、現代の大阪の姿ではないだろうか。だが、都市という巨大な生き物を前に、一個人があがいても、どうしようもないことであろうか。

近頃、大阪は元気がないといわれる。大阪の最盛期を肌で体験していない私が言うのは不遜なことかもしれないが、活気がないのは経済の話のようで、人には元気があると感じている。一人ひとりが古い建物をなんとかしたいと考え、尊敬される長寿建築が増えていけば、少しずつ変化はあるはずだろう。個性的な面白さを発揮するのは大阪人の特技であるから、それが古い建築への愛情に向けられれば、大阪は面白くなるし、発信力・影響力を持っていくのではないだろうか。急変する大阪の流れを変えるために、最後は大阪の人力《ひとぢから》に期待したい。（文中敬称略）

出典　建築人　通巻27号　2008年3月号　大阪府建築士会

「旧大阪市立精華小学校」（分田よしこ作）

「煌（阪急百貨店）」（田浦紀子作）

第6章

博物館学

解題　倉方俊輔

○市民、歴史愛好家に受け入れられる建築展を目指して

歴史系博物館における学芸員の仕事には、資料の収集・保存、調査・研究、展示、普及がある。各部門で専任のスタッフを置く館もあるが、多くの館では一人ですべての活動に目を配る必要がある。また、資料の保存に大きな比重を置くため、通常はケース内で展示を行うことを原則としている。

以上のことを念頭に、ここでは私が大阪歴史博物館で担当した二つの展覧会を通して、歴史系博物館における建築展の魅力について述べたい。

建築部材から全体像に迫る

2006年に開催した特別展「煉瓦のまち タイルのまち――近代建築と都市の風景」(展示面積:約890㎡)では、近代建築の構成材料である煉瓦とタイルに焦点を当て、大阪を中心とした建築や都市風景を紹介した。

建築展では通常、図面、模型、写真が大きな役割を担うが、本展では建築部材という実物資料を通して、建築や都市の魅力を語りたいと考えた。しかし、現実に課題も多かった。歴史的建造物の煉瓦やタイルは、建物本体から取り外すことはできない。それをどのように集めるか。博物館の日常活動では、さまざまな歴史的建造物の解体現場に出くわすが、その都度調査・収集を行った。また、建築の形見を収集している人を見つけ出してお借りすること、保存修理工事の際に交換した古材や発掘調査における出土品を借用することで、展示

解題

日本において建築専門の学芸員の数は多くない。それが酒井氏が建築を学んだ後、1996年に大阪市立博物館(当時)に入り、2001年に発足した大阪歴史博物館に学芸員として勤務していた当時の状況であり、現在の状況でもある。他方、大きく変化した点に、建築展の一般化がある。建築を扱った展覧会が大規模な国立や公立の博物館で催されることも、この20年前で珍しくなくなった。このように変わらない点と変化した点を念頭に置くことで、本章に収めた3つの論考が未来に有する意味は、より明瞭になるだろう。

本論考をひもとくと、本人も「全国的に数少ない」と書いている建築専門の学芸員であるという以上に、酒井氏が「歴史系博物館における学芸員」だったことが重要なのだと分かる。来館者の多くが「歴史愛好家」であって、美術愛好家や建築愛好家ではないことが強く意識されている。自らの立場を自覚することから、美しいが専門的な

の可能性を模索した。

展示は学術面だけでなく「見せる」要素も必要である。しかも、煉瓦やタイルはあくまでも建築構成要素のひとつにすぎない。そこで当時の絵画や竣工時の模型、古写真の力を借りて、全体のイメージを抱いてもらうようにした。展示物のなかでも、タイルの持つ装飾性に比べ、煉瓦はそれ自身が地味であるという印象はぬぐえないが、建物の物語（来歴など）が添えられることで、それなりに人の心をとらえたようである。

建築部材の展示は建築関係者にはマニアックに写るだろうが、市民や歴史愛好家には建築論や空間よりも、具体的な「もの」の方が身近な存在かもしれないのだ。

建築、建築家に触れ、語る場をつくる

２００７年に開催した特集展示「生誕１２０年 大阪が生んだ偉才 建築家・中村順平」（展示面積：約２００㎡）は、檜の会（代表：松本陽一氏）より中村順平作品の寄贈を受け、企画した。

本展は、中村の建築図画（図面）やスケッチ、自筆原稿などを歴史資料として展示した。中村は建築の実作が少なく、建築図画そのものが見せるための作品であったことが、展示としては扱いやすかった。ただ、当館の観覧者の多くを占める歴史愛好家に関心を持ってもらうため、彼が大阪とどう関わり、どのように建築や建築教育と向き合っていったかを解説で示すことに重点を置いた。解説文を作品鑑賞の妨げとする考えもあるが、解説文は学芸員がどのように資

図面やスケッチ類だけでなく、直接的と言える建築部材や間接的な解説文に重きを置く手法が採用されたのである。本稿にうかがえる、建築を「既存の博物館活動の枠内で定着させていきたい」という酒井氏の明瞭な思想と、それゆえの方法論の逡巡は、単発の建築展でも、美術としての展示でもなく、将来――いつのことになるか分からないが――、一般史を証明する固有の分野としての建築にとってあるべき博物館が創設される際にも有効となるに違いない。

（倉方俊輔）

料を読みとき、展示したかを示す重要な要素であろう。展示を見終わった後で、建築に対する考え方を共有し、あるいは疑問が生まれることが大切ではないだろうか。

現在、建築専門の学芸員は全国的に数少ない。私は建築を博物館における特殊な分野と考えるのではなく、既存の博物館活動の枠内で定着させていきたいと考えている。これが博物館に建築が受け入れられる近道ではないだろうか。

展示とは建築をつくる場合と同じく、魅力的だがルールも多い。だが、資料の収集や展覧会の開催は、さまざまな人や資料との新たな出会いを生む。おそらく、これが展覧会の最大の醍醐味であり、次回への原動力となっていくものだろう。

出典　建築雑誌　vol.123　2008年4月号　日本建築学会

○ 博物館建築の歴史と展示・諸機能

博物館の歴史は、その建築の歴史ともいえる。だが、名建築といわれるものが、必ずしも展示などの諸機能においてすぐれたものとはいえない。建築としての表現とすぐれた展示・諸機能をどう両立させるかは、博物館にとって永遠の課題である。ここでは戦前・戦後の博物館建築の歴史、および建築と展示の関係について述べる。

1 戦前の博物館建築

日本の博物館の歴史を考える際、その嚆矢とされる1872（明治5）年の湯島聖堂大聖殿において行われた博覧会の展示を考えなければならない。しかし、それは既存の建物を利用した展示場であったため、本格的な博物館建築の誕生はもう少し先、上野博物館（現・東京国立博物館）に求める必要があるだろう。本節では、上野博物館に始まり、明治・大正・昭和初期に建てられた煉瓦造、鉄筋コンクリート造の代表的博物館建築を紹介する。

（1）明治・大正前半の博物館建築

1881（明治14）年、第2回内国勧業博覧会開催に合わせて竣工した美術館（写真1）が、現在の東京国立博物館の前身となる建物となった（1）。設計者の英国人ジョサイア・コンドルは、工部大学校造家《ぞうか》学科（現・東京大学工学部建築学科）

解題

建築を外から見る楽しさと、内から捉える確かさが交錯する論考である。

前半分では、近現代の博物館について建築史的に解説されている。コンパクトに要点を捉えた概説であると同時に、酒井氏らしい視点もうかがえるから、無味乾燥なものになっていない。とりわけそう感じさせるのが、あまり取り上げられない「大阪市立電気科学館」や「日本民藝館」に対する言及で、同じ昭和戦前期のものでありながら、前者は鉄筋コンクリートによる未来的な姿によって、後者は木造建築を通じて、大衆の心に訴えかけたことが示唆されている。建築は単なる収蔵庫ではなく、その歴史は、例えば昭和戦前期を単に戦後のモダニズムの助走として扱うような単純なものではないのである。ここには人々が向けた眼差しを想像しながら、個別の建築を楽しく探訪するのと同じ酒井氏がいる。

後半分では、博物館建築にあるべき諸室や求められる機能について述べている。いわば内側からの視点だ。博物

で建築学を教えた日本建築界の恩人である。竣工当時、上野博物館（明治22年に帝国博物館と改称）と呼ばれたこの建物は、煉瓦造2階建で急傾斜の屋根や正面入口両脇に一対のドーム屋根のある塔をもち、当時の日本人には最先端の西洋建築に映ったであろう。コンドルはその2年後、明治政府の欧化政策の中心的存在であった鹿鳴館を完成させた。2つの建築は、明治政府の近代化・欧風化を象徴する存在となった。しかし、一見完全なる西洋建築にみえるこれらは、実際にはイスラム建築などの細部を採り入れたものだった。建築史家・藤森照信は上野博物館について、赤煉瓦を用いた英国のヴィクトリアン・ゴシックを基調としながら「インドのイスラム様式をとり、たとえば、アーチの赤白まだら積みも独特のカーブもイスラム起源だし（中略）正面左右に乗る帽子状の屋根付の塔はインド・イスラム様式を象徴する」（2）と指摘する。コンドルは日本の象徴となるこれらの建築に、日本らしさを採り入れようとした。その結果、西洋と日本の中間にあるインドのイスラム建築にデザインの源泉を求めたという。日本の博物館建築の出発点を上野博物館に求めるとすれば、その成立の当初において期せずして「日本らしい表現」を探求していたといえる。

しかし、これらに続く博物館が「日本らしい表現」を志向したかといえば、それはむずかしい。少なくとも明治時代の博物館の大半は、西洋建築の模倣を第一義としていた。

1882（明治15）年、東京・靖国神社境内に遊就館《ゆうしゅうかん》（写真2）が開館した。イタリア人カペレッティの設計で建てられた同館は、西洋の古城風の建物であり、当時の欧化政策にふさわしい建築であった。神社境内でありながら、純然たる洋風建築で建てられた点が、この時代の精神を象徴している。

館は、単に建築として刺激的だから良いというものではない。確かにそうだと思い、収蔵庫などという短絡的な認識を反省させられる。

最終部で強調されているのは相互理解の必要性であり、建築の世界と博物館の世界の架空の対立を超えて、博物館建築はそれを眺め、訪れる多くの人たちのためにあるのだとやさしく説く。こうしたことができるのが「歴史系博物館における学芸員」である酒井氏ならではだ。

（倉方俊輔）

写真1　上野博物館（建築現存せず）　出所：『明治大正建築写真聚覧』日本建築学会

1895（明治28）年に帝国奈良博物館（現・奈良国立博物館）が、1897（明治30）年には帝国京都博物館（現・京都国立博物館）が開館した。設計はいずれも片山東熊《とうくま》であった。1891（明治24）年、濃尾地震が起こったため、両者とも煉瓦造であるが、耐震性に注意を払って設計された。両館は1900（明治33）年にそれぞれ奈良帝室博物館・京都帝室博物館と改称する。片山は工部大学校造家学科第1回卒業生4名のうちの一人で、宮内省にて活躍し、のちに東宮御所（現・赤坂迎賓館）を設計した。当時、宮廷関係の建築はフランスに範をとるのが習いであった。フランスの宮廷建築家ルイ・ル・ヴォーに傾倒していた彼は、奈良・京都においても見事な技量を発揮し、堂々たる洋風建築を設計した。ただ、帝国奈良博物館は興福寺、東大寺、春日大社など古社寺に取り囲まれていたため、景観に配慮して和風建築とするべきではなかったかとの世論もあった。

1900（明治33）年、帝国博物館は東京帝室博物館と改称する。この年、皇太子（のちの大正天皇）御成婚を記念して奉献美術館構想がもち上がり、1908（明治41）年、片山東熊の設計により、中央にドームをいただくネオ・バロック様式の表慶館が完成した（写真3）。ドーム直下は吹抜けとなり、一階床面は大理石モザイクで飾られたほか、建築装飾の面で注目すべき点が多々ある。当時、多くの博物館建築が美術品のような趣をもっていたことをうかがわせる好例であろう。

（2）鉄筋コンクリート造時代の博物館建築

明治時代の主要建築は煉瓦造が中心だったが、大正時代以降は、耐火性・耐

写真2　遊就館（建築現存せず）　出所：絵葉書より

写真3　東京帝室博物館（現・東京国立博物館）表慶館

震性に勝る鉄筋コンクリート造が徐々に増え、1923（大正12）年に発生した関東大震災でその流れは揺るぎないものとなった。

東京帝室博物館は、関東大震災で表慶館をのぞき甚大な被害を受け、コンドル設計の一号館（旧称・上野博物館）を含め、建て替えのやむなきにいたった。1924（大正13）年から復興本館が開館するまでの約15年間は、表慶館のみで展観が行われた(3)。本館の復興は、1930（昭和5）年に設計競技を行い、設計案を決めた。応募要項には様式・意匠について「建築様式ハ内容ト調和ヲ保ツ必要アルヲ以テ日本趣味ヲ基調トスル東洋式トスルコト」とし、構造については「鉄骨鉄筋コンクリート造トシ耐震耐火的ノモノタラシムルコト」、あわせて「材料ハ已ムヲ得ザルモノノ外ハ国産品ヲ使用スルコト」などが定められた。関東大震災の教訓をいかした構造、「日本趣味ヲ基調トスル東洋式」、国産品優先という基本方針のもと、応募案のなかから1931（昭和6）年に渡辺仁が選ばれ、1937（昭和12）年の竣工にいたった。「日本らしい表現」が本格的に追及される時代となった。

なお、東京帝室博物館本館（復興本館）（写真4）は、鉄骨鉄筋コンクリート造の壁に和風（東洋風）の瓦屋根をいただくもので、こうしたスタイルの建築は「帝冠《ていかん》様式」と呼ばれる。東京帝室博物館と同じく、関東大震災で被災した遊就館は、伊東忠太の設計により1931（昭和6）年に新築された。鉄筋コンクリート造で、今度は神社の景観に調和した「帝冠様式」が採用された。

(3) 各地の多彩な博物館

これまで国立博物館を中心にみてきたが、各地の博物館でも活発な展開がみ

写真4　東京帝室博物館（現・東京国立博物館）本館

られた。大正から昭和初期にかけ、個人のコレクションを公開する目的で博物館が多数設立され、今日につながるユニークな実例が誕生した。また、博物館建設にあたって、何らかの寄付があった事例が多いことは注目されよう。

１９２６（大正15）年、上野公園に開館した東京府美術館（現・東京都美術館）（写真5）は、石炭で財をなした実業家・佐藤慶太郎による１００万円の寄付金をもとに、岡田信一郎の設計で建てられた（5）。正面玄関を中心とした左右対称の外観だが、すべての壁面に窓はほとんどなく、長大な壁が続いていた。中央には、彫塑室と中庭があった。彫塑室は大きな天窓から外光をとりいれ、明るい内部空間を実現した。

１９３０（昭和５）年、倉敷紡績などで活躍した実業家・大原孫三郎の西洋美術コレクションを展示公開するため、ギリシャ神殿風の外観をもつ大原美術館が倉敷に開館した（写真6）。コレクションは、大原が懇意にしていた画家・児島虎次郎に3度の渡欧の機会を提供し、収集したものであった。大原は単なる実業家にとどまらず、農業研究所、社会問題研究所などを創立し、さまざまな社会貢献を果たしたが、大原美術館もその一環であった。設計は大原家ゆかりの建物を数多く手がけた薬師寺主計《かずえ》があたった。さらに戦後は、浦辺鎮太郎《しずたろう》により分館などが設計された。日本は明治以来、欧米の建造物を熱心に学んだが、大英博物館のような古典主義建築として建てられた博物館は少なく、大原美術館本館はその意味でも貴重な存在といえる。

大阪市立電気科学館（現・大阪市立科学館）（写真7）は、大阪市電気局の電灯市営10周年を記念したもので、大阪市営繕課の設計で１９３７（昭和12）年に建てられた。起工は１９３４（昭和９）年だが、途中でプラネタリウムをつくる

写真5　東京府美術館（建築現存せず）　出所：絵葉書より

写真6　大原美術館本館

ために設計変更され鉄骨鉄筋コンクリート造地下1階地上8階塔屋7階（塔屋を含め15階）の破格の規模となった（6）。こうして東洋初のプラネタリウムをもつ科学館が完成した。なお、塔屋は当初防空塔とされた。西洋風建築や「日本趣味ヲ基調トスル東洋式」が多かった博物館建築のなかで、新しい時代を志向したモダニズムと呼ばれる機能主義で幾何学的なデザインが話題を呼んだ。

（4）歴史的建造物と郷土、民藝への注目

歴史的建造物を転用した博物館は数多くみられるが、こうした流れは戦前からすでに存在した。

富国強兵・殖産興業に取り組んだ薩摩藩主島津斉彬《なりあきら》は、鹿児島の磯に工場群・集成館を建設したが、斉彬没後に薩英戦争で灰燼に帰した。1865（慶応元）年、次の藩主忠義によって再建された施設のうち機械工場は、その役割を終えると改修工事を経て、1923（大正12）年に博物館「尚古集成館」として生まれ変わった。歴史的建造物を博物館に転用した初期の例として注目される（7）。

関東大震災以降、東京や横浜では震災復興による都市整備が活発になり、震災の影響のなかった名古屋、京都、大阪、神戸などの大都市でも都市発展の時期を迎えていた。こうした都市開発が激しさを増すなかで、失われゆく都市風景、地域史への関心も芽生えた。「郷土」や「民藝」などの言葉が注目され、歴史系博物館の新たなスタイルが誕生した。

1931（昭和6）年、長らく天守がなかった大阪城に天守閣が復興された。大坂城には本来、豊臣期・徳川期の天守があったが、大坂夏の陣や落雷により焼失し、それぞれわずか31年、40年の命であった。それに対し、昭和の大阪城

写真7　大阪市立電気科学館（建築現存せず）　出所：絵葉書より

天守閣（写真8）は全額市民の寄付金により、鉄骨鉄筋コンクリート造の「永久建築」で復興され、外観は当時の学問水準で可能なかぎり豊臣期天守の姿に復元され内部は歴史系博物館と展望台の機能が備わった（8）。戦後、日本各地で戦災などにより焼失した天守を復興する際、鉄筋コンクリート造で内部を博物館とするスタイルのモデルとなった。

1936（昭和11）年、柳宗悦《むねよし》が唱えた「民藝」という新しい美の概念と「美の生活化」をめざす民藝運動の拠点として、東京・駒場に柳宗悦らの設計により日本民藝館が開館した。ここにも、大原孫三郎らによる資金提供があった（9）。同時代に主流となりつつあった鉄筋コンクリート造建築に対し、ここでは日本各地の民藝を紹介するのにふさわしい木造建築がつくられた。戦前における博物館建築の多様化、質の高まりを示す建物といえよう。

2　戦後の博物館建築

1938（昭和13）年ごろからの建築資材統制が厳しさを増し、日本では本格的な建築を建てることが困難になる。既存の博物館では、戦争に関する展示が増え、百貨店では防空展などが開催されるようになった。また、戦前は日本軍、戦後は進駐軍により接収された博物館があり、戦争で被災した博物館も多く、復興には困難を極めた。そうしたなかで、新しい時代の象徴として平和博物館が各地に誕生した。また、既存の国立博物館では新館を建設し、全国各地では公立博物館、私立博物館、専門博物館が次々と誕生した。今日では、博物館建築は各地のランドマークとしても欠かせない存在となりつつある。

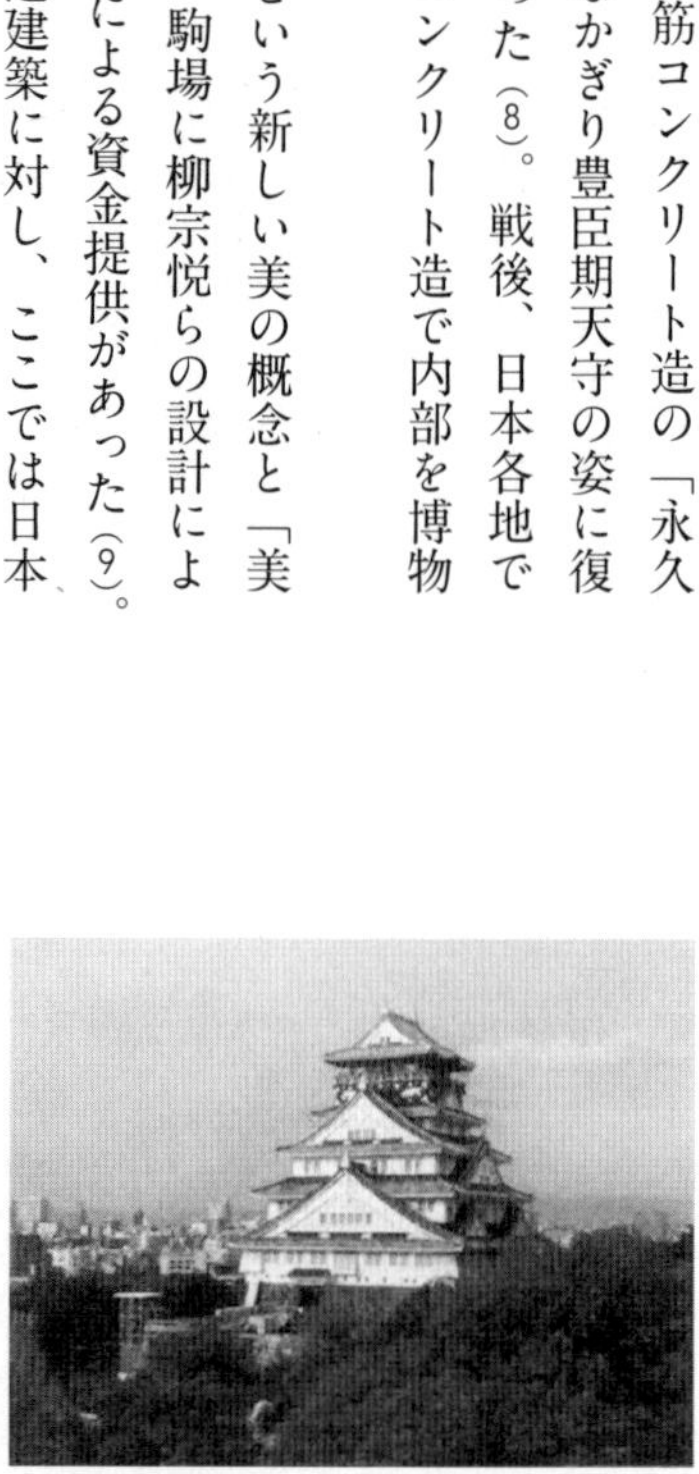
写真8　大阪城天守閣

（1）平和博物館の誕生

平和博物館の代表例が、広島平和記念資料館（写真9）である。１９４５（昭和20）年8月6日、世界で初めて原子爆弾が投下され多数の尊い人命が奪われた広島で、爆心地に近い平和記念公園に１９５５（昭和30）年資料館が建てられた。しかし、建設までには紆余曲折があった。１９４９（昭和24）年、広島平和記念都市建設法が施行されたのを受け、本安川《もとやすかわ》と本川《ほんかわ》に囲まれた三角地帯に平和記念公園を設置することになり、設計競技が実施された。資料館のみの設計競技ではなく、各種国際会議ができる集会室、原子爆弾災害資料の陳列室（資料館）、平和の鐘を釣る塔、集会場、小会議室、事務室、図書館、大食堂などからなる施設群だった（10）。当選した丹下健三は、資料館（現・広島平和記念資料館本館）と原爆ドームを結ぶ都市的な軸線を設け、その中間に応募条件にはなかった慰霊碑を設ける案を提出した。資料館は1階をピロティとすることで、原爆ドームへ続く軸線を意識させることに成功した。戦後初の国際的な注目を浴びた設計競技、都市軸を視野に入れた大胆な構想により、資料館を含む平和公園が完成した。これによって、被爆後しばらくは顧みられることの少なかった原爆ドームが、象徴としての意義を強めた。また、平和博物館が慰霊という意味をあわせもつことを、この建築は物語っている。

その後各地で建てられた平和博物館も、多くの場合、戦災の資料収集・展示とあわせ、近隣で亡くなった人々の慰霊を兼ねている。平和博物館や震災記念館の特殊な性格といえよう。

写真9　広島平和記念資料館本館

（2）国立博物館の整備

1947（昭和22）年5月3日、日本国憲法が施行された日、東京帝室博物館は国立博物館として再出発し、1952（昭和27）年に東京国立博物館と改称した。また、国立西洋美術館、東京国立近代美術館などが順次開館を迎えた。

国立西洋美術館は、川崎造船所社長であった松方幸次郎が収集した美術品（松方コレクション）を展示する美術館として上野公園に誕生した（写真10）。同コレクションは戦後、連合国の管理下にある日本国民の財産としてフランスの所有となったが、東京にフランス美術館をつくることを条件に返還された。

1959（昭和34）年、近代建築の巨匠ル・コルビュジエの設計、日本側ではコルビュジエの弟子である坂倉準三、前川國男、吉阪隆正が設計に加わり、完成した。三角形のトップライトのある19世紀ホールが中心を占め、それを取り囲むスロープで展示室にあがり、渦巻型の動線に沿って観覧できるつくりとなった。かつて館長を務めた高階秀爾は、同館について「それ自体完璧なまでに見事な建築を使いこなすのは容易なことではない。しかしそれだけに、時にはル・コルビュジエに抵抗しながら、その空間をいかに生かすかというのが、美術館の腕の見せ所であろう」と述べた(11)。

1952（昭和27）年、東京・京橋の日活本社ビルを改修してスタートした国立近代美術館（現・東京国立近代美術館）は、石橋正二郎の美術館建設の寄付申出を受けて1969（昭和44）年、現在地の東京・竹橋に谷口吉郎の設計で美術館をオープンさせた。石橋は、ヴェネツィア・ビエンナーレ日本館の建築を寄付したほか、東京・京橋にブリヂストン美術館を創立し、郷里の久留米に石橋美術館を建てたことでも知られる。国立近代美術館が竹橋に建設されたこと

写真10　国立西洋美術館

は、皇居に近い場所に建てたいという石橋の強い希望があったからという(12)。なお、同館は1977(昭和52)年、近接地の旧近衛師団司令部庁舎を保存・活用し、工芸館を開館させた。

1970(昭和45)年、大阪府吹田市で開催された日本万国博覧会の後、1977(昭和52)年に国立民族学博物館(民博)が開館した。民博は、対象とする資料を、従来の国立博物館よりも日常的なものへと広げ、また研究機関、大学共同利用機関としての位置づけを打ち出した。それを受け、黒川紀章により将来の増築を見越して設計され、エントランス・ホールがある大きなブロックの周辺に、パティオ(中庭)を取り囲む展示室をいくつも並べる形となった(13)。地上4階の建物は、2階を主に展示室、1階を収蔵庫、3、4階を図書室や研究室などとして構成している。黒川は、増築可能な建築や都市のシステムを提唱した建築運動メタボリズムの中核メンバーの一人で、民博はその代表作である。メタボリズム建築は、理念を優先しながら、実際は増築が行われないケースが多いなか、民博は開館以来、展示棟、講堂、特別展示館などを順次増築し、当初の計画がいかされている。

1983(昭和58)年に開館した千葉県佐倉市の国立歴史民俗博物館は、すでに東京・奈良・京都の国立博物館が主要な実物資料を集めていたなかで、通史展示に必要な模型や復元品を展示のなかに多数取り入れたことでも注目された。芦原義信設計の建物は、一見際立ったものではないが、中庭を取り囲む一筆書きの順路を意識した観覧順路など、苦心がみられる(写真11)。常設展示は時代ごとに第1~6展示室まであり、各展示室はさらに小テーマの部屋に分かれている。また、研究成果を反映して展示のリニューアルや新設が行われてい

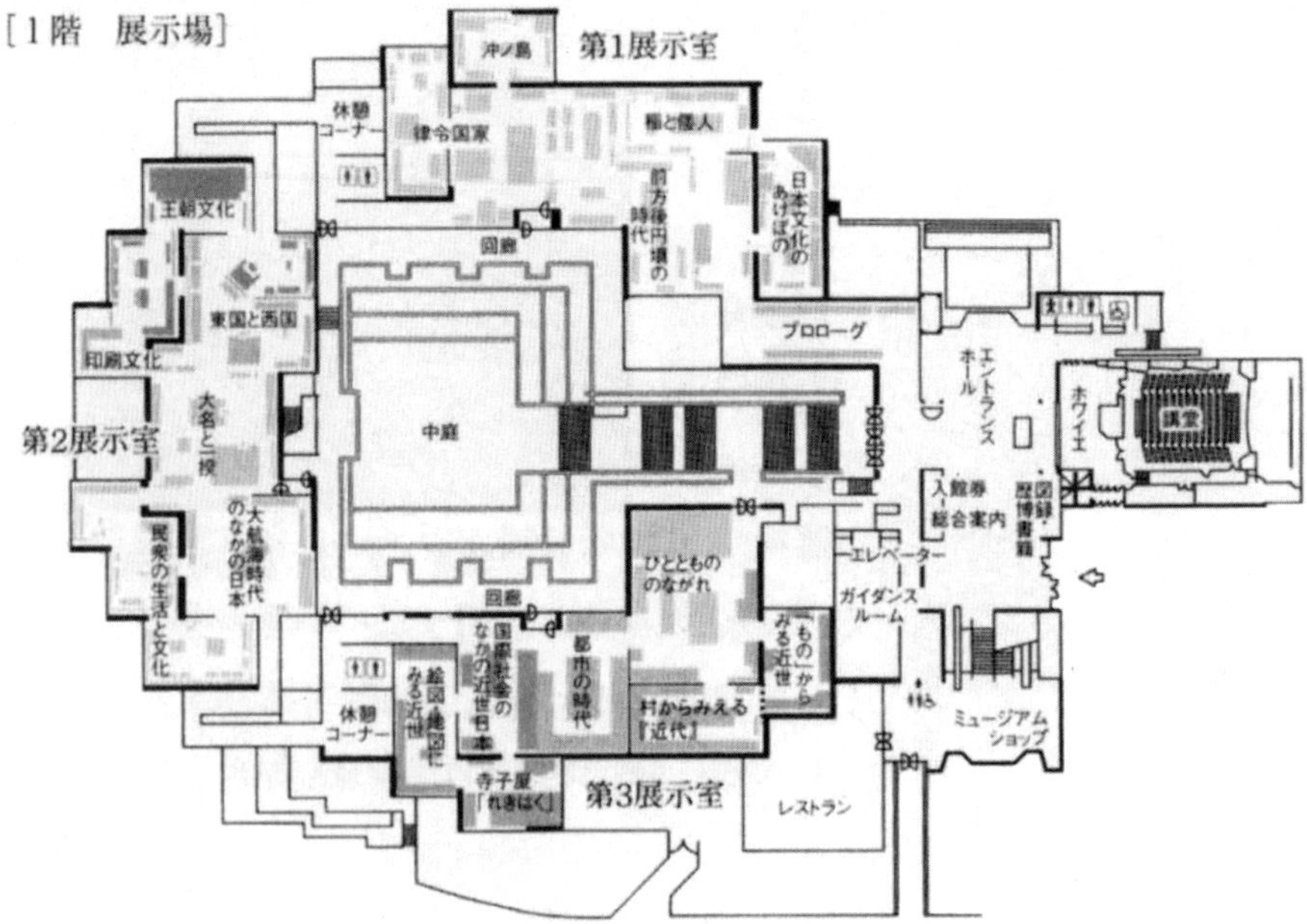

写真11　国立歴史民俗博物館1階平面図　出所：『国立歴史民俗博物館要覧2011年度』

る。同時期に各地に誕生した地域博物館の、集大成ともいえる建築である。

（3）公立博物館の展開

神奈川県立近代美術館は、日本最初の公立近代美術館として1951（昭和26）年に開館し、話題を集めた。設計競技が行われ、前川國男、吉村順三、山下寿郎らそうそうたる建築家が参加した設計競技で、坂倉準三が一等となった。敷地は鎌倉の名勝・鶴岡八幡宮の境内の一角にあり、池に面して張り出した建築は、戦後復興を象徴するような新鮮味あふれるものとなった。

1970〜80年代は各地の自治体で郷土博物館や美術館の開館ラッシュに沸いた。

1986（昭和61）年開館の世田谷美術館は、内井昭蔵の設計で、都心のなかにあって緑あふれる砧《きぬた》公園と調和する建築が話題を呼んだ（写真12）。設計者の内井が私淑した米国の巨匠建築家フランク・ロイド・ライトを想起させる豊かな建築空間、レストランや講堂などの関連施設の充実とあわせ、地域博物館の1つの理想的な姿といわれた。また、最寄となる東急田園都市線・用賀駅からは距離があるが、駅から続く用賀プロムナード「いらかみち」が整備された。大半が歩車共存の道ながら、文字どおり甍が埋めつくす道は歩行者にとっても心地よく、自然と美術館へいざなう。

歴史系博物館でエポックとなったものの1つは、江戸東京博物館であろう。1992（平成4）年に竣工、翌年に開館した同館は、菊竹清訓《きよのり》の設計で建てられた。4本の巨大柱で支えられた4〜7階に主要室が納められている。7階が図書室・映像ライブラリー、5・6階が常設展示室、4階が収蔵庫という特

写真12　世田谷美術館

異な計画で、まさに巨大な高床倉庫のような形である。また、企画展示室が1階にあるなど、動線上は複雑さをともなった計画となった。従来の博物館建築では、低層型の博物館で1フロアの床面積が広いほど使いやすいものとされたが、江戸東京博物館は、そうしたイメージを覆す造形といえる。

(4) 個性を競う専門博物館

国公立の博物館は、大きくは歴史系、美術系、科学系などと分かれていても、総合的な要素をもっているため、建築もその機能・要素にまんべんなく目配りしたものとなる傾向がある。いっぽう、ある美術家の作品を扱った美術館や企業博物館、特定の産業や製品を扱った博物館では初めから与条件が絞られているため、個性的な博物館建築が誕生しやすい。

1958（昭和33）年、長野県安曇野市に開館した碌山《ろくざん》美術館は、地元出身の彫刻家・荻原守衛（碌山）の作品を展示・公開するための博物館である。現在は複数の展示棟からなる同美術館で、開館時に竣工した碌山館は今井兼次の設計で建てられた（写真13）。今井は鉄筋コンクリート造の建物の表面を、不揃いの煉瓦を化粧積みして仕上げる方法をとった。建設工事には地元の学生も参加し、素朴ながら独特の味わいをもった建築を完成させた。今井はこのほかにも、長崎の日本二十六聖人記念館、佐賀市大隈記念館、埼玉の遠山記念館美術館など、独特の美をそなえた建築を設計したことで知られている。

専門博物館では、たばこと塩、家具、はきもの、コーヒー、インスタント・ラーメン、大工道具、瓦、れんが、タイル、人形、貯金箱、貝、真珠など、身近なものから専門的なものまで幅広いジャンルがある。専門博物館は、当初から用

写真13　碌山美術館碌山館

途・目的・収集方針が固まっているため、設計も進めやすく個性も出しやすいため、すぐれた実例が多数ある。

近江八幡市立かわらミュージアムは1995（平成7）年、近江八幡市の古い町並みが残る旧市街地（重要伝統的建造物群保存地区）の八幡堀に面して、出江寛《いずえかん》の設計で建てられた（写真14）。その名のとおり、市の伝統産業である瓦をテーマにした博物館で、展示室を中心に大小10棟余りの建物から構成されている。いずれも屋根や外壁に瓦が多用され、屋外床面の舗装にまで瓦が使われた。まさに建物自体が瓦の博物館として機能している。

また、専門博物館の特殊なものに民家博物館がある。1965（昭和40）年愛知県犬山市に開村した博物館明治村は、開発のなかで姿を消しつつあった明治時代の建築物を集めた野外博物館である。同様に、高度経済成長期に全国で失われゆく民家を集めた大阪府豊中市の日本民家集落博物館や川崎市立日本民家園をはじめ、北海道開拓の村、みちのく民俗村、飛騨民俗村、四国村など各地に野外民家博物館がある。これらは博物館建築そのものではないが、建築を集めた博物館として一分野を築いている。

(5) 最近の博物館建築

博物館は、時を超えた普遍的存在であると思われるが、実際は時代とともにその要求される内容が変わる。ここでは、主に21世紀以降に竣工した博物館建築を概観しておきたい。

東京国立博物館では、世紀の変わり目を見越したように1999（平成11）年、法隆寺宝物館を建て替え、さらに皇太子御成婚記念として平成館を完成させた。

写真14　近江八幡市立かわらミュージアム

前者の設計者・谷口吉生は、東洋館を設計した谷口吉郎の息子である。谷口吉生は、東京都葛西臨海水族園、丸亀市猪熊弦一郎現代美術館、豊田市美術館、ニューヨーク近代美術館新館などを設計し、父子ともに博物館建築では定評がある。後者は、安井建築設計事務所によるもので、特別展示室などが新たに設けられた。これにより、日本を代表する博物館としての骨格が一層強化された。

各地の博物館では高知県の牧野富太郎記念館や金沢21世紀美術館（写真15）、瀬戸内海に位置する直島や豊島につくられた地中美術館や豊島美術館など、環境を重視した博物館建築が話題を集めている。今後、より個別性の高い、地域に根差した建築が増えて行くことが期待される。また、東日本大震災の教訓などから、人の安全性はもちろん、文化財の保存に対しても、より高い水準が求められていくことだろう。

3　博物館建築の諸機能と展示

博物館建築は、そのデザインによって注目される機会が多いが、同時に博物館活動の諸条件を満たすことが大切である。また、博物館利用者の満足度とならび、展示を行ううえでのバックヤードも重要である。ここでは、博物館建築に要求される諸機能と展示の関係を述べる。

(1)　博物館建築の諸機能

博物館の種類や規模は、実に多種多様である。ここでは、全国的に数が多い公立歴史系博物館について、①来館者動線、②職員を中心とした動線、③資料

写真15　金沢21世紀美術館

を中心とした動線に分け、必要とされる諸室から博物館の機能を考える。なお、各博物館の規模・内容・立地によって与条件は異なってくるため、ここではあくまでも標準的な諸室を紹介する。また、来館者動線・資料動線とも人と資料に優しい観点から、床には段差のない計画が望まれる。

①来館者動線

まずは、来館者動線に沿って、博物館の諸室と諸機能をみていこう。利用者の目にふれるエントランス・ホールは、博物館の顔である。ここではコンサート、ワークショップなどのほか、特別展の開会式、記念式典などが行われることがある。そこには、総合案内、チケット・カウンター、ロッカー室などが、わかりやすい位置に設置され、館内地図、常設展・特別展、イベント案内、料金などの情報を整理して提供する必要がある。海外からの利用者増加にともない外国語表示の需要も増え、すっきりとわかりやすい情報提示が求められる空間といえる。

展示室は通常、常設展示室と特別展示室からなる。展示動線が長い場合など、展示室同士の間に休憩室などがあるとよい。

展示をみたあとで関心をもった内容をより深く自主学習するため、図書室や学習室を備えることが多い。映像ブースや検索端末などを備え、学芸員や研究員が学習・研究の相談にのるところもある。さらに、体験学習や実演、ワークショップを行う部屋を用意する館もある。そこでは、水などの使用も想定される場合があるが、とくに人文系博物館では資料保護のため、火や水の使用に慎重であり、計画には十分な検討が必要である。

講堂、講演会室は、展覧会にちなんだ講座・講演会・シンポジウムなどで利用するほか、貸室とする場合もある。コンサート、映画、寄席、伝統芸能の上演など、利用方法の多様化に対応できることが望ましい。

一定規模以上の施設であれば、レストランやカフェを備えることが多い。学校団体の見学の受け入れを想定した館では、雨天時に昼食をとるスペースを用意することが望ましい。展示室では飲食厳禁であるため、ほかのエリアと明確に分離する必要がある。

ミュージアム・ショップは、利用者数に応じた規模になるだろうが、その広さ、品揃え、営業時間に対する要求は近年高まっている。

そのほか、バリアフリー関係の諸施設はもちろん、来館者の利便のため一時保育室などの設備をもつところも増えている。

②職員を中心とした動線

博物館の動線には、来館者のほかに職員の動線、資料を中心とした動線を想定する必要がある。ここでは、職員を中心とした動線を紹介する。

a. **職員の入口**　防犯、防災に対する要求が年々高まり、警備員室や防災センターなどを近くに設置し、入退館をチェックしているところが多い。

b. **事務室や学芸員室**　博物館機能の中心であり、エントランス・ホールや展示室から収蔵庫まで、あらゆる場所にアクセスしやすい位置にあることが望ましい。

c. **館長室・貴賓室・応接室**　特別展や巡回展などに際し、国内外の賓客の訪問、講演会時の講師控室、日常的な来客への対応など、さまざまな用途が想定される重要な部屋で、事務室や学芸員室の付近におかれる。

d. **会議室**　学芸、事務、広報など博物館で行われる会議のほか、博物館と地域・学校の連携や博物館どうしの連携の際にも使用される。来館者動線上の講堂・講演会室とは別に、職員の動線のなかにあることが望ましい。

e. **作業室**　展示パネル・題箋の作成、チラシ・リーフレットの印刷、発送作業などを行う部屋で、博物館の作業空間として重要な部屋である。また、サーバーの設置やデジタル関係の処理を行う情報資料室は、デジタル情報の公開が盛んになるとともに役割を増しているが、デジタル機器の更新年限は短く、柔軟な運用が必要である。

f. **物品倉庫**　通常の備品・消耗品の保管に加え、ポスター・チラシ・図録・年報など毎年膨大な刊行物があるため、一時的・中長期的なストックを想定しておく必要がある。

g. **その他**　ボランティア・スタッフの活動室・控室、案内スタッフの控室など、館の規模・体制に応じた諸室が必要となる。

③ 資料を中心とした動線

博物館のバックヤードでは、職員の動線のほか、資料の移動にかかる動線を想定する必要がある。ここでは、資料搬入から燻蒸《くんじょう》、収蔵庫への保管、展示にいたる動線について考えたい。なお、資料は通常台車に載せて移動するため、動線上の段差をなくすことが肝要である。

a. **資料搬入から収蔵庫での保管まで**　資料は美術品専用車両などで搬入・搬出される場合が多いため、トラックヤードが必要である。複数台のトラックが駐車できる広さ・高さを備えていることが望ましい（特別展の搬入や資料のくんじょう貸し出しなどの日程が重なる場合がある）。また、美術品専用車両と、そのほかの物品を運ぶ車両は区画を分けることが望ましい。

搬入された資料の積み降ろしなどをする荷解場は、トラックヤードに隣接して設けられる。また、近くに梱包資材室、台車収納スペース、新収蔵資料などを洗浄する場所があることが望ましい。

新収蔵資料などは、一時保管庫（未燻蒸資料保管庫）に入れたあと、資料をカビ、虫、サナギ、卵から守るため燻蒸にかける必要がある。収蔵庫内で燻蒸をする館もあるが、専用の燻蒸室があれば、収蔵庫に入れる前に燻蒸にかける。

つぎに、資料は収蔵庫に運ばれるが、収蔵庫を直接外気に触れないようにするため、収蔵庫前の緩衝空間として収蔵庫前室を設ける。通常は収蔵庫前室の手前で靴を脱ぐ。収蔵庫は、資料の保存環境を保つため、24時間温湿度管理を行う。収蔵庫に保管する資料は原則として燻蒸が済んだものとする。文書や金工品など資料によって温湿度管理が異なる場合、複数の収蔵庫が必要になる。また、指定品や一時借用品を入れる収蔵庫があることが望ましい。収蔵庫の広さが各館の収集活動を規定してしまうため、十分なゆとりが必要である。

収蔵庫と展示室などが別のフロアにある場合、資料搬送用の大型エレベータを設置する。エレベータの広さ・高さは展示が想定される資料の大きさによって異なる。通常のエレベータにくらべ、振動が少ないことが望ましい。

b.

資料の展示と調査・研究のバックヤード　展示を行うためには、資料の収蔵庫ばかりでなく、展示ケースや展示台、各種演示具などを保管する展示準備室・保管庫が必要である。これらは展示室に近いことが望ましい。

開館後に展示関係の備品は増えるため、余裕をもった広さが必要である。

資料展示に先立って、資料を広げて調査する資料調査室や研究室が必要である。屏風、軸など日本美術を調査する際は、畳敷きの部屋を設ける場合がある。また、調査・研究、図録やポスター掲載のための資料写真を撮影する写真撮影室が必要である。地図・絵図などでは広げると1辺数mに及ぶ資料もあり、十分な広さ・高さの確保が必要である。

図録や文化財調査報告書などは毎年膨大に刊行されるため、学習室・図書室があることが望ましい。博物館では一次資料以外にも、デジタル化される以前の媒体での記録が集まることが多い。

そのほか、調査・研究や資料保存を重視した館では、資料の保存処理や日常的な手入れを行う部屋、資料分析室などが必要とされる。

(2) 博物館建築と展示計画

博物館建築は、その規模に比べて機能が複雑である。博物館のかかえる問題は多岐にわたり、余裕をもった建築計画であっても、いずれ不備な点が生ずるのは時間の問題といえる。しかし、よりよい博物館建築をつくっていくためには、どうしたらよいだろうか。

ここでは一例として、博物館建築と展示の関係をさぐってみたい。展示は博物館開館時になくてはならないものであるから、開館に向けた準備を念頭に、常設展示と特別展示に分けて紹介する。

① 常設展示

美術系、歴史系、科学系の博物館では、それぞれの展示における実物資料と復元・再現資料の割合が異なる。一般に美術系では実物資料本位であり、歴史系では実物資料と復元・再現資料が同等の割合で用いられ、科学系では再現・体験展示が主流を占めることが多い。また、実物資料展示でも、ケース内展示、ケース外展示（裸展示）がある。ここでは歴史系博物館を例に、建築と展示の関係にふれる。

歴史資料は、頻繁な展示替えを必要とする古文書や美術品が多く、歴史上の重要事項を示すうえでは、実物を補い、かつ歴史的背景を示すために復元模型や複製品がつくられる。復元模型は、博物館建築の設計・工事と並行して進む展示設計において、テーマ・スケール・サイズなどが決まっている必要がある。復元模型は、可動式の簡単なものから、造り付けに近いものまであるが、現実的には設置後少なくとも10〜20年は更新できないと考えたほうがよい。また、展示ケース、展示台、スポットライト、展示情報システムなども展示設計の段階で計画される。展示ケースの移動しやすさ、展示ケースと備品収納庫との位置関係、収蔵庫から展示場・展示ケースへの動線など、開館後に後悔しないよう十分に計画を立てる必要がある。建築・展示設計者と展示を担う学芸員との情報の共有、意思疎通が重要である。

なお、展示場内では映像を用いることも多い。映像機器は進歩の速度が速く、展示と一体的にしすぎると、更新がむずかしい場合がある。また、展示場内では映像を用いず、別途映像を閲覧する場所を設けているところもある。

② 特別展示

特別展示は、テーマによって分野や担当学芸員がかわるため、一律に条件を想定することはむずかしいが、ある程度の要求水準の広がりをもって展示室やケースの位置・大きさ・精度などを決める必要がある。特別展は借用品が多く、借用先の条件として、温湿度の管理や防犯対策などのファシリティ・レポートの提出を求められる場合がある。将来、国宝や重要文化財などの展示を想定するのであれば、十分な計画が必要である。また、当初は想定していなかった大型資料などを展示する場合に備え、トラックヤード、搬入エレベーター、通路などの幅や高さ、曲がり角の寸法などを考慮し、展示室内にとどまらない周辺を含めた計画が必要である。

(3) よりよい博物館建築のために

博物館建築は、都市のランドマーク、アイコンといえるほど、象徴的でさまざまな表情をもつ。建築の歴史を語るうえで、博物館建築を欠くことはできないし、設計者にとっても博物館建築は魅力的な対象といえる。しかし、博物館職員からは「デザイン優先で使い勝手が悪い」という意見をよく耳にする。こうした齟齬をなくすためには、博物館の計画者・設計者と博物館職員がお互いに十分意見を交換し、理解しあうほかないだろう。

建築の計画者・設計者は、利用者の目からみた魅力的な博物館のかたち、内部空間などを意識し、利用者や職員にとって使いやすい博物館を計画する。しかし、そのなかで従来の博物館のあり方を超えた新しいかたちや仕組みを提案することもある。いっぽう、実際の展示を担当する学芸員は、資料の保存、調査・研究、展示、普及という一連の流れのなかで、その使い勝手を評価する。なにより資料を後世に伝えていくことが、博物館の第一の役割であるという強い責任感がある。計画者・設計者は、博物館の仕事内容やそれぞれの専門分野

(1) 本論は、全体を通して椎名仙卓『図解博物館史』(雄山閣、１９９３年)、および『東京国立博物館百年史』(東京国立博物館、１９７３年)に多くをよった。

(2) 藤森照信『日本の近代建築』(上)岩波書店、１９９３年。

(3) 『美術館を読み解く 表慶館と現代の美術』東京国立近代美術館、２００１年。

(4) 『京都国立博物館百年史』京都国立博物館、１９９７年。

(5) 『東京都美術館80周年記念誌 記憶と再生』東京都美術館、２００７年。

(6) 『大阪市立電気科学館 50年のあゆみ』大阪市立電気科学館、１９８７年。

(7) 久保田稔男「造幣寮・韮山反射炉・尚古集成館」『建物の見方・しらべ方 近代産業遺産』ぎょうせい、１９９８年。

(8) 『大阪城天守閣復興80周年記念特別展天守閣復興』大阪城天守閣、２０１１年。

の考え方を十分理解することが必要だろうし、学芸員や博物館で働く者は、ひとたび完成した博物館は自分たちだけのものではなく、多くの人たちから親しまれる建築であると意識することも、ときに重要だろう。博物館建築は、みかけがスマートにみえるものでも、実際は固有の機器や設備を数多く備えた重厚長大なものであることが多い。展示ケースを例にみても、気密性や耐震性などの要求される機能が高いほど特注品が多く、その開閉やごくわずかなトラブルで使用者には大きな負担となる。博物館は、このような特殊仕様の集大成である。各館ごとに利用していくなかで生まれるルールの積み重ねによって、博物館建築をうまく使いこなしていくことが重要であろう。

出典　『新博物館学教科書2　博物館学Ⅱ　博物館展示論・博物館教育論』
大堀哲・水嶋英治 編著　学文社　２０１２年

(9) 金山喜昭『日本の博物館史』慶友社、２００１年。
(10) 丹下健三・藤森照信『丹下健三』新建築社、２００２年。
(11)『開館50周年記念ル・コルビュジエと国立西洋美術館』国立西洋美術館、２００９年。
(12) 木下直之『わたしの城下町』筑摩書房、２００７年。
(13)『国立民族学博物館十年史』国立民族学博物館、１９８４年。

〇 歴史系博物館における建築の展示をめぐって

私は建築が専門でございますので、歴史系博物館でどのように建築を展示してきたか、資料の収集も含めて皆さんに知っていただきたいと思い、お話させていただきます。本日の話は、特集展示「近代建築の記憶」（会期：二〇一三年十二月十八日〜二〇一四年二月三日）の会期中に「なにわ歴博講座」でお話したことをベースに、新しい内容を加えてお話します。

一　建築展示のさまざまな形

はじめに「建築展示のさまざまな形」と題しまして、建築展示にはどのようなものがあるのか、また建築を扱っている博物館についてご紹介します。まず、近代以降を対象とした建築展示について簡単に触れてみます。

建築展といって皆さんが思い浮かべるのは、おそらく図面と模型と写真が並んでいる姿ではないかと思います。

この二つが建築展示の主要な要素です。ところが建築展示をになう人、企画をする人は、建築専門の学芸員であることは少なくて、美術や歴史、考古といった他分野の学芸員が、大学等の建築研究者と一緒になって企画を立てて行うことが多いのです。これは、日本の博物館ではまだ、建築専門の学芸員がほとんどいないためです。

例えば「汐留《しおどめ》ミュージアム」で開催された「村野藤吾」展（二〇〇八年八月二

解題

第一節の「建築展示のさまざまな形」は、日本における建築展示の現状を理解するのに好適だ。本章の中で最も新しい2017年の論考であり、目配りの効いた概観は2021年現在も変わらない。そして、その中から浮かび上がってくるのが、一木努氏に対する酒井氏の敬愛である。

第二節「建築部材の収集」は、大阪歴史博物館で酒井氏が行ってきた資料収集と展覧会の特質に対する的確な要約であり、本稿によって全貌を——残念なことに——つかむことができる。それは一木氏のアマチュアとしての関心が「歴史系博物館における学芸員」というプロの仕事につながるという奇跡的なものだったのだ。

ここまでの酒井氏の話に内包された主題が巧みに引き出され、最終部で大きな問いに展開されている。一木氏が遭遇した建築解体の現場、フランス人が日本の建築に見た破壊と建設、酒井氏の試行などが接続するスリリングな内容だ。栄原永遠男氏との対談である日〜十月二十六日）では、学芸員と大学の建築の先生が協力して実現されました。図面・模型・写真以外の展示物もいろいろ使いながら、構成していったものです。「今に生きる山田守の建築」展（会期：二〇〇九年八月一日〜十月二十一日）は千葉県の「野田市郷土博物館」で自分の所の博物館を設計した建築家の展覧会で、やはり同館の学芸員と大学の研究者が協力して開催された展覧会です。こうしたものが、近年の近代建築の展示では多いようです。そのほか、前近代の建築展では、各地の館で自主企画の建築展示がなされることがあります。本日は主に近代以降の建築の展示についてお話しますが、近代以降とそれ以前では多少扱い方が違う面があります。

全国の博物館のなかで、建築について扱っている館を見てみます。総合博物館では、「国立歴史民俗博物館」「国立科学博物館」「江戸東京博物館」「国立民族学博物館」それに当館などは、建築の学芸員がいる、あるいは常設展示や特別展の中で建築を紹介することがある施設です。また、主に建築や都市史を専門とする博物館では、「国立近現代建築資料館」「横浜都市発展記念館」「大阪市立住まいのミュージアム」などがあります。そして、建材や特定の建築分野をカバーしている博物館には、「ＩＮＡＸライブミュージアム」「舞鶴市立赤れんが博物館」「近江八幡市立かわらミュージアム」「竹中大工道具館」などがあります。「ＩＮＡＸライブミュージアム」は、タイルやテラコッタの生産地で、ＩＮＡＸ（現ＬＩＸＩＬ）の創業の地である愛知県常滑市に立地しています。「竹中大工道具館」は、かつて竹中工務店の本社のあった神戸市にあり、建材の産地やゆかりの地に立地するものが多いといえます。このほか、「博物館明治村」などの野外民家博物館や建築学科のある大学博物館などがあります。特に近年

ことが、効果的に働いているのだろう。酒井氏は特に文章において、軽々に仮説を記すような人ではなかった。変化と保存という日本の近現代建築が抱え込まざるを得ず、簡単な総括を許さないテーマをめぐって、もっと議論したかった。

（倉方俊輔）

は、「京都工芸繊維大学美術工芸資料館」をはじめ、大学博物館の活躍が目覚ましいように感じます。

私は、建築展示の中心となる図面・模型・写真以外を積極的に用いて展示を行うことを目標にしています。その参考となるひとつが「ＩＮＡＸライブミュージアム」です。ＩＮＡＸはもともと伊奈製陶という会社で、タイルや衛生陶器を作っています。「ＩＮＡＸライブミュージアム」は、「世界のタイル博物館」や「建築陶器のはじまり館」など、同一敷地内のいくつかの博物館から構成されています。「世界のタイル博物館」は文字通り世界のタイルが、「建築陶器のはじまり館」ではテラコッタという大型の建築装飾用やきものが、「窯のある広場」では染付便器などの衛生陶器や土管が展示されています。普通の博物館では扱われにくいものが、収集・展示されており、非常に魅力を感じます。これらの展示品は、建築物が取り壊される際に収集されたものです。

「ＩＮＡＸライブミュージアム」の収蔵品の母体のひとつが、山本正之氏の建築陶磁器コレクションです。山本さんは淡路島に生まれ、幼いころから「家には茶道具の陶器、川で遊べば、珉平焼（みんぺいやき）の破片という環境」（「山本正之タイル・コレクション」『日本タイル博物誌』、ＩＮＡＸ、一九九一）で育ち、自宅は「国内はもとより、マイセン、デルフト、ヴィクトリア朝のもの……と、積もり積もった〝陶片〟の山」（「監修者・筆者紹介」『日本のタイル』、伊那製陶、一九八三）だったそうです。淡路島の珉平焼が身近にある環境で育ったとのことですが、珉平焼は明治半ばから食器とならんで建築用タイルの生産もしておりました。こうした環境が氏を収集へと向かわせたのでしょう。

タイルのコレクションは、建材の中でも分かりやすいもののひとつです。海外の博物館でもロンドンの「ヴィクトリア&アルバート・ミュージアム」や「大英博物館」では、タイルのコレクションを展示したコーナーがあり、これらの施設ではタイルを独立した美術品のようにして扱っていますが、建築の一部として紹介する傾向は少ないように思います。

私が建築の実物資料として重要だと思っているのは、建築部材です。特に壊されてしまった建物を紹介する時に、図面・模型・写真以外に、その建築の一部分を形見のような形で残し、展示できないかと思っています。私がそう思うようになったきっかけとして、一木努《いちきつとむ》さんという方がいらっしゃいます。一木さんの本業は歯科医師ですが、少年時代に茨城県下館市の自宅から見渡せる製菓工場の煙突が壊された際のことを、次のように記しています。

> 景色のなかから煙突が消えていた。風景が変わっている。私は、なにか大変なことが起こったような気がして、急いで坂道をかけおり（中略）足もとに無数の煉瓦の破片となって、散らばっている（中略）小さな煉瓦片をたったひとつ拾いあげた。（一木努「建物のカケラを拾う」『路上観察學入門』一九八六）

この体験をきっかけに、建物のかけら集めがはじまったと言っています。

一木さんは建物解体の現場に通っては、建物のかけらを拾い集めたそうです。どういったところを分けてもらって集めたかというと、「その建物らしいところ、その建物のイメージを表わす外観の部分がいいわけです。（中略）あとは、人のよく目につく場所。例えば、エレベーターの表示板のようなところ。面白い飾り、きれいな装飾。美しい彫刻とかテラコッタを選びます。その他には、人がよくさわった場所、手すり、スイッチ、そういう選び方をするんです」と述べてまして、一コレクターとしてですが、有名な建築が壊される際に、「かたみ」を分けてもらって集めたそうです。

　この人のコレクションは、今考えると非常に重要なものです。コレクションは昭和六十年（一九八五）に「INAXギャラリー」で展示されました（「建築の忘れがたみ ― 一木努コレクション」展）が、その後しばらくは顧みられる機会が少なかったように思います。平成十九年（二〇〇七）に火事にあってしまい、コレクションの大部分が焼失してしまうこともありました。平成二十一年に「江戸東京たてもの園」で「建物のかけら一木コレクション展」（会期：二〇〇九年一月四日～三月一日）が開催され、平成二十六年には第十四回ヴェネチア・ビエンナーレ国際建築展の日本館で、一九七〇年代を中心とした日本の建築を紹介する中で、一木コレクションが紹介されました。ヴェネチア・ビエンナーレは美術展と建築展を一年おきに交互に開催しており、その建築展で取り上げられたことで世界の人びとの目にも触れたわけです。

　それから現在、「金沢21世紀美術館」で開催中の十周年記念展の「ジャパン・アーキテクツ　1945－2010」展（会期：二〇一四年十一月一日～二〇一五年三月十五日）でも一木コレクションが紹介されています。この展示はポンピドゥー・センター　パリ国立近代美術館副館長のフレデリック・ミゲルーという方が監修されております。この方の目で日本の一九四五年以降各時代の建築を紹介しておりまして、その冒頭で一木コレクションが展示されました。最初の章解説の文章を、図録から引用します。

　日本建築のアイデンティティを、どのように規定すべきだろうか。日本が建築、都市との関係の固有性を自らに問うためには、第二次世界大戦、そして広島、長崎という凄惨な切断が必要となるのだろうか。建造と解体を絶えずくり返す社寺建築（伊勢神宮）が、歴史の恒久性という概念を提示する一方、ブルーノ・タウトの著作を通じて伝統的家屋という概念が認識されるのは、一九三〇年代のことにすぎない。

ここで面白いのは、「建造と解体を絶えずくり返す社寺建築（伊勢神宮）」というところで、これは神宮の式年遷宮、式年造替のことですが、おそらくヨーロッパで活躍する監修者の目に、二十年に一度、神宮の社殿を同じ形で造り変えていく式年造替の制度が非常に特殊な制度に映ったのでしょう。二十年に一度、古殿地に新しい社殿を建て、古い方の社殿を壊すということを繰り返す式年造替が、「建造と解体を絶えずくり返す」というフレーズを生んだのだと思います。さらに続きをみていきますと、

江戸の大火、大地震といった様々な大災害のもたらす甚大な破壊への適応を余儀なくされた歴史のなかで、建設と破壊が形成する一連の循環は、日本文化に属するものとなる。現代日本建築の歴史とは結局、都市の徹底的な破壊という基礎の上にその根源を見出すというパラドックスのもとに開始された、現代的発明でもあるのだ。

と述べています。日本の現代建築は海外でも非常に高い評価を受けていますが、その背景として、建設と破壊が繰り返し起きている、古いものが破壊され、新しいものが生まれる。それが非常に短いスパンで起きているというのが、日本の建築の特徴であるのだと指摘しています。さらに、

日本建築は、世界の建築のあらゆる動向を探求することになるが、しかし、常に、破壊という危険、あるいは変化の要請にさらされ、非永続性という

基盤に立脚している。

と結んでいます。このように破壊と新たな建設を繰り返す、そのひとつの象徴として、先ほどの一木コレクションを展示していました。もともと一コレクターの趣味の収集に過ぎなかったものが、やがて重要な意味を持つ展示品となっていったと思います。ちなみに、この展示の他のコーナーはほとんどが、図面・模型・写真によるものです。その中で面白かったのは、ポンピドゥー・センターで日本の現代建築の図面や模型を所蔵している例が多かったことです。黒川紀章や安藤忠雄といった皆さんも名前をよく知っている有名な建築家のものが、海外の美術館などで所蔵される例が近年増えています。

二　建築部材の収集

続いて、「建築部材の収集」というテーマに移ります。私が一木さんの著書に触れたのは学生時代のことで、博物館で建築資料を集める立場になってからも、図面だけではなくて、建て替えられる建築の一部分というものも、大切なものになっていくのではないかと思いました。そのきっかけとなったのが、そごうです。そごうは大阪を代表する建築家・村野藤吾の代表作で、御堂筋《みどうすじ》に面した心斎橋《しんさいばし》に昭和八年（一九三三）・十年・十二年に分けて建てられました。隣には、ヴォーリズの設計した大丸心斎橋店《みせ》があり、全国的にも良く知られた建築でしたので、当時はまさかこの建物が壊されるとは思ってもみませんでしたが、建て替えられることになりました。

その時に、この建物の一部を博物館で収集することができなかったことが、私としては大きな悔いを残すことになりました。それまでも、住宅建築の建替えなどに際して建築部材を集めたことはありましたが、そごう以降は大阪の代表的な建物が壊される際には、できるだけその象徴となる一部を収集したいと思うようになりました。ここからは、どのような建物を当博物館で収集してきたかということを紹介したいと思います。

まずは、昭和五年（一九三〇）に竣工した大阪市交通局庁舎、かつての電気局庁舎です（写真1）。ご覧のように、城郭風の大変立派な鉄骨鉄筋コンクリート造《ぞう》の庁舎でした。建物は本来そのものを残すのが良いのですが、どこか一部分を残せないかと考えました。目を付けたのが、先ほどの「INAXライブミュージアム」にもありましたタイル、外装のスクラッチタイルであります（写真2）。スクラッチタイルは、表面に引っかき傷のような凹凸のあるタイルで、主に昭和初期に使われていたもので、時代の特色を表すものでもあります。また、一階ホール床の大理石の乱貼りも面白いものです。当時は国産建材の使用が奨励されていた時代でもありますが、ここではイタリア産の鮮やかな大理石がふんだんに使われていました。このような、デザイン上の特色のある部分を、解体の際に寄贈していただきました。

つづいて、もと大阪市立愛日《あいじつ》小学校です。大阪市では、早い段階から鉄筋コンクリート造で最新の設備を誇る校舎が建てられました。大阪市の補助金と学区からの拠出金をもとに、学区ごとに競う様に豪華な校舎が建てられました。愛日小学校は昭和四年に第二期が竣工した鉄筋コンクリート造校舎です。

ここでは、正面玄関の床面を飾ったモザイクタイルの装飾の一部など、代表的な装飾の一部を寄贈いただきました。こうしたものは、私ひとりでは取り外

写真1　大阪市交通局旧庁舎（旧・大阪市電気局庁舎）

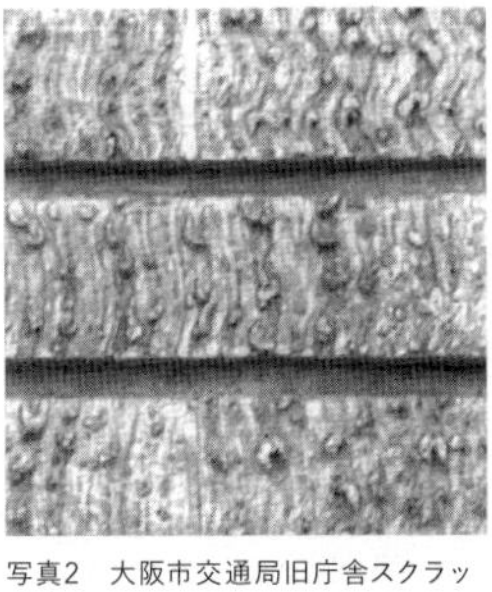

写真2　大阪市交通局旧庁舎スクラッチタイル

しができないので、解体の際に所有者に依頼して、解体業者に外してもらいます。愛日小学校では閉校後、この大阪歴史博物館の準備室（新博物館・考古資料センター準備室）が置かれていたこともあり、私も一時席を置いていたので、建物にも愛着があります。

愛日小学校は取り壊し前、集英《しゅうえい》小学校と統合されて開平小学校となりました。集英小学校が先に建て替えられて開平《かいへい》小学校の校舎が建てられましたが、その際に集英小学校も立派な校舎でしたから、取り壊しは惜しいと考えた人が、その装飾の一部をとっておいて、壊される前の愛日小学校校舎に保存しておりました。ところが、愛日小学校も取り壊されることになって、集英小学校の部材もなくなってしまうかもしれない運命にありました。大切な部分は開平小学校で保存されたと思いますが、失われる運命にあった集英小学校の部材の一部も、愛日小学校解体の際に一緒にご寄贈いただきました。

つづいて、昭和四年から順次建てられていった阪急百貨店大阪うめだ旧本店です（写真3）。ここでも外装タイルを収集しました。昭和四・六年竣工部分の濃紫褐色の外装タイルと、昭和七年以降竣工部分のクリーム色の外装タイルを寄贈いただいたことで、外観の色の変遷がわかります（解体前は、すべてクリーム色一色の外装にかわっていました）。また、八階の大食堂にあった円形のステインドグラスも寄贈いただきました。一木努さんのように、解体現場に行って現場の人に分けてくださいと言っても今は無理ですので、阪急百貨店の方にお願いして、同百貨店から正式な手続きを経て寄贈していただきました。他の所でも同様の手続きをしています。

大きな建築ばかりではなく、身近な建築として銭湯などがあります。大阪市

写真3　阪急百貨店大阪うめだ旧本店

写真4　双葉温泉鬼瓦（大阪歴史博物館蔵）

内では戦前から立派な銭湯建築が沢山ありました。そのひとつ、昭和十三年に建てられた、豊中市と接する淀川区三国にあった銭湯・双葉温泉です。こちらは、双葉山という当時人気の力士をかたどった鬼瓦です（写真４）。双葉山は、この銭湯の名前の由来にもなりました。これは現在開催中の特集展示「大阪相撲れきはく場所」（会期：二〇一五年二月十八日〜三月三十日）でも展示されていますし、昨年は「吹田市立博物館」で開催された特別展「一片の瓦から―東アジアにふれる―」（会期：二〇一四年十月四日〜十一月三十日）にも出品されました。

次に、近鉄百貨店阿倍野店旧館です（写真５）。もともとは、昭和十二年に大鉄《だいてつ》百貨店として建てられ、昭和三十二・四十・六十三年に村野藤吾の設計で改修されたものです。最後の改修の時、外装一面に取り付けられていた葡萄唐草文の外装パネルが、二枚一組で建築の表面を飾っていました。一枚あたり畳一枚強の大きさのパネルで、アルミ合金製です。ひとつ、ないしふたつくらいで建物全体の記憶が伝わる良い資料と思い、収集しています。

次に建て替え中の大阪朝日ビル（朝日ビルディング）で、昭和六年の竣工です（写真６）。当時はまだ珍しい白色モザイクタイルを外装に使っておりました。また、普段はあまり目に触れることがない十階和食堂の幾何学文の欄間《らんま》がありまして、ビルのデザインにあわせたモダンな意匠です。外装タイルと異なり、一般の人の目に触れることは少ないですが、ビルの象徴的なデザインとして収集しました。

最後は昭和十二年竣工の宇治電ビルです。鉄筋コンクリート造のビルの表面にタイルとテラコッタが貼り付けられています。テラコッタ装飾は電力の神様をモチーフにしたもので、電力会社のビルにふさわしいものとして寄贈いただきました（写真７）。神像は全長三〜四メートルあり、すべて保存すると何トン

写真5　近鉄百貨店阿倍野店旧館

写真6　大阪朝日ビル（朝日ビルディング）

写真7　宇治電ビルディング神像テラコッタ（大阪歴史博物館蔵）

かになってしまい、とても博物館で扱えるようなスケールではないので、ちょうどこのお顔の部分と手の部分を取り外して、寄贈いただきました。これについては、デザインした人物（長谷部鋭吉《えいきち》）、原型を作った彫刻家（奥田勝）、窯元（泰山《たいざん》製陶所）もわかり、歴史的にも貴重な存在ではないかと思います。

三　建築資料の展示

次に、「建築資料の展示」というテーマで少しお話します。まず、一年ほど前に行いました特集展示「近代建築の記憶」です。普通ですと、図面・模型・写真などで紹介することが多い建築展示ですが、今回は模型と映像各一点はお借りしたものでございますが、ほとんどが当館で収集した実物資料でして、図面は全く展示していません。「図面がない建築展示」が売りで、これまで収集した建築部材を紹介したものです。双葉温泉の鬼瓦や阪急百貨店のステインドグラス、愛日小学校や集英小学校の一部（建築部材）などを「かたみ」として、昔使われていた様子を示す写真とともに紹介しました。図面とは一味違ったもので、建物をリアルに感じられるものとして紹介したものです。これらについては、図録はありませんが、『大阪歴史博物館館蔵資料集10建築部材』（同館、二〇一三）という形でまとめました。

「次は去年開催した特別展「村野藤吾 やわらかな建築とインテリア」（会期：二〇一四年九月三日～十月十三日）です。例えば、さきほどの近鉄百貨店阿倍野店旧館の最後の増改築で、村野が設計した建物全体を覆っていた葡萄唐草文の装飾パネルを展示しました。現在、あべのハルカスが建っており、その中の一部でもこのパネルを保存した部分がありますが、それ以外では当館に残っているものが唯一のものです。この特別展では、建築部材、インテリア、図面、模型、その他の実物資料のバランスを考えながら展示しました。とはいいながらも、通常の建築展に比べますと、建築家ないし設計事務所が描いた図面が非常に少ないと感じられたのではないかと思います。おそらく、建築家や建築関係者にとっては図面や模型は大切なものですので、関係者にとっては物足りなく感じられたかもしれません。いっぽうで立体的な建築部材や村野藤吾自身が直接設計したインテリアをもってくることで、実際の建物を展示することは無理ですが、立体物の実物を多く集めることで、実際の建築を身近に感じることができないかと意図して展示を構成しました。

このような感じで具体的な展示例を紹介してきましたが、今日私が紹介してきたものは、あくまで近現代建築物の展示についてであります。冒頭でも若干申し上げましたが、前近代の建築展示は、歴史展示や美術展示に比較的近いのではないかと思います。扱う資料が、地図や絵図、指図、絵画など従来の歴史資料や美術資料と重なる部分が大きいからです。ただ近代以降の建築展示では、主に図面・模型・写真がひとつの型になっておりまして、そこから私は脱却ができないかと思って展示を試みております。実物資料としての建築部材を取り入れるということをここ十何年か考えながら、展示を試みております。

歴史展示とひとつ大きく異なるかもしれないと思うのは、建築の場合、いま現在の都市の変化と対応する部分が非常に大きい割合を占めているという点です。実際に建て替えられる建物の一部を博物館で保存するとともに、その建物の記憶を伝えていくために、建築部材を展示することによって展示が構成できないかと考えています。それらを通して歴史の展示と同じように記憶の継承を、また美術の展示と同じように何か博物館らしい立体的で美しい展示をしていきたいと考えているところです。

以上足早になりましたが、私がこれまで歴史博物館の中で建築資料の収集や展示をどのように考え、やってきたかということをお話させていただきました。どうもありがとうございました。

＊＊＊

栄原　今週前半は日本列島中が大嵐になっていましたが、昨日まで佐渡に行っておりました。佐渡もフェリーの他全部欠航で、佐渡島に閉じ込められていました。今日までに帰ってこれるかどうか心配したんですが、幸い間に合いました。佐渡では、江戸時代だけでなく明治以降も採掘をやっておりまして、多くの建築物が残っております。本日は「歴史系博物館における建築展示をめぐって」という題でお話いただきましたが、たとえば佐渡でみてきた近代鉱山の建築物などを、どうしたら博物館で展示できるのか、興味を持ちながらお聞きしておりました。私は建築はまったくの素人で、今日はどうなるのかドキドキしておりますが、反面楽しみにしております。建築と博物館、あるいは建築物をどう後世に伝えていくかというあたりを議論させていただきます。最後まで楽しんでいただければと思います。

時間が限られておりますので、急いで話してくださいまして、どうも申しわけございませんでした。私は建築のことはなにも知りません。皆様のなかには、はるかに詳しい方もたくさんいらっしゃるんじゃないかと思います。とんちんかんな質問をしてしまうかもしれませんけども、よろしくお願いします。

酒井　よろしくお願いします。

「建築の忘れがたみ」を収集する

栄原　今日のお話は、私のお聞きしたところでは、直接には、建築というものを博物館でどう展示したらいいのか、という問題提起だったと思います。建物を持ってくるわけにはいかないので、それを博物館の展示場でどう展示することができるのか、それをめぐって、酒井さんはこれまでずっと模索してこられたと思うんですね。その模索のあとを示していただいたと思います。しかし、その背後には、いちばん最後のところでちらっとおっしゃったと思うんですけども、近代建築物というものを後世にどのように伝えていったらいいのか、私はここがやっぱり、酒井さんのいちばん根幹にあるんじゃないかと思うんですね。それを伝えるために、展示を通していろんな方々に知っていただくという、そういう構造になってるんではないかと思いましたが、まず、そういう理解でよろしいでしょうか？

酒井　はい。ちょっと広い話で、とりとめがなかったですが、おっしゃるように、博物館で建物の価値を伝えたい。ふだん何気なく町なかにある建物にも、それぞれ造った人、設計した人がいて、いろいろな表情があります。建物というとよく「箱モノ」として否定的に扱われることが多いんですが、実際には一つ一つ作者がいて造った人たちがいる。そういったことを知っていただいて、もっと一つ一つの建物を大事にしてほしいと思うのが根幹です。

栄原　はい、よくわかります。私、今日拝聴していて、実はこの一木努さんという方を初めて知ったような恥ずかしい次第なんですけども、その一木さんのパワーポイント画像が出たときに、『路上観察學入門』や『建物の忘れがたみ』という本がありました。酒井さんも「建物のかたみ」という言葉をお使いになられたと思うんですけども、非常に印象深く聞きました。「ああ、そうなんだなあ」、一木さんが一生懸命いろんなものを集められたのは、「建物の忘れがたみ」を集めてたんだなあということを一気に実感しました。

単に気に入った珍しいものを集めるということの背後に、一木さんの建築のカケラ収集の話によると、その建物らしいところ、その建物のイメージを表す外観部分を選ぶ、あるいは人の目によくつくところ、人がよくさわった箇所、そういうものを意識的に選ぶと言っておられた。これ、まさに「建物の忘れがたみ」だと思うんですね。「忘れがたみ」というのは、それを手にしたことによって、亡くなった方の思い出が一気によみがえってくるようなもの、そういうものだと思うんですが、それを建築にあてはめてる。一木さんって方、建物がすごく好きだった方なんじゃないかと思うんです。そういう建物がどんどん壊されていく。そのなかで、その愛おしい建物を、なんとか「忘れがたみ」のかたちであれ、残していこうって、そういう思いがあった、そういう方なんではないかと思うんです。酒井さん、この一木さんという方にお会いになられたことはありますか？

酒井　私、直接にはお会いしたことがなくて。こういった著書や収集品を通して知りました。

栄原　私、今日初めて見て、こういうふうに把握したんですが、それでよろしいんですか？

酒井　はい。

栄原　酒井さんは、この一木さんの著書を学生時代にお読みになったとおっしゃいましたが、そのことと建築部材の収集ということとが、すごく酒井さんのなかで関わっていると思うんですね。それで、酒井さんがこれまで集めてこられた大阪市交通局旧庁舎から宇治電ビルディングまでをあげられました。私は、双葉温泉だけ知りませんが、それ以外はみんな知ってます。そういう、大阪を代表するような建築の部材、先ほどの言葉で言ったら「忘れがたみ」ですね、それを集められたのですが、ここが欲しいとか、こういう部分が必要だとかといって、酒井さん自身が集めてこられるわけですか？

酒井　博物館として収集しているのですが、基本的な考え方はそうです。

栄原　ああ、はあ。たいへんですね。

酒井　ですので、私も一木さんに影響を受けた面というのは非常に強いんで、どういった部分を選ぶのかというと、やっぱりいちばん人の思い出に残ってるようなものを重視します。それがたとえばステインドグラスであったり、特徴的な瓦であったり、テラコッタの装飾であったりということです。しかし、そういった思い出的な価値とは別に、普遍的な指標として、たとえばタイルのように、考古学の瓦や土器の編年と同じく、それ自身を学術的に編年できるものや、時代色を表す客観的な部分に注意します。そういう普遍的な部分と、思い出に残る部分という二つの面で集めるように考えて、取り壊しの際にお願いしています。

栄原　そうすると、たとえば愛日小学校の建物について、事前にいろいろ下調べして、有名な建築なんで大事なところは、当然前もって狙いをつけるということなんですね。

酒井　そう、ですね。博物館で主催する建物の見学会などで訪問させていただいたり、あるいは、いろんな原稿を書いたりするために見せていただいたりということもあります。ふだん使っている建物だと、なかなか入れていただけないところが多い。、供用が終わった時点から取り壊しまでの短いあいだに、お願いして見せていただくといったケースも少なくありませんね。

モノがもつ喚起力

栄原　そうですか。なかなか難しい場合もありそうですね。建築物を彷彿とさせるものを意識的に選ぶということですけども、その建物を知ってる人は、そのものを見たら、あっと思いだすんですけども、たとえば次世代の人はどうでしょうか。たとえば私なんかは宇治電ビルの近くで大きくなりましたので、よく知っています。しかし、あんなテラコッタがあるのは知らなかったです。昔建っていた建物が記憶のなかにある人にとっては、「忘れがたみ」の喚起力というか、イメージを呼び起こす力というのは、すごく大きいですけども、それが将来にわたってどこまで保障できるかという問題があると思うんです。この点については、どういうふうにお考えでしょうか？

酒井　古い町並みを描いた絵画とか古写真は、今の人が見ても、昔はこういう様子だったというふうに思い出して、あるいは想像して、とても興味深かったりすると思うんです。さらに、それが実際にあった証しとして、なにかその一つのモノがあることで、一層強まる、象徴的に強まるんではないかと思うんです。町並みの全体的な写真があったとしても、特定の建物の特定の部分が残っているということで、その建物について親近感がわきます。実際にあったという証し、まさに「かたみ」だと思うんですが、「かたみ」があることで、実際にもうすこし自分に近づけて見るということが、もしかしたらその建物の記憶がない人にとっても有効ではないかという思いが、半分期待ですけれども、あります。

栄原　酒井さんが平成二十五年（二〇一三）から翌年はじめにかけて行われた「近代建築の記憶」という特集展示について、図面のない建築展示だとおっしゃって、とても印象深かったです。村野藤吾展のときも思ったのですが、そのモノが置かれていた場所の写真とか、図面とか、そういう建物のもうすこし大きな記憶といいますか、そういう大きな記憶のなかに、取り出された「かたみ」をはめ込むことによって、より重層的な記憶の呼び起こしができないか。そういうことを狙って展示してらっしゃるのかなって思ってました。この前の村野の展示は、そういうことを狙っていらっしゃったんですか？

酒井　村野さんの建築の場合は、残っているものがたくさんあるので、それをどう展示するかというのも難しいんです。建築家によっては、机とか椅子といったインテリアの細部まで非常にこだわって作ることがあります。その一点にその人の作風が伝わってくるという意味では、村野さんは非常にわかりやすい人です。一つ一つの細部にいたるまで、思いがこもっている。ですから、現在使ってる建築などは、インテリアによってよく示すことができるのではないか。現在使っている建物の一部を取り外してお借りしてきたり、あるいは改装によって変えてしまった今は使われてない部分、そういったものを借りてきて展示させていただいた場合があります。

それから、もう一つは、「近代建築の記憶」のほうでは、先ほど言われた重層的という意味で、若林あかねさんという建築を映像で記録保存されていた方がいらして、その方の作品をお借りして紹介させていただきました。写真と並んで映像の記録というのは、かなり大事なものじゃないかと思います。映像・写真に加えて、やはりリアルな一部分というのが、私がぜひ残したいと思ってるところです。

栄原　「かたみ」にこだわりますが、「かたみ」の場合、近親者の方にとっては「かたみ」だけでいろんなことがパアッとわかるわけです。しかし、それを博物館に展示する場合には、「かたみ」と一般の人とをつなぐ媒介項がどうしても必要だと思うんですよ。「かたみ」自体はすごく大事で、それ自体の喚起力はすごくあると思うんですが、それに普遍性を持たせていくにはどうしたらいいんでしょうか?どんな人にも伝わるような展示というのが、たぶん大事な展示なんじゃないかと思うんですけども……。

酒井　まさに、そうなのですが、それがなかなか難しいところでもあるんです。特別展や特集展示のように、同じテーマで一つの展示全体を構成するのは、ある程度やりやすい気がするんです。しかし、うちの博物館の常設展示の場合、いろんな歴史分野の展示のなかに建築の展示が入っていったときに、やはり違和感を起こしてしまうことがあると思います。お客さんの目線でいうと、いわゆる文書とか、近代でしたら印刷物とか、そういった資料のとなりに建築の部材が並んでいると、かなり違和感を感じるだろうという気がします。

よく歴史の人から、それは目をひくものだけれども、それが社会のなかでどういう位置づけにあったのか、それを示さないともったいないと言われることがあります。建物の一部分というのは、あくまでもカケラであって、象徴的な部分ではあるけれども、それとその建物が持っていた意味とか、社会のなかでの意味と結びつけるのは、自分ではまだ答えがだせていないテーマだと思います。

町並みとしての近代建築

栄原　これまでの前半では、建築物をその一部分でどう展示するかという話をしてきましたけども、すこし話を広げたいと思います。近代建築というものを、博物館でどう後世に伝えていったらいいのかという問題です。私はこれは焦眉の急な問題ではないかと思ってるんですが、そういう点に話を動かしていきたいと思います。私、今日お話をうかがっていて、これは個々の建築物の記憶、一つの建築物の「かたみ」というかたちで捉えた話だったと思いました。だけど建築というのは町のなかにあるものであって、町並みの一部だと思うんですよ。そうすると、町並みの一部としてその建築がどう存在し、どう生きてきたかということがやっぱりすごく大事なんじゃないかという気がするんです。そういう一つ一つの建築を掘り起こし、あるいは思い出したうえで、次には町のなかでのその建築物の意味を考えないといけないんじゃないか。さらに、それを博物館でどう展示するかということは、これまた大きな問題です。

建築のご専門の立場からして、たとえば近代建築物は、どういうふうに位置づけられるのか。一個の独立した建築物としてしか扱われてないのか、あるいは「重要伝統的建造物群保存地区」というのが全国に一〇〇カ所ぐらいあるんですけども、個々の建物じゃなくて町並みとして、全体の景観を守っていこうって動きが一方ですごくありますよね。そのなかで、近代の建築物群がどのように扱われているのか、また取り組まれてるのかどうか、そのあたりの現状を教えていただけたらうれしいんですけど。

酒井　近代建築が注目されるようになった理由の一つとして、やはり町のなかのランドマーク的な意味を持ってることが多いという気がします。大阪ですと近代建築はたくさんあるのですが、地方の都市に行っても、歴史のある町だったら一つや二つ近代建築がある。町の近代化の象徴的な意味合いを持っていたと思うんです。町並み保存というと、やはり統一感のある町、産業と関わったりして統一感のある町並みが魅力であり保存のテーマになってくると思うんです。

そのなかでおそらく、近代的な洋風の建物が町家《まちや》のなかに入り込んでしまったりすると、景観的に浮いてしまったりするという意見の方もいるかもしれない。しかし、伝統的な町並みの中に、それが近代化の象徴としてどのようにもたらされたか。たとえば小学校でしたら、いち早くモダンなものを建て、いちばん最初に洋風化が起こり、官公庁や病院も早い例です。あるいは、和風住宅のなかの一部を洋間にしていったり、そういうかたちで近代建築が徐々に町のなかに入っていく。しかし、それが景観を乱すのかというと、必ずしもそうではない気がします。

ですけれども、これは今の視点かもしれないんです。それが建った当時は、瓦屋根の町並みのなかに、とてつもないものが建ってしまったと思ったかもしれないんです。現在から見ても、近代建築をつくった精度というか、細部をつくった手仕事の密度、そういったものは歴史的な日本の家屋と比べても、けっして見劣りがするものではないし、細部においては質が違うものでも、建築としてのクオリティや歴史的価値としては同等のものだと思います。ですので、先ほどおっしゃられた「重要伝統的建造物群保存地区」でも、たとえば神戸の洋館などの町並みも、歴史的な町並みとして保存されています。これからは、そういった異質な要素であってもいっしょに保存の対象に十分なるし、和風の伝統的なかに、異なったものがどのような順番でどういう割合で現れていったかというのも、非常に興味深いところだと思います。

栄原　なるほど、わかりました。今出てきました「重要伝統的建造物群保存地区」というのは、「伝建」とか重要の重をとって「重伝建」とかいいます。文化庁が推進している事業なんですけども、全国で一〇〇地区か一一〇地区あると思います。大阪はたしか一カ所しかありません。富田林の一カ所だけですね。そのほか思い出すのは、京都でいうと清水の産寧坂《さんねいざか》ですね。あるいは出石《いずし》もそうだったと思います。それに指定されますと、その町並み、あるいはその景観を、一定のエリアのなかで全体として保存していこう、あるいは古い景観を残していくという動きがけっこうあるかと思います。私の記憶では、赤煉瓦の建物群みたいなところまでは指定されていると思うんですけども、そのあとの鉄筋コンクリートを使った建物が立ち並んでいるようなところが「伝建」になっている例は、たしかなかったと思うんですけども。ないですよね？

鉄筋コンクリート建築物の将来

酒井　まだ今の段階ではないと思います。私は学生時代に関東にいて、群馬県の桐生という町並みを調査していたことがありました。そこは町家もたくさん残ってるんですが、赤煉瓦の倉庫であるとか、のこぎり屋根の機織りの工場であるとか、あるいは銭湯のようなものも調査の対象として伝統的建造物群のなかで見ておりました。しかし、戦後に、駅前とかが鉄筋コンクリート造三階建てぐらいの画一的な商店街になってます。これも町並みになるのかなとか当時冗談で言ってたことがあるんですが、最近は、そういった時代のものまですぐ消えてしまう運命にあります。もしかしたら鉄筋コンクリート造で建てられた町並みが、たとえば香里ニュータウンとか千里ニュータウンとかが、「伝建」になったり、駅前の商店街や戦災復興のビル群がなる可能性もあるんじゃないかと思います。

　というのは、大阪市内でほんとに昭和二十年代の建築であるとわかるものって、現存するものではかなり少ないんではないかと思います。三十年代はまだあると思うんですが、戦後すぐのものは、放っておくと、ほんとに知らない間にみんななくなってしまったということになるんじゃないかと思います。

栄原　私は安野光雅《あんのみつまさ》さんという画家が好きなんです。いろんな風景画を描いてはります。町並みもよく描いてるんですけども、その町並みのなかに、先ほどおっしゃったように、ランドマーク的に銀行とか郵便局とか病院とか、そういうものが古い町並みのなかにポコッと建っている状況が描かれています。建ったときはすごいインパクトがあったのかもしれないんですけど、安野さんの手にかかると、とても落ち着いて、溶け込んで、絵のなかに収まってると思います。「伝建」も、古い伝統的な建造物だけに目を向けてたら、今おっしゃったように昭和二十年代の建物が、いつの間にかなにもなくなっているということではやっぱりいけないんじゃないかと、今すごく感じました。冒頭に佐渡に行ってきたって言いましたけども、佐渡には実は「伝建」が一つあります。宿根木《しゅくねぎ》というところですが、港町です。北前船《きたまえぶね》が寄港するところで、すごく栄えた町で、そこを見たんですけど、それと同時に見たのが佐渡金山なんです。佐渡金山は、もちろん江戸時代から採掘が始まっている。一六〇一年から始まったと言われてますが、実は、明治になってからも大々的な採掘をやってるんですね。その近代化遺産というものが、いっぱい残ってるわけです。それを見に行ったんです。

今、近代化遺産、たとえば軍艦島などを史跡に指定していこうという動きが一方ですごくあります。これも文化庁が推し進めている仕事です。私は軍艦島も行きましたし、佐渡金山も見ましたが、いちばん思ったのは、鉄筋コンクリートというものの持っている問題点です。軍艦島なんてもう、触ったらハラハラッと落ちるような状態になってる。そういうものをどう保存していくのかということがすごく大きな問題で、そこが解決しないと、鉄筋コンクリートの建物はなにも残らないっていうことになってしまいはしないかという心配にすごくかられました。これは大丈夫でしょうか？ 鉄筋コンクリートの建物を将来に保存していくのは、どうしたらいいのでしょうか。何か見通しはありますか？

酒井　ちょっと話が大きくなってしまってますが、木造は手入れをしていったら長く使えます。伊勢神宮は一から新しい材で、まったく同じデザインで建て替えますけど、今日残ってる木造の歴史的建造物の多くは、解体修理のような大規模な修理を何度も繰り返して、何百年と残っています。その際には古い材をなるべく残して、取り換えるものを最小限に抑えたりして今日に伝わっていると思うんです。

鉄筋コンクリート造についても、ほったらかしにしていると、軍艦島みたいに、いつ崩壊してもおかしくないようになってしまいます。軍艦島の建物の多くはコンクリート打放しですが、タイル貼りした部分は、強烈な海風や豪雨に長年さらされても、コンクリートの構造体はほとんど傷んでいないという調査結果もあります。やはりそれなりにお金がかかるとは思うんですが、定期的に点検して修理していくしかないと思うんです。普通のマンションでも二十年もしたら大規模修繕をしますが、そうやってお金をかけて資産価値を守っていくのと同じように、鉄筋コンクリート造の建物もちゃんと大事にしていってあげると、それなりにもつと思います。たとえば昭和六年に鉄骨鉄筋コンクリート造で復興された大阪城の天守閣は、八十年を超えていますが、一部大規模な修繕をしてちゃんと建っております。天守閣は今は登録有形文化財ですが、将来的にはおそらく鉄筋コンクリート造の復興された天守閣として、重要文化財とかに……。

栄原　うん、なりますね。

酒井　ひょっとしたら国宝になってもおかしくない。

栄原　うん、おかしくない。（会場、笑い）

酒井　思います。いや、笑っておられますけど、ほんとになってもおかしくない。

栄原　うん、おかしくないと思いますね。いま酒井さんから、鉄筋コンクリートでも、手を入れていけばもつとうかがって、とても安心しました。近代建築というのは、ほとんどすべてと言っていいぐらい鉄筋コンクリートなわけですね。これをちゃんと保存していく技術が確立しないと、全部なくなってしまう。鉄筋コンクリートって、よくもって一〇〇年ぐらいですか？

酒井　今から一〇〇年前というと大正の初めぐらいになります。ちょうどそのころ日本で鉄筋コンクリートが普及し始めました。ですが、大正時代の建築は、船場などにたくさん残っておりますが、傷んだような様子はそれほどないです。いろいろ地震が起こるたびに建築基準法が変わっていって、耐震基準が厳しくなっていくので、新しい基準から見たら、当時精一杯建てられたものが現行の基準を充たしていないというのはあります。それを耐震改修によって寿命を延ばすということは、今では当たり前のことになっています。丁寧な修復をするとやっぱりお金がかかるけれども、最近はそれなりにローコストでも修復を試みる人たちも現れてるんで、必ずしも保存イコールお金がかかる、だけではありません。

これから人口減少の時代を迎えるにあたって、新しいものに建て替えるだけではなく、今あるものを使っていくということが必要になってくると思います。鉄筋コンクリート造の建物というのは、まだ二〇〇年、三〇〇年という時間を経験していないだけであって、今後、木造建築と同じように、長いスパンを経験したら違うんじゃないでしょうか。

栄原　ああ、その通りですね。

酒井　質は違うけど、たとえば古代ローマの建築でも、煉瓦とコンクリートで造ってるんで、手を加えることは必要ですけれども、ひょっとしたら一〇〇〇年、二〇〇〇年ともつ可能性もあるんじゃないかと。

栄原　いやー、すごく安心しました。佐渡金山の近代化のさまざまな工場群は、終業以降、放置されてきたわけです。コンクリートのなかの鉄筋の錆が進んでふくらんで、それがコンクリートをバシッと割っているという非常に生々しいのを見てきましたので、大丈夫かなってすごく心配していたんですが、今、とっても心強いお話をいただいたんで、安心できるのかなあ。残すべきものは残すという人間の意志が働くと、残していくことができるのかもしれない、という感じを持ちました。非常に心強く思いました。

都市の変化と連続性

栄原　配布資料のいちばん最後のところで「現代都市の変化と、それらの記憶を保存することにも重点を置く」とお書きになってます。現代都市というのは、これからもどんどん変わっていきますし、ポンピドゥー・センターの副館長さんが言ってるように、日本だけじゃないと思うんですけども、どんどん崩して新しい近代的な建物を建てていくということが、すごく行われているわけで、現代都市というのは、もう日夜変貌を遂げていく都市だと思うんです。それらの記憶を保存していくことにも重点を置く、それを、図面・模型・写真からの脱却を模索して行っていく、とお書きですが、一つの建物の変遷ということではなくて、その建物の記憶を町の記憶の一部として留めていくということで模索をしていらっしゃると思うんですけども、最後にあまり時間がないのですが、補足していただくとか、もうちょっと広げていただくようなことがあれば、と

てもうれしいんですけども、いかがでしょうか？　これはちょっと無茶振りかもしれませんが。（笑い）

酒井　やっぱり建築とか都市というのは、僕も、変わっていくものという印象が強いです。先ほどの「金沢21世紀美術館」の展示の説明ではないですが、解体と建造が絶えず繰り返されるということが、自分の記憶のなかでもあるし、バブル期なんか特にそんな感じがしました。経済が良くない今の時期でさえ、どんどん壊されて新しくできています。それが絶えず繰り返されるということは、都市の面白さでもあるのかもしれないけど、やっぱり変わらないでいてほしい部分というのは必ずあるはずなので、その部分の魅力をきちんと伝えていきたいと思います。

海外に旅行に行くと町並みが素晴らしいのに、大阪に帰って来て関空から帰る途中の町並みを見ると悲しくなった、と言われることがあってしんどく思うんですが、そんなこともなくて、日本の町並みもまだまだ捨てたものではありません。瓦屋根が連続した町並みだけでなく、その後の近代建築、あるいは戦後建築は、一つ一つを評価していくと、ものすごくよくできているところがあるのではないかと思います。大阪は、戦後の発展が著しい都市でしたので、戦後の建築も、全国に先駆けて見直し、大切にしていくことで、全国的な建築や町並み保存・活用をリードしていくことができるかもしれません。

博物館で何ができるかというと、ごく限られていますが、ある建物の一片を展示することによって、その一部分をつくるのに注がれたいろんな気持ちみたいなものを汲み取っていただいたり、それらが組み合わさって建物や都市ができていることを実感してほしいのです。日本の町並みには統一感がないというのは、どうしてもあるんですけれども、一つ一つはある程度レベルが高いので、時間がそれに統一感を持たせてくれるようなところもあるんではないかと思います。極端かもしれないですが、お寺を見に行くと、古い素木の建築を見て、美しいなと思ったりしますが、できた当時はすごい極彩色で、装飾がものすごく華やかで、それを復原すると周囲と合うんだろうかと思いますが、もしかしたら、現在の新しい、比較的時代の浅い建築も、時間のフィルターを通すことによって、伝統的な町並みに溶け込んでいくという面はあるのかなと思います。

栄原　ありがとうございました。都市そのものが動いていくことが魅力だという面はあるのですが、そのなかでやっぱり残していかなければならないもの、あるいは残したいものもある。そういうものを総合して、今後、都市をどう展示するかということを考えていきたいということでございました。ちょっと時間過ぎてしまいましたけども、今日はこれで終わりたいと思います。酒井さんに拍手をお願いしたいと思います。

（会場拍手）

栄原　どうもありがとうございました。

出典　『館長と学ぼう　大阪の新しい歴史Ⅰ』栄原永遠男編　東方出版　２０１７年

第7章

大阪市公会堂

解題　橋寺知子

○ 大阪市公会堂（現・大阪市中央公会堂）の指名懸賞競技図案原図について

○ 大阪市公会堂（現・大阪市中央公会堂）の指名懸賞競技図案原図について

はじめに

大阪市公会堂（現・大阪市中央公会堂）〔写真1〕は、明治44年（1911）大阪株式取引所所属仲買人岩本榮之助の寄付により建設が決まり、翌年財団法人公会堂建設事務所の主催により新築設計案を選ぶための指名懸賞競技が実施された。この指名懸賞競技は、過去に行われた台湾総督府庁舎設計競技などを改良し、競技規程を定めたものであった。

実施された大阪市公会堂の設計競技図案については、『大坂市公会堂新築設計指名懸賞競技応募図案』（以下、『公会堂応募図案』と記す）〔写真2〕が刊行され、それによって競技の概要や応募案を知ることが出来る。現在、大阪市公会堂新築設計指名懸賞競技図案原図（大阪市蔵、以下、原図と記す）が現存するが、『公会堂応募図案』に掲載されたものすべてが現存するわけではない。また、『公会堂応募図案』に掲載された図面は原図のレイアウトを尊重したものではなく、各応募図案を同一条件で比較できるように意図して編纂されたものである。

本稿では、第1章で大阪市公会堂とその指名懸賞競技について先行研究などをもとに検討し、第2章では現存する原図を紹介するとともに、『公会堂応募図案』との比較を行い、辰野金吾による当初の指名懸賞競技の概評に触れながら、原図から読みとれる内容について検討を加える。

解題

中之島に位置する大阪市中央公会堂は、大阪の近代建築を代表する建物であり、その姿は市民にも観光で訪れる人々にも親しまれている。指名懸賞競技によって岡田信一郎案が最優秀となり、建築界の重鎮、辰野金吾を中心として実施設計がなされたことはよく知られている。本稿は、懸賞競技時に提出された13案の図案の原図を分析するものである。最優秀の岡田案の図案は、当時の刊行物や後世の書籍にもよく掲載されているが、全ての応募案を綿密に分析した論考はこれに尽きる。

大きさは限られるものの、大阪市が所蔵する原図の写真が図版としてすべて掲載されており、資料的価値も高い。本稿は「研究論文」であり、一般の人々が主要な読者と考えられる刊行物向けに書くものと異なり、文章は硬く、少し退屈に思えるかもしれない。応募された13案それぞれへの辰野金吾の評価を、当時の専門雑誌に掲載された文章から引用しており、読みづらい部分もあるだろう。だが分析は細かく丁寧で、大阪市中央公会堂について論じる時には、再確認する研究資料の一つである。

展覧会で公会堂の設計図を見る機会は、酒井氏が学芸員として活躍する中で何度かあった。大阪の近代建築に関わるようになってから、筆者も竣工当時の刊行物に掲載された図案を見て知ってはいたが、実物は想像より大きく、描画は綿密で美しく、原図の魅力を強く感じたことを思い出す。「収集」と「研究」は、博物館の仕事で大事な部分だが、外部の者にはなかなか見えない。本稿に表れているような地道な研究が基礎となり、その展開として展覧会が企画され、「展示」としてモノが私たちの目に触れるものとなり、いろいろなことを考えさせてくれる。そこに至るまでの酒井氏の陰の努力を知る論考といえるだろう。

（橋寺知子）

第1章 大阪市公会堂と応募図案原図の概要

ここでは、大阪市公会堂の建築とその指名懸賞競技の概要、および指名懸賞競技に対するこれまでの評価について、主として先行研究をもとに検討する。

第1節 大阪市公会堂について

大正7年（1918）に竣工した公会堂については、既に報告書や年史などがある(1)。［表1］に建築概要を、［表2］に建築関連事項を中心とした大阪市公会堂の年表を示す。

[表1] 大阪市公会堂建築概要

	竣工当時	保存・再生工事
所在地	大阪市北区中之島1丁目1番27号	
様式	復興式中準パラディアン式	
起工	大正2年(1913)6月28日	平成11年(1999)3月16日
竣工	大正7年(1918)10月31日	平成14年(2002)9月30日
設計者	岡田信一郎(原案) 財団法人公会堂建設事務所(実施設計)	大阪市住宅局営繕部、 坂倉・平田・青山・新日設設計共同企業体、 設計統括：太田隆信
施工	直営	清水・西松・大鉄特定建設工事 共同企業体
工費	112万円余	10,951,109,000円
階数	地下1階 地上3階建	地下2階 地上3階
構造	補強式鉄骨煉瓦造(屋根鉄骨造)	補強式鉄骨煉瓦造(屋根鉄骨造)、 基礎免震増築部：鉄筋コンクリート造
延床面積	8,425.04㎡	9,886.56㎡

[写真2]『大坂市公会堂新築設計指名懸賞競技応募図案』(公会堂建設事務所、大正2年) 大阪市蔵 26.5×37.6×4.8cm

[写真1] 竣工当時の大阪市公会堂　原写真：大阪歴史博物館蔵

[表2] 大阪市公会堂　建築、運営、保存・再生関係年表

和暦	西暦	進捗状況
明治44年	1911	4月12日、岩本榮之助、大阪市に対し公会堂の建設資金の寄付を申し出る。
		8月4日、財団法人公会堂建設事務所認可。
明治45年	1912	4月23日、懸賞競技参加者宛に競技規程を発送。
大正元年		10月31日、懸賞競技設計応募締切。
		11月27日、岡田信一郎案が第1等最優秀案に決定。
大正2年	1913	3月1日、建築設計承認願、肝付兼行市長に提出。
		3月9日、地鎮祭。
		6月28日、工事着手。
大正3年	1914	8月、鉄骨組立工事着手。
大正4年	1915	10月8日、鉄骨組立て完了し定礎式。
大正5年	1916	10月27日、寄付者・岩本榮之助逝去。
大正7年	1918	10月31日、工事完工。
		11月17日、落成奉告祭。
大正12年	1923	南西階段室吹抜けにエレベータ増設。
昭和8年	1933	南東階段室吹抜けにエレベータ増設。
昭和12年	1937	大改修工事により、表玄関に車寄せと庇の設置、冷房装置の設置、 昇降機及び拡声器の改造、大集会室の改修、舞台装置の改造などを実施。
昭和19年	1944	この頃、ミネルヴァとメルクリウス像、エレベーター、手摺などが金属供出される。
昭和26年	1951	26～28年にかけ、全館壁塗装、大集会室連結椅子一部新調、 全館呼出用拡声装置新設、大集会室拡声装置新調などを実施。
昭和30年	1955	30～33年にかけ、大集会室、中集会室、小集会室の壁塗装、 大集会室連結椅子一部新調、各階洗面場の改修、各室蛍光灯取替、 大集会室及中集会室の暗幕新調などを実施。
昭和39年	1964	39～43年にかけ、全館壁塗装、室内改装、新電気室工事と電気幹線取替工事、 交換機取替工事、拡声装置取替工事(大集会室、中集会室)、映写機取替工事、 大集会室のリノリューム貼替、固定椅子新調、客席及び舞台の照明設備工事、 舞台吊物設備工事などを実施。
昭和63年	1988	大阪市、公会堂の保存の方向性を決定。
平成元年	1989	大阪市、「中央公会堂将来構想検討委員会」を設置。
平成11年	1999	3月16日、保存・再生工事着工。
平成14年	2002	9月30日、保存・再生工事竣工。
		12月16日、重要文化財に指定される。

※[表1][表2]は、主として『重要文化財大阪市中央公会堂保存・再生工事報告書』をもとに作成した。

大阪市公会堂は大正7年、大阪市北区中之島に竣工した大阪を代表する近代建築として知られる。設計は、指名懸賞競技で1等に選ばれた岡田信一郎の案をもとに、財団法人公会堂建設事務所が実施設計を行った。竣工した公会堂の建築は補強式鉄骨煉瓦造で、様式はネオ・ルネッサンス式である(2)。また、赤煉瓦と白い花崗岩(あるいは擬石)を組み合わせた意匠は、「辰野式」とも呼ばれる(3)。竣工時の内部は、地下1階に酒場、賄所、賄詰所、暖房室、器具置場などが、1階に玄関広間、大集会室などが、2階に大集会室上部の階段席、貸間、市長室、新聞記者室などが、3階に貴賓室、大食堂、中食堂などがあった。貴賓室は、正面大アーチを内部に引き込んだようなヴォールト天井で、天井画や壁画は松岡壽が描いた。松岡は、正面大アーチ上のミネルヴァとメルクリウス像の下絵も手がけた。

公会堂の設計案作成にあたり明治45年に指名懸賞競技が行われ、大正元年(1912)10月31日に応募が締め切られた。17名の指名競技者中、13名が設計案を提出し、選考の末、応募者中最年少だった岡田信一郎(当時29歳)の案が1等に選ばれた。岡田は東京帝国大学卒業後、大学院に残るとともに、当時辰野が設計顧問を務めていた警視庁に工師嘱託として入り、明治44年竣工の警視庁の設計に携わった。前野嶤は、警視庁の建築について「半地下一階地上二階煉瓦造の大建築で、特に正面出入口の大アーチのファサードはこの建築の特徴となっているが、この手法は後の大阪市公会堂コンペのファサードに一層発展した形で使われ」たと指摘している(4)。警視庁からの影響のほか、山形政昭は辰野片岡建築事務所の設計で明治45年に竣工した堺公会堂(大浜公会堂)と「平面計画及び特徴的な正面構成にも類似性」が認められると指摘する(5)。

大阪市公会堂の工事は、大正2年3月9日地鎮祭が行われ、同年6月28日工事に着手された。工事は財団法人公会堂建設事務所による直営で行われ、大正7年10月31日に工事完了、同年11月17日に落成奉告祭が行われた。

建設資金は100万円にその利息10万円をあわせた110万円で計画され、総額112万円となった。当時、工事監督を務めた谷民蔵は「岩本氏の提供せる資金は大正四年十月末日に於て丁度一百万円に充実するの計算なるを以て、工費支出は工事の進捗に伴ひ、毎年二十万円宛とし、茲に五ヶ年を期し竣成するの予定を確立されたるもの也」(6)と述べている。ただし、第一次世界大戦のため「各種材料及工手間の暴騰せる如きは寔に工事中の重大なる支障にして、其の影響は痛切に本工事の予定に四ヶ月の延期を見たるものに外ならず」(7)とその影響に触れている。112万円の内訳として「大正四年十月末に百万円に満ち契約と支払との間に利殖金二十一万余円に達するに及んで当初の予算額より超過約十五万円なるも市へ寄贈金五万円減と利殖十万円を以て添補せり」(8)と述べた。

竣工後の公会堂は、演劇やコンサート、講演会、学校・企業の行事、市民活動など多様な用途に供され、たびたび改築が行われた。戦時中は正面大アーチ上のミネルヴァとメルクリウス像、エレベータなどが金属回収に供された。また、中之島地区の再開発計画に伴い、建替えか保存かの議論がなされ、最終的に保存の方向性が決められた。

平成11年(1999)3月、保存・再生工事に着手し、平成14年9月に完成した。これにより、当初復元がなされ、ミネルヴァとメルクリウス像などが再現された。また同年、重要文化財に指定された。

第2節 指名懸賞競技

大阪市公会堂の指名懸賞競技について、『公会堂応募図案』をもとに概略を述べる。先に行われた台湾総督府庁舎設計競技等において、「応募者に多少の疲色なしとせず」(9)という状況であったため、優良な案を選定するため、設計応募者を指名制とした。応募者選定にあたっては「其選定方を建築学会に内嘱」(10)し、「東京帝大出身の逸材が、世代的にも幅を持たせ」(11)て構成され、次の建築家が指名された（イロハ順）。

①伊東忠太、②中條精一郎、③大澤三之助、④大江新太郎、⑤岡田信一郎、⑥葛西萬司、⑦片岡安、⑧武田五一、⑨田邊淳吉、⑩宗兵蔵、⑪塚本靖、⑫長野宇平治、⑬野口孫市、⑭矢橋賢吉、⑮古宇田實、⑯森山松之助、⑰鈴木禎次

指名懸賞競技は、財団法人公会堂建設事務所理事長が認めたこの17名に対し、設計案の提出を求め、明治45年10月31日（同年7月30日大正に改元）正午までに、「大阪市中ノ島」の財団法人公会堂建設事務所または東京市に設けられたその出張所に提出することが定められた。指名懸賞競技にあたっての「大阪市公会堂新築設計指名懸賞競技規程」と「大阪市公会堂新築設計指名競技者心得」を本論末尾の［資料］に示す。

『公会堂応募図案』によれば、「葛西君は事故の為に、野口君は病気の為に、孰れも競技を辞退せられ次で鈴木君は締切期日間際に至り設計案の提出を見合はされ、森山君は提出後都合ありて撤回の申出あり、為に本所の受領せる設計案は十三通」(12)となった旨が記されている。大正元年11月13日に東京の建築学会において審査規程会議を開催して審査規程を定め、同月15日から21日まで東京商業会議所において審査委員会を開き、投票を実施した。その結果、1等

賞に岡田信一郎、２等賞に長野宇平治、３等賞に矢橋賢吉の各設計案が選ばれた。提出者には、報酬として各１千円が支給され、１等賞には賞金３千円、２等賞には同１千５百円、３等賞には同１千円が贈呈された。

第3節 指名懸賞競技に対する既往の評価

大阪市公会堂新築設計指名懸賞競技は、大阪において重要な設計競技であったばかりでなく、全国的にみても初期の画期をなす設計競技であった。本競技について『近代日本建築学発達史』では、次のように述べている(13)。

明治の後半から大正にかけて、建築界にとって注目され、また当時の関西の人びとに対して、建築家の存在や職能を認識させるうえで効果があったのは、大阪市役所庁舎新築設計懸賞募集（明治45年8月9日締切り）と、大阪市公会堂新築設計指名懸賞競技募集（明治45年10月31日提出期限）の２つであろう。このような懸賞設計が同じ時期に出された理由は、明治の後半、ほかにいくつかのコンペが行われたことに刺激されたためと思われるが、明治41年２月、国会議事堂の建築に関係して発表された辰野金吾・塚本靖・伊東忠太の意見は、「議院建築に当って、広くわが国建築家の案を求めることができる懸賞設計によるべき」を説いたもので、この意見が識者の関心を集めたためとみられる。

当時はほかに、台湾総督府庁舎の懸賞設計（明治42年）があり、また同44年三菱本社の懸賞設計、さらに同年日本大博覧会工事計画のコンペが行なわれている。また関西では、神戸オリエンタル・ホテルの懸賞設計があり、明治38～9年ごろデ・ラランデ（ドイツ）の案が採用されているが、当時、東大の大学院にいた古宇田実がこのコンペに応募している。

以上の引用から、当時の日本、関西での本競技の位置づけがうかがえる。大阪市役所庁舎新築設計懸賞募集と時期が重なっていたが、本競技は「指名懸賞競技」の形をとり、全国の建築家17名を指名したことで、応募者の質を維持できたといえる。なお、大阪市役所庁舎の設計競技では、市役所外の審査員として塚本靖、長野宇平治、大澤三之助の3名があたり、いずれも本指名懸賞競技の参加者であったことからも、本競技の質の高さをうかがい知ることができる。

本競技は「指名懸賞競技法により募集するため、その規則が公表され、指名競技法及競技者自身が審査員となることはこの時に始まった」(14)といわれる。審査については、懸賞競技規程第7条に「理事長及建築顧問並ニ本規程ニ適当スル設計ヲ提出シタル競技者ノ全員ヲ以テ審査委員トナス、但シ審査委員会長ハ理事長ヲ以テ之ニ当フ若シ理事長ニ於テ差支アルトキハ建築顧問ヲ会長トス」と記され、互選形式であった。また同第17条に「当選シタル設計ハ勿論提出シタル設計ハ当事務所ノ所有ニ帰シ意匠ノ取捨配合ハ随意ニ之ヲ為シ得ルモノトス」とされ、意匠の著作権は認められず、実施設計者による改変をあらかじめ想定していた。互選や著作権については、今日では問題だが、当時は試行錯誤の末に編みだされた最良の方法だったといえる。なお、大阪市公会堂の実施設計を行った財団法人公会堂建設事務所のメンバーは、実質的に辰野片岡建築事務所所員であり、辰野金吾や片岡安らにより細部意匠などが大幅に変更された。これについて岡田信一郎は「一生懸命しつけた娘が、嫁入先でしつけを変えられてしまったようで淋しい」(15)と例えたというエピソードが伝えられ、厳正な規程を設けながらも建築設計における著作権の難しさを示している。

［表3］原図が展示された展覧会

	展覧会名	会場／主催	会期	出品資料	関連刊行物への掲載
1	特別展「岩本栄之助と大阪市中央公会堂」	大阪市立博物館／大阪市立博物館、大阪市教育委員会	平成11年4月24日～5月30日	各案透視図、断面図など	図録掲載なし
2	特別展「文京公会堂とその時代」	文京ふるさと歴史館／文京ふるさと歴史館、㈶文京区地域・文化振興公社	平成12年2月11日～3月26日	岡田信一郎案透視図	図録12頁
3	企画展「モダン都市大阪」	大阪市立住まいのミュージアム／同左	平成14年4月26日～5月27日	各案透視図	図録15、36-39頁
4	特集展示「大大阪時代の建築」	大阪歴史博物館／同左	平成14年10月23日～12月16日	各案透視図	リーフレット2頁
5	「武田五一・田辺淳吉・藤井厚二」	ふくやま美術館／ふくやま美術館、福山市教育委員会、近代建築福山研究会、朝日新聞社	平成16年1月16日～3月14日	田邊淳吉案、武田五一案	図録23・48頁
6	特別展「煉瓦のまちタイルのまち」	大阪歴史博物館／同左	平成18年10月7日～12月11日	各案透視図、断面図など	図録49-51頁
7	特集展示「大阪市中央公会堂の建築・美術・舞台」	大阪歴史博物館／同左	平成20年10月29日～12月23日	各案透視図	リーフレット2頁
8	「大沢昌助と父三之助展」	練馬区美術館／同左	平成22年10月31日～12月23日	大澤三之助案	図録20-23頁
9	特別展「民都大阪の建築力」	大阪歴史博物館／同左	平成23年7月23日～9月25日	各案透視図、断面図など	図録掲載なし

第2章　指名懸賞競技応募図案原図の分析と考察

指名懸賞競技は互選により行われ、辰野金吾の影響が強く働いたといわれる(16)。今日の各設計案に対する言説は、主に当初の辰野による審査講評(17)および『公会堂応募図案』掲載図版に依っていると考えられる。ところが、『公会堂応募図案』はモノクロ印刷で、紙面サイズの制約から実際の図面の大きさや描写された細部を観察することが難しい。管見の限り、指名懸賞競技の原図が紹介された展覧会は［表3］に示した通りで、原図の存在が知られる機会が少なかったことも一因と考えられる。

書籍などにカラー図版が紹介される機会も、これら展覧会の図録を除き、ほとんどなかった(18)。

本章では、辰野金吾による審査講評について言及するとともに、原図から読みとれる内容を中心に、再検討を加える。なお、本競技の提出物には本来、設計仕様概要が含まれているが、本稿ではその原資料の存在が確認できなかったため、必要なものについては刊行物(19)をもとに言及した。

第1節　『大坂市公会堂新築設計指名懸賞競技応募図案』と原図との比較

大阪市公会堂新築設計指名懸賞競技では、応募条件にあたる線図の一部と13名の応募図案の原図が現存する［表4］。原図は、木箱1箱に納められ、大阪市中央公会堂に保存されていた。また、『公会堂応募図案』に掲載された図版と現存する図版の対比を、［表5］に示す。

『公会堂応募図案』では、その大半を「設計図案」の紹介に充てている。掲載順序は、1等岡田信一郎、2等長野宇平治、3等矢橋賢吉の順で、以下、伊東忠太からイロハ順で紹介している。ただし、大澤三之助と大江新太郎、武田五一と田邊淳吉は、イロハ順の掲載順序が逆転している。

各応募者の図面の掲載順序は、冒頭に作者紹介（顔写真入）があり、続いて配置図、各階平面図（地中階、第一階、中二階、第二階）、透視図、立面図（正面図、側面図、背面図）、断面図（横断図、縦断図）の順である。これは、「大阪市公会堂新築設計指名懸賞競技規程」に示された提出図面の種類と一致するが、掲載順序は異なる。これは、書籍としての体裁、みやすさを考慮したためと思われる。

原図は、指定のあったワットマン紙で全99葉と、線図2葉を貼りつけた1葉の計100葉が現存する。岡田信一郎案では、透視図1葉、平面図1葉（第一階・半地中階）、断面図2葉（縦断図、横断図）が存在し、配置図、平面図（中二階、第二階）、立面図（正面・側面・背面）は現存しないが、他の12案は全図面が現存する。岡田信一郎案は、1等当選案として掲示、紹介されることが多く、途中で一部原図が所在不明になった可能性が考えられよう。

第2節 原図の分析

ここではまず、財団法人公会堂建設事務所により作成された「大阪市公会堂新築設計指名競技者心得」関連図について紹介した後、設計者13名の応募案原図を順次紹介・検討する。

（0）「大阪市公会堂新築設計指名競技者心得」関連図（資料図版0001）

『公会堂応募図案』には、「公会堂新築敷地其付近市街図及地層断面図」と「線図（ラインドローイング）及公会堂ニ要スル室数面積等ノ希望」が2頁にわ

［表4］ 大阪市公会堂指名設計懸賞競技応募図案原図一覧

原図番号	作成者	現存図面の名称	印	現存図の法量(cm)
0001	公会堂建築事務所	線図(ラインドローイング)	−	79.0×53.3
0001-1	公会堂建築事務所	線図(ラインドローイング)より中2階平面図(1/300)	−	31.7×25.0
0001-2	公会堂建築事務所	線図(ラインドローイング)より第2階平面図(1/300)	−	31.8×24.9
0001-3	公会堂建築事務所	配置図下書	−	79.0×53.3
0101	岡田信一郎	大阪市公会堂新築設計図 第九号 透視図	第十号	55.0×87.7
0102	岡田信一郎	大阪市公会堂新築設計図 第二号 第一階及半地中階平面図 縮尺二百分之一	第十号	63.4×98.0
0103	岡田信一郎	大阪市公会堂新築設計図 第七号 横断図 縮尺百分之一	第十号	63.3×97.8
0104	岡田信一郎	大阪市公会堂新築設計図 第八号 縦断図 縮尺百分之一	第十号	62.9×97.8
0201	長野宇平治	大阪市公会堂 透視図	第六号	63.0×95.7
0202	長野宇平治	大阪市公会堂 配置図 縮尺六百分之一	第六号	63.3×97.7
0203	長野宇平治	大阪市公会堂 平面図 半地中室・第一階・中階・第二階・第三階	第六号	99.0×64.8
0204	長野宇平治	［大阪市公会堂 平面図］中階	第六号	78.7×58.7
0205	長野宇平治	大阪市公会堂 立面図 正面・西面 縮尺百分之一	第六号	99.2×64.8
0206	長野宇平治	大阪市公会堂 立面図 南面 縮尺百分之一	第六号	64.8×99.1
0207	長野宇平治	大阪市公会堂 断面図 東西断面 縮尺百分之一	第六号	64.8×99.1
0208	長野宇平治	大阪市公会堂 断面図 南北断面 縮尺百分之一	第六号	64.9×99.0
0301	矢橋賢吉	大阪市公会堂 配景図	第五号	62.2×97.5
0302	矢橋賢吉	大阪市公会堂 配置図 縮尺六百分一	第五号	70.6×100.1
0303	矢橋賢吉	大阪市公会堂新築図 第一階平面・中二階平面縮尺二百分之一	第五号	70.5×101.2
0304	矢橋賢吉	大阪市公会堂新築図 第二階平面・半地階平面縮尺二百分之一	第五号	70.8×101.0
0305	矢橋賢吉	大阪市公会堂新築図 正面 縮尺百分之一	第五号	70.6×100.4
0306	矢橋賢吉	大阪市公会堂新築図 側面 縮尺百分之一	第五号	70.9×100.5
0307	矢橋賢吉	大阪市公会堂新築図 後面 縮尺百分之一	第五号	72.0×101.6
0308	矢橋賢吉	大阪市公会堂新築図 横断面 縮尺百分之一	第五号	70.1×100.0
0309	矢橋賢吉	大阪市公会堂新築図 縦断面 縮尺百分之一	第五号	70.5×99.8
0401	伊東忠太	大阪市公会堂 透視図／大阪市公会堂 配置図 縮尺六百分之一	第三号	61.5×95.1
0402	伊東忠太	大阪市公会堂 平面図 地中階・第一階・中二階・第二階縮尺二百分之一	第三号	62.0×95.3
0403	伊東忠太	大阪市公会堂 前面図 縮尺百分之一	第三号	61.1×95.5
0404	伊東忠太	大阪市公会堂 側面図 縮尺百分之一	第三号	61.1×95.0
0405	伊東忠太	大阪市公会堂 後面図 縮尺百分之一	第三号	61.6×95.5
0406	伊東忠太	大阪市公会堂 横断面図 縮尺百分之一	第三号	62.2×95.5
0407	伊東忠太	大阪市公会堂 縦断面図 縮尺百分之一	第三号	60.7×93.7
0501	中條精一郎	大阪市公会堂建築 配景図 第九号 大正元年十月三十日	第九号	60.5×93.2
0502	中條精一郎	大阪市公会堂建築 配置図 縮尺六百分之一 第一号 大正元年十月三十日	第九号	60.5×93.7
0503	中條精一郎	大阪市公会堂建築 平面図 第一階平面図・中二階平面図 縮尺二百分之一 第二号 大正元年十月三十日	第九号	60.5×93.8
0504	中條精一郎	大阪市公会堂建築 平面図 半地中階平面図・第二階平面図 縮尺二百分之一 第三号 大正元年十月三十日	第九号	60.2×94.0
0505	中條精一郎	大阪市公会堂建築 正面立図 縮尺百分之一 第四号 大正元年十月三十日	第九号	60.3×93.3
0506	中條精一郎	大阪市公会堂建築 側面立図 縮尺百分之一 第五号 大正元年十月三十日	第九号	60.3×93.2
0507	中條精一郎	大阪市公会堂建築 背面立図 縮尺百分之一 第六号 大正元年十月三十日	第九号	60.5×93.8
0508	中條精一郎	大阪市公会堂建築 横断面図 い一い断面図 縮尺百分之一 第七号 大正元年十月三十日	第九号	60.3×93.2
0509	中條精一郎	大阪市公会堂建築 縦断面図 ろ一ろ断面図 縮尺百分之一 第八号 大正元年十月三十日	第九号	60.6×93.2
0601	大江新太郎	［大阪市公会堂］ 配景図 大正元年十月	第七号	63.9×95.5
0602	大江新太郎	大阪市公会堂建築図案 各階平面図 縮尺二百分ノ一 地中階・第一階・中二階・第二階 大正元年十月	第七号	95.8×63.7
0603	大江新太郎	［大阪市公会堂］ 背面姿図 縮尺百分ノ一・正面姿図 縮尺百分ノ一 大正元年十月	第七号	96.0×63.6
0604	大江新太郎	［大阪市公会堂］ 南面姿図 縮尺百分ノ一 大正元年十月	第七号	61.9×96.0
0605	大江新太郎	［大阪市公会堂］ 一般配置図 縮尺六百分ノ一・横断面図 縮尺百分ノ一 大正元年十月	第七号	96.7×64.0
0606	大江新太郎	［大阪市公会堂］ 縦断面図 縮尺百分ノ一 大正元年十月	第七号	64.1×95.7
0701	大澤三之助	大坂市公会堂設計図案 透視図	第四号	61.5×93.5
0702	大澤三之助	大坂市公会堂設計図案 配置図 六百分之一	第四号	52.8×68.5
0703	大澤三之助	大坂市公会堂設計図案 平面 第一階・半地中階 二百分之一	第四号	52.8×68.6
0704	大澤三之助	大坂市公会堂設計図案 平面 中二階・第二階 二百分之一	第四号	52.8×68.5

0705	大澤三之助	大坂市公会堂設計図案 正面 百分之一	第四号	68.6×52.8
0706	大澤三之助	大坂市公会堂設計図案 側面 百分之一	第四号	65.0×101.0
0707	大澤三之助	大坂市公会堂設計図案 背面 百分之一	第四号	68.6×52.8
0708	大澤三之助	大坂市公会堂設計図案 イロ断面 百分之一	第四号	68.6×52.8
0709	大澤三之助	大坂市公会堂設計図案 ハニ断面 百分之一	第四号	64.2×101.2
0801	片岡安	大阪市公会堂新築図面 第七号 配景図	第十四号	64.6×99.4
0802	片岡安	大阪市公会堂新築図面 第一号 平面図縮尺二百分之一半地中階・第一階	第十四号	63.5×96.7
0803	片岡安	大阪市公会堂新築図面 第二号 平面図縮尺二百分之一中二階・第二階・中三階	第十四号	63.6×96.7
0804	片岡安	大阪市公会堂新築図面 第三号 正面建図・背面建図縮尺一百分之一	第十四号	96.2×63.3
0805	片岡安	大阪市公会堂新築図面 第四号 側面建図 縮尺一百分之一	第十四号	63.3×96.2
0806	片岡安	大阪市公会堂新築図面 第五号 横断面 縮尺一百分之一 配置図	第十四号	96.2×63.5
0807	片岡安	大阪市公会堂新築図面 第六号 縦断面 縮尺一百分之一	第十四号	63.4×96.2
0901	田邊淳吉	大阪市公会堂配景図第九号	第二号	63.0×95.1
0902	田邊淳吉	大阪市公会堂新築設計図案 第一号 配置図 縮尺六百分之一	第二号	60.2×94.4
0903	田邊淳吉	大阪市公会堂新築設計図案 第二号 縮尺二百分之一 半地中階・第一階	第二号	60.2×94.8
0904	田邊淳吉	大阪市公会堂新築設計図案 第三号 縮尺二百分之一 第一中二階・第二中二階・第二階	第二号	60.7×94.9
0905	田邊淳吉	大阪市公会堂新築設計図案 第四号 正面図 縮尺百分之一	第二号	60.3×94.8
0906	田邊淳吉	大阪市公会堂新築設計図案 第五号 側面図 縮尺百分之一	第二号	60.5×94.0
0907	田邊淳吉	大阪市公会堂新築設計図案 第六号 背面図 縮尺百分之一	第二号	60.5×94.8
0908	田邊淳吉	大阪市公会堂新築設計図案 第七号 横断面 縮尺百分之一	第二号	60.4×95.0
0909	田邊淳吉	大阪市公会堂新築設計図案 第八号 縦断面 縮尺百分之一	第二号	60.0×94.7
1001	武田五一	大阪市公会堂新築設計図 第九号 透視図	第八号	63.3×100.3
1002	武田五一	大阪市公会堂新築設計図 第一号 配置図	第八号	68.7×101.3
1003	武田五一	大阪市公会堂新築設計図 第二号 半地中室平面図・第一階平面図	第八号	68.7×101.1
1004	武田五一	大阪市公会堂新築設計図 第三号 中二階 平面図・第二階平面図	第八号	68.7×101.2
1005	武田五一	大阪市公会堂新築設計図 第四号 正面建図	第八号	68.5×101.2
1006	武田五一	大阪市公会堂新築設計図 第五号 側面建図	第八号	68.7×101.0
1007	武田五一	大阪市公会堂新築設計図 第六号 後面建図	第八号	68.7×101.3
1008	武田五一	大阪市公会堂新築設計図 第八号 横断面図	第八号	68.7×101.2
1009	武田五一	大阪市公会堂新築設計図 第七号 縦断面図	第八号	68.7×101.2
1101	宗兵藏	大阪市公会堂新築設計指名懸賞競技応募図案 透視図 九枚之内九	第十三号	59.7×88.6
1102	宗兵藏	大阪市公会堂新築設計指名懸賞競技応募図案 配置図 縮尺六百分之一 九枚之内一	第十三号	60.1×88.5
1103	宗兵藏	大阪市公会堂新築設計指名懸賞競技応募図案 平面図 縮尺二百分之一半地中室・第一階 九枚之内二	第十三号	60.3×88.7
1104	宗兵藏	大阪市公会堂新築設計指名懸賞競技応募図案 平面図 縮尺二百分之一中二階・第二階 九枚之内三	第十三号	60.1×88.5
1105	宗兵藏	大阪市公会堂新築設計指名懸賞競技応募図案 立面図 縮尺百分之一東／正面 九枚之内四	第十三号	60.1×88.7
1106	宗兵藏	大阪市公会堂新築設計指名懸賞競技応募図案 立面図 縮尺百分之一北／側面 九枚之内五	第十三号	60.1×88.7
1107	宗兵藏	大阪市公会堂新築設計指名懸賞競技応募図案 立面図 縮尺百分之一西／背面 九枚之内六	第十三号	59.9×88.3
1108	宗兵藏	大阪市公会堂新築設計指名懸賞競技応募図案 断面図 ハニ 縮尺百分之一 九枚之内八	第十三号	59.5×88.3
1109	宗兵藏	大阪市公会堂新築設計指名懸賞競技応募図案 断面図 イロ 縮尺百分之一 九枚之内七	第十三号	59.7×88.7
1201	塚本靖	大阪市公会堂 透視図 大正元年十月	第一号	61.5×94.0
1202	塚本靖	大阪市公会堂 配置図 縮尺六百分之一 屋根伏 縮尺二百分之一	第一号	56.0×91.7
1203	塚本靖	大阪市公会堂 平面図 縮尺二百分之一 地中階・一階・二階・三階 大正元年十月	第一号	62.5×94.5
1204	塚本靖	大阪市公会堂 正面・背面・横断 縮尺百分之一	第一号	94.7×63.0
1205	塚本靖	大阪市公会堂 側面・縦断 [縮尺百分之一] 大正元年十月	第一号	62.9×95.3
1301	古宇田實	大阪市公会堂 配景図	第十一号	63.2×97.7
1302	古宇田實	大阪市公会堂設計図 其一 配置図 縮尺六百分一 屋根伏図 縮尺二百分一	第十一号	63.5×98.1
1303	古宇田實	大阪市公会堂新築設計図 第三号 中二階 平面図・第二階平面図	第十一号	63.9×97.7
1304	古宇田實	大阪市公会堂設計図 其三 平面図 縮尺二百分一 半地中階・第二階	第十一号	63.6×97.8
1305	古宇田實	大阪市公会堂設計図 其四 正面・背面 縮尺百分一	第十一号	97.5×63.6
1306	古宇田實	大阪市公会堂設計図 其五 側面図 縮尺百分一	第十一号	63.3×98.1
1307	古宇田實	大阪市公会堂設計図 其六 イロ 横断面図 縮尺百分一	第十一号	63.1×97.8
1308	古宇田實	大阪市公会堂設計図 其七 (ハニ) 縦断面図 縮尺百分一	第十一号	63.1×97.8

［表5］『大阪市公会堂新築設計指名懸賞競技応募図案』原図対比表

作成者	図面名称	対応する原図番号
	大阪公会堂新築敷地其付近之図	—
	［ラインドローイング］半地中階第一階中二階第二階	0001-1·2
岡田信一郎	［配置図］	—
	半地中階平面図	0102
	第一階平面図	0102
	中二階平面図	—
	第二階平面図	—
	透視図	0101
	［東面図］	—
	南面図	—
	［西面図］	—
	［横断図］	0103
	縦断図	0104
長野宇平治	配置図	0202
	半地中室［平面図］	0203
	第一階［平面図］	0203
	第二階［平面図］	0203
	中階［平面図］	0204
	第三階［平面図］	0203
	透視図	0201
	正面	0205
	南面	0206
	西面	0205
	東西断面	0207
	南北断面	0208
矢橋賢吉	［配置図］	0302
	半地下室平面	0304
	第一階平面	0303
	中二階平面	0303
	第二階平面	0304
	［透視図］	0301
	正面	0305
	側面	0306
	［西面］	0307
	横断図	0308
	縦断図	0309
伊東忠太	地中階	0402
	第一階	0402
	中二階	0402
	第二階	0402
	大阪市公会堂配置図 縮尺六百分之一［透視図］	0401
	［正面図］	0403
	［南面図］	0404
	［西面図］	0405
	［南北断面図］	0406
	［東西断面図］	0407
中條精一郎	［配置図］	0502
	半地中階平面図	0504
	第一階平面図	0503
	中二階平面図	0503
	第二階平面図	0504
	［透視図］	0501
	［正面図］	0505
	［南面図］	0506
	［西面図］	0507
	［南北］断面図	0508
	［東西断面図］	0509
大澤三之助	大坂市公会堂設計図案配置図	0702
	［半地中階］	0703
	第一階	0703
	［中二階］	0704
	第二階	0704
	［透視図］	0701
	［正面図］	0705
	［南面図］	0706
	［西面図］	0707
	［南北断面図］	0708
	［東西断面図］	0709
大江新太郎	一般配置図 縮尺六百分ノ一	0605
	地中階［平面図］	0602
	第一階［平面図］	0602
	中二階［平面図］	0602
	第二階［平面図］	0602
	配景図	0601
	正面姿図 縮尺百分ノ一	0603
	南面姿図	0604
	背面姿図	0603
	横断面図	0605
	縦断面図	0606
片岡 安	配置図	0806
	半地中室［平面図］	0802
	第一階［平面図］	0802
	中二階［平面図］	0803
	第二階 中三階［平面図］	0803
	配景図	0801
	正面建図	0804
	側面建図	0805
	背面建図	0804
	横断面	0806
	縦断面	0807
武田五一	配置図	1002
	半地中室平面図	1003
	第一階平面図	1003
	中二階平面図	1004
	第二階平面図	1004
	［透視図］	1001
	正面建図	1005
	側面建図	1006
	後面建図	1007
	横断面図	1008
	縦断面図	1009
田邊淳吉	配置図	0902
	半地中階［平面図］	0903
	第一階［平面図］	0903
	第一中二階［平面図］	0904
	第二中二階［平面図］	0904
	第二階［平面図］	0904
	［透視図］	0901
	正面図	0905
	側面図	0906
	背面図	0907
	横断面	0908
	縦断面	0909
宗 兵藏	配置図 縮尺六百分之一	1102
	半地中室［平面図］	1103
	第一階［平面図］	1103
	中二階［平面図］	1104
	［第二階平面図］	1104
	［透視図］	1101
	立面図［正面図］	1105
	立面図［側面図］縮尺二百分之一	1106
	［背面図］	1107
	［横］断面図	1108
	［縦］断面図 縮尺二百分之一	1109
塚本 靖	配置図	1202
	地中階［平面図］	1203
	一階［平面図］	1203
	二階［平面図］	1203
	［三階平面図］	1203
	屋根伏	1202
	［透視図］	1201
	正面［図］	1204
	側面［図］	1205
	背面［図］	1204
	横断［面図］	1204
	縦断［面図］	1205
古宇田 實	大阪市公会堂設計図／其一／配置図／屋根伏図	1302
	半地中階［平面図］	1304
	第一階［平面図］	1303
	中二階［平面図］	1303
	第二階［平面図］	1304
	［透視図］	1301
	正面［図］	1305
	側面［図］	1306
	背面［図］	1305
	横断面図	1307
	縦断面図	1308

【凡例】

・『大阪市公会堂新築設計指名懸賞競技応募図案』掲載順に表記した。

・［ ］内の文字は、適宜補った。

・横断図は南北（短手）断面、縦断図は東西（長手）断面を意味する。

・「対応する原図番号」中の「—」は現存が確認できないことを示す。

たり掲載されている。現存する原図は、このうち線図2葉（0001－1・2）が貼りつけられた台紙1葉と、その裏面に描かれた配置図下書（0001－3）である。線図は中二階（Mezzanine gallery floor plan 1/300 fullsize）と第二階（Banqueting Hall floorplan 1/300 fullsize）のもので、薄美濃紙に墨入れされている。配置図下書は、未完の鉛筆書きのもので、実際に使用されたものとは異なる。

（1）岡田信一郎案（資料図版0101～0104）

本案について、辰野金吾は「平面図に於ても立面図に於ても、音響、採光及構造等に於ても、将た仕様書に於ても、十二分研究され、甚だ要領を得た表現的の意匠と認めるのである。（中略）要するに本設計は、意匠がゴツイ、カレて居ない、若い、と云ふ感がする。殊に其感じが外観にある」(20)と評した。途中、欠点を列挙しながらも、要求条件を満たしたことと、公会堂という記念建造物としての意匠の象徴性や若々しさを評価したことがうかがえる。また、平面図、立面図、音響、採光、構造、仕様書全般を通してのバランスの取れた評価を挙げている。

現存する原図は、透視図1葉、平面図（第1階・半地中階）1葉、断面図2葉の計4葉のみである。透視図は水彩仕上げ、断面図2葉は、外観を着彩、内部は主に墨による濃淡で陰影を表現する。彩色は、やや退色がみられるが、おおむね状態が良い。陰影は特定の方向からの光ではなく、両断面図とも2方向からの光が開口部を通して射し込んでいる。内装の装飾密度は詳細で、特に断面図にその特徴が表れている。特別室天井は、正面の大アーチ窓を延長したヴォールト天井で、天井の格子状凹凸は古代ローマのパンテオンのドーム天井を想起させ、実現案とは大きく異なる。実現した同室の天井画と壁画は、松岡壽による天井画《天地開闢》などが描かれた。天井画・壁画の構想は、辰野金吾と生涯親交のあった松岡が、二人のコラボレーションとして辰野の最晩年に実現させたもので、二人によって考案されたものだろうという(21)。この点も、岡田の当初案と大きく異なった点といえる。

(2) 長野宇平治案 (資料図版0201〜0208)

本案について、辰野金吾は「其正面を円形になしたのは、他の競技者のと比較して、大に異彩を放って居る。即ち斬新な所である。(中略)一言以て之を評すれば、伸び過ぎた、高過ぎた太過ぎた設計とも云ふ可き乎。上述の如く感服しない点もあるに拘はらず、茲に一言賞賛を禁じ得ない事がある。他でもない、設計規模の大なる、意匠の非凡なる、製図の奇抜なるは、全然大陸的である。東洋的島国根性を以てしては、到底成し能はざる設計であると、我輩は大に感服して居る」(22)と評した。また、採光については最大に評価するが、構造・音響面に対する批判を述べている。「設計規模の大なる、意匠の非凡なる、製図の奇抜なるは、全然大陸的である」とは、辰野の長野に対する最大限の賛辞であり、案そのものの独創性を高く評価しつつも、現実性の面で岡田に軍配を上げたと考えられる。

現存する図面は8葉あり、その中に掲載図面全点が確認できる。平面図は、要求された階数と異なり、半地中階、第1階、第2階、中階、第3階からなり、規模が大きくなっている。「設計仕様概要」には他の設計者が記載している建坪が記されていないが、面積が超過していたと思われる。平面図は本来1葉に納める予定であったと思われるが、中階平面図に省略が生じたため、別途1葉加えたと考えられる。第1・2階平面図にみられる主階段は、うねるような曲線を用い、躍動感がある。また、全体にゴットフリート・ゼンパー設計のドレスデン宮廷歌劇場と類似するとの指摘がある(23)。立面図や断面図は、インキングの上に青を基調とした幻想的な彩色と陰影が施され、外観は壮大、内部は幻想的な雰囲気をかもしだす。設計条件を超過した面積・規模・工費と思われるが、実現していれば日本近代建築史上、類例のない傑作となっていただろう。

(3) 矢橋賢吉案(資料図版0301〜0309)

本案について、辰野金吾は「最も敬服する所は、製図の精巧と仕上の見事なるに在る。此点に於ては蓋し競技者中第一位を占むるものであらう。又平面図には大なる注意を払はれ、十二分研究されたものと思ふ。何とも言ひ得ないほど気持の好いプランである。音響に於ても、構造上に於ても、敢て批難すべき点を見出し得ないが、採光上に於ては、完全とは認めないのである。(中略)正面左右角塔の如きは、如何にも誇大で、公会堂変じて公塔と化し、所謂主客転倒の嫌がある。大に感服出来ないのみならず、斯る様式が公会堂の如き真面目なる建物に適するや否や、我輩は之を一の疑問と思ふのである」(24)と評した。建築形態の象徴性が公会堂としてふさわしいかが、明暗を分けたといえる。

現存する図面は9葉あり、その中に掲載図面全点が確認できる。透視図、立面図は、彩色・陰影が施されている。安定感のあるフォルムであるが、辰野が指摘した公会堂らしさが勝敗を分けた。1等岡田案は正面の大アーチが特徴で、2等長野案が平面に半円形を取り入れた点を辰野が評価したとすれば、本案の双塔の荘重なフォルムが公会堂として敬遠されたことが評価の割れた点といえよう。平面図は、均整の取れた対称形の美しいもので十分な推敲の跡がうかがわれる。断面図では、大食堂の壁画なども描写され、時間をかけて入念に仕上げられ、高い評価を得たと考えられる。

（4）伊東忠太案（資料図版0401～0407）

本案について、辰野金吾は「平面に於ても、音響上に於ても、将た構造上に於ても無難である。殊に一階広《ママ》堂、二階大食堂のプロポーションの如き、将た仕様書の如きは、上々の出来と認むるのである。（中略）本設計の特色なり又新機軸なりとするは、大胆にも東洋式を応用せし点に在るが、其東洋式が、公会堂の如き建物に当填って居るや否やは、蓋し問題である。兎に角不消化の状態で、こなれて居ない様に思ふ。畢竟するに、断る新機軸を有する設計である故でもあらうが、実着な愉快な感想を興さしむる出来とは、認め得ないのである」[25]と評した。

現存する図面は7葉あり、その中に掲載図面全点が確認できる。全図面を通して墨の濃淡による淡彩仕上を基調としているが、配置図などには一部別の色が使用されたと考えられる。原図がほぼ墨一色の仕上げであることや図案の屋根形状が変化に乏しいことを考えると、伊東が本設計にあたって十分な時間が取れなかったと推測される。辰野によって「東洋的」と評されたのは、立面図や断面図にみられるストゥーパ状装飾やアーチ型、蟇股などの特徴であろう。窓の表現などには薄墨の陰影による苦心の跡がみられ、全体構想に十分力を注げないまま、細部仕上にはこだわった跡がうかがえる。アーチの意匠などは彼の代表作である真宗信徒生命保険株式会社社屋（現・本願寺伝道院）や築地本願寺を彷彿とさせ、彼の生涯にわたる作風の一貫性を知る一助として興味深い。

(5) 中條精一郎案 (資料図版0501~0509)

本案について、辰野金吾は「中二階に喫煙室を設けたのは、最も妙である。音響上、構造上には非難すべき点はない、仕様書は確に要領を得て居る、寧ろ過ぎたるの感がする。(中略) 要するに、表現的の設計でないのみならず、無理が見へて余り面白味の多からざる設計であると思ふ。蓋し君も、亦予算に重きを置き過ぎ、手腕を充分振ふこと能はざりし一人と想像するのである」(26) と評した。

現存する図面は9葉あり、その中に掲載図面全点が確認できる。透視図、立面図は、全体に淡い着彩を施し陰影を付している。ただし、彩色の淡さからか、退色も大きい。断面図は、墨の濃淡による淡色の表現を基本としている。外観表現は正面の2本1組となったジャイアント・オーダーが象徴的で、内部では大ホールの半円アーチを並列させリズミカルな雰囲気だが、辰野が指摘したように記念建造物に必要とされる「表現的の設計」の要素が欠けていたと思われる。暗号の“arslonga”はギリシアの格言「学芸は長し、人生は短し」の一部で、自身の設計への謙遜であると同時に、業務多忙の中、本設計に充てられる時間が短かったことと関わりがある可能性が考えられる。

(6) 大江新太郎案 (資料図版0601~0606)

本案について、辰野金吾は「本設計は表現的でないのみならず、公会堂と云ふより、寧ろ劇場然たる様な感じがする、併し我輩の最も敬意を表するのは、日本式を斷る建造物に応用したる所にあるが、製図が余り感服する出来でない為めでもあらうが、日本式を充分消化し得たる様な感覚が起らないのである」(27)と評した。

現存する図面は6葉あり、その中に掲載図面全点が確認できる。透視図は彩色・陰影が施されているが、他の図面には彩色や陰影は認められない。辰野の指摘した「日本式」表現は、透視図や立面図では、ドーム上の相輪や鴟尾、正面柱頭上の組物、各立面の中二階、二階の窓の間にみられる組物や蟇股の意匠、卍崩しの高欄の意匠、窓の桟の組み方などに顕著にみられる。断面図では、大集会場まわりの意匠に組物や卍崩しの意匠が多用されている。日光東照宮の修復、明治神宮造営設計などを手がけた大江の履歴を考えると、彼の設計の特徴がよくあらわれた設計といえるだろう。

(7) 大澤三之助案（資料図版0701～0709）

本案について、辰野金吾は「本意匠は岡田、長野両君のに次いで表現的のものと思ふ。正面及背面の外観は可なりだが、側面階段室の部分が凹凸多く、殊に一階、二階打ち通しの窓の如きは、最も不愉快に感ずるのである。要するに本設計は、一見した許りでは真価を見出し得ない、深く研究すればする程、益々価値が出て来る様に思はれる」(28)と評した。

現存する図面は9葉あり、その中に掲載図面全点が確認できる。用紙サイズは2種類を使い分け、透視図・側面図・縦断面図の3葉は大型、他の6葉は小型の紙を用いている。透視図は、淡彩仕上げで、図案・色彩ともに上品に仕上げられている。平面図、立面図、断面図は、暗号を除き、いずれも墨の濃淡により仕上げられている。断面図にみる展開の描写も手が込んでおり、壁面や天井の装飾・絵画なども描写され、密度濃い図面といえる。立面図には、明瞭な陰影を施しているが、断面図は墨の濃淡によるぼやかした陰翳表現になっている点も特徴である。立面図では、屋根面や窓ガラスも墨の濃淡により表現され、透視図以外の各図面はバックとなる部分が薄墨で塗りつぶされ、標題の入れ方にも装飾的配慮がみられるなど、全体に図面としての完成度を高めようとした点がかがえる。

(8) 片岡安案 (資料図版0801~0807)

本案について、辰野金吾は「構造上、音響上、共に間然する所はない。仕様書の如きは、最も簡単明瞭にして理想的と云ふべしだが、併し光線は確に充分でないと思ふ。(中略) 正面中央部の外観は、恰も二種の様式を併合したる如くにして、一致を欠く嫌がある。之を要するに、表現的のものではないが、穏にして能くこなれた、能く完備したる設計なる事は疑はない」(29) と評した。設計案が「表現的のものではない」としつつ、仕様書や全体の案がこなれた実現性の高いものであることを評価しているのは、片岡が辰野とともに設計事務所を主宰する代表者でもあったこととも関連するだろう。

現存する図面は7葉あり、その中に掲載図面全点が確認できる。図面はすべて墨入れされ、他の色使いはなく、墨の濃淡のみで表現されている。立面図には陰影が施され、断面図の展開部分は密度濃く描き込まれている。描写内容をみると、透視図や立面図からは、窓の上部や柱形上部の装飾の具象的な造形を幾何学的に崩したセセッションの影響がみられる。岡田信一郎案が1等当選後、実施設計を行った財団法人公会堂建設事務所では片岡安が深く関わっていたと考えられるため、本案にみられる細部意匠のセセッション的傾向が実現した公会堂の意匠にも反映されたと考えられる。

(9) 田邊淳吉案 (資料図版0901~0909)

本案について、辰野金吾は「田邊学士設計プランの研究は、頗る緻密である従って敬服する所も多々あるが、又せない点も随分少くない。(中略) 廊下を大集会場外に取ったのは、他の設計に卓絶した所であらうが、何んぞ知らん、其卓絶した所が却て採光上の害となって、会場の足元が薄暗くなる。彼スライデングステージの如きは、理想としては大に賛成もするし敬服もする。併し理想通り永く何時も工合能く滑走するや否やが懸念である、疑問である。今日迄我輩の経験によると、巧み過ぎる仕掛は、特に之を建築物に応用した場合に限りて失敗に終って居る。(中略) 意匠としては、先づ表現的のものであらうが、如何にも軒高が高過ぎる、今十二三尺之を縮小しても、充分要求は満たし得るのみならず、美観を損ずる様なことは萬々ないと信ずる。終に臨み、一言せざるを得ないのは、君の注意周到にして、本問題に就き、十二分ステダーされたこと、又製図の巧にして周到なることである。我輩は大に敬意を表はするのである」(30) と評した。ここでは、田邊に対する評価を通して、辰野の建築観もよく表現されている。つまり、新しい設備を建築に導入する際に注意深い点である。構造面においても辰野は、コンクリートによる構造よりも実績ある煉瓦造に信頼をおいていたといわれ (31)、本評では田邊案の研究姿勢を高く評価しつつ、新規設備の実現には躊躇していた様子がうかがえる。

現存する図面は9葉あり、その中に掲載図面全点が確認できる。透視図のみ彩色・陰影を施し、他の図面は墨一色で平面図以外は陰影を施している。モノトーンの薄墨の入れ方は大変見事で、美しい仕上がりである。なお、平面図と断面図の一部には補助説明的に色を加えている。辰野も言及した「スライデングステージ」を備えた舞台機構や緻密な仕様書は、清水組に在籍した田邊ならではの点で、実現性に長けた案といえよう。なお、仕様書によれば「図面ハ奏楽用トシテ準備シタ所ヲ示シ」ており、別途演説や演劇での舞台の使い方にも言及している。

(10) 武田五一案（資料図版1001～1009）

本案について、辰野金吾は「平面図は極めて簡単である、其簡単な所に頗る味ひがある、併し半地階と一階に、各一個所《ママ》の便所では到底用を弁じない、甚だ不都合である。（中略）意匠としては、表現的のものではないが、落ち着のある、穏な出来であると信ずるのである、欠点の凡てが軒高の低く過ぎた所から起った様に思ふ。例之ば大集会場の天井が低くかったり、大会食堂、其他重要なる室の天井の低くいのも、皆此軒高の十二三尺程不足なのが原因だと思はれる。製図の仕上は全く一種特別である、如何にも巧に、奇抜に手腕を顕はして居るのみならず、尚ほ綽々として余裕の存する所は、敬服の外はないのである」[32]と評した。

現存する図面は9葉あり、その中に掲載図面全点が確認できる。他案と異なり、配置図のみ彩色を施している。透視図は、墨の濃淡により表現されているが、暗号部分に用いられたものと同じ金色が、イオニア式列柱の柱頭部分やメダイヨンの一部、尖塔の小ドーム、外部照明器具にアクセントとして用いられている。横断面図は中央で分け、東西両側を描いている。縦断面図における展開も、壁画や柱の文様まで描き込み、背景の空も墨の濃淡で表現され、一枚の絵としても見事な仕上がりといえる。建築表現は、正面外観はパリ市庁舎を思わせ(33)、マンサード屋根が特徴的な表現である。

(11) 宗兵蔵案（資料図版1101〜1109）

本案について、辰野金吾は「正面外観は表現的意匠と認められるが、側面はさうでないと思ふ。併し大体に於ては先づ穏かな出来だが、余り面白味のあるものとは思はれない。本設計者の如きも、亦予算に重きを置き過ぎ、軒高を著しく減少したる為めに、以上の欠陥を生じたる乎の如く認むるのである」(34)と評した。

現存する図面は9葉あり、その中に掲載図面全点が確認できる。透視図は、セピア色で描かれ陰影が施され、用紙サイズを守っているものの、実際の図は紙面の中央にごく小さく描かれている。サイズこそ小さいが、遠近感の表現は良く伝わる描写である。他の図面は、墨一色で描かれ、陰影は施されていない。辰野が「正面外観は表現的意匠」と指摘した通り、正面立面図は、細部装飾まで丁寧に描写されている。南北面・西面の立面図や断面図内の展開部分は、反復が多い表現となっている。

(12) 塚本靖案（資料図版1201〜1205）

本案について、辰野金吾は「プランは簡単にして能く要求を充たして居るが、今一歩何んとか改良して貰ひたい気持がする。（中略）要するに表現的の意匠とは認めないが、能く調和した、嫌味のない、穏健な出来である事は争ふべからざるのである。若し博士にして、予算金額確守の観念を少しく薄くして、軒高を一丈乃至一丈五尺程高めたならば、全然以上の欠陥を除去するのは、容易であったらうにと思ふ。大に之を惜むのである」(35)と評した。

現存する図面は5葉あり、他の設計者に比べて全図面数は少ないが、1葉の紙面に複数の図を整理して入れたことで、その中に掲載図面全点が確認できる。その実現のため、東西の立面図と横断面図を1葉に、側面図と縦断面図を1葉にまとめた点は、他の設計者にはない図面配列の仕方といえる。透視図、配置図・屋根伏図、立面図、断面図は彩色が施され、配置図・屋根伏図以外は陰影も施されている。透視図は、宗兵蔵案同様、ひとまわり小さな枠の中に描かれている。平面図は墨一色の仕上げで、陰影はない。また、屋根伏図は提出条件にはなかったが、配置図とともに付されている。

（13）古宇田實案（資料図版1301〜1308）

本案について、辰野金吾は「本設計の最も欠点とする所は、我輩が冒頭に陳述せし如く、建物の南北両側を採光上に利用せずして、此方面に大階段を設けた為めに、一階大集会場及二階大会食堂に、光線大不足を生ぜしめたのである。又妙所は、日本式を比較的能く消化し、能く応用したる点である。我輩大いに敬服する。試に意匠に就いて、一二面白からざる点を指摘せば、正面中央部の手法が少しくコセツキ過ぎてゐる。隅の丸形タレットは如何にも取って付けたやうで他と調和を欠いて居る、寧ろ之を省いた方が宜しからん乎と思ふのであ

（1）大阪市公会堂に関する文献は数多いが、その主たるものは『重要文化財大阪市中央公会堂保存・再生工事報告書』（大阪市、平成15年）449－457頁に掲載されている。その他、本論［表3］に示した展覧会図録などがある。公会堂について特記無きものは、『重要文化財大阪市中央公会堂保存・再生工事報告書』によった。

（2）『大阪市公会堂竣成記念』（公会堂建築事務所、大正7年）には、「復興式中準パラデヤン式」と記載されており、ルネサンス式（復興式）中のパラディアン様式に準ずると解される。

（3）辰野式とは、「赤煉瓦と石の鮮やかな色彩対比と相和するようにして冠せられたにぎやかなドームが印象上の特徴といえよう。辰野式の元はイギリスのフリー・クラシック様式であり、その日本への移入は英人ハンセルの平安女学院―明治二十八年、及び野口孫市の明治生命大阪支店―明治三十二年―が先行するが、明治三十六年以後辰野が印象的に累々用いたところから、人々は辰野式とか辰野風と称した」と説明される。藤森照信「辰野式」『日本の建築［明治大正昭和］3／国家のデザイン』（三省堂、昭和54年）6頁。

（4）前野嶤「岡田信一郎」『日本の建築［明治大正昭和］8／様式美の挽歌』（三省堂、昭和57年）115頁。

（5）山形政昭「大阪市中央公会堂の建築」『重要文化財大阪市中央公会堂保存・再生工事報告書』（前掲）39頁。

（6）谷民藏「大阪市中央公会堂―建築工事に就て―」『関西建築協会雑誌』第1集第14号（関西建築協会、大正7年12月）67頁。

る」(36)と評した。

現存する図面は8葉あり、その中に掲載図面全点が確認できる。平面図は墨の単彩仕上げで、陰影は施さない。立面図はほぼ墨の単彩であるが、扉上部の欄間窓など一部に彩色を加えてアクセントとし、全体に陰影が施されている。透視図、配置図・屋根伏図、断面図は、墨入れに彩色が施されている。辰野が評した「日本式を比較的能く消化し、能く応用した」点は、透視図や立面図からみた外観では、瓦屋根や屋根形状、屋根上の宝珠や鴟尾、懸魚、柱頭の組物、バルコニーの格狭間や卍崩し文、人字形割束風の装飾、切妻破風や唐破風などが挙げられる。断面図の展開表現からみた内部でも同様に、組物や柱頭の獅子鼻、プロセニアム・アーチ上部の組物などに「日本式」表現がみられる。

第3節 各案の比較考察

第2節でみたとおり、指名懸賞競技には「日本式」、「東洋式」といわれる案が目立った。これは、指名懸賞競技の数年前に『建築雑誌』を舞台に行われた「我国将来の建築様式を如何にすべきや」(37)(以下、様式論争)の影響も考えられる。本競技での伊東忠太、大江新太郎、古宇田實の各案は、「日本式」、「東洋式」を取り入れたものであった。様式論争において辰野金吾が総括した「第一 現時の建築様式は我国の趣味に適合したるものに非らず将来東西の様式が調和し我趣味嗜好に適したるものが出来なくてはならぬ如斯調和して出現したるものが我国建築様式である云々」(38)という立場だったのが当時、三橋四郎、関野貞、伊東忠太、佐野利器、中村達太郎、大江新太郎、岡田信一郎、古宇田實だった。「第二 将来の建築様式を論する必要なし現今建築の洋式が乃ち、我様式である、

(7) (6)に同じ。
(8) (6)前掲書70－71頁。
(9) 『大阪市公会堂新築設計指名懸賞競技応募図案』(公会堂建設事務所、大正2年)3頁。
(10) (9)に同じ。
(11) 大川三雄「岡田信一郎」『近代日本の異色建築家』(朝日新聞社、昭和59年)154頁。
(12) (9)前掲書、3頁。
(13) 日本建築学会編『近代日本建築学発達史』下(丸善、昭和47年)2,120頁。
(14) 今和次郎監修・大泉博一郎編集『建築百年史』(建築百年史刊行会、昭和32年)126頁。
(15) 座談会「大正時代の大阪を語る」『建築と社会』昭和34年1月(日本建築協会)141頁より置塩章の発言。
(16) 指名された者は、設計や図案の優秀さが認められた辰野の後輩や弟子で「辰野にとって競技設計とは弟子に素案を求めるがごときもの」だった(畔柳武司「国技館・大阪市公会堂」『東京駅と辰野金吾』、東日本旅客鉄道、平成2年、92頁)。
(17) 辰野金吾「大阪公会堂設計図案概評」(一)～(三)『建築工芸叢誌』第22－24冊、建築工芸協会、大正2年11月～大正3年1月。
(18) 展覧会図録以外でカラー図版が紹介されたのは管見の限り次のものがある。橋爪紳也

之れか進歩発達を研究せは足る云々」(39)という立場を取ったのは、長野宇平治、岡本鑒太郎、松井清足、酒井祐之助であった。もっとも、辰野による総括にはその後、各出席者から趣旨と相違するという発言も相次いだが、大筋は外れていない。同論争ではその後、曾禰達三、新家政孝、横河民輔も意見を述べている。本競技には、様式論争参加者5名が参加し、かつ辰野が審査の中心的立場にあったことから、様式論争後の実践の場としての意味合いを持っていたといえよう(40)。

次に辰野金吾による講評をみると、辰野の評価した点は、主に「意匠的」であるか、公会堂としての意匠の適性、要求性能(構造・音響・採光・設備、室面積や高さ)の満足度、製図の表現の質などであった。辰野が用いた「意匠的」とは、単にデザイン的な優秀さや工夫のみならず、独創性も重視していたと思われる。また、要求性能では、最新設備の提案については評価しつつも、かなり慎重な意見を持っていた。採光の評価も特徴的で、人工照明に頼らず、自然光における明るさにも強いこだわりを持っていた。辰野はこれらについて忌憚のない意見を述べつつ、各設計者の優れた点は認め、予算的な制約へ配慮したことにも言及した。これらを踏まえ辰野の講評をみると、岡田に対して「平面図に於ても立面図に於ても、音響、採光及び構造等に於ても、将た仕様書に於ても、十二分研究され、甚だ要領を得た表現的の意匠と認めるのである」と他に比べて不備の少ないことをあげ、「意匠がゴツイ、カレて居ない、若い、と云ふ感がする。殊に其感じが外観にある」と評価した。警視庁や堺公会堂との類似の指摘もあるが、他案と比べた優位性を説明しているといえる。

原図の描写内容を再度検討すれば、提出者のうち条件をよく研究し、時間を

「中央公会堂と三人の建築家」『大阪人』52-10(大阪都市協会、平成10年10月)8-9頁、『重要文化財大阪市中央公会堂保存・再生工事報告書』(前掲)8頁、橋寺知子「中央公会堂は夢のステージだった。」『月刊島民』83(月刊島民プレス、平成27年6月)2-3頁。

(19) 原資料をもとに作成された『大阪市公会堂建築設計図案附録設計仕様概要』(財団法人公会堂建設事務所)を参照した。

(20) 辰野金吾「大阪公会堂設計図案概評」(一)『建築工藝叢誌』第22冊、大正2年11月、3頁。

(21) 河上眞理・清水重敦『辰野金吾』(ミネルヴァ書房、平成27年)142-146頁

(22) (20)前掲書、3-4頁。

(23) 足立裕司「大阪市公会堂設計競技にみる「我国将来の建築」の構図」『学術講演梗概集(関東)』(日本建築学会、平成5年)、1479頁。

(24) (20)前掲書、5頁。

(25) (20)前掲書、6頁。

(26) 辰野金吾「大阪公会堂設計図案概評」(二)『建築工藝叢誌』第23冊、大正2年12月、1頁。

(27) (26)前掲書、2-3頁。

(28) (26)前掲書、3-4頁。

(29) (26)前掲書、4-5頁。

もって製図に取り組み、陰影など細部まで描写した者に対する辰野の評価は比較的高かったといえる。また、透視図において用紙サイズは維持しながら画面を小さくした案に対しては、比較的厳しい評価だったといえる。

おわりに

大阪市公会堂の指名懸賞競技は、競技設計が活発化しつつあった明治時代末に実施され、募集要項・審査規程なども各種設計競技の利点を総合し、同時期に設計競技が多数実施される中で優秀な設計案を集めるために指名式を執るなど、改善をはかったものだった。今日からみれば、審査の互選形式や当選図案の著作権など問題点もあるが、当時としては成功をおさめた設計競技だったといえる。

指名懸賞競技応募図案の原図についてみると、刊行された図案集と対比して、岡田信一郎案が4葉しか残っていないことを除いては、各設計者の原図はすべて残っていることがわかった。辰野金吾の審査講評と原図の描写内容を対比したとき、設計内容の描写密度が濃く、彩色や陰影などを丁寧に施したものについては、評価が高い傾向がみられた。

これらのことから、明治期に実施された設計競技の応募案原図が残っているという評価のみならず、当時の審査講評と刊行された『公会堂応募図案』、そして原図の対応関係がみられるという意味でも、貴重な資料群といえるだろう。

出典　大阪市立博物館　研究紀要　第15号　2017年

(30) 辰野金吾「大阪公会堂設計図案概評」(二)『建築工芸叢誌』第24冊、大正3年1月、1－3頁。

(31) 水野信太郎は「東京駅を鉄筋コンクリートでつくろうというようなお考えもあって、辰野先生は勉強はなさっているんですね。しかし辰野先生は固まる前のコンクリートを見て、あの状態のものが大建築をつくれるほど堅固なものになるのだろうかという恐れがあって、結局ご自身がずっと手がけてこられた煉瓦造で、最大の代表作である中央ステーションをお建てになるわけです」と指摘する（『東京駅と煉瓦』、東日本旅客鉄道株式会社、昭和63年、26頁）。

(32) (30) 前掲書、3頁。

(33) (23) 前掲書、1480頁。

(34) (30) 前掲書、4－5頁。

(35) (30) 前掲書、5頁。

(36) (30) 前掲書、5－6頁。

(37)「我国将来の建築様式を如何にすべきや」『建築雑誌』明治43年6・8月号（日本建築学会）。

(38)「我国将来の建築様式を如何にすべきや」『建築雑誌』明治43年8月号（前掲）6頁。

(39) (38) に同じ。

(40) この点は足立裕司も指摘している。(23) 前掲書、1480頁参照。

大阪市公会堂新築設計指名懸賞競技規程

第一條　財団法人公会堂建設事務所理事長（以下単ニ理事長ト称ス）ハ其適当ト認メタル建築技師約拾五名ヲ指名シ本規程ニ依リ大阪市公会堂（以下単ニ公会堂ト称ス）新築ノ略設計ヲ提出セシム

第二條　当選者ハ三名ヲ限リ左ノ等級ニ依リ賞金ヲ贈呈ス

　　一等賞　金　三千円　一名

　　二等賞　金　一千五百円　一名

　　三等賞　金　一千円　一名

第三條　指名競技者ハ其設計ヲ厳封シテ明治四十五年十月三十一日正午迄ニ大阪市中ノ島財団法人公会堂建設事務所又ハ東京市内ニ設クベキ其出張所ニ提出スベシ

第四條　設計ニハ左ノ事項ヲ具備スルコトヲ要ス

　一、配置図　縮尺六百分之一

　二、各階其他平面図　縮尺二百分之一

　三、立面図三方若クハ四方共　縮尺一百分之一

　四、断面図縦横二ヶ所以上　縮尺一百分之一

　五、透視図

　六、仕様概要

第五條　設計ニハ凡テ署名ニ代フルニ暗号ヲ記入シ別ニ競技者ノ氏名住所及暗号ヲ記載シタル書面ヲ厳封シ其表面ニハ 単ニ当該暗号ノミヲ記シテ添付スベシ

　但シ住所ヲ変更シタル時ハ直ニ届出ヅベシ

第六條　設計ヲ提出シタル競技者ニハ其報酬トシテ各金一千円ヲ贈呈ス

　但シ設計図書ノ送付費旅行費等ノ如キ競技者ノ支出シタル一切ノ費用ハ総テ自弁トス

　提出シタル設計ニシテ第十二條第一号又ハ第二号ニ該当スルトキハ前項報酬ハ之ヲ贈呈セス

第七條　第二條ノ当選者ヲ決定スル為メ左ノ委員ヲ以テ審査委員会ヲ組織ス

　理事長及建築顧問並ニ本規程ニ適当スル設計ヲ提出シタル競技者ノ全員ヲ以テ審査委員トナス

　但シ審査委員会長ハ理事長ヲ以テ之ニ当ツ若シ理事長ニ於テ差支アルトキハ建築顧問ヲ会長トス

第八條　審査規程ハ明治四十五年十一月一日以後設計審査ニ先立テ審査委員会自ラ之ヲ定ム

　但シ本文ノ審査委員会ニハ審査委員有資格者中少ナクトモ四分ノ三ノ出席ヲ要ス

第九條　設計審査ハ明治四十五年十一月十五日ニ之ヲ開始シ同三十日迄ニ之ヲ結了スルコトヲ要ス

第十條　前條ノ期間ニ於テ萬一設計審査ノ結了ニ至ラサル場合ニハ其事由ノ如何ヲ問ハス理事長ハ他ニ自ラ適当ト認メタル審査委員一名又ハ数名ヲ選定シ之レニ審査ヲ嘱托スルコトヲ得ルモノトス

第十一條　設計提出期間ノ満了後、理事長ハ直チニ各設計及ヒ暗号ヲ開封シ建築顧問ノ意見ヲ聞キ第三條第四條及第五條ノ要件ヲ具備セルヤ否ヲ一応決定シ審査委員会ヲ成立セシムルモノトス

　　但シ本文ノ決定ヲ為シタルトキハ提出者ニ遅滞ナク配達証明付書留郵便ヲ以テ通知スルモノトス

　前項理事長ノ決定ニ対シテ不服アル競技者又ハ審査委員ハ其理由ヲ明記シタル書面ヲ以テ審査委員会ニ申出テ最終ノ決定ヲ求ムルコトヲ得

　　但シ設計審査ニ着手シタル後ハ本文ノ申出ヲ受理セザルモノトス

　第一項ニ依リ開封ヲ為スモ理事長ハ審査結了ニ至ルマテハ競技者ノ氏名ト之レニ対スル暗号トノ関係ヲ漏洩セザルモノトス

　　但シ第十二條ノ規程ニ関スル審議ノ為メニ不得已程度ニ於テハ此限ニアラス

第十二條　提出セラタル設計ニシテ左記ノ各号ニ該当スルトキハ審査ヲ受クルノ資格ヲ有セズ随テ其提出者ハ第七條ノ審査委員タルノ資格ナキモノトス

　一、道義二反シタル行為アリト審査委員会ニ於テ認メタルモノ

　二、第三條第四條又ハ第五條ノ要件ヲ具備セザル設計ト審査委員会ニ於テ認メタルモノ

　三、第七條ノ審査委員会ニ出席セザルモノ

　　　　但審査委員会ニ於テ正当ノ理由アリテ欠席セリト認メタル者ハ此限リニ非ス

四、審査委員資格ノ有無ニ関スル決議ニハ当該競技者ハ参加スルコトヲ得ザルモノトス

五、審査ノ進行中ニ審査委員資格ノ得喪ヲ決議スルモ為メニ既往ノ委員会決議ノ効力ニ影響セザルモノトス

第十三條　審査委員会長ハ審査委員多数ノ便宜ヲ慮リ大阪市又ハ東京市ノ内ニ於テ審査委員会ヲ招集スベシ

但開会後ニ甲市ヨリ乙市ニ又ハ同一市内ニ於テ会場ヲ移動スルコトアル可シ

第十四條　審査委員会ノ決議ニ対シテハ互ニ説明ヲ求メ又ハ異議ヲ申立ツコトヲ得ズ

第十五條　第二條及第六條ノ賞金及報酬金ハ審査結了後二週間以内ニ之ヲ交付ス

第十六條　当選者ノ事故ニ依リ当選者当人ニ賞金ヲ贈呈スルコト能ハザルトキハ理事長ニ於テ賞金ヲ受クヘキ者ヲ決定ス

第十七條　当選シタル設計ハ勿論提出シタル設計ハ当事務所ノ所有ニ帰シ意匠ノ取捨配合ハ随意ニ之ヲ為シ得ルモノトス

第十八條　提出シタル設計ハ審査終了後大阪市又ハ東京市ニ於テ適当ノ場所ニ陳列シテ公衆ノ展覧ニ供シ或ハ之レヲ印行スルコトアルベシ

但シ本文ノ展覧又ハ印行ヲ希望セラレザル競技者ハ特ニ其旨ヲ明示スベシ

第十九條　建築物ハ鉄骨構造ノ見込ニシテ総工費ハ七十万円以内ノ予定トス

第二十條　競技者ニハ参考ノ為メ左記ノ線図（ラインドローイング）及書類ヲ理事長ヨリ送付スベシ

一、公会堂新築敷地其付近市街図及地層断面図

二、線図（ラインドローイング）及公会堂ニ要スル室数面積等ノ希望

三、競技者心得書

第二十一條　設計其他ニ就キテノ質疑ハ凡テ理事長宛書留郵便ヲ以テ承合スベシ質疑ニ対シテ其都度質疑者ニ回答スルト同時ニ他ノ競技者ニ之ヲ通知スルモノトス

第二十二條　提出セラレタル設計ハ審査前ニ於テハ相当ナル注意ヲ払ヒ之ヲ保管スベシト雖モ万一損害ヲ生ジタルトキハ事務所ニ於テハ其賠償ノ責ニ任セザルモノトス

大阪市公会堂新築設計指名競技者心得

一、建築敷地ハ大阪市北区中ノ島公園東部点線区画内トス

但シ添付図及市街図面等参照

一、敷地内ノ土質ハ別紙地層断面図ニ示スガ如シ

一、建物ハ耐震耐火的ノ希望ヲ有スルト同時ニ東方ヲ正面トシタシ

一、別紙（ラインドローイング）ニ記セル各室ノ数及面積ハ希望ノ大要ヲ示スニ過ギズト雖モ総建坪ハ七百坪以内トス

一、半地中階ハ随所、手広キ酒場（バー）、小使室、下駄置場、便所其他之ニ類スル用ニ供ス

一、一階広堂ハ奏楽用演説用、其他大集会ノ場合ニ於テ約三千人ノ聴衆若シクハ観覧人ヲ容レ得ルノ希望ナルモ広堂ニハ 段階席ヲ設置セズ

一、二階広堂ニ於テハ約五百人ノ会食ヲ為シ得ル外ニ百人迄ノ会食ヲナシ得ル室ト之ニ相当スル大休憩室、一階中二階二 階ヲ通シテ数個ノ控室及便所其他昇降機、暖房機設置ノ用意ヲ望ム

一、透視図ハ添付図面ニ指定セル箇所ヲ駐立点（スタンヂングポイント）トシ（ワットマン、ダブルエレファント）大トナス可シ

一、図面ノ彩色及陰影ハ空想ニ流レザル限リ競技者ノ任意トス

一、図面ハ凡テ原図紙ヲ用ヒ墨入ヲナシ寸法ハ日本尺ヲ用ユベシ

但シ数字ハ此限ニ非ズ又止ムヲ得ザル外国語ハ片仮名ヲ以テ記載スルコトヲ得

一、図面ノ記入法ハ番号符号等ヲ用ヰ ズ直接其位置ニ記入スベシ

一、署名ニ代フル暗号ハ図面ノ各葉ニ記入スベシ

一、設計書類ヲ郵送スル場合ニ於ケル鉱力筒ノ製作ハ郵便規則ニ依ルベキハ勿論郵送中容器ノ破損又ハ表記ノ汚損剥離等ナキ様注意スベシ

一、競技者ノ利便ヲ図ル為メ大阪市中ノ島一丁目財団法人公会堂建設事務所ノ外明治四十五年十月廿九日ヨリ同三十一日正午迄ニ東京市内ニ臨時設置スベキ出張所ニ於テ設計ヲ受理スベシ

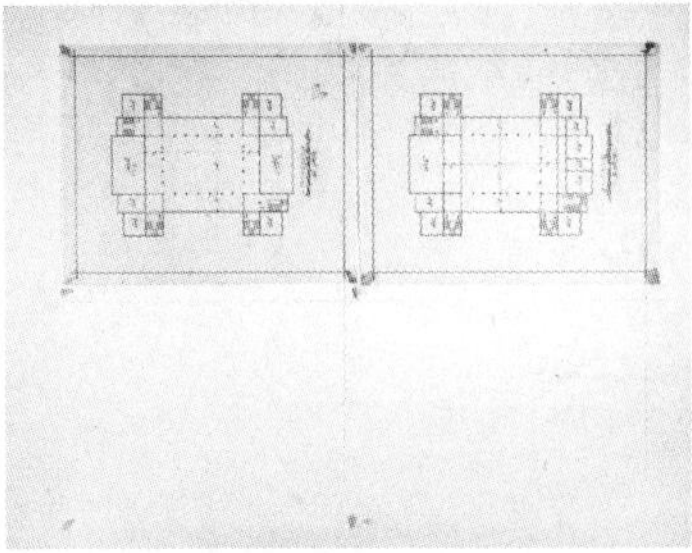
0001　ラインドローイング

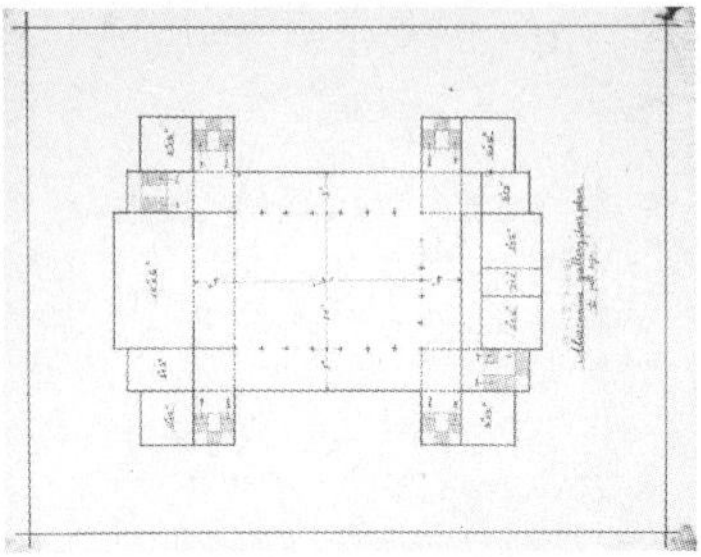
0001-1　ラインドローイングより中2階平面図（1／300）

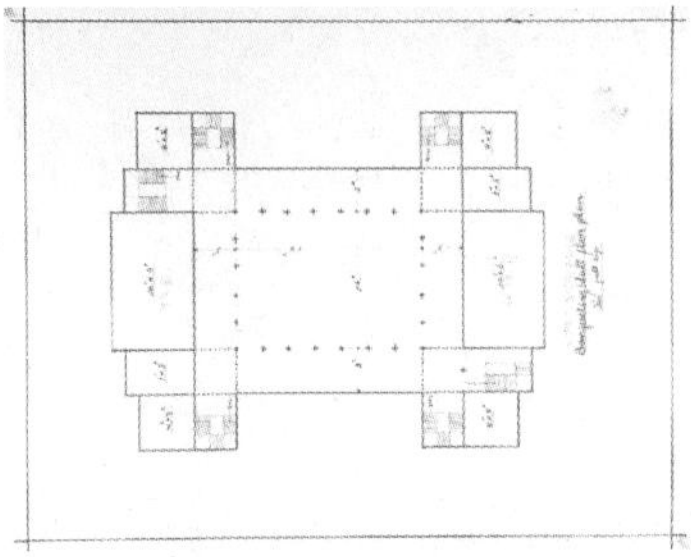
0001-2　ラインドローイングより第2階平面図（1／300）

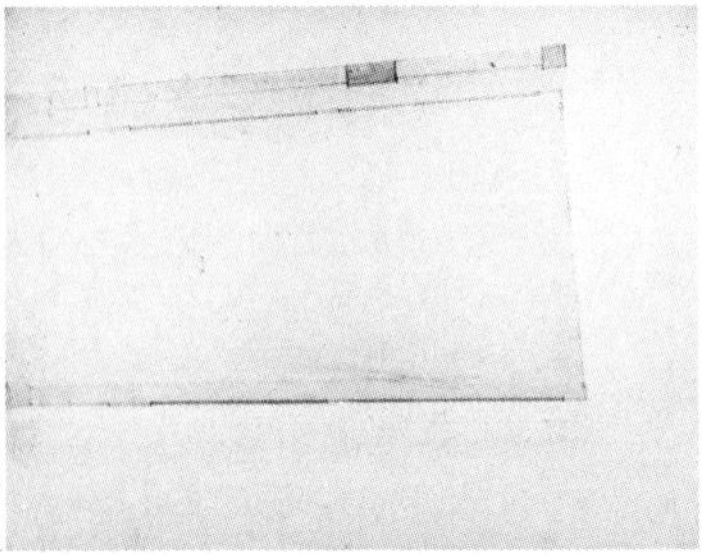
0001-3　配置図下書

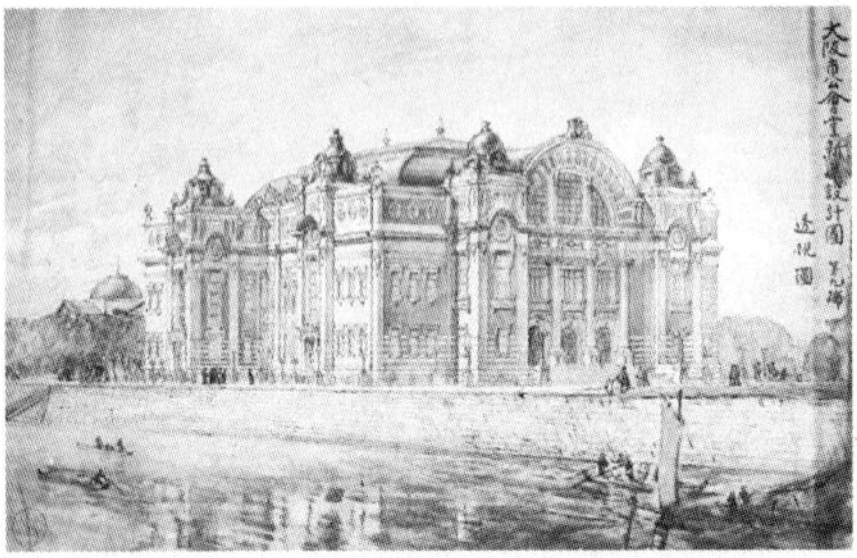
0101　岡田信一郎案 大阪市公会堂新築設計図 第九号 透視図

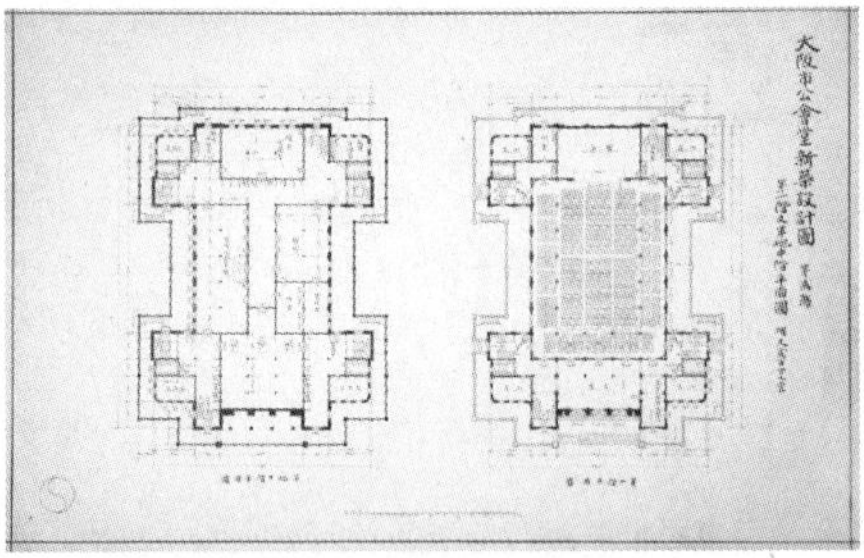
0102　岡田信一郎案 大阪市公会堂新築設計図 第二号
第一階及半地中階平面図 縮尺二百分之一

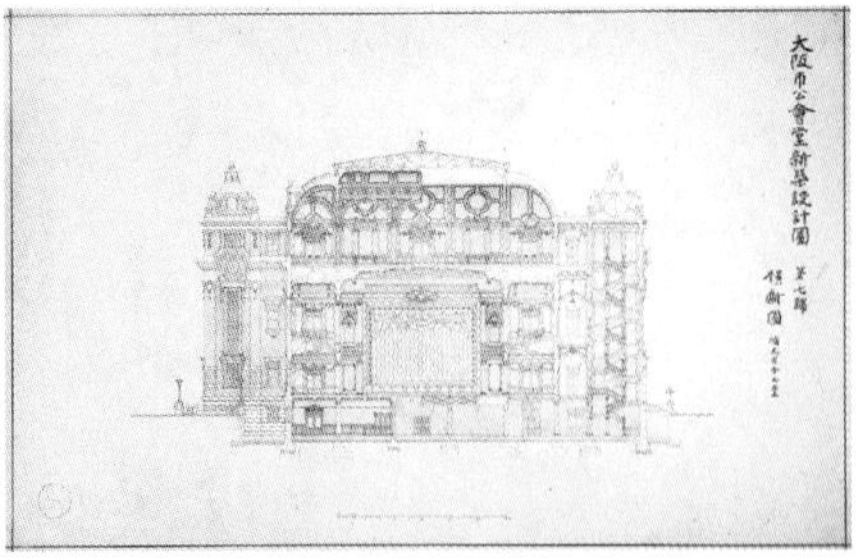
0103　岡田信一郎案 大阪市公会堂新築設計図 第七号
横断図 縮尺百分之一

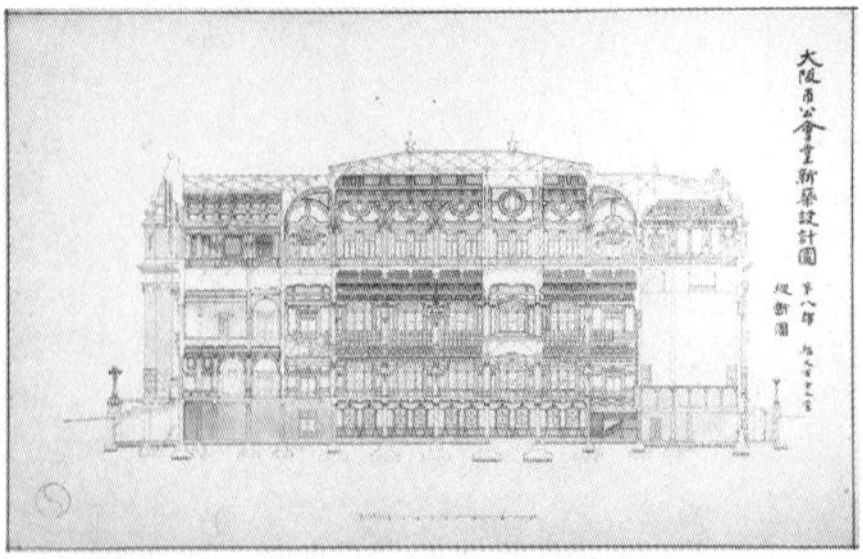
0104　岡田信一郎案 大阪市公会堂新築設計図 第八号
縦断図 縮尺百分之一

0201　長野宇平治案 大阪市公会堂 透視図

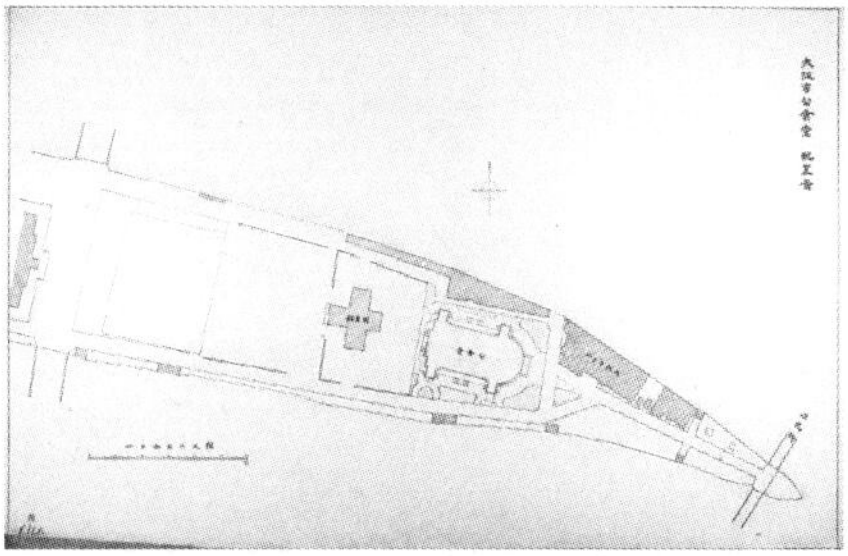

0202　長野宇平治案 大阪市公会堂 配置図 縮尺六百分之一

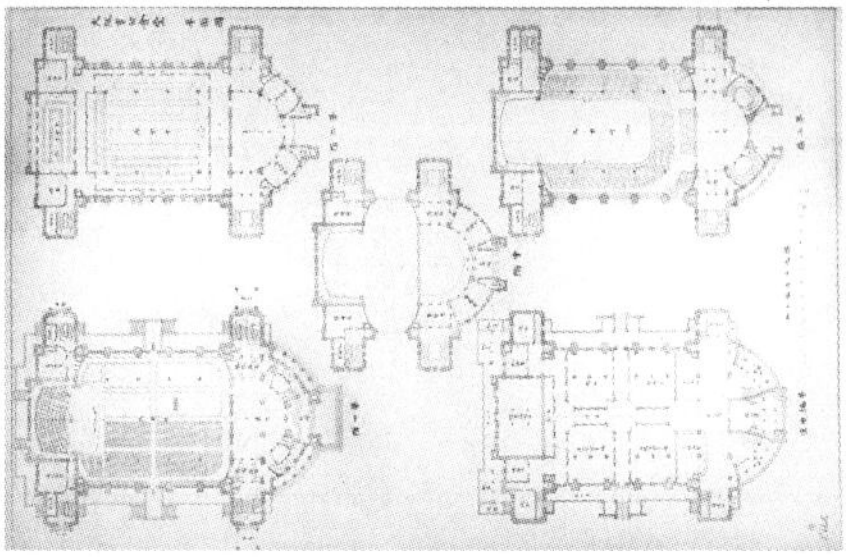

0203　長野宇平治案 大阪市公会堂平面図 半地中室・第一階・中階・第二階・第三階

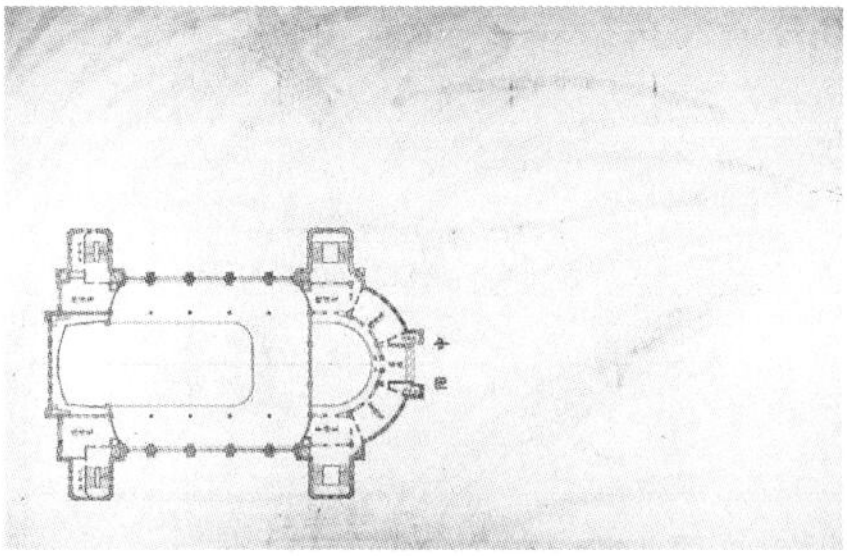

0001-3　配置図下書

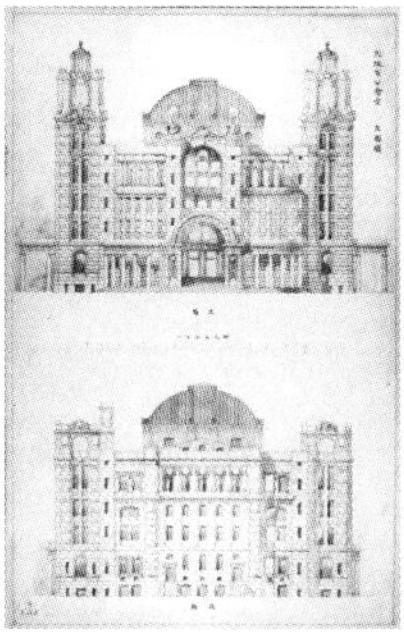

0205　長野宇平治案 大阪市公会堂 立面図 正面・西面 縮尺百分之一

0206　長野宇平治案 大阪市公会堂 立面図 南面 縮尺百分之一

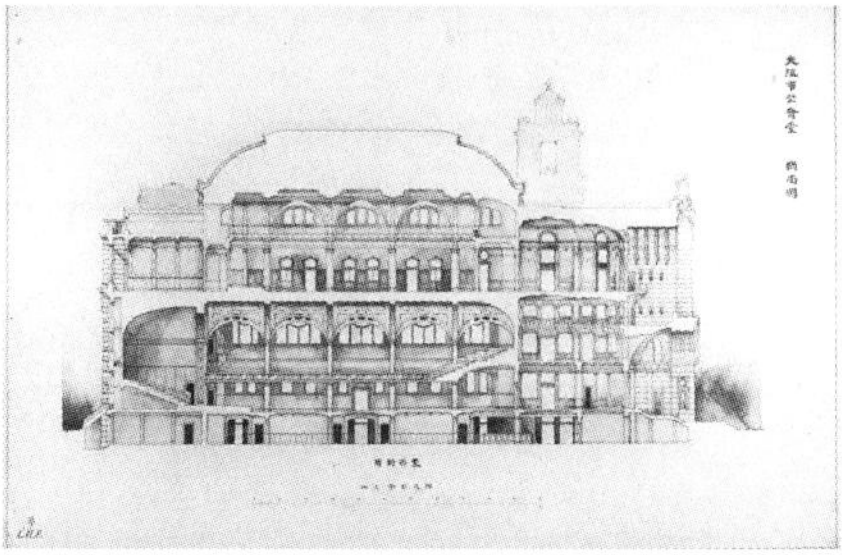

0207　長野宇平治案 大阪市公会堂 断面図 東西断面 縮尺百分之一

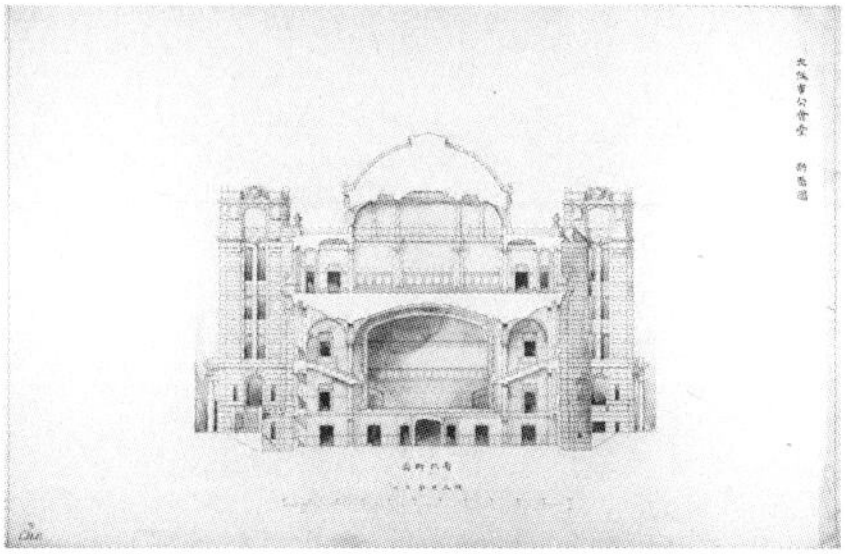

0208　長野宇平治案 大阪市公会堂 断面図 南北断面 縮尺百分之一

0301 矢橋賢吉案 大阪市公会堂 配景図

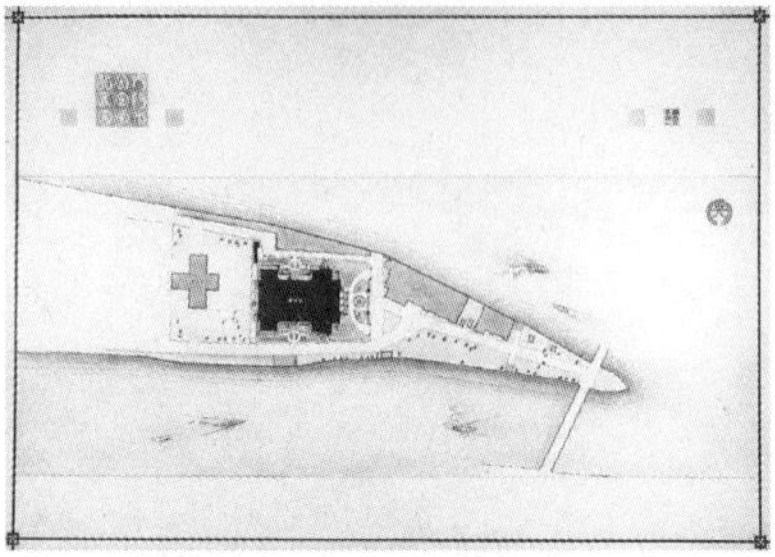

0302 矢橋賢吉案 大阪市公会堂 配置図 縮尺六百分一

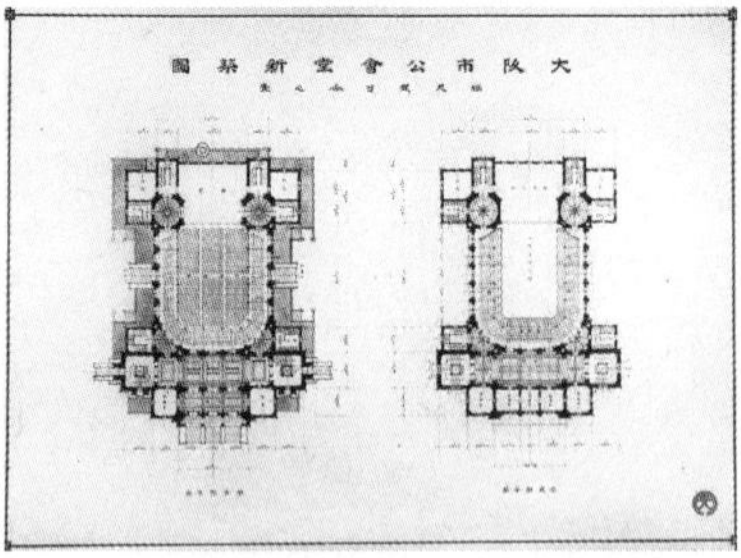

0303 矢橋賢吉案 大阪市公会堂 新築図 第一階平面・中二階平面 縮尺二百分之一

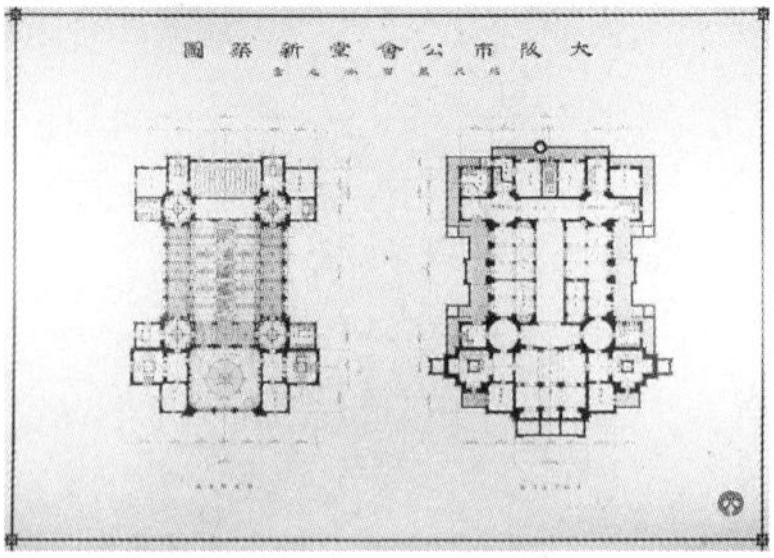

0304 矢橋賢吉案 大阪市公会堂 新築図 第二階平面・半地階平面 縮尺二百分之

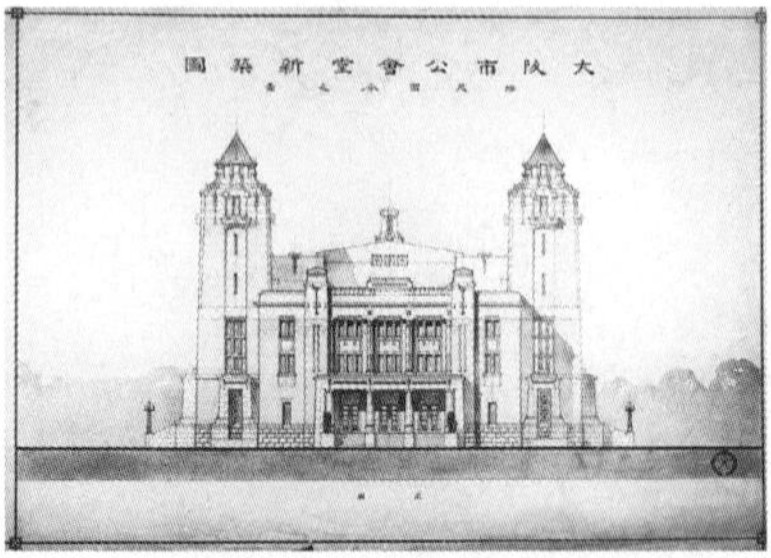

0305 矢橋賢吉案 大阪市公会堂 新築図 正面 縮尺百分之一

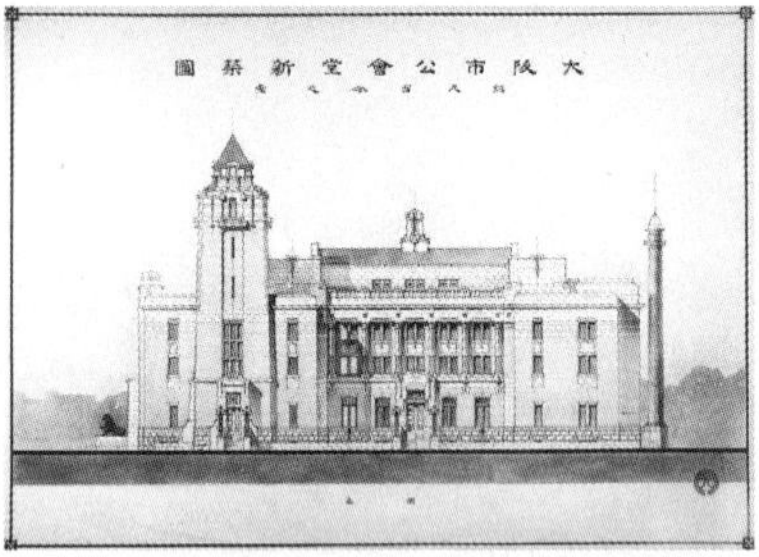

0306 矢橋賢吉案 大阪市公会堂 新築図 側面 縮尺百分之一

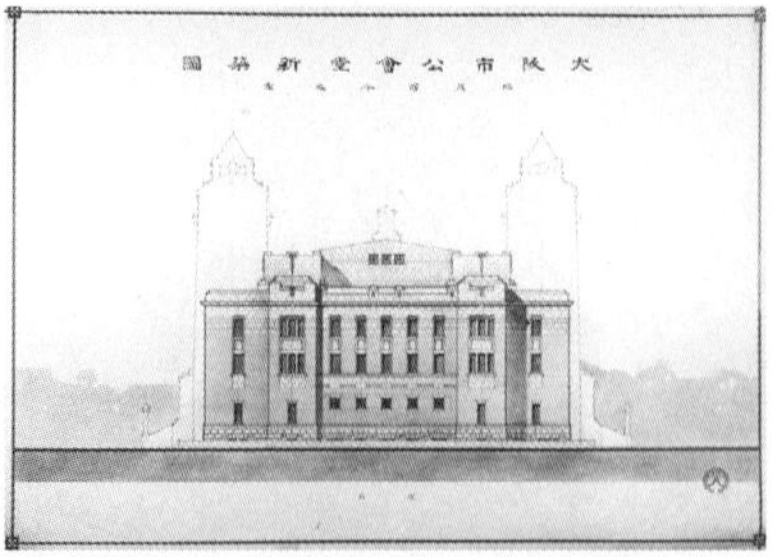

0307 矢橋賢吉案 大阪市公会堂 新築図 後面 縮尺百分之一

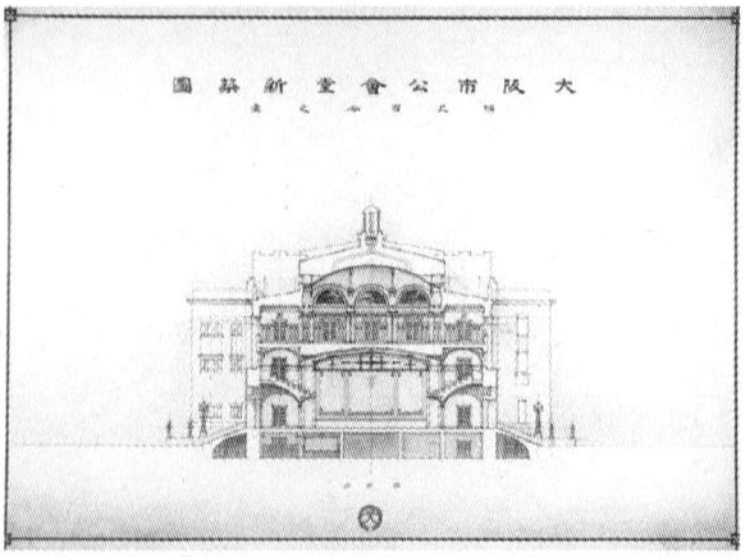

0308 矢橋賢吉案 大阪市公会堂 新築図 横断面 縮尺百分之一

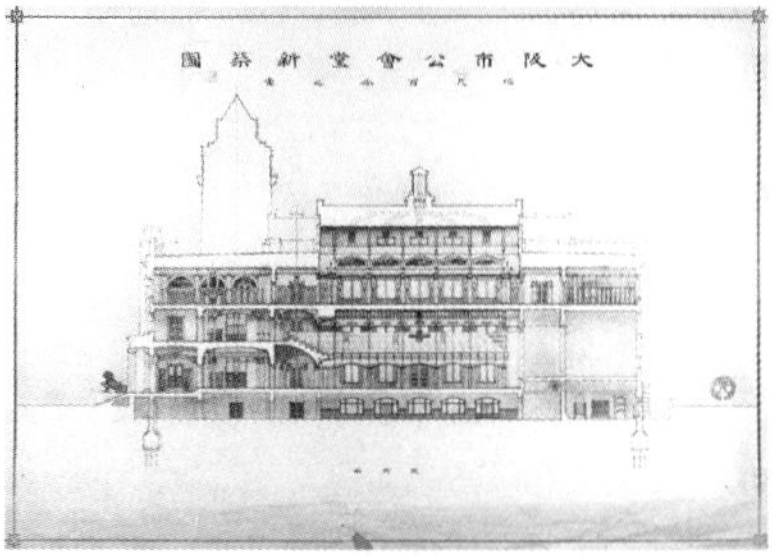

0309　矢橋賢吉案 大阪市公会堂 新築図 縦断面 縮尺百分之一

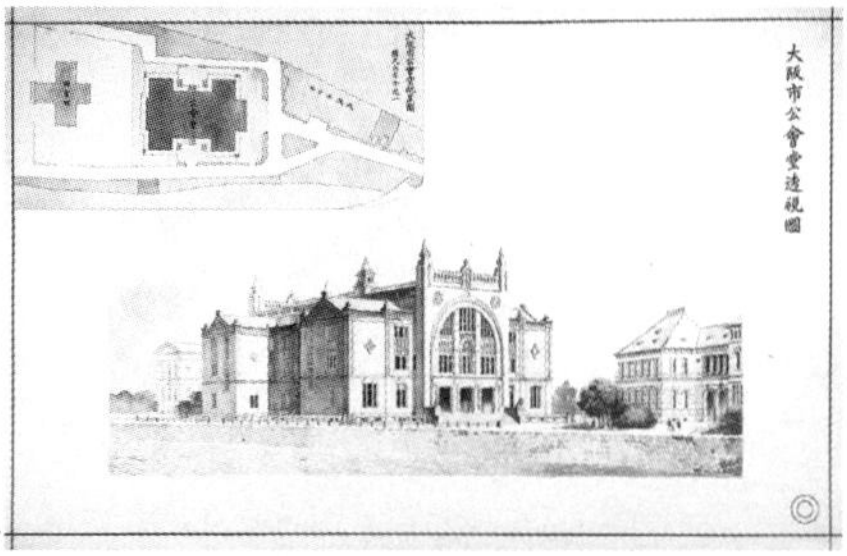

0401　伊東忠太案 大阪市公会堂透 視図／大阪市公会堂配置図 縮尺六百分之一

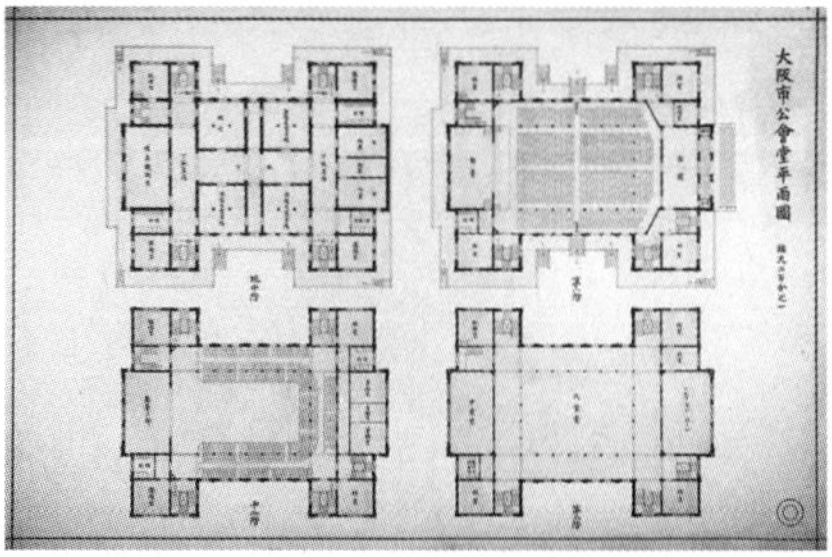

0402　伊東忠太案 大阪市公会堂 平面図 地中階・第一階・中二階・第二階 縮尺二百分之一

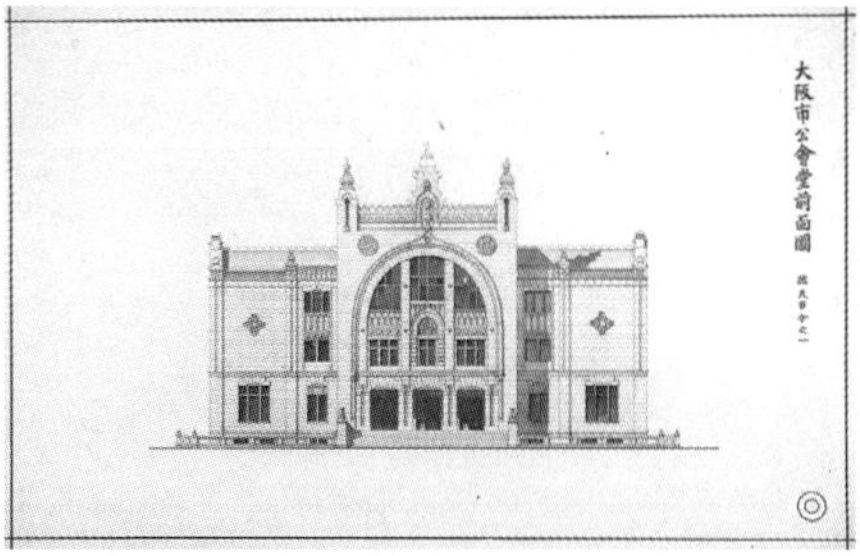

0403　伊東忠太案 大阪市公会堂 前面図 縮尺百分之一

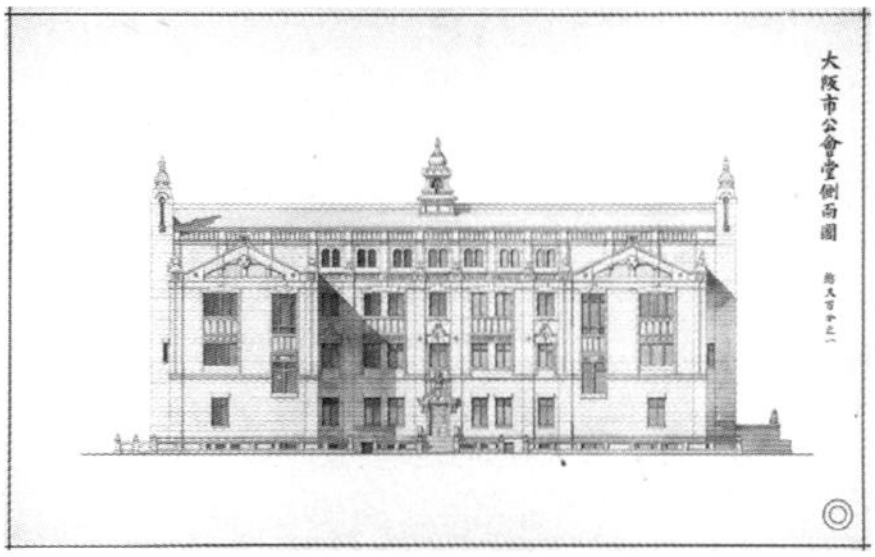

0404　伊東忠太案 大阪市公会堂 側面図 縮尺百分之一

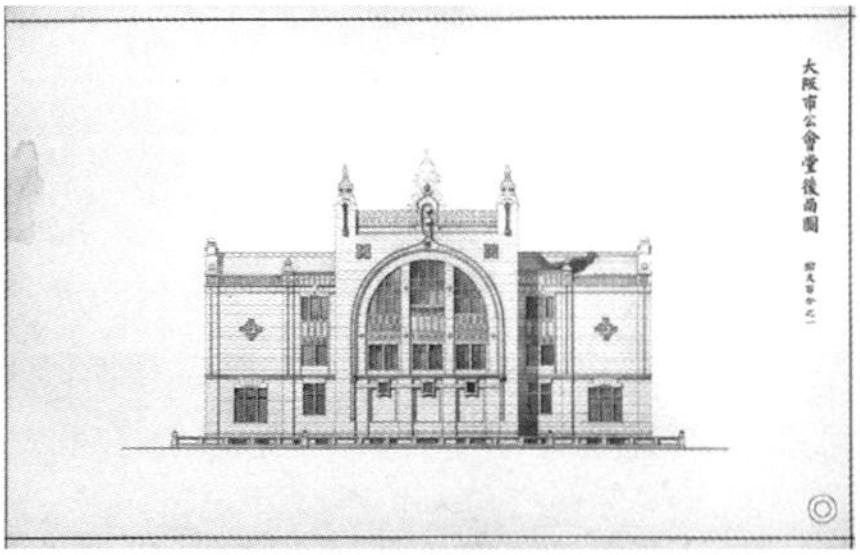

0405　伊東忠太案 大阪市公会堂 後面図 縮尺百分之一

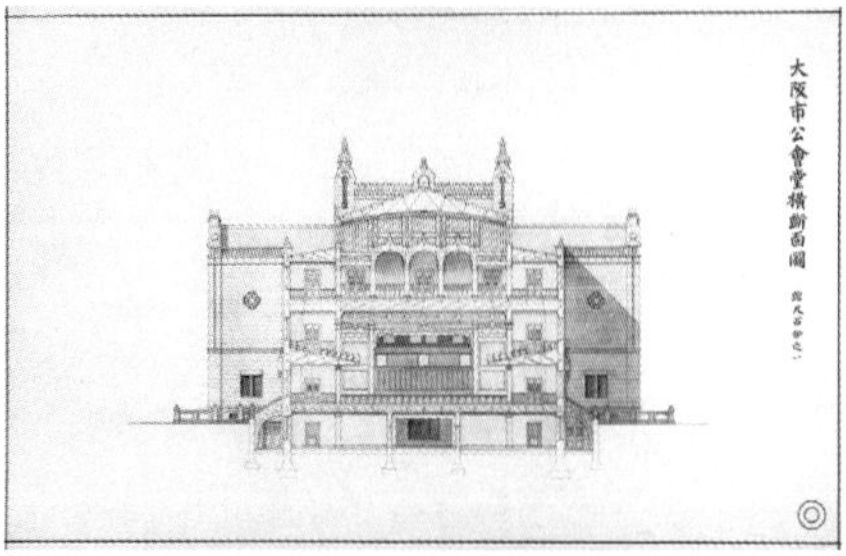

0406　伊東忠太案 大阪市公会堂 横断面図 縮尺百分之一

0407　伊東忠太案 大阪市公会堂 縦断面図 縮尺百分之一

0501　中條精一郎案 大阪市公会堂建築 配景図 第九号大正元年十月三十日

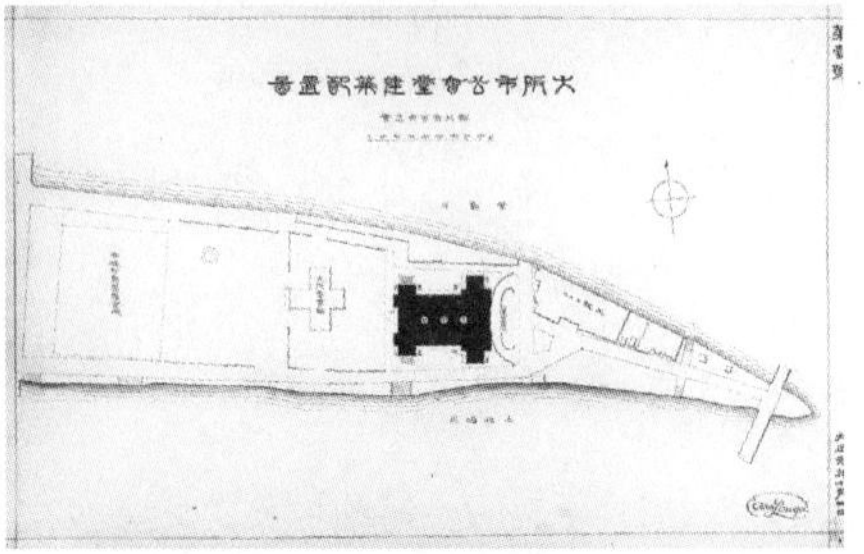

0502　中條精一郎案 大阪市公会堂建築 配置図 縮尺六百分之一 第一号 大正元年十月三十日

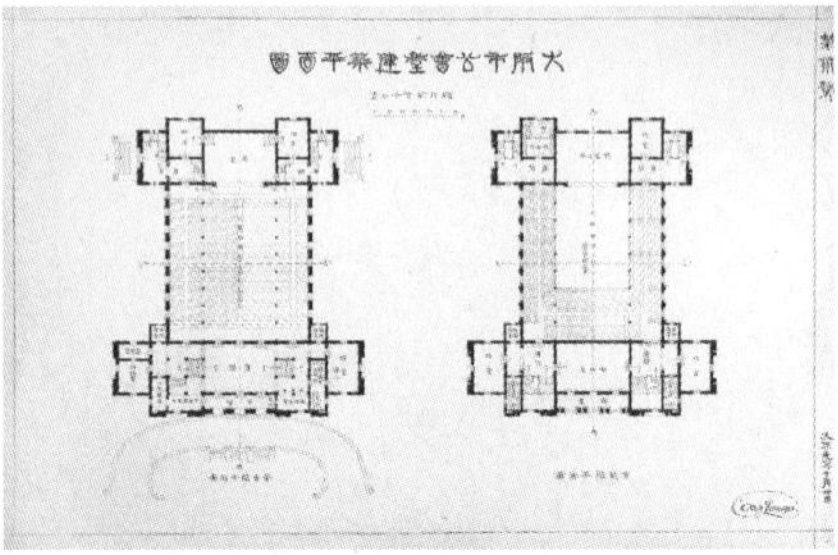

0503　中條精一郎案 大阪市公会堂建築 平面図 第一階平面図・中二階平面図 縮尺二百分之一 第二号 大正元年十月三十日

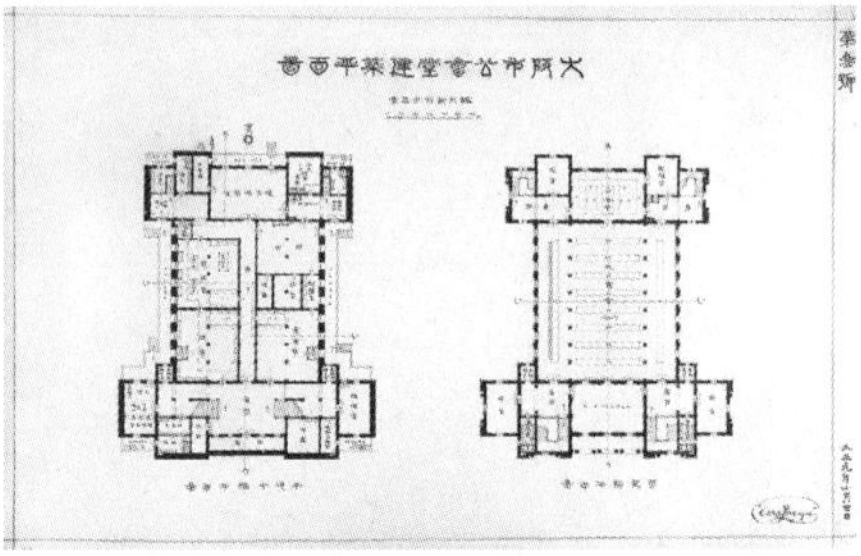

0504　中條精一郎案 大阪市公会堂建築 平面図 半地中階平面図・第二階平面図 縮尺二百分之一 第三号 大正元年十月三十日

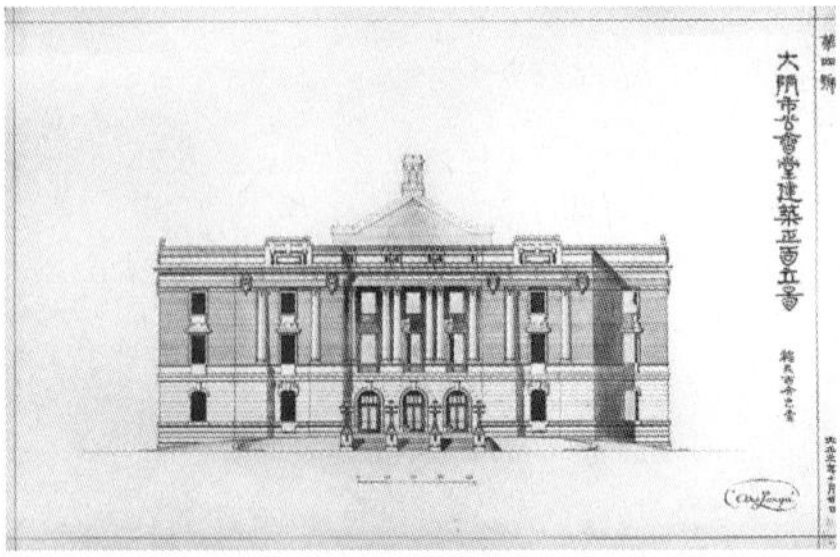

0505　中條精一郎案 大阪市公会堂建築 正面立図 縮尺百分之一 第四号大正元年十月三十日

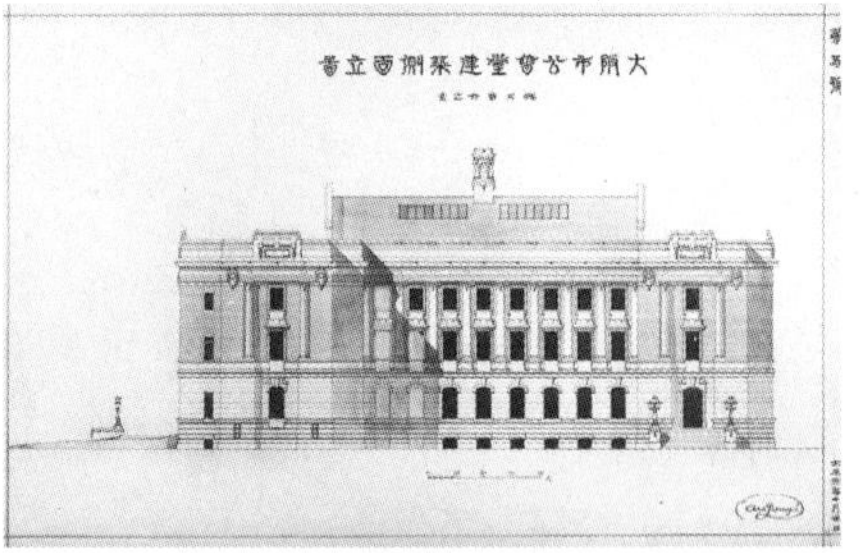

0506　中條精一郎案 大阪市公会堂建築 側面立図縮尺百分之一 第五号大正元年十月三十日

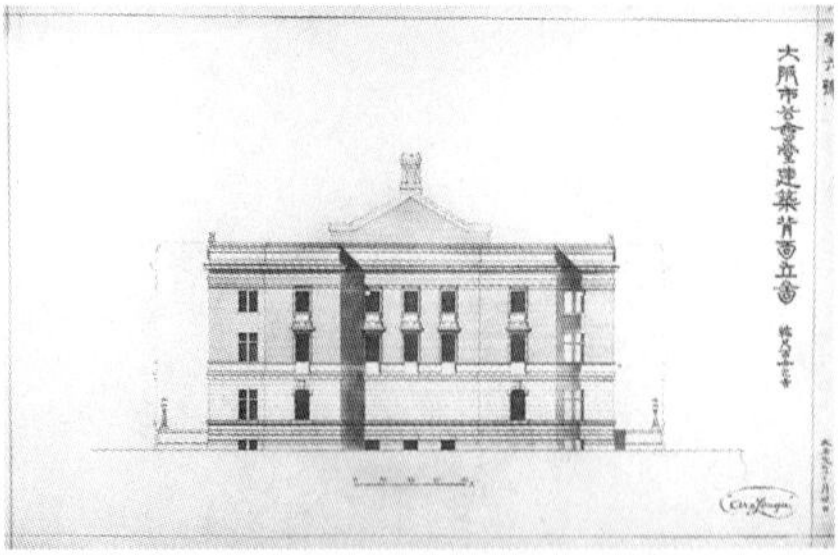

0507　中條精一郎案 大阪市公会堂建築 背面立図 縮尺百分之一 第六号 大正元年十月三十日

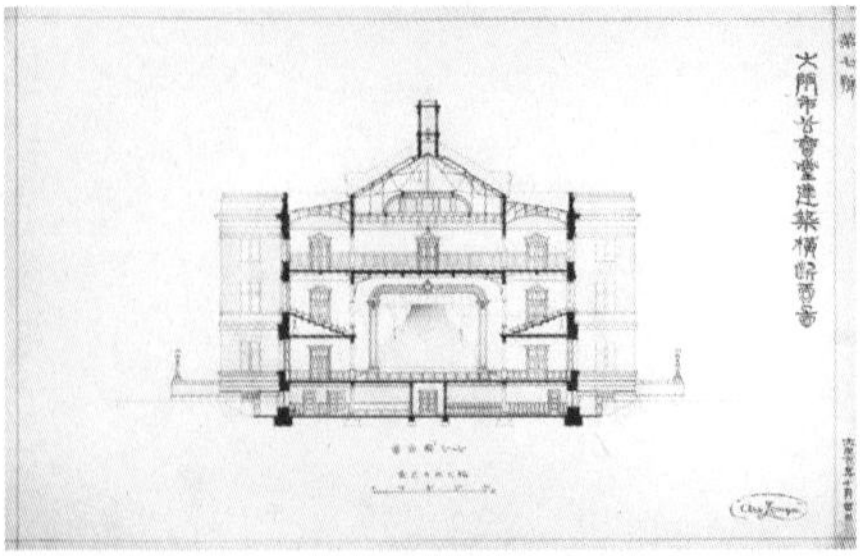

0508　中條精一郎案 大阪市公会堂建築 横断面図い－い断面図 縮尺百分之一 第七号 大正元年十月三十日

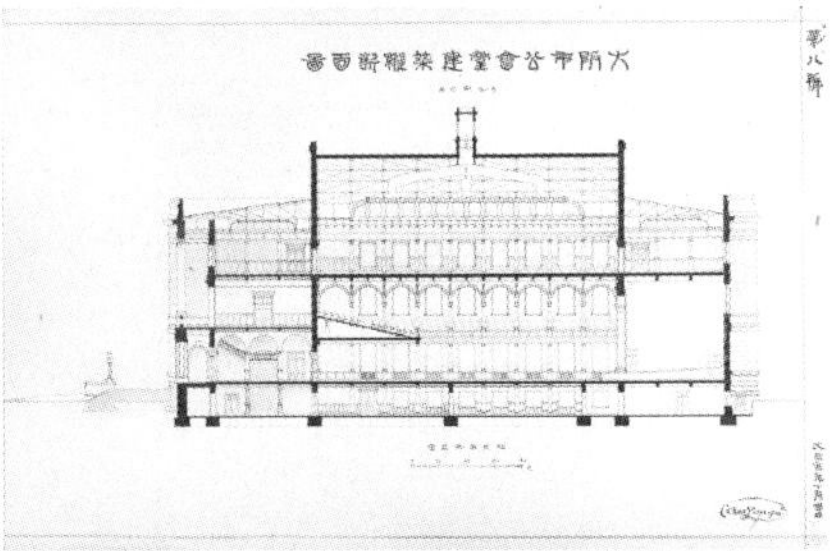

0509　中條精一郎案 大阪市公会堂建築 縦断面図ろ－ろ断面図 縮尺百分之一 第八号 大正元年十月三十日

0601　大江新太郎案［大阪市公会堂］配景図 大正元年十月

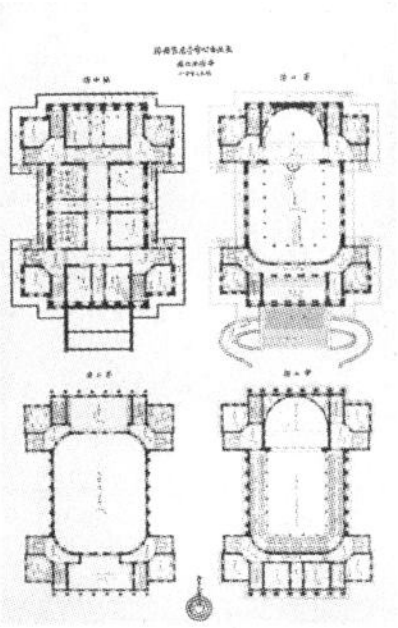

0602　大江新太郎案 大阪市公会堂建築図案 各階平面図 縮尺二百分ノ一 地中階・第一階・中二階・第二階 大正元年十月

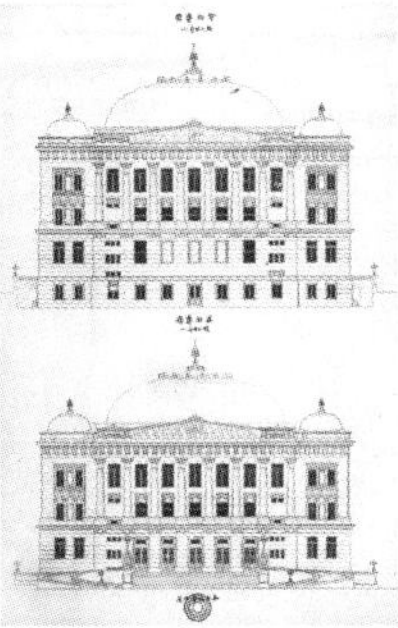

0603　大江新太郎案［大阪市公会堂］背面姿図 縮尺百分ノ一・正面姿図 縮尺百分ノ一 大正元年十月

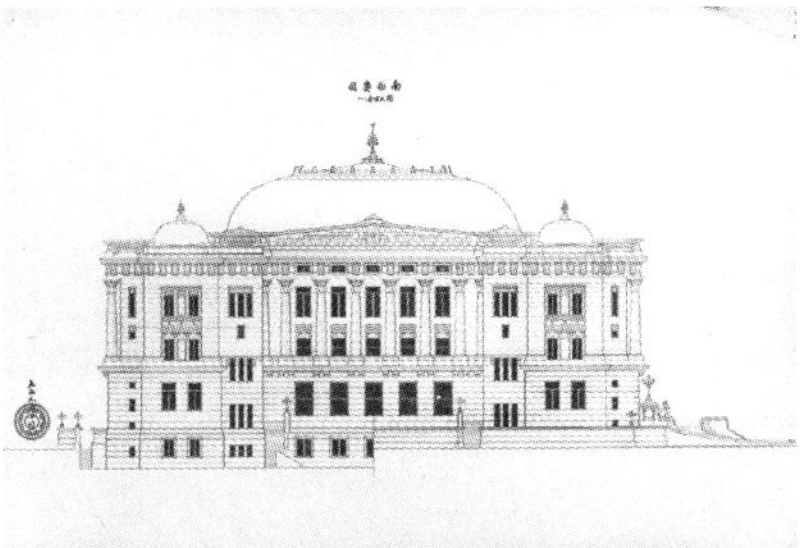

0604　大江新太郎案［大阪市公会堂］南面姿図 縮尺百分ノ一 大正元年十月

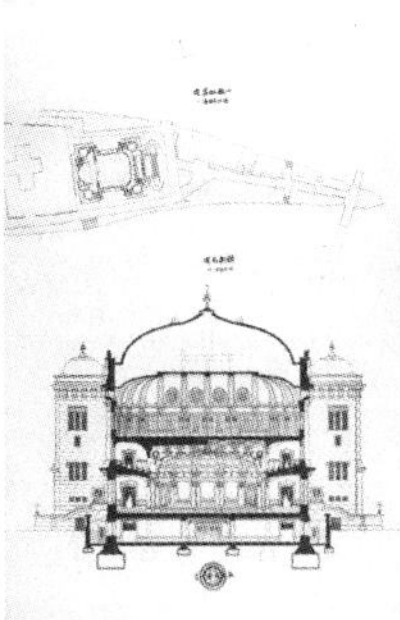

0605　大江新太郎案［大阪市公会堂］一般配置図 縮尺六百分ノ一・横断面図 縮尺百分ノ一　大正元年十月

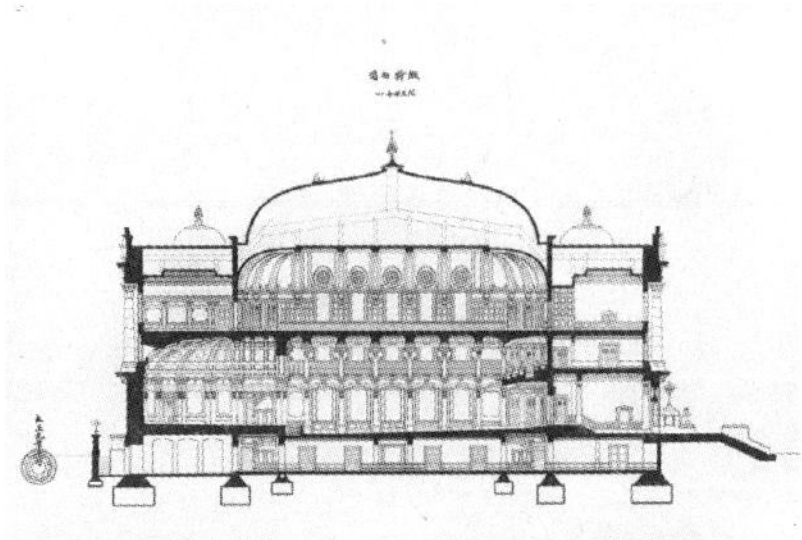

0606　大江新太郎案［大阪市公会堂］縦断面図 縮尺百分ノ一

0701　大澤三之助案 大坂市公会堂設計図案 透視図 大正元年十月

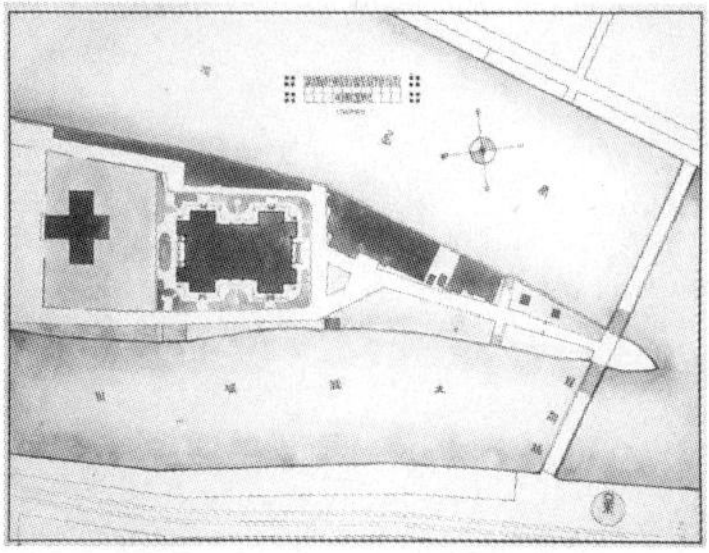

0702　大澤三之助案 大坂市公会堂設計図案 配置図 六百分之一

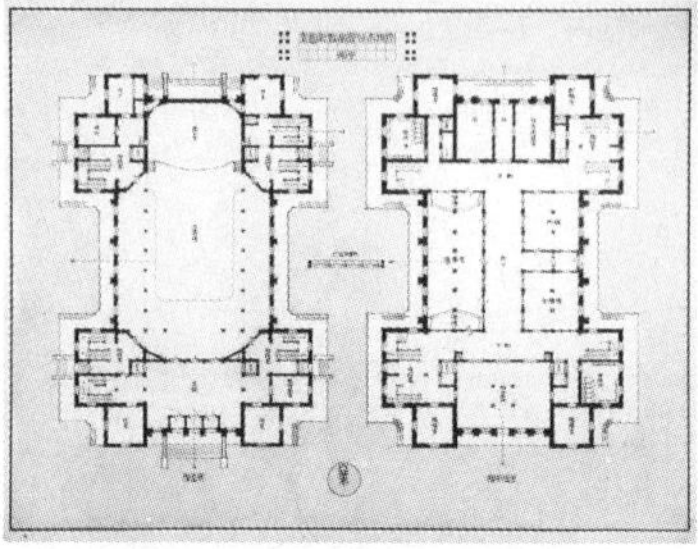

0703　大澤三之助案 大坂市公会堂設計図案 平面 第一階・半地中階 二百分之一

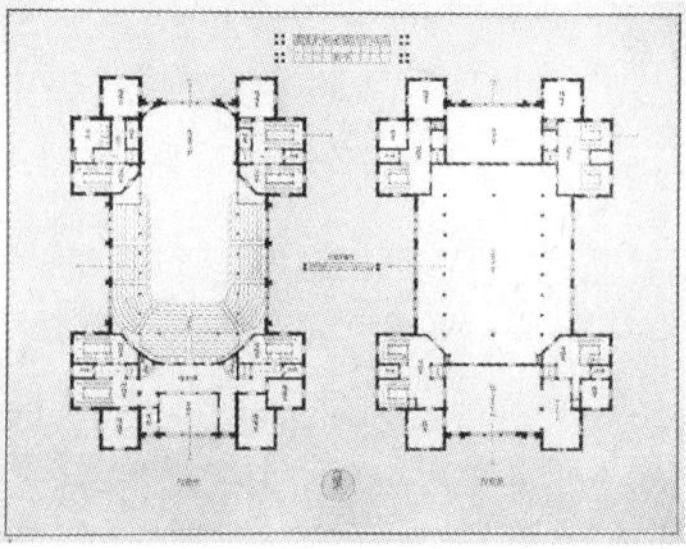

0704　大澤三之助案 大坂市公会堂設計図案 平面 中二階・第二階 二百分之一

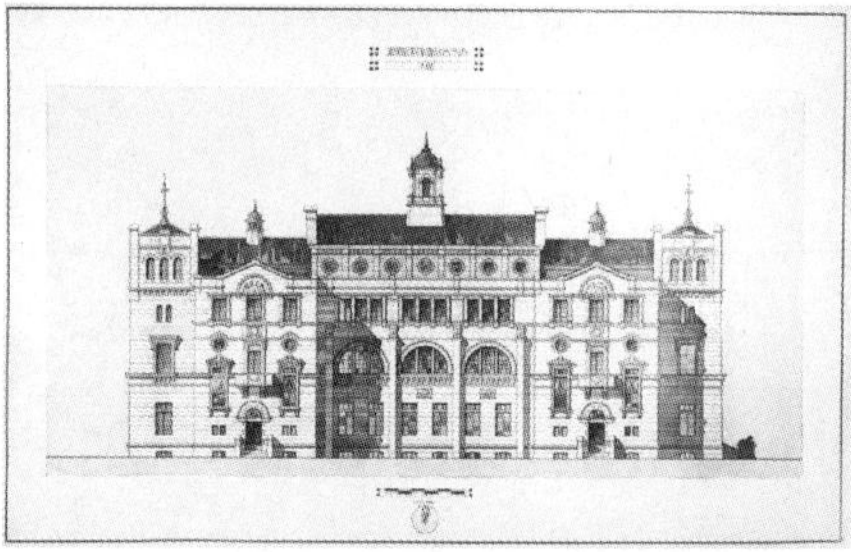

0706　大澤三之助案 大坂市公会堂設計図案 側面 百分之一

0705　大澤三之助案 大坂市公会堂設計図案 正面 百分之一

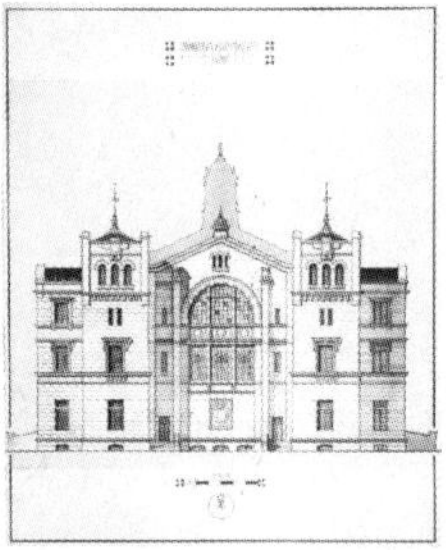

0707　大澤三之助案 大坂市公会堂設計図案 背面 百分之一

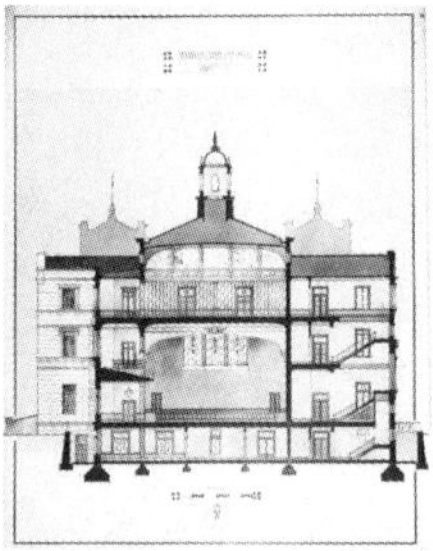

0708　大澤三之助案 大坂市公会堂設計図案 イロ断面 百分之一

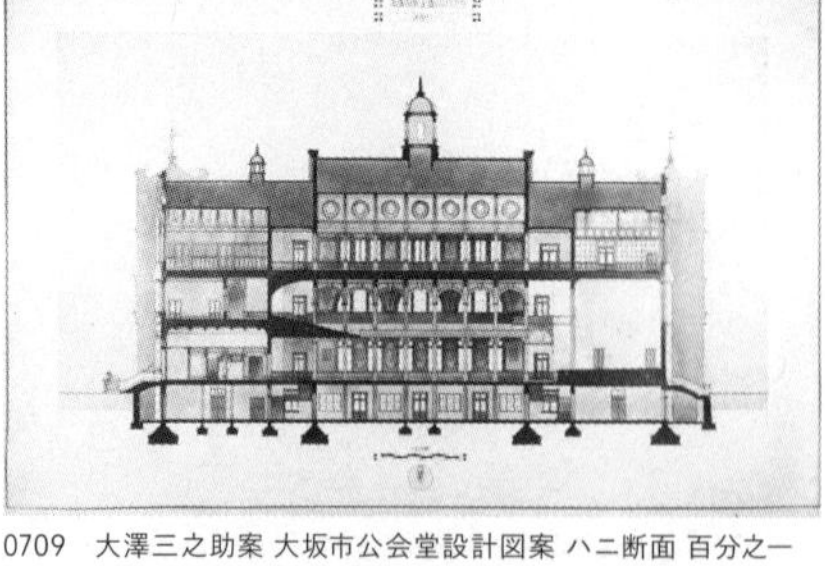

0709　大澤三之助案 大坂市公会堂設計図案 ハニ断面 百分之一

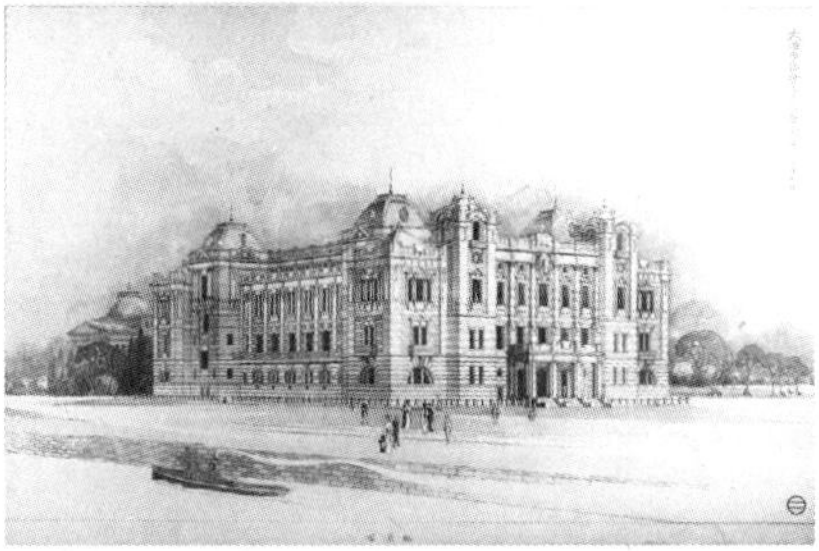

0801　片岡安案 大阪市公会堂新築図面 第七号 配景図

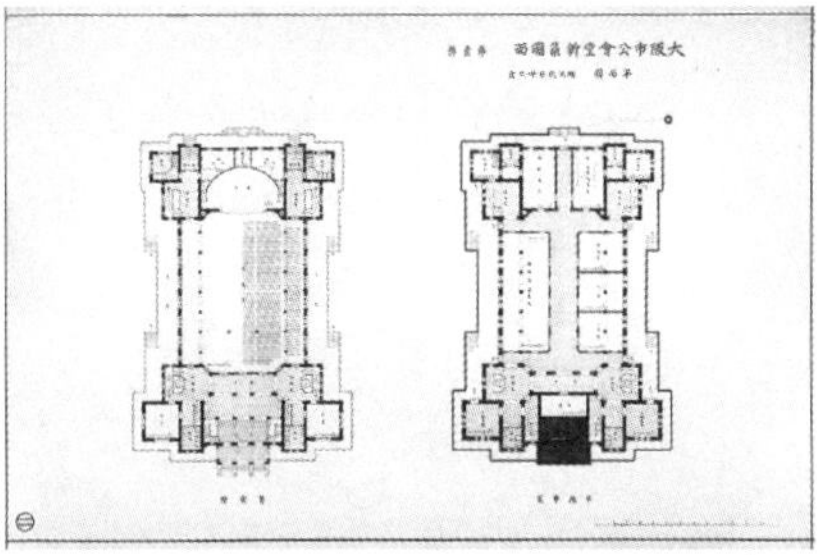

0802　片岡安案 大阪市公会堂新築図面 第一号 平面図 縮尺二百分之一 半地中階・第一階

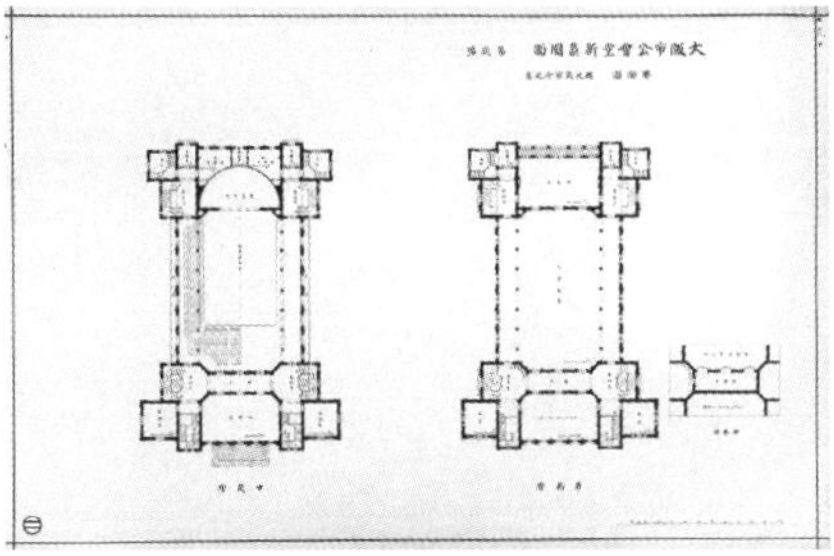

0803　片岡安案 大阪市公会堂新築図面 第二号 平面図 縮尺二百分之一 中二階・第二階・中三階

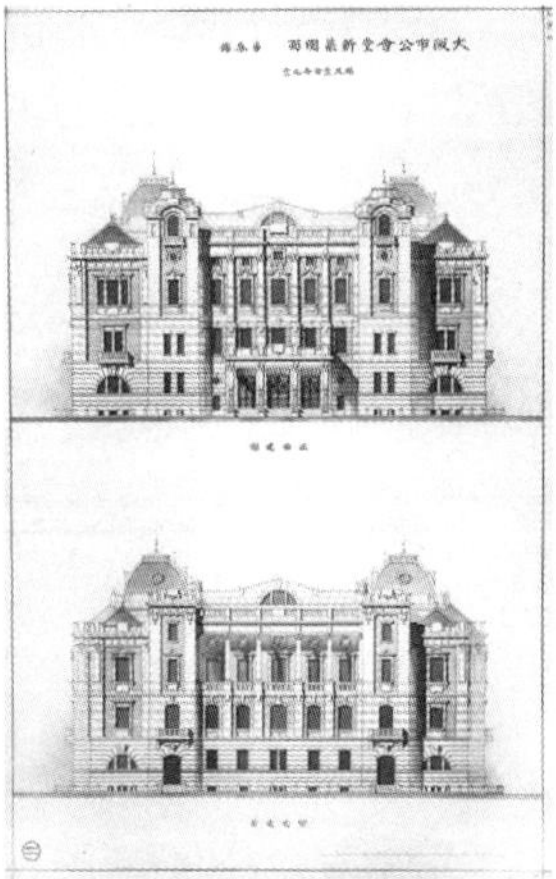

0804　片岡安案 大阪市公会堂新築図面 第三号 正面建図・背面建図 縮尺一百分之一

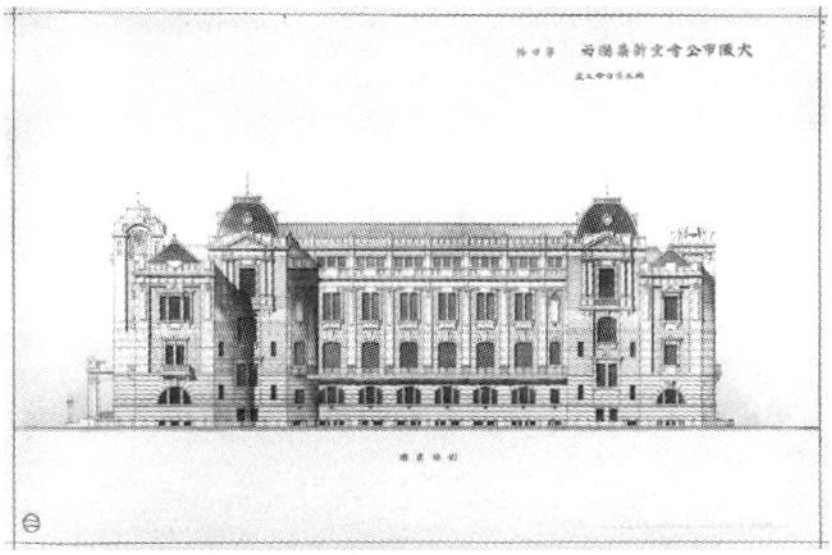

0805　片岡安案 大阪市公会堂新築図面 第四号 側面建図 縮尺一百分之一

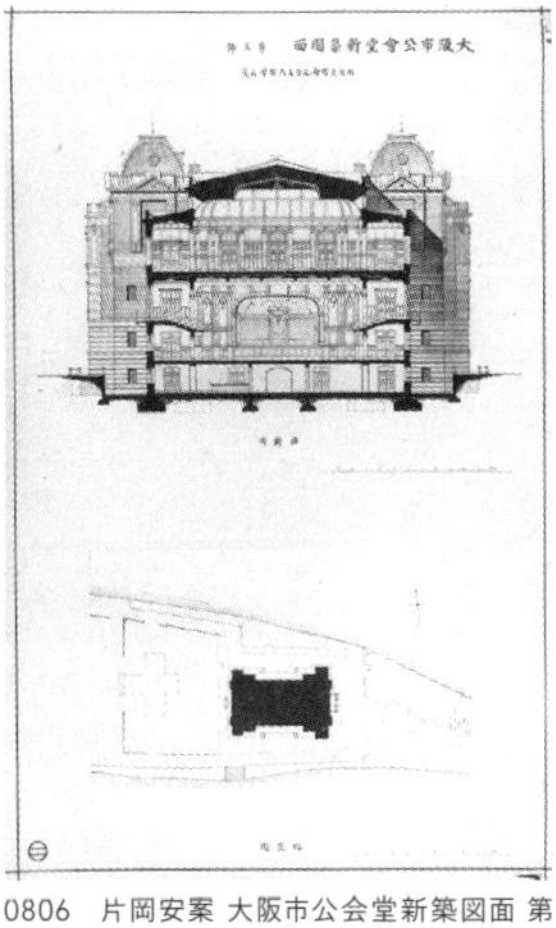

0806　片岡安案 大阪市公会堂新築図面 第五号 横断面 縮尺一百分之一 配置図

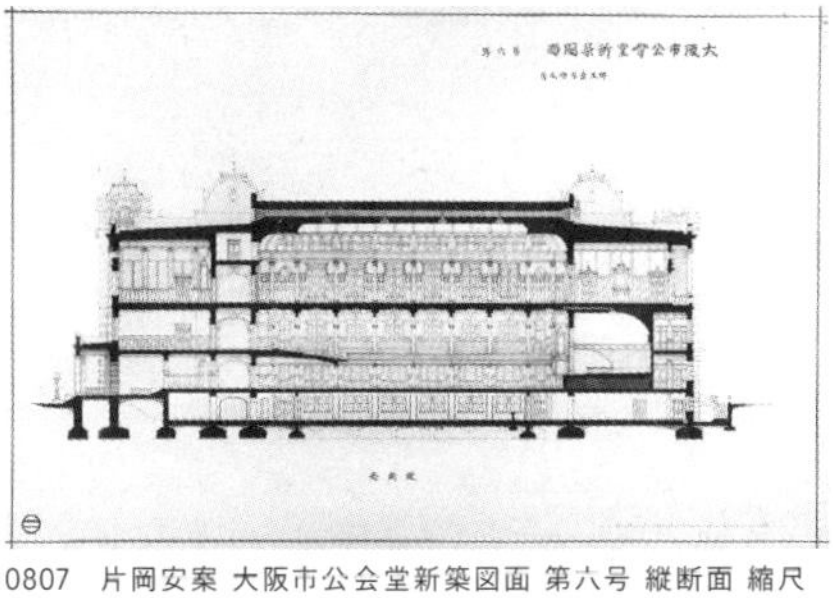

0807　片岡安案 大阪市公会堂新築図面 第六号 縦断面 縮尺一百分之一

0901　田邊淳吉案 大阪市公会堂 配景図 第九号

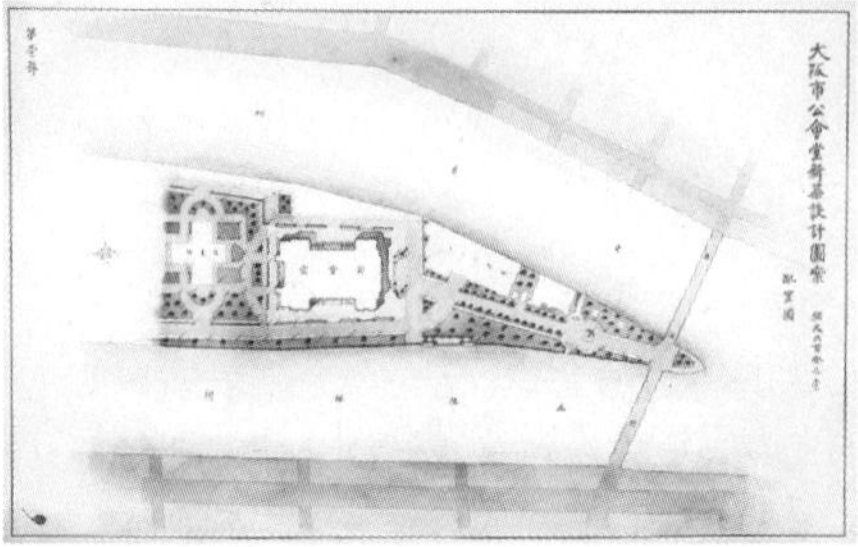

0902　田邊淳吉案 大阪市公会堂新築設計図案 第一号 配置図 縮尺六百分之一

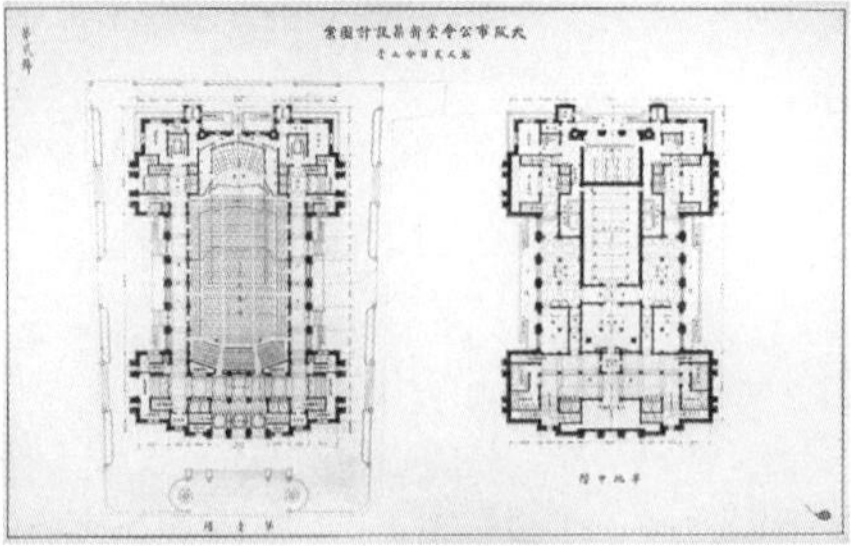

0903　田邊淳吉案 大阪市公会堂新築設計図案 第二号 縮尺二百分之一 半地中階・第一階

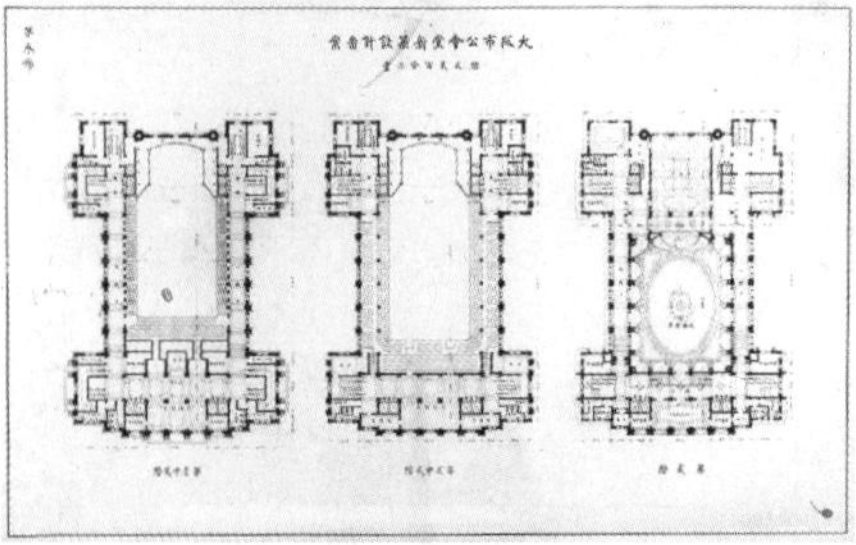

0904　田邊淳吉案 大阪市公会堂新築設計図案 第三号 縮尺二百分之一 第一中二階・第二中二階・第二階

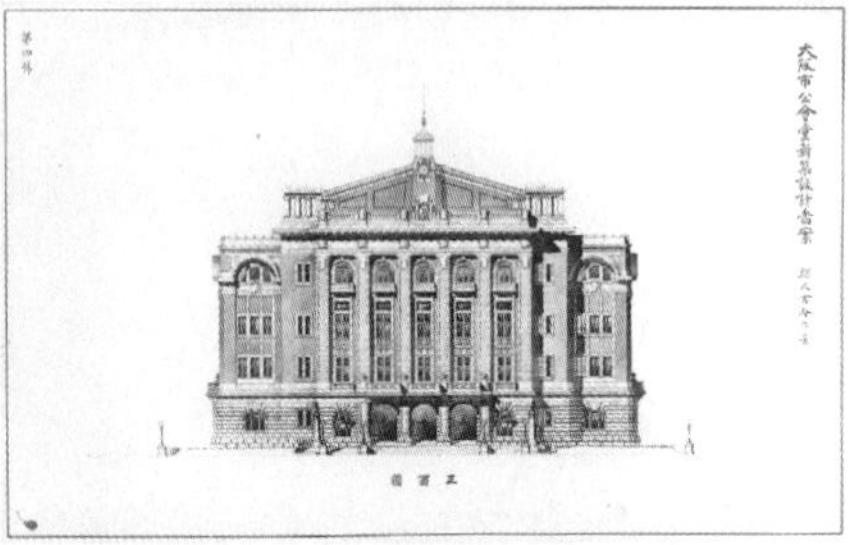

0905　田邊淳吉案 大阪市公会堂新築設計図案 第四号 正面図 縮尺百分之一

0906　田邊淳吉案 大阪市公会堂新築設計図案 第五号 側面図 縮尺百分之一

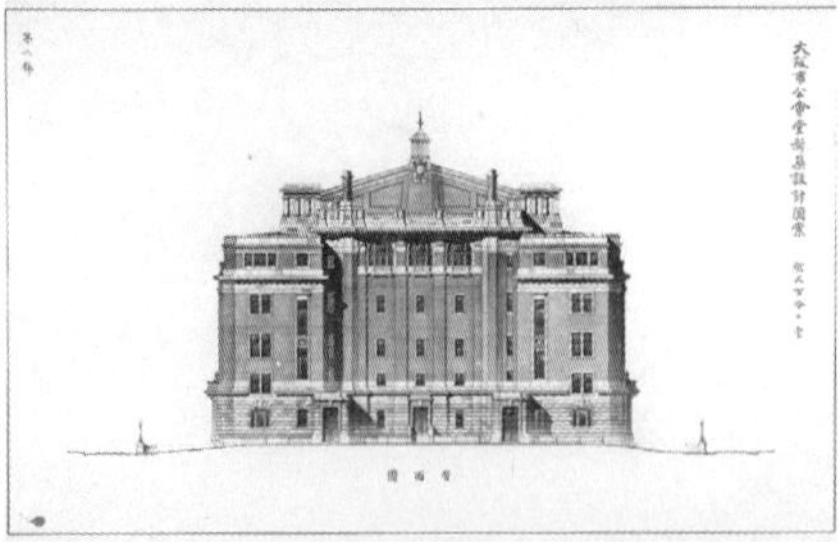

0907　田邊淳吉案 大阪市公会堂新築設計図案 第六号 背面図 縮尺百分之一

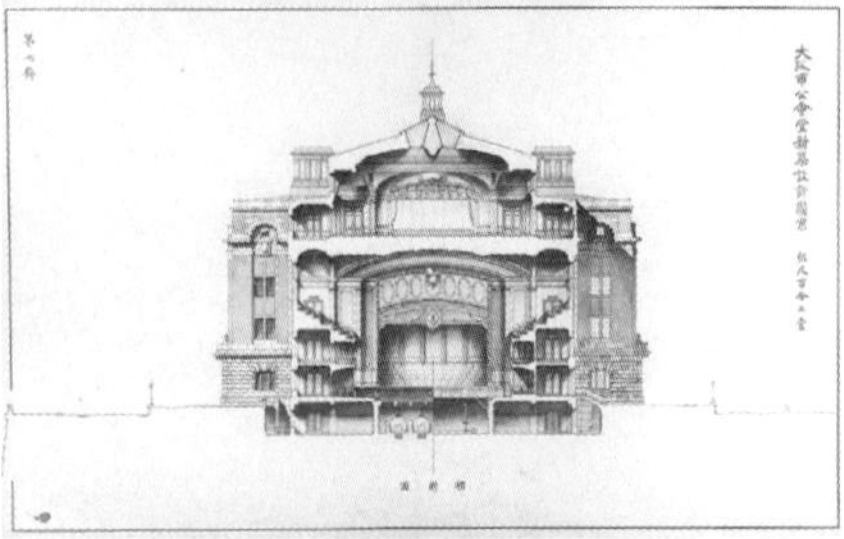

0908　田邊淳吉案 大阪市公会堂新築設計図案 第七号 横断面 縮尺百分之一

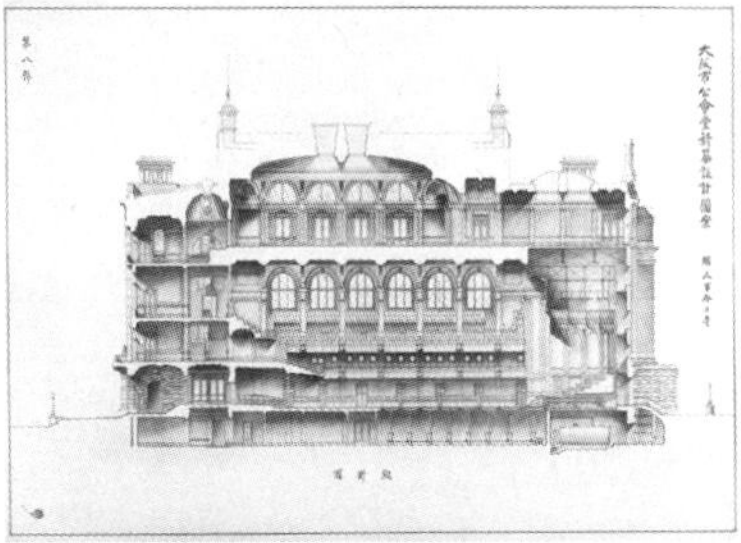

0909　田邊淳吉案 大阪市公会堂新築設計図案 第八号 縦断面 縮尺百分之一

1001　武田五一案 大阪市公会堂新築設計図 第九号 透視図

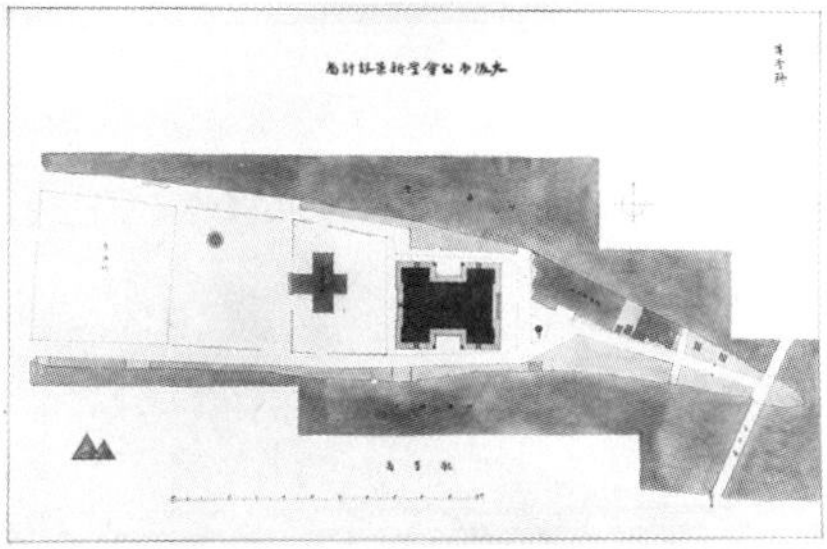

1002　武田五一案 大阪市公会堂新築設計図 第一号 配置図

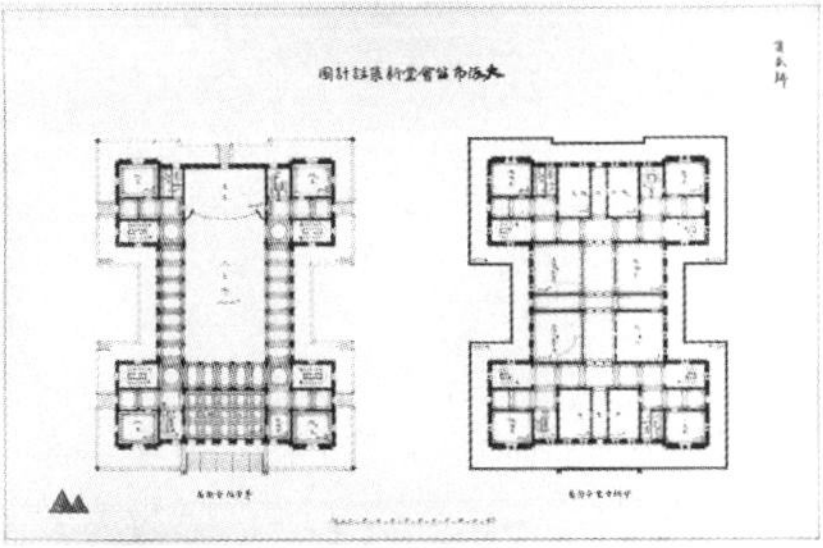

1003　武田五一案 大阪市公会堂新築設計図 第二号 半地中室平面図・第一階平面図

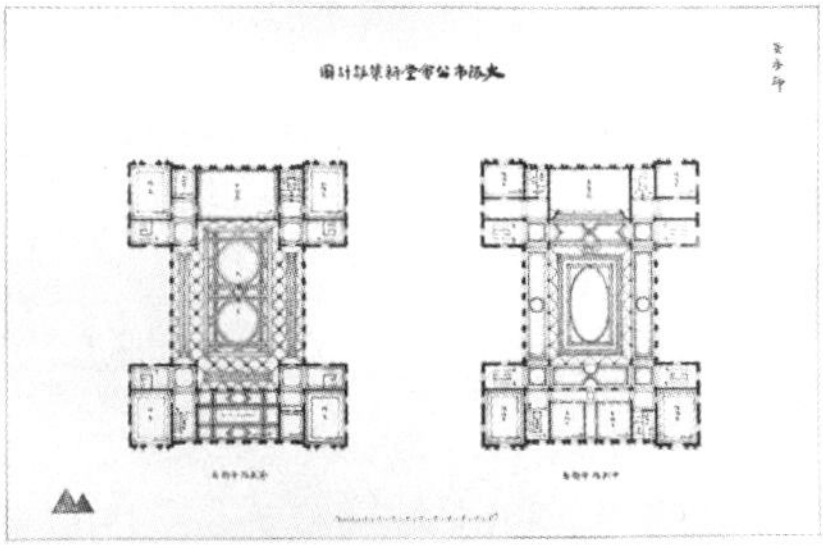

1004　武田五一案 大阪市公会堂新築設計図 第三号 中二階平面図・第二階平面図

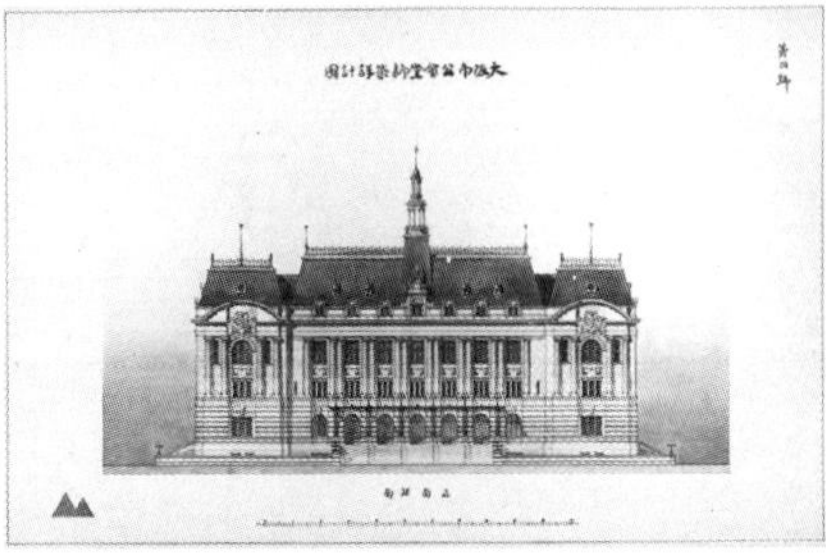

1005　武田五一案 大阪市公会堂新築設計図 第四号 正面建図

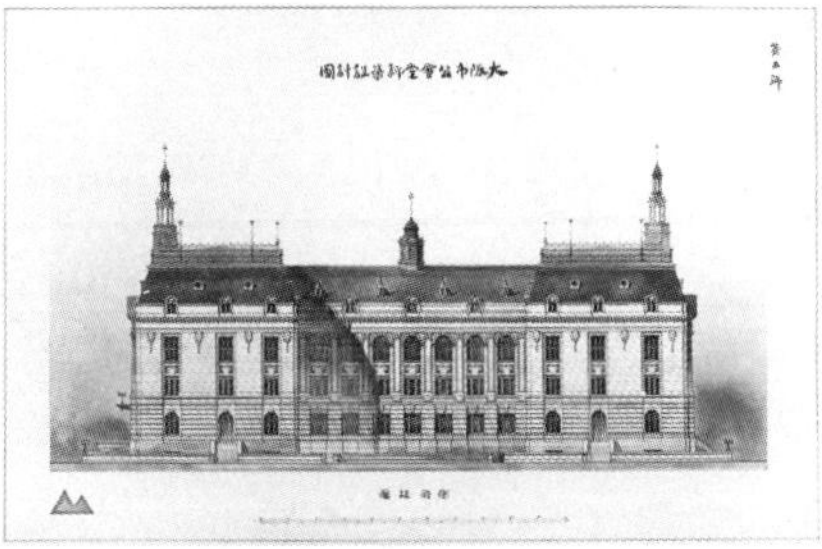

1006　武田五一案 大阪市公会堂新築設計図 第五号 側面建図

1007　武田五一案 大阪市公会堂新築設計図 第六号 後面建図

1008　武田五一案 大阪市公会堂新築設計図 第八号 横断面図

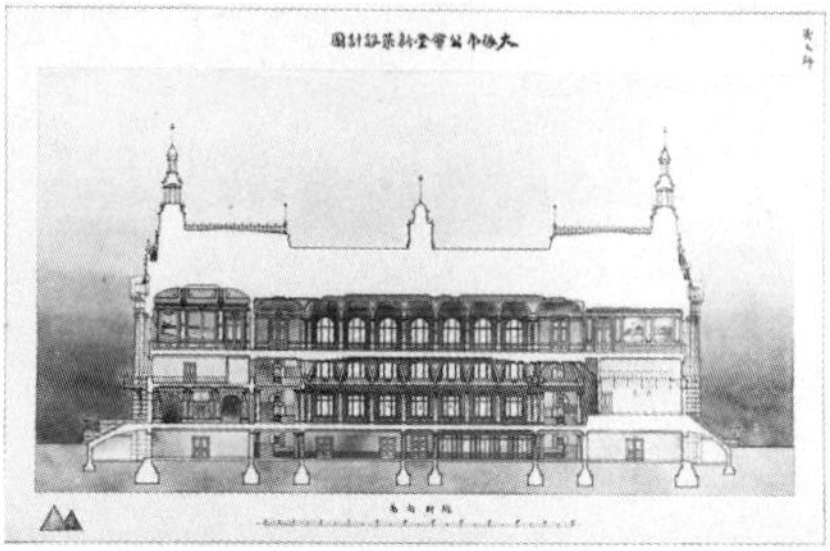

1009　武田五一案 大阪市公会堂新築設計図 第七号 縦断面図

1101　宗兵蔵案 大阪市公会堂新築設計指名懸賞競技応募図案
透視図 九枚之内九

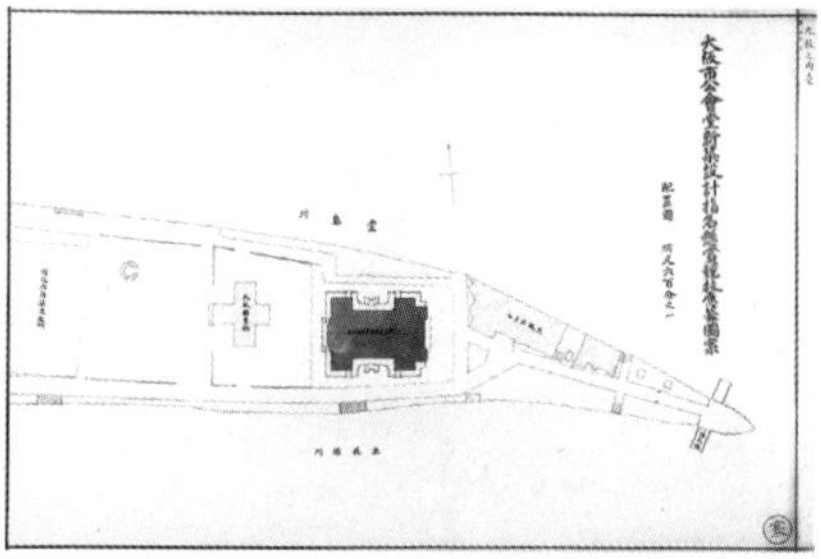

1102　宗兵蔵案 大阪市公会堂新築設計指名懸賞競技応募図案
配置図 縮尺六百分之一九枚之内一

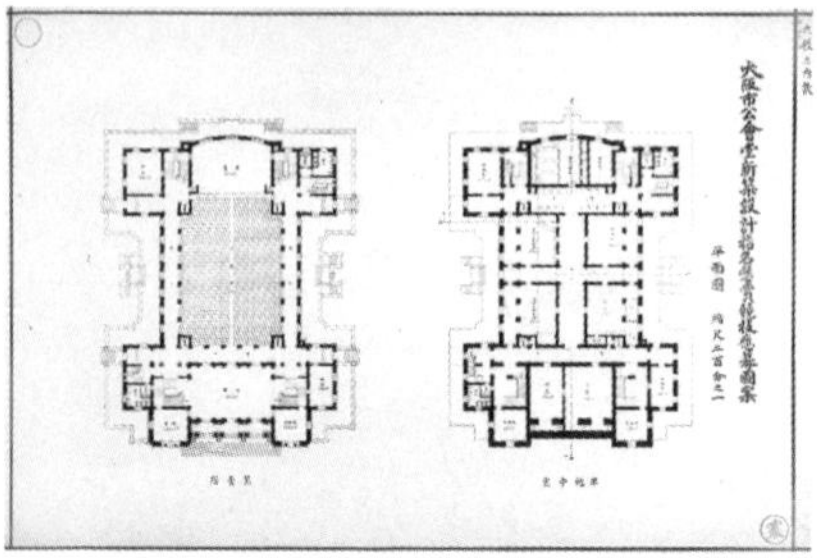

1103　宗兵蔵案 大阪市公会堂新築設計指名懸賞競技応募図案
平面図 縮尺二百分之一 半地中室・第一階 九枚之内二

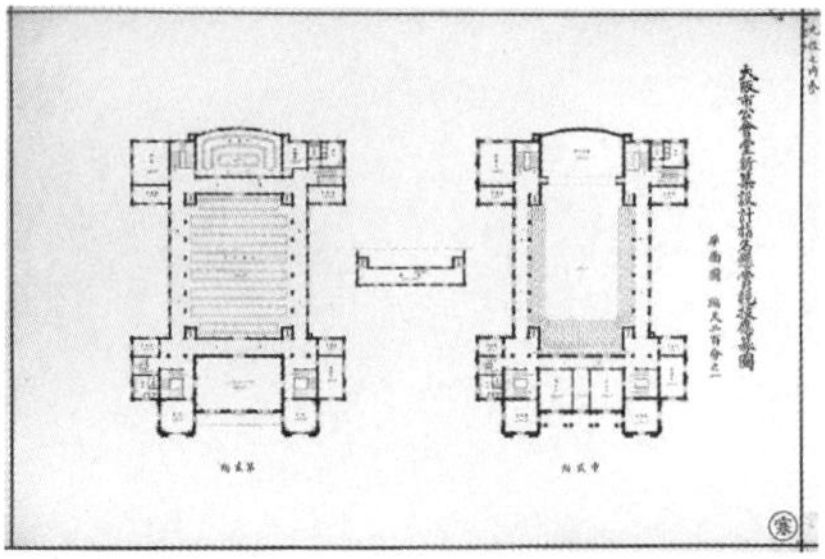

1104　宗兵蔵案大阪市公会堂新築設計指名懸賞競技応募図案
平面図 縮尺二百分之一 中二階・第二階 九枚之内三

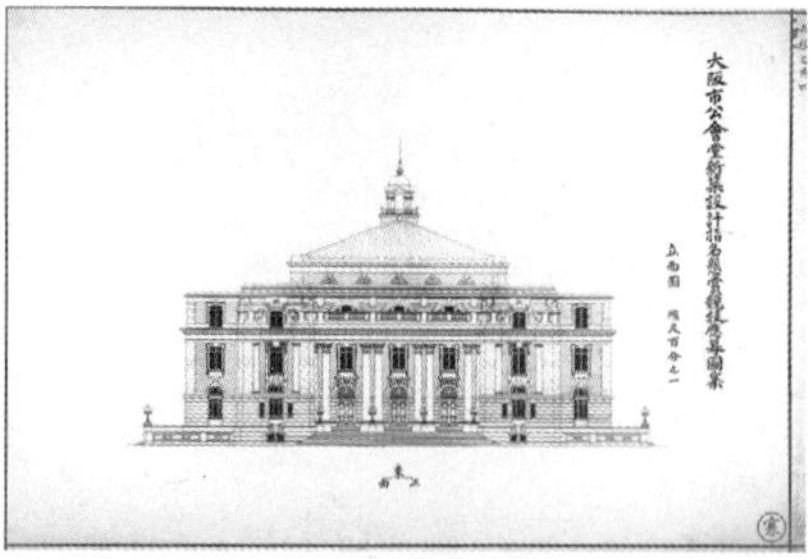

1105　宗兵蔵案 大阪市公会堂新築設計指名懸賞競技応募図案
立面図 縮尺百分之一東／正面 九枚之内四

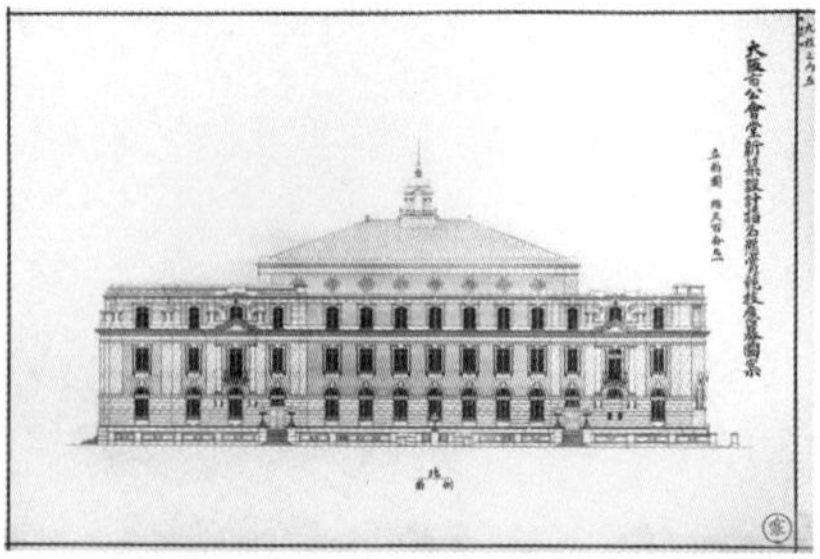

1106　宗兵蔵案 大阪市公会堂新築設計指名懸賞競技応募図案
立面図 縮尺百分之一 北／側面 九枚之内五

1107　宗兵蔵案 大阪市公会堂新築設計指名懸賞競技応募図案 立面図 縮尺百分之一西／背面 九枚之内六

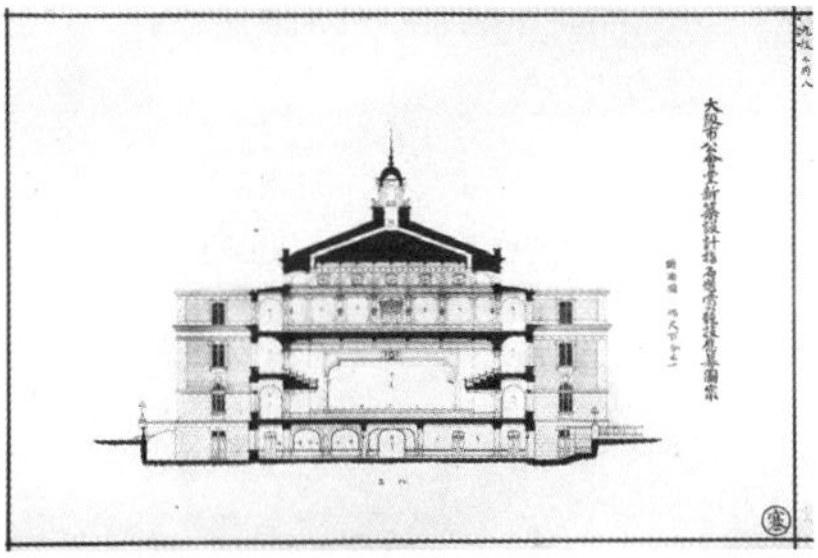

1108　宗兵蔵案 大阪市公会堂新築設計指名懸賞競技応募図案 断面図 ハニ 縮尺百分之一 九枚之内八

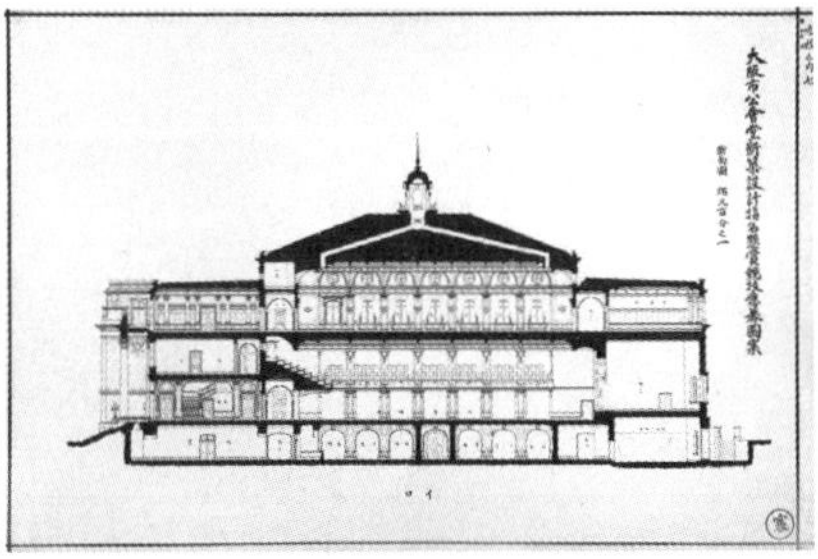

1109　宗兵蔵案 大阪市公会堂新築設計指名懸賞競技応募図案 断面図 イロ 縮尺百分之一 九枚之内七

1201　塚本靖案 大阪市公会堂 透視図 大正元年十月

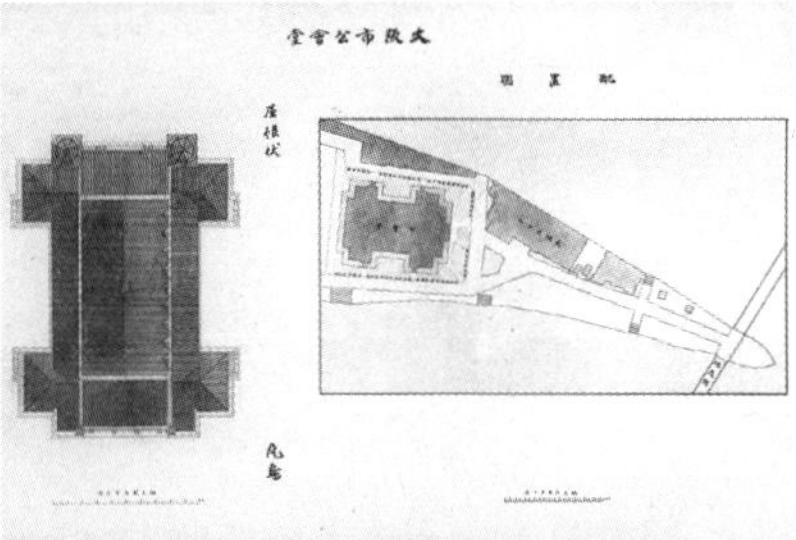

1202　塚本靖案 大阪市公会堂 配置図 縮尺六百分之一 屋根伏 縮尺二百分之一

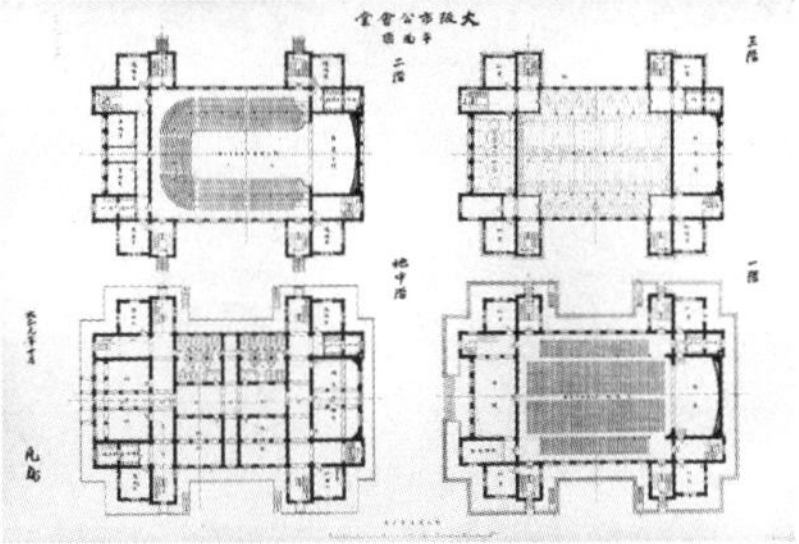

1203　塚本靖案 大阪市公会堂 平面図 縮尺二百分之一 地中階・一階・二階・三階 大正元年十月

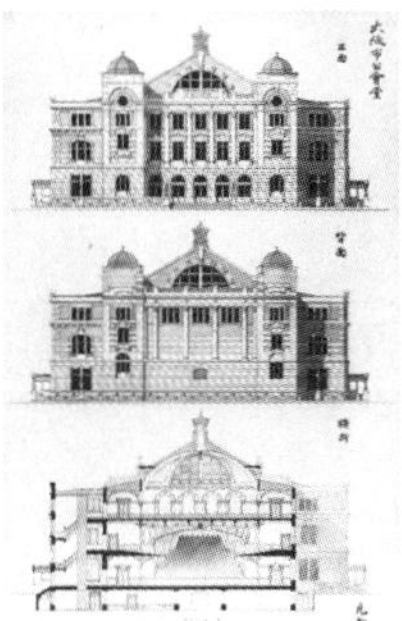

1204　塚本靖案 大阪市公会堂 正面・背面・横断 縮尺百分之一

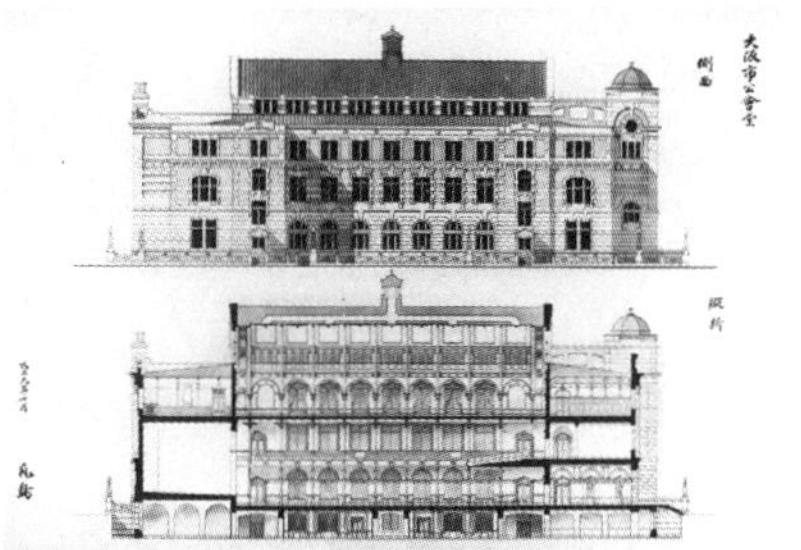

1205　塚本靖案 大阪市公会堂 側面・縦断［縮尺百分之一］大正元年十月

1301　古宇田實案 大阪市公会堂 配景図

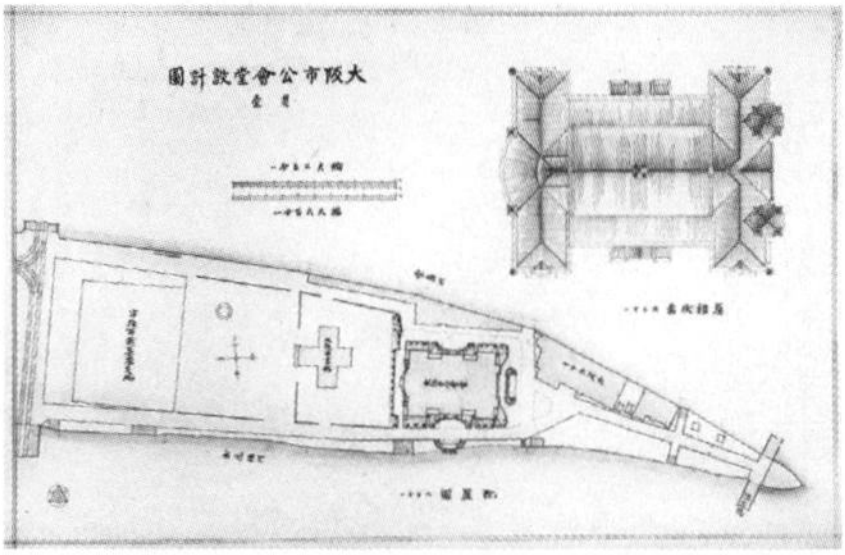

1302　古宇田實案 大阪市公会堂 設計図 其一 配置図 縮尺六百分一 屋根伏 図縮尺二百分一

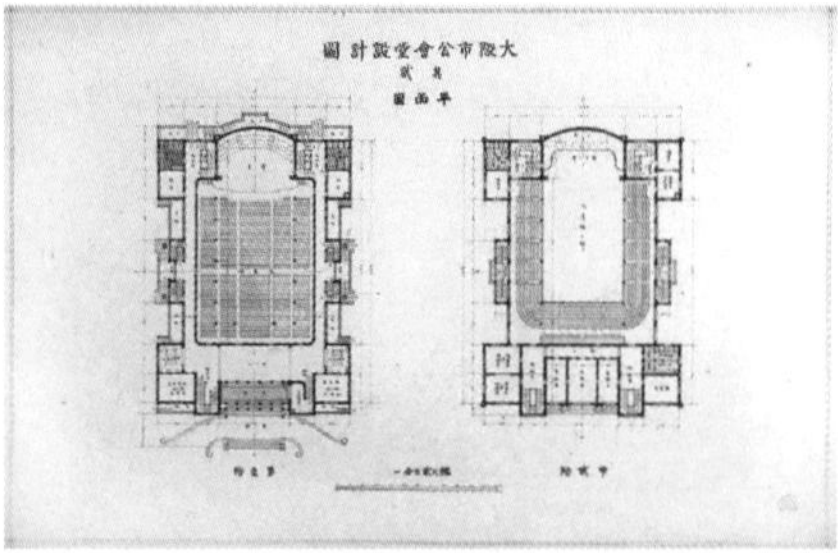

1303　古宇田實案 大阪市公会堂設計図 其二 平面図 縮尺二百分一 第一階・中二階

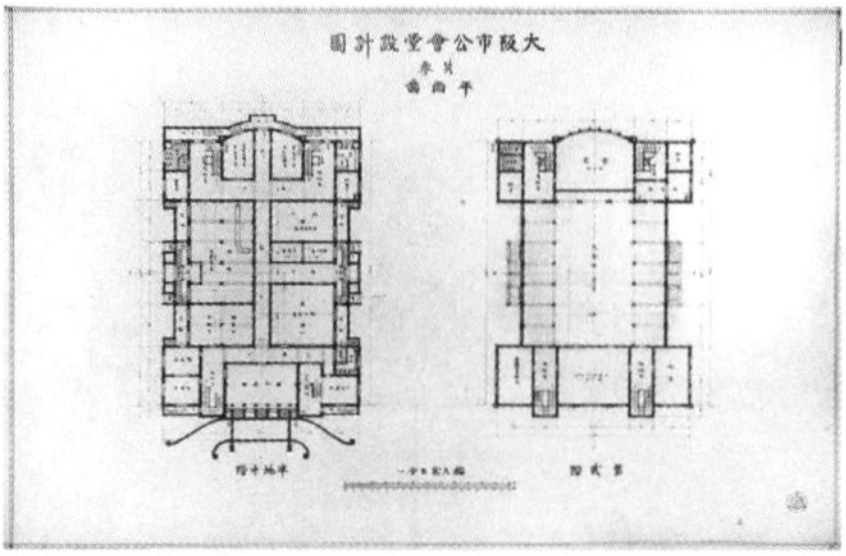

1304　古宇田實案 大阪市公会堂設計図 其三 平面図 縮尺二百分一 半地中階・第二階

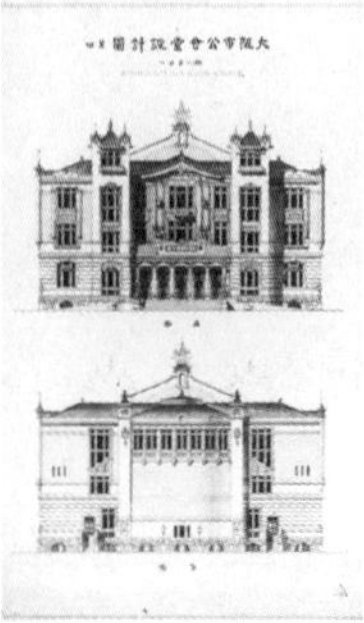

1305　古宇田實案 大阪市公会堂設計図 其四　正面・背面 縮尺百分一

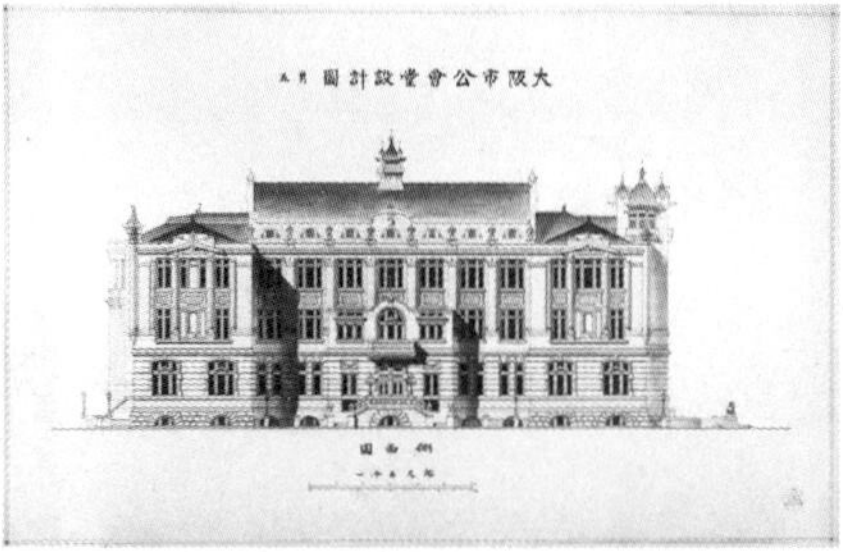

1306　古宇田實案 大阪市公会堂設計図 其五 側面図 縮尺百分一

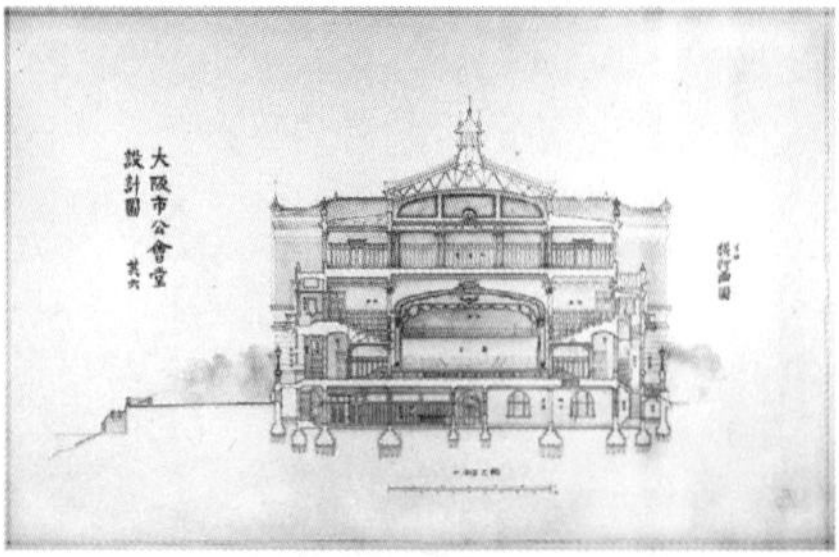

1307　古宇田實案 大阪市公会堂設計図 其六 イロ 横断面図 縮尺百分一

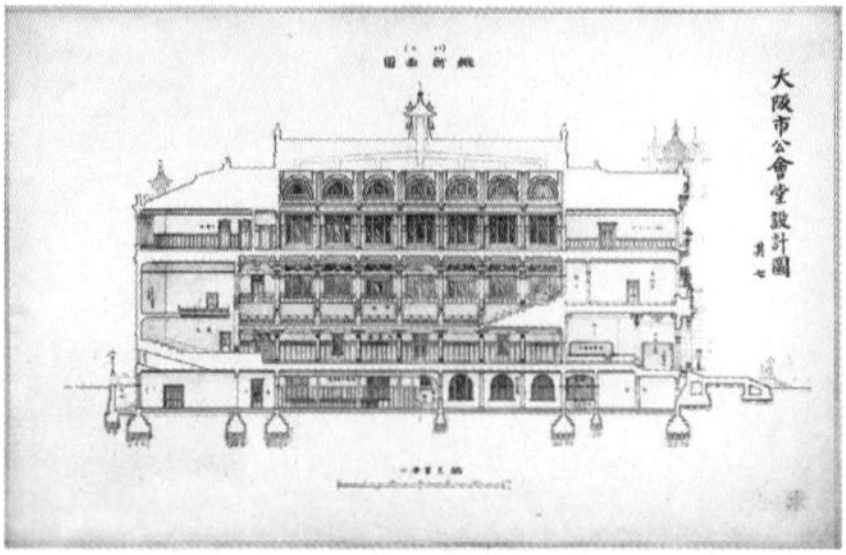

1308　古宇田實案 大阪市公会堂設計図 其七（ハニ）縦断面図 縮尺百分一

発行年	タイトル	誌名／書名	巻号	発行	編著者
1993年7月	ポンプ圧送を想定した静加圧実験による高性能AE減水剤コンクリートの性状に関する研究：その1. 実験概要及び普通コンクリート、ポンプ圧送を想定した静加圧実験による高性能AE減水剤コンクリートの性状に関する研究：その2. 軽量1種コンクリート、ポンプ圧送を想定した静加圧実験による高性能AE減水剤コンクリートの性状に関する研究：その3. 軽量2種コンクリート、ポンプ圧送を想定した静加圧実験による高性能AE減水剤コンクリートの性状に関する研究：その4. 高強度コンクリート、ポンプ圧送を想定した静加圧実験による高性能AE減水剤コンクリートの性状に関する研究：その5. コンクリートの調合に関する考察	日本建築学会1993年度大会（関東）学術講演梗概集	A.材料施工 防火 海洋 情報システム技術	日本建築学会	
1995年7月	近世尾張地方における「尾張造り」と「権現造り」について	日本建築学会大会学術講演梗概集		日本建築学会	
1996年2月	知立神社の社殿配置の変遷と尾張式社殿配置との関係：近世後期以降の知立神社の境内の変遷（1）、多宝塔を中心とした知立神社の神仏習合と分離：近世後期以降の知立神社の境内の変遷（2）	日本建築学会東海支部研究報告集	34号	日本建築学会東海支部	
1996年7月	桐生本町における機業と四間取り型居宅	日本建築学会東海支部研究報告集		日本建築学会	
1996年9月	博物館と建築	ミュージアム・マネージメント：博物館運営の方法と実践		東京堂出版	大堀哲
1996年10月	ローカリティの可能性	建築雑誌	111巻1396号	日本建築学会	
1997年3月	**近代大阪と泉布観**	大阪市立博物館研究紀要	29号	大阪市立博物館	
1997年5月	博物館と建築・都市	博物館学教程		東京堂出版	大堀哲
1997年5月	大阪市における明治天皇記念館青年道場の計画案について	日本建築学会近畿支部研究報告集	計画系、37号	日本建築学会近畿支部	
1997年10月	住吉大社本殿	週刊朝日百科日本の国宝33 大阪／住吉大社四天王寺大念仏寺	33	朝日新聞社	
1998年1月	歴史的建造物をめぐる認識の問題	建築修復学双書建築医たちの神戸北野－震災から学ぶ歴史的な建物の修復－		中央公論美術出版	建築修復学会
1998年7月	水都の都市計画	季刊SOFT	28号	大阪都市協会	
1999年3月	塚本猛次、野村一郎、池田宮彦	日本建築協会80年史		日本建築協会	日本建築協会
1999年3月	ディテールと伝来	10+1	16号	INAX出版	
1999年3月	照西寺本吉崎御坊絵図の基礎的検討（共著）、〈補論〉吉崎御坊跡とされる礎石	中世大阪の都市機能と構造に関する調査研究：越前吉崎「寺内」の調査研究（大阪学調査研究報告書2）		大阪市立博物館	
1999年6月	「造幣寮と泉布観」「関一と大阪」ほか	建築MAP大阪／神戸		TOTO出版	ギャラリー・間
2000年3月	神仏分離による寺社境内の建造物の移築・転用：摂津の事例について	大阪市立博物館研究紀要	32号	大阪市立博物館	
2000年3月	公開シンポジウム博物館と大学を結ぶ博物館における教育・普及活動　事例報告大阪市立博物館	静岡大学生涯学習教育研究センター研究紀要	3	静岡大学地域創造教育センター地域人材育成・プロジェクト部門	
2000年8月	歴史建築みてある記（3）藤田美術館多宝塔	大阪の歴史と文化財	6	大阪市文化財協会	
2000年9月	展示の形態と分類	博物館展示・教育論		樹村房	小原巌
2000年9月	大阪府の登録文化財ガイド ― 大阪市内 中央区	大阪春秋	100号	新風書房	
2000年12月	近代建築ウォッチング：近代建築ウォッチング・マップ	大阪人	54巻12号	大阪都市協会	
2001年3月	博物館における建築調査活動：寺谷家住宅・廣瀬家住宅を例として	大阪市立博物館研究紀要	33号	大阪市立博物館	
2001年3月	歴史建築みてある記（4）大阪セルロイド会館	大阪の歴史と文化財	7	大阪市文化財協会	
2001年3月	昭和モダニズム建築と建築家	大阪春秋	102号	新風書房	
2001年12月	成熟のモダニズム：大阪ガスビルディング	まちなみ	25巻293号	大阪建築士事務所協会	
2002年1月	西船場・堀江へ建築再生の道のり	大阪人	56巻1月号	大阪都市協会	
2002年8月	模型になった広島藩蔵屋敷（共著）	葦火：大阪市文化財情報	99	大阪市文化財協会	
2002年10月	歴史建築みてある記（7）大阪ガスビル	大阪の歴史と文化財	10	大阪市文化財協会	
2003年3月	境内図にみる明治期四天王寺太子殿とその周辺	国立歴史民俗博物館企画展示研究論集「なにが分かるか、社寺境内図」		国立歴史民俗博物館	
2003年7月	建築家・本間乙彦と「郷土建築」保存論	日本建築学会大会学術講演梗概集	F-2	日本建築学会	
2003年10月	揺れ動く建築家の心と造形：中央電気倶楽部	まちなみ	27巻315号	大阪建築士事務所協会	
2003年10月	歴史建築みてある記（9）四天王寺八角亭	大阪の歴史と文化財	12	大阪市文化財協会	
2003年12月	座談会 模索する美術館・博物館	大阪春秋	113号	新風書房	

発行年	タイトル	誌名／書名	巻号	発行	編著者
2004年3月	コンクリート和風、橋の都・水の都、 食とニュービジネス	大阪府近代建築ガイドブック： 水都の風景と記憶		日本建築家協会近畿支部	大阪府教育委員会
2004年3月	歴史建築みてある記（10）天満屋ビル	大阪の歴史と文化財	13	大阪市文化財協会	
2004年5月	**建築家・片岡安による大阪遷都論について**	日本建築学会近畿支部研究報告集	計画系、44号	日本建築学会近畿支部	
2004年8月	日本近代建築の縮図・中之島	大阪春秋	115号	新風書房	
2004年9月	**各地の取り組み 近代建築の保存と活用について（大阪府）**	月刊文化財	492号	第一法規	
2004年10月	吉村長慶「畿内遷都論」について	大阪歴史博物館研究紀要	3号	大阪歴史博物館	
2005年3月	近代大阪の都市景観と建築家： 安井武雄と本間乙彦の活動を通して	現代都市大阪の社会・教育・景観都市問題研究「大阪市とハンブルク市をめぐる都市・市民・文化・大学」報告書		大阪市立大学 大学院文学研究科 プロジェクト研究会	
2005年3月	文化財総合調査高津宮の神輿蔵について	大阪の歴史と文化財	15	大阪市文化財協会	
2005年5月	京都の近代化を飾った名建築家たち（1） 京都に洋風建築を伝えたミッション建築家	会報	89	京都市文化観光資源保護財団	
2005年7月	**太閤さんにささげた最先端の技術と意匠：大阪城天守閣**	まちなみ	29巻336号	大阪建築士事務所協会	
2005年9月	城の復元はなぜ求められるか—大阪城の建設経緯から （記念シンポジウム 復元（再建）を考える）	建築史学	45号	建築史学会	
2005年9月	ユニチカ記念館に用いられた煉瓦とその使用法について	日本建築学会大会学術講演梗概集	F-2	日本建築学会	
2005年10月	旧大阪中央電話局天王寺分局の建築について	大阪歴史博物館研究紀要	4号	大阪歴史博物館	
2005年10月	**（報告）実科女学校校舎として使用された泉布観について： 卒業生への聞き取り調査を通して**	大阪歴史博物館研究紀要	4号	大阪歴史博物館	
2006年1月	アサヒビール吹田工場 歴史的建築物を残す	大阪春秋	121号	新風書房	
2006年1月	お酒が飲める近代建築	大阪春秋	121号	新風書房	
2006年1月	近代建築訪問 天理教北阪分教会	大阪春秋	121号	新風書房	
2006年3月	**「大大阪」時代の都市景観と建築家の役割**	近代大阪と都市文化 大阪市立大学文学研究科叢書	4巻	清文堂出版	大阪市立大学文学研究科叢書編集委員会
2006年3月	寺町の歴史的景観	大阪市文化財総合調査報告書69 夕陽丘の寺院と寺町／調査報告書		大阪市教育委員会生涯学習部文化財保護課	
2006年3月	戦時下大阪における女性建築家の育成 建築工芸技術研究所婦人建築研究部の卒業生への聞き取りを通して（共著）	大阪歴史博物館研究紀要	5号	大阪歴史博物館	
2006年4月	窓から読みとく近代建築			学芸出版社	
2006年6月	近代大阪の建築・空間デザイン 進歩主義と伝統主義のはざまで	meme	Vol.6	六耀社	
2006年7月	新井ビル、石原ビル、細野ビルヂング、 大オオサカまち基盤	大阪の引き出し： 都市再生フィールドノート		鹿島出版会	監修：橋爪紳也
2006年8月	資料紹介 阪急電鉄株式会社神崎川変電所（旧館）の建築	大阪の歴史	68号	大阪市史編纂所	
2006年10月	特別展「煉瓦のまち タイルのまち— 近代建築と都市の風景— 」図録			大阪歴史博物館	大阪歴史博物館
2007年4月	ライトは、採光をデザインした	INAXミュージアムブック F.L.ライトがつくった土のデザイン 水と風と光のタイル		INAX出版	
2007年8月	〈座談会〉城南地域の再発見	大阪の歴史	69号	大阪市市史編纂所	
2007年9月	連載 タイル建築探訪（2006年1月号～2007年9月号・全21回）	月刊タイル		黒潮社	
2007年9月	連載 モダン建築への招待（2006年11月1日（水）～2007年9月25日（火）・全16回）	産経新聞（大阪本社版）夕刊		産経新聞社	
2007年10月	大阪府立天王寺高等学校旧日本館の建築と玄関広間のタイルについて（共著）	大阪歴史博物館研究紀要	6号	大阪歴史博物館	
2007年11月	タイルを愛でる、窓からはじまる物語	大大阪モダン建築		青幻舎	監修：橋爪紳也
2007年12月	**大阪城天守閣復興と城内の聖域化： 「大大阪」シンボルの誕生**	大大阪イメージ：増殖するマンモス／モダン都市の幻像		創元社	橋爪節也
2007年12月	京都発の近代建築意匠、ヴォーリズの建築	京都の近代化遺産		淡交社	川上貢
2007年1月	病院建築から見る 大阪の近代建築史	大阪春秋	129号	新風書房	
2008年1月	**ストックされない建築・都市第1回：死を前にした建築**	建築人	25号	大阪府建築士会	
2008年2月	**ストックされない建築・都市第2回：「郷土建築」へのまなざし**	建築人	26号	大阪府建築士会	
2008年3月	report 大阪を中心とした郷土建築座談会	建築と社会	1032号	日本建築協会	
2008年3月	**大阪における煉瓦製造と研究の課題 （特集 煉瓦の生産と供給）**	月刊考古学ジャーナル	569号	ニュー・サイエンス社	
2008年3月	**ストックされない建築・都市第3回：急変する大阪を前にして**	建築人	27号	大阪府建築士会	
2008年4月	**市民、歴史愛好家に受け入れられる建築展を目指して**	建築雑誌	123巻1575号	日本建築学会	
2008年5月	建築史からみたタイルの魅力	タイル手帖		全国タイル業協会	
2008年5月	三田学園第一寮について	日本建築学会近畿支部研究報告集	計画系、48号	日本建築学会近畿支部	
2008年5月	連載 発掘 the OSAKA（2002年5月号～2008年5月号・全72回）	大阪人		大阪市都市工学情報センター	

発行年	タイトル	誌名／書名	巻号	発行	編著者
2008年10月	大阪市交通局旧庁舎の建築部材について	大阪歴史博物館研究紀要	7号	大阪歴史博物館	
2009年1月	泉州の企業家と建築遺産：寺田甚与茂と谷口房蔵	大阪の近代建築と企業文化《新なにわ塾叢書2》		ブレーンセンター	大阪府立文化情報センター、新なにわ塾叢書企画委員会
2009年2月	〈資料解説〉建築家・中村順平資料について	建築家・中村順平資料（大阪歴史博物館館蔵資料集5）		大阪歴史博物館	
2009年3月	（報告）シンポジウム 大阪の近代建築・戦後建築の魅力をさぐる	大阪歴史博物館研究紀要	7号	大阪歴史博物館	
2009年4月	**「レンガ」と「煉瓦」の謎をとく**	赤レンガ近代建築：歴史を彩ったレンガに出会う旅		青幻舎	佐藤啓子
2009年6月	再読 関西近代建築：モダンエイジの建築遺産（3）大林組旧本店ビル（ルポンドシエルビル）	建築と社会	1047号	日本建築協会	
2010年3月	**中村順平画「前橋八幡宮透視図」と実現した社殿について**	共同研究成果報告書	4	大阪歴史博物館	
2010年3月	建築部材を通してみた旧大阪市立愛日小学校・同集英小学校校舎の特色	大阪歴史博物館研究紀要	8号	大阪歴史博物館	
2010年3月	（報告）シンポジウム 大阪の近代建築・戦後建築の魅力をさぐる	大阪歴史博物館研究紀要	8号	大阪歴史博物館	
2010年7月	綿業会館、大阪倶楽部、大阪ガスビルディング、旧大阪教育生命保険、八木通商大阪本社（旧大阪農工銀行本店）、芝川ビルディング、大阪城天守閣、旧陸軍第四師団司令部庁舎、大阪府庁舎、大丸心斎橋店、南海ビルディング、日本銀行大阪支店旧館、ダイビル本館（旧大阪ビルヂング）、旧明治天皇記念館、造幣博物館（旧造幣局火力発電所）、大阪市中央公会堂、泉布観、大阪府立中之島図書館（旧大阪図書館）、大阪府立中之島図書館（旧大阪図書館）、細野ビルヂング（旧細野組本社屋）、江戸堀コダマビル（旧児玉家住宅）、天満屋ビル（旧天満屋回漕店）、商船三井築港ビル、築港赤レンガ倉庫、大阪大学総合学術博物館待兼山修学館（旧大阪帝国大学医学部付属病院石橋分院）、三国丘高等学校同窓会館（旧三丘会館）、田尻歴史館（旧谷口家吉見別邸）、岸和田市立自泉会館、失われた名建築《大阪》	日本近代建築大全〈西日本篇〉		講談社	監修：米山勇
2010年12月	再読 関西近代建築：モダンエイジの建築遺産（21）旧第四師団司令部庁舎	建築と社会	1065号	日本建築協会	
2011年1月	**材料からみた大阪の近代建築**	発掘・復元・検証 いま、よみがえる枚方の20世紀		枚方市教育委員会	大阪府文化財センター
2011年3月	（報告）シンポジウム 関西建築界のあゆみを語る	大阪歴史博物館研究紀要	9号	大阪歴史博物館	
2011年7月	再読 関西近代建築：モダンエイジの建築遺産（28）生駒ビルヂング	建築と社会	1072号	日本建築協会	
2011年7月	特別展「民都大阪の建築力」図録			大阪歴史博物館	
2012年2月	「大大阪」建築逍遥 ―モダンの名残り	こころ	Vol.5	平凡社	
2012年4月	ディープサウスと建築 個性あふれる戦前・戦後の名建築を訪ねる	大阪春秋	146号	新風書房	
2012年7月	特集「タイル」名称統一90周年記念講演会から日本のタイル建築探訪	タイルの本	55	タイルの本編集室	
2012年8月	再読 関西近代建築：モダンエイジの建築遺産（41）大阪城天守閣	建築と社会	1085号	日本建築協会	
2012年9月	明治天皇と泉布観：建築デザインへの影響	建築を彩るテキスタイル：川島織物の美と技		LIXIL出版	石黒知子＋井上有紀
2012年12月	**博物館建築の歴史と展示・諸機能**	博物館学II：博物館展示論＊博物館教育論		学文社	大堀哲・水嶋英治
2013年12月	［解説］建築部材コレクションと収集の背景について	建築部材（大阪歴史博物館館蔵資料集10）		大阪歴史博物館	
2013年2月	中村順平の設計した商店建築 ― Yukiya洋裁店と尾上美粧院について ―	大阪歴史博物館研究紀要	11号	大阪歴史博物館	
2013年2月	**インタビュー 酒井一光氏に聞く：村野藤吾の都市への振る舞い**	村野藤吾のファサードデザイン：図面資料に見るその世界		国書刊行会	京都工芸繊維大学美術工芸資料館
2013年4月	船場の風景をつくる 近代建築ガイド	大阪春秋	150号	新風書房	
2013年4月	再読 関西近代建築：モダンエイジの建築遺産（49）泉布観・明治天皇記念館	建築と社会	1093号	日本建築協会	
2013年5月	**建築家・中村順平の設計活動についての一考察**	日本建築学会近畿支部研究報告集	計画系、53号	日本建築学会近畿支部	
2013年10月	換気、採光そして壁の内側を想像させるもの フンデルトヴァッサーの多彩な窓	窓へ：社会と文化を映しだすもの		日刊建設通信新聞社	五十嵐太郎＋東北大五十嵐太郎研究室
2014年2月	中央電気倶楽部の建築について	中央電気倶楽部百年史		中央電気倶楽部	中央電気倶楽部
2014年3月	木津家に伝来する製図道具・建築図面に関する一考察	共同研究成果報告書	8	大阪歴史博物館	
2014年4月	再読 関西近代建築：モダンエイジの建築遺産（61）大阪聖母女学院	建築と社会	1105号	日本建築協会	
2014年5月	講演記録 日本建築協会設立の頃：第五回内国勧業博覧会から「大大阪」の誕生へ	近畿の産業遺産：近畿産業考古学会誌	8	近畿産業考古学会	

発行年	タイトル	誌名／書名	巻号	発行	編著者
2014年6月	大阪ガスビルディング — 簡潔にして深みある意匠、中央電気倶楽部 — 建築家の葛藤と造形、大阪城天守閣 — 太閤さんにささげた最先端の技術と意匠	関西のモダニズム建築：1920年代～60年代、空間にあらわれた合理・抽象・改革		淡交社	監修：石田潤一郎
2014年9月	大阪城の眺めかた：石垣、外堀の雄大さにも注目。住吉大社の眺めかた：本殿は古式を伝える「住吉造」。四天王寺の眺めかた：寺院建築の原点が凝縮された五重塔。大阪天満宮の眺めかた：複合社殿の美しい屋根形。	大阪名所図解		140B	綱本武雄・髙岡伸一・江弘毅との共著
2014年9月	村野藤吾の建築とインテリア — 輸出繊維会館とシェラトン都ホテル大阪	近畿文化	778	近畿文化会事務局	
2014年9月	**特別展「村野藤吾 やわらかな建築とインテリア」図録**			大阪歴史博物館	大阪歴史博物館
2015年1月	建築の襞をつくる	これも陶芸？一陶壁から陶彫邪鬼まで 藤原郁三の環境陶芸		藤原郁三陶房	藤原郁三
2015年1月	西宮近代建築案内	大阪春秋	157号	新風書房	
2015年2月	**村野藤吾のタイルの技法に関する一考察**	大阪歴史博物館研究紀要	13号	大阪歴史博物館	
2015年2月	再読 関西近代建築：モダンエイジの建築遺産(71)大阪能楽会館	建築と社会	1115号	日本建築協会	
2015年4月	大阪城天守閣：その復興過程と建築的な評価について	大阪春秋	158号	新風書房	
2015年4月	アート・レポート 特別展「これも陶芸？陶壁から陶彫邪鬼まで藤原郁三の環境陶芸」展：陶の総合芸術化作家歴45年の集大成	タイルの本	88	タイルの本編集室	
2015年4月	アート・レポート 「知らない都市」展 作家伊藤存・中村裕太：近接しつつ、交わらない？誘惑しあう素材と表現	タイルの本	88	タイルの本編集室	
2015年8月	愛媛タイル紀行	タイルの本	92	タイルの本編集室	
2015年10月	大阪は「生きたタイル博物館」	生きた建築 大阪		140B	監修：橋爪紳也
2015年10月	**鉄筋コンクリート造時代のタイルとテラコッタ**	近代建築ものづくりの挑戦 展覧会図録		竹中大工道具館	竹中大工道具館
2016年6月	**日本のタイルと建築の歴史**	美濃のモザイクタイル：つながる思い、つなげる力		名古屋モザイク工業株式会社	村山閑(多治見市モザイクタイルミュージアム)
2016年9月	連載 新タイル建築探訪(2007年12月号～2016年9月号・全87回)	タイルの本		タイルの本編集室	
2016年10月	恩賜講堂の建築調査、設計関連資料の調査、各種記録類について、饗宴場との比較検討、恩賜講堂の建築的評価	国登録有形文化財(建造物)観心寺恩賜講堂総合調査報告書		河内長野市教育委員会	河内長野市教育委員会
2016年10月	大阪タイル協同組合設立70周年記念功労者座談会	大阪タイル協同組合70周年記念誌		大阪タイル協同組合	70周年誌製作実行委員会
2017年3月	泉布観、明治天皇記念館(旧桜ノ宮公会堂)、**旧第四師団司令部庁舎**、大阪城天守閣、大阪聖母女学院、大林組旧本店ビル(ルポンドシエルビル)、生駒ビルヂング、大阪能楽会館、郷土建築座談会、会館・劇場・博物館〈解説〉	モダンエイジの建築：『建築と社会』を再読する		日本建築協会	日本建築協会
2017年3月	**大阪市公会堂(元・大阪市中央公会堂)の指名懸賞競技図案原図について**	大阪歴史博物館研究紀要	15号	大阪歴史博物館	
2017年3月	**インタビュー 酒井一光氏に聞く：村野藤吾と近鉄**	村野藤吾とクライアント：「近鉄」の建築と図面資料		国書刊行会	京都工芸繊維大学美術工芸資料館
2017年3月	武田五一の「建築標本」	武田五一の建築標本：近代を語る材料とデザイン		LIXIL出版	※執筆、構成協力
2017年7月	**歴史系博物館における建築の展示をめぐって**	館長と学ぼう 大阪の新しい歴史I		東方出版	栄原永遠男
2018年3月	中村順平資料の修復について	建築家・中村順平資料2(大阪歴史博物館館蔵資料集14)		大阪歴史博物館	
2018年3月	中村順平「スケッチブック」に描かれたキリスト教会建築について	共同研究成果報告書	12	大阪歴史博物館	
2018年4月	いまはなき大阪の名建築(1)旧大阪貯蓄銀行北支店	大阪春秋	170号	新風書房	
2018年7月	いまはなき大阪の名建築(2)旧鴻池銀行本店	大阪春秋	171号	新風書房	
2018年9月	(学界短信)武田五一の建築標本 — 近代を語る材料とデザイン	建築史学	71号	建築史学会	
2019年2月	「補修・復元」旧帝国大学とスクラッチタイル 北海道大学総合博物館、多彩な外観と呼応するタイルの真価武庫川女子大学甲子園会館(旧甲子園ホテル)	記憶に残る学舎のタイルたち		全国タイル業協会／全国タイル工業組合	
2020年6月	タイル建築探訪			青幻舎	酒井一光遺稿集刊行委員会編
2020年6月	発掘 the OSAKA			青幻舎	酒井一光遺稿集刊行委員会編
2021年3月	酒野晶子氏インタビュー報告：企画展「中村順平 — 建築芸術家のドローイング —」の当時をふり返って(共著)	共同研究成果報告書	15	大阪歴史博物館	
2021年10月	酒井一光論考集 建築学芸員のまなざし			青幻舎	酒井一光遺稿集刊行委員会編

凡例：本リストは、酒井一光遺稿集刊行委員会と大阪歴史博物館が本書編纂のため収集したものである。太字の論考は、本書に収録されている。

酒井一光 年譜

昭和四三年（一九六八）一〇月四日　東京都に生まれる

平成五年（一九九三）三月　東京理科大学工学部建築学科を卒業

平成八年（一九九六）三月　東京大学大学院工学系研究科建築学専攻博士課程を中途退学

四月　大阪市立博物館の建築担当の学芸員として就職する（新博物館（後の大阪歴史博物館）建設準備においては、建築模型等の調査、監修作業を担う）

平成一〇年（一九九八）一～三月　初の企画展となる特別陳列「描かれた聖域と名所―寺社境内図の世界―」を担当

二月七日　大阪市立博物館土曜講座「絵図・絵画資料に見る寺社建築」

一〇～一二月　大阪市立博物館の土曜講座として「建築史探偵団・入門」を近代史の学芸員とともに企画・実施（以後、人気の企画となり、平成二七年まで四九回の見学会を実施）

平成一一年（一九九九）四～五月　特別陳列「岩本栄之助と大阪市中央公会堂」を担当

一〇～一二月　土曜講座「建築史探偵団・入門」

平成一三年（二〇〇一）一二月　大阪歴史博物館が開館、同学芸員となる

平成一四年（二〇〇二）三月　大阪歴史博物館「建築史探偵団 保存・再生を考える」

五月　「発掘 the OSAKA」（『大阪人』大阪市都市協会）の連載を開始（二〇〇八年五月まで七二回）

七月　大阪歴史博物館建築夜講「歴史的な建築の見方・楽しみ方」（歴史的な建築の学び方／建築を楽しく見る方法／建築を探してみよう・語ってみよう）

八月　なにわ歴博講座「船場の街並みいまむかし」

一〇～一二月　ミニ企画展である特集展示「大大阪時代の建築」を担当

「建築史探偵団 昭和の建築を歩く」

平成一五年（二〇〇三）五～七月　特集展示「摂河泉の寺社境内図と造営資料」を担当

九月　大阪歴史博物館建築講座「窓からはじめる建築鑑賞」（窓の種類とその仕組み／窓と建築意匠／私の気になる建築の窓）

一〇～一二月　「建築史探偵団 大阪の産業と建築／都市景観と近代建築」

平成一六年（二〇〇四）九月　大阪歴史博物館建築鑑賞講座「煉瓦と建築」（煉瓦建築入門／煉瓦のディテール その種類と積み方／煉瓦建築の魅力をさぐる）

一〇～一二月　「建築史探偵団」

平成一七年（二〇〇五）五～六月　大阪歴史博物館建築講座「タイルと建築」（タイルを通して建築をみる／タイル鑑賞入門／私の気になる建築とタイル）

一〇月　「建築史探偵団」

平成一八年（二〇〇六）一月　「タイル建築探訪」（『月刊タイル』黒潮社）の連載を開始（二〇〇七年九月まで二一回）

四月　生前唯一の単著『窓から読みとく近代建築』（学芸出版社）が出版される

八月二五日　なにわ歴博講座「戦前期・大阪市立小学校の建築―愛日・集英小学校の調査を通して―」

一〇～一二月　特別展「煉瓦のまち タイルのまち ―近代建築と都市の風景―」を担当

一月　「建築史探偵団」

二月二三日　大阪歴史博物館シンポジウム「歴史的建造物を活かしたまちづくりと博物館の役割」を企画・開催

三月八日　大阪歴史博物館講演会「特別展『煉瓦のまちタイルのまち』の展示プロセスと見所」

平成一九年（二〇〇七）五～七月　特集展示「生誕一二〇年 大阪が生んだ偉才 建築家・中村順平」を担当

六月二九日　なにわ歴博講座「建築家・中村順平の生涯と作風」

一二月一日　大阪歴史博物館シンポジウム「大阪を中心とした郷土建築座談会」を企画・開催

一二月　「新タイル建築探訪」（『タイルの本』タイルの本編集室）の連載を開始（二〇一六年九月まで八六回）

一二月　「建築史探偵団二〇〇七～歴史的建造物とまちづくり」

平成二〇年（二〇〇八）六月二三日　なにわ歴博講座「近代建築に用いられた美術タイルについて」

一〇～一二月　特集展示「九〇周年記念 大阪市中央公会堂の建築・美術・舞台」を担当

平成二〇年（二〇〇八）一〜一二月	「建築史探偵団二〇〇八〜歩いて学ぶ近代建築・再入門」
平成二一年（二〇〇九）三月八日	大阪歴史博物館シンポジウム「大阪の近代建築・戦後建築の魅力をさぐる」を企画・開催
四月三日	報告「城の復元はなぜ求められるか—大阪城の建設経緯から」建築史学会大会記念シンポジウム、神戸大学百年記念館
一〇月二三日	なにわ歴博講座「建築家と壁面装飾—中村順平と村野藤吾を例に」
一〜一二月	「建築史探偵団二〇〇九〜近代建築の保存と利用を考える」
平成二二年（二〇一〇）一〜一二月	大阪歴史博物館「建築鑑賞講座」を企画・開催
六〜七月	特集展示「日本建築協会と関西の建築界」を担当
七月三日	特集展示関連シンポジウム「関西建築界のあゆみを語る」を企画・開催
一〇月二九日	なにわ歴博講座「泉布観一四〇年のあゆみ」
一二月	「建築史探偵団二〇一〇〜郊外を訪ねて」
平成二三年（二〇一一）一月三〇日	講演「材料からみた大阪の近代建築」（大阪府文化財センターシンポジウム『発掘・復元・検証—いま、よみがえる枚方の二〇世紀』枚方市立メセナひらかた会館）
四月	「ＮＨＫ鑑賞マニュアル 美の壺」file208「日本のタイル」（ＮＨＫ ＢＳプレミアム・総合）に出演
七〜九月	特別展「民都大阪の建築力」を担当
九月一〇日	特別展を楽しむための連続講座「アール・デコ 民都大阪の建築デザイン」
八月一二日	なにわ歴博講座「描かれた校舎 戦前期の大阪市立小学校を例に」
平成二四年（二〇一二）四〜五月	特集展示「中村順平 建築芸術の探究」を担当
五月二五日	なにわ歴博講座「建築家・中村順平と『新日本様式』」
六月三〇日	「タイル」名称統一90周年記念講演会「建築とタイル・煉瓦の魅力」を大阪歴史博物館で企画・開催、自身も「歴史的建造物にみる大阪のタイルの魅力」を講演
平成二五年（二〇一三）三月	「建築史探偵団」

平成二五年（二〇一三）四月	大阪歴史博物館主任学芸員に昇任する
平成二五年（二〇一三）一二月〜 平成二六年（二〇一四）二月	特集展示「近代建築の記憶」を担当
平成二六年（二〇一四）一月一〇日	なにわ歴博講座「細部（ディティール）に宿る近代建築の記憶」
二月	「建築史探偵団 近代建築の保存・再生と都市景観の変遷」
五月三〇日	なにわ歴博講座「村野藤吾の建築 タイルの表現を中心にして」
九〜一〇月	特別展「村野藤吾 やわらかな建築とインテリア」を担当
一〇月四日	特別展記念座談会「村野藤吾と大阪の文化を語る—建築・アート・まちなみ—」を企画・開催
平成二七年（二〇一五）三月一三日	講演「歴史系博物館での建築の展示をめぐって」大阪歴史博物館長講座「館長と学ぼう 新しい大阪の歴史」
二月	「建築史探偵団 建築家とその作品を巡る」
六月〜八月	特集展示「中村順平と建築芸術教育」を担当
二月	「建築史探偵団 商都と古都のデザイン」
平成二八年（二〇一六）四月〜 平成二九年（二〇一七）三月	大阪歴史博物館共同研究「中村順平のスケッチブックと図面類の画題・作画時期解明に関する研究」
平成二八年（二〇一六）六月三日	なにわ歴博講座「昭和初期の『郷土研究座談会』からみた歴史的建造物とまちなみ」
六月〜八月	特集展示「郷土建築へのまなざしと日本建築協会」を担当
七月九日	特集展示関連シンポジウム「大阪の建築一〇〇年をふりかえる」を企画・開催
一二月	病を得て闘病生活に入るが、学芸員活動を逝去の間際まで継続する
平成二九年（二〇一七）四月〜 令和三年（二〇二一）三月	大阪歴史博物館共同研究「中村順平の設計活動と建築教育に関する研究」
平成二九年（二〇一七）六月二日	なにわ歴博講座「一九五〇年代大阪の都市開発と建築」
平成三〇年（二〇一八）六月二〇日 午後一時二五分	四九歳で逝去

あとがき

酒井一光さんは、一九九六年、私の同僚学芸員として大阪市立博物館に着任した。大阪歴史博物館（当時は新博物館）建設に向けて、実物大復元や模型等の監修を期待しての新規採用であった。何も蓄積のない建築という新分野の学芸員の採用が、彼にとって不幸なことにならないかという周囲の心配もよそに、神社の小祠や、重量のある鉄扉を集め、やがては建物の特徴ある部材と、館蔵品収集の方法を開拓し、普及事業では「建築史探偵団」という人気イベントも生み出し、活動の幅を広げていった。

芸能担当である私は、「角の芝居」「角座」という劇場模型等の製作のための調査で、九州、四国や中部地方の芝居小屋を彼と巡ったが、生真面目な口調でインタビューし、メモを取り、写真を撮る彼らしい姿が記憶に残る。また道頓堀・中座の解体工事前には、寄贈いただく部材を決めるための調査を一緒に行った。彼が選んだものには、瓦や天井装飾などとともに、化粧前の照明などもあり、その建物らしさを切り取ろうとする観点はここでも発揮されていた。

酒井さんは、三つの特別展を含め大小多くの企画展を積極的に企画してきた。今思えば、展示にはかなり強い思いがあったようである。亡くなる少し前、次年度の特集展示の企画案を持ってきて、いつもの口調で「ちょっと考えてみただけ」とすぐに引っ込めたが、本気だった。「館蔵品にみる村野藤吾の細部意匠」がその展観名だった。

酒井さんが亡くなったのは、二〇一八年（平成三〇）六月二〇日のこと、大阪歴史博物館の現役学芸員としての逝去であった。六月二三日の通夜、二四日の告別式には仕事でご縁のあった近代建築の所有者の方などを含めて多くの方が参列された。葬儀の後、当時の栄原永遠男館長の発案で、大阪歴史博物館では酒井さん追悼事業を企画することとなった。その一つは、歴博の出版物への追悼文の掲載、二つ目が偲ぶ会の開催、三つ目が酒井さんの論集等の出版であった。これらの事業を進める役回りは私がさせていただくことになった。

追悼文は、その年度末に館長名で「酒井一光主任学芸員を悼む」として『大阪歴史博物館研究紀要』第一七号（二〇一九年三月）に掲載となった。偲ぶ会は、二〇一九年三月八日の夕刻にエルおおさか（大阪府立労働センター）の会議室で開催し、一〇〇名を超える方にご参加いただいた。歴博建設時の展示監修などでお世話になった山形政昭先生、東京大学時代の恩師である藤井恵介先生、建築の学芸員の先達である谷直樹先生（大阪市立住まいのミュージアム館長）、タイル調査を一緒にしていた深井明比古氏（兵庫県立考古博物館）に酒井さんの思い出話をしていただいた（所属は当時）。写真のスライドショーなども織り交ぜ、同僚としては船越幹央（当時は大阪市博物館協会）に、酒井さんと一緒に大阪市立博物館時代から始めた見学会「建築史探偵団」について紹介してもらった。最後に奥様のご挨拶もいただき、改めて酒井さんの俤をしみじみと振り返る催しとなった。

論集等の出版は最も困難な追悼事業と考えられた。館内の学芸員では建築史の論文集をまとめることは専門性からも難しく、予算もないなかでの専門書の出版は、出版業界の状況からみても厳しいことが予想された。

第一歩は、栄原館長から高岡伸一先生に連絡をさし上げたことに始まり、二〇一九年一月九日に遺稿集をまとめていただくよう、二人で近畿大学へお願いに伺った。この場で髙岡先生にはご快諾いただいただけでなく、積極的なご提案もいただき、プロジェクトが前進していった。すぐに山形先生、笠原一人先生、倉方俊輔先生、橋寺知子先生にも呼びかけていただき、一月中に実質的な第一回の遺稿集刊行委員会が開かれていた。後には、酒井さんの後任学芸員の阿部文和も加わってくれた。この会議のなかで、「発掘 the OSAKA」(『大阪人』)と「新タイル建築探訪」(『タイルの本』)の二つの連載の単行本化と論考集、合わせて三冊の書籍を出版する方針が打ち出された。皆さんの伝手で出版社を探し、協賛いただく企業への説明から出版助成の補助金の検討まで、本当に親身に考え、より良いものにするために行動していただいた。

出版社探しは少々難航し、一時は一部の出版に止めることも検討せざるを得ない状況であったが、最終的に青幻舎が三冊まとめての出版をお引き受けいただき、昨年二〇二〇年には連載を書籍化する二冊の出版が実現している。これには髙岡先生の発案でクラウドファンディングを試みることになり、開始後すぐに目標額を達成するという驚きの状況を目の当たりにさせていただくことにもなった。建築史の先生方にはご自身の時間を割いてまで、近代建築ガイドツアーを返礼メニューに入れていただき、ここに寄せていただいた多くの方々のご厚意により本書の出版もまた実現可能となった。

本書は書名からもわかるように、単に研究者の遺稿集、論文集ではなく、博物館学芸員としての酒井さんの側面に着目し、座談会も収録して、その人柄が浮かび上がるような構成を取っている。刊行委員会のなかで、彼の業績、足跡がより伝わるようにと橋寺先生を中心に検討していただいた結果である。論考の選定から解説、座談会の企画まで手間をかけて、いい本に仕上げていただいたと思う。

三冊目となる本書の刊行をもって歴博で企画した追悼事業は完結するが、酒井さんにつながる皆様の力添えがなければここに至ることはできなかった。遺稿集刊行委員会に集っていただいた皆様、青幻舎の皆様に深く感謝申し上げたい。編集の古屋歴さんには最後まで本当にお世話になった。また、本書の刊行をご支援、ご協力いただいた多くの皆様に謝意を表したい。

酒井さんの学芸員としての活動と、彼が訴えてきた近代建築の魅力が多くの人々に伝わっていたから、多くの方が彼のためにと動いてくださった。物腰が低いようにみえて、やりたいことを着実に実行していった、酒井さんの仕事の姿がオーバーラップする。

澤井浩一(大阪歴史博物館 学芸員)

酒井一光主任学芸員を悼む

酒井一光さんは、平成8年（1996）4月に大阪市立博物館の建築史担当の学芸員に着任しました。大阪歴史博物館（当時は、（仮称）大阪市立新博物館・考古資料センター）建設準備作業において、常設展示に製作が計画された大坂の町並みなどの建築物の模型や大型造作物の監修を期待されての採用でした。市立博物館にとって新分野の学芸員であり、酒井さんの学芸員活動は、担当すべき建築分野の館蔵品が1点もない状況からスタートしました。彼は、近世以前の建築史を専門としてきましたので、当初は社寺等の部材、瓦、図面などを収集していましたが、新博物館の展示計画や、大阪市という大都市のフィールドにおいて、近代建築と向き合っていきました。レンガやタイル、瓦、照明器具、手摺り、金物、ステンドグラスなど、その建築物の最も特徴的な部材を収集することで、巨大な建築物の一部を博物館資料とすることを始め、建築分野の収集スタイルとして定着させました。特に煉瓦やタイルに注目し、また大阪にゆかりの建築家の関係資料の収集にもつとめ、どちらも特別展の開催に結び付けました。研究面においても、大阪の近代建築、建築家に関する論考を残し、一方で研究成果を生かした普及的な記事を数多く書き、連載も抱えていました。単著には、窓に注目して建築の魅力を紹介した『窓から読みとく近代建築』（2006年）があります。亡くなる直前まで執筆を続け、没後に出された記事（7月『大阪春秋』171、9月『建築史学』71）は絶筆に近いものでしょう。普及教育活動においては、近代建築等の見学会「建築史探偵団」を市立博物館時代から立ち上げ、市博・歴博の人気のプログラムのひとつにしました。博物館外の企画にも多く関わり、大阪の近代建築が親しまれる裾野を広げる活動にもつとめました。生真面目な独特の語り口で建築の魅力を参加者に伝え、多くの方々から親しまれる存在でした。酒井さんの病気は、2016年12月に見つかり、闘病生活に入りました。入退院を何度か繰り返しながらも、長期の休暇は少なく、亡くなる直前まで博物館に断続的に出勤されました。継続してきた共同研究や、展示更新作業など、同僚の助けを借りながらも今できる仕事はやるという姿勢は崩しませんでした。支えるご家族のご心労は並大抵なものではなかったと思います。2018年春には、次年度の特集展示の企画書を作り、冗談交じりに上司に示しています。村野藤吾に関わる展示案でした。本気だったと思いますが、計画を進められないことは、彼も認めざるを得なかったのでしょう。

2018年6月20日午後1時15分、酒井一光さんは尼崎市内の病院で逝去されました。亡くなる直前に病院に見舞った私に「学芸員として歴博で働くことができてよかった」と語ってくれました。2018年4月の常設展示「大阪新歌舞伎座の建築」が最後の展示でした。学芸員の仕事が大好きで、歴博に多くの足跡を残してくれた酒井さんのご冥福を心からお祈り申し上げます。

栄原永遠男

（『大阪歴史博物館研究紀要』第17号　2019年3月　掲載）

なにわ歴博カレンダー
Osaka Museum of History exhibitions and events
June to August, 2009
夏
No.30　6･7･8月の見どころ

大阪市立小学校の建築部材

①旧大阪市立集英小学校建築装飾　昭和2年　本館蔵

②旧大阪市立愛日小学校玄関床モザイクタイル
昭和4年　本館蔵

ホテルと見間違うような建物。それが大正時代から昭和初期に建てられた大阪市中心部の小学校校舎に対する当時の評価でした。今から70～80年前、大阪では開発に伴い多くのビルディングが建てられました。その中で、銀行やホテルとくらべても見劣りしないといわれたのが、小学校の校舎でした。当時普及し始めた鉄筋コンクリート造を用い、地上3～4階建の立派な校舎が建てられました。屋内プールやエレベータを備えた学校もあり、建築装飾も豊かでした。豪華な校舎建設の背景には、当時学区ごとに資金を出し、他の学区と競い合うような校舎を建てていたことが挙げられます。かつて、市民が優れた教育環境のために投資した成果として、これらの校舎は全国でも先端を行くものとなり、最近まで現役として活躍していました。しかし、都心部の人口減少や再開発のため、近年次々と取り壊されました。

大阪歴史博物館では、北船場に学区のあった旧大阪市立集英小学校校舎（昭和2年竣工）と同愛日《あいじつ》小学校校舎（昭和4年竣工）の建築部材を収集しました。二つの学校は現在統合され、大阪市立開平小学校となりました。建築部材は校舎の断片に過ぎませんが、当時の大阪の人びとが教育環境の向上を競い合った時代の空気が染み付いています。一般に「大切なのは器よりもその精神」と言われますが、戦前の小学校が残っていれば、当時の優れた教育環境に対する熱意も伝わりやすいかもしれません。歴史的な建築が都市・おおさかの中に残ることの意味を考えながら、展示をご覧いただければ幸いです。

酒井一光(大阪歴史博物館 学芸員)

【展示場所】常設展示7階　大大阪の時代「近代都市の建設」コーナー
【大きさ】①93.5×61.5×9.5cm、②36×47×4.5cm
【展示期間】6月10日～8月24日（予定）

［「なにわ歴博カレンダー」とは平成14年6月から発行されている展覧会や講演会などの催しを掲載する大阪歴史博物館情報誌である。表紙では博物館所属の学芸員が展示資料のみどころを紹介しており、ここでは過去カレンダーから酒井一光氏が執筆をした各号を掲載した。］

Osaka Museum of History
exhibitions and events
June to August, 2010

なにわ歴博カレンダー

No.34

6・7・8月の見どころ
夏

編集・発行 大阪歴史博物館

旧帝国座外観写真
本館蔵（林野全孝氏寄贈）

旧帝国座の写真

旧帝国座内観写真
本館蔵（林野全孝氏寄贈）

【展示場所】常設展示 7階 近代現代フロア
「近代都市の建設」コーナー
【大きさ】外観写真8.2cm×11.9cm
内観写真8.0cm×11.9cm
【展示期間】展示中～7月26日（予定）

古い建物を展示で紹介する際、しばしば完成当初の姿が重視されます。建物をつくった人びとの理念が、そこによく現われているからです。しかし、一旦竣工した建物は、使い手によって日々姿を変えてゆきます。建物の歴史を考える際、時代とともに変わっていく姿も大切です。写真は、川上《かわかみ》音二郎《おとじろう》が明治43年（1910）に建てた大阪最初の洋風劇場・帝国座だった建物です。音二郎は明治24年頃から「オッペケペ節」を歌い、自由民権思想の普及を図ったことで知られますが、その後欧米での視察や興行を重ね、帰国後は西洋風の演劇の上演に力を入れました。帝国座を建てたのは、そうした時期でした。しかし、音二郎は竣工の翌年、帝国座での公演中に亡くなりました。帝国座が劇場として使われたのは、大正初め頃まででした。建物は後に住友銀行として使われ、さらに大阪カトリック会館となりました。写真は昭和37年（1962）頃、大阪カトリック会館の時代に、建築史家・林野《はやしの》全孝《まさのり》氏が撮影したものです。その頃、明治洋風建築が徐々に注目を集め、この写真も雑誌『建築と社会』（日本建築協会発行）で紹介されました。内部は銀行時代に大改造され、さらに教会としての設《しつら》えが加わりました。この建物は今ありませんが、写真からは時代の流れにあわせて用途変更を重ねながら、建物がたくましく使われ続けていった様子が伝わってきます。　酒井一光（大阪歴史博物館 学芸員）

Osaka Museum of History
exhibitions and events
December, 2010 to
February, 2011

No.36

なにわ歴博カレンダー

12・1・2月の見どころ 冬

編集・発行 大阪歴史博物館

第四師団司令部庁舎

第四師団司令部庁舎（『第四師団司令部庁舎新築記念』本館蔵・長谷川良夫氏寄贈より）

大阪城天守閣と隣りあう茶褐色のいかめしい建物。昭和6年（1931）、陸軍の第四師団司令部庁舎として建てられたものです。ところで、現在の大阪城天守閣はいつ頃からあるのでしょうか。豊臣期の天守閣は慶長20年（1615）大坂夏の陣で焼け落ち、徳川期のそれは寛文5年（1665）に落雷で焼失、その後長らく天守閣はありませんでした。いまの天守閣は、昭和6年に博物館施設として復興されたもので、隣接する旧師団司令部とは用途こそ違いますが、同い年の兄弟のような存在といえます。そもそも天守閣復興に際して、当時第四師団のあった城内に天守閣を建設するため、大阪市は第四師団に新庁舎を建てて寄付することで折り合いをつけました。建設費は市民からの寄付金があてられ、その内訳は天守閣が47万円（当時）に対し、師団司令部が80万円（同）と後者の方がだいぶ高額でした。こうして、ふたつの建物は不可分のものとして誕生しました。戦後、師団司令部の建物は大阪府警などとして使われていた時期もありましたが、ちょうど50年前の昭和35年（1960）12月1日、大阪市立博物館となり、ようやく市民が利用できる施設となりました。市立博物館は、現在の大阪歴史博物館が平成13年（2001）11月3日に開館する直前の同年3月まで、この建物を利用していました。平成23年（2011）11月に、天守閣は80周年を迎え、大阪歴史博物館は開館10周年を迎えます。この機会に、改めて天守閣と旧師団司令部、そして大阪歴史博物館を訪ね、戦前・戦中・戦後の大阪のあゆみに触れていただければ幸いです。

酒井一光（大阪歴史博物館 学芸員）

【展示場所】常設展示 7階 近代現代フロア 写真パネル展示コーナー
【展示写真】戦前の師団司令部・天守閣写真パネル　約10点
【展示期間】12月1日～3月28日（予定）

平成22年（2010）12月1日より、お得な「大阪城天守閣・大阪歴史博物館（常設展）セット券」が発売されます。詳しくは3ページをご覧ください。

Osaka Museum of History exhibitions and events
March to May, 2012

なにわ歴博カレンダー 春

3・4・5月の見どころ

No.41

編集・発行 大阪歴史博物館

装飾タイル

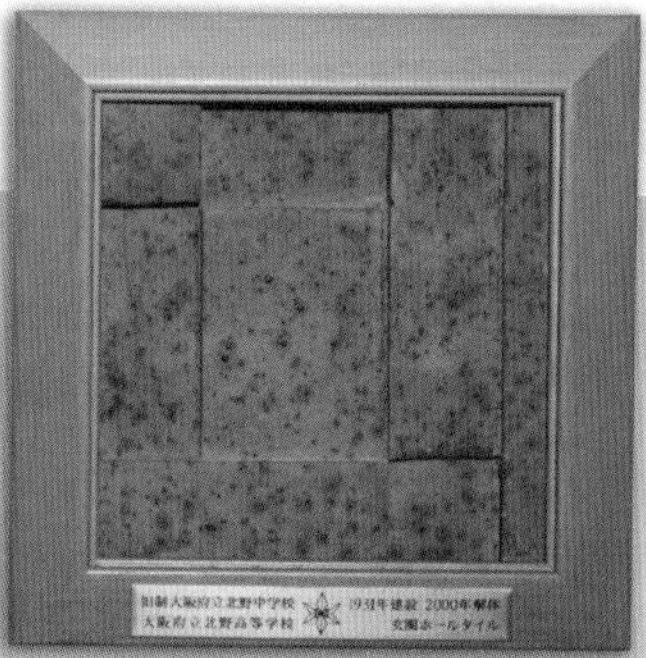

(左)大阪府立天王寺高等学校 装飾タイル　昭和4年(1929)　本館蔵(瀧華 正氏寄贈)
(右)大阪府立北野高等学校 装飾タイル　昭和6年(1931)　本館蔵(蘆田雅子氏寄贈)

私たちの身近な建物には、内外装にたくさんのタイルが使われています。日本のタイルのルーツには寺院の塼《せん》や城郭・町家のなまこ壁などがありますが、本格的な使用は明治時代に洋風建築が建てられるようになってからです。まず、英国などからの輸入タイルが使われ、明治半ばから国産品が登場しました。明治・大正期のタイルは、敷瓦、貼瓦、化粧煉瓦などさまざまな名前で呼ばれていましたが、大正11年(1922)4月12日に「タイル」の名称に統一されました。今年は日本におけるタイル名称統一90周年にあたり、これを記念して7階「近代都市の建設コーナー」では、各種タイルの展示を行います。

大正12年(1923)の関東大震災以降、鉄筋コンクリート造の建築が急増し、大阪でもビル建設ラッシュを迎えました。その中で和風の趣きを持ったタイルも開発されました。今回紹介する大阪府立天王寺高等学校(旧制天王寺中学校)と北野高等学校(旧制北野中学校)のタイルは、それぞれ昭和4年・6年(1929・31)に竣工した鉄筋コンクリート造校舎の玄関ホールに使われていました。天王寺高校のタイルは、表面が布目で透き通るような青い釉薬の発色が美しいものです。北野高校のものは、大きな凹凸がある幾何学的構成のレリーフタイルで、やきものの味わいをもっています。これら二つのタイルは近年、両校の校舎改築に際し、旧校舎の思い出として額装されたものです。タイルが、建築デザインを象徴する存在だったことがうかがえます。同コーナーの展示ではこのほかにも、さまざまなデザインの内外装タイルを紹介します。ぜひご覧ください。　酒井 一光(大阪歴史博物館 学芸員)

【展示場所】常設展示7階 大大阪の時代「近代都市の建設」コーナー　【展示期間】平成24年3月14日～7月9日(予定)
【 大きさ 】大阪府立天王寺高等学校 装飾タイル 15.3×15.3×1.5cm(タイル本体)大阪府立北野高等学校 装飾タイル 14.0×14.0×2.9cm(タイル本体)

なにわ歴博カレンダー

Osaka Museum of History Exhibitions and Events
March to May, 2015

春

3・4・5月の見どころ

編集・発行 大阪歴史博物館

No.53

イベント情報
【特別展】大坂の陣400年「大坂 －考古学が語る近世都市－」
平成27年4月18日(土)～ 6月8日(月)

【特集展示】「大阪相撲れきはく場所」
平成27年2月18日(水)～3月30日(月)
【特集展示】「修復品・新収品お披露目展」
平成27年4月1日(水)～6月1日(月)

厳《ごん》正《しょう》寺《じ》本堂立面構想図

中村順平画　昭和37年(1962)頃
本館蔵(吉原正氏寄贈)

大阪生まれの建築家・中村順平(1887−1977)は、パリのエコール・デ・ボザールに留学し、日本人初のフランス政府公認建築士(D.P.L.G.)となりました。帰国後は、大正14年(1925)から横浜高等工業学校(現・横浜国立大学)の建築学科で、芸術性を重視したボザール流の建築教育を実践しました。彼はまた、豪華客船の船内装飾を多数設計しましたが、それらは第二次世界大戦時中に海軍に供出され、軍艦等に改造され、多くが海の藻屑と消えました。

彼の建築の実作は、これまであまり知られていませんでしたが、近年徐々に明らかになってきました。本図はそのひとつ、東京都大田区に建てられた厳正寺本堂のものです。図の右手には、当時75歳になる中村が「昭和三十七年十月僕の最后と思はれる作製原図」と記しています。本図は初期の構想図で、おそらく本格的な設計のはじまった昭和35年頃に作成され、後に右下の文字を自ら加筆したものと思われます。「七」の字が薄く書かれ、その右側に「?」が添えられた経緯は分かりませんが、後に加筆されたことと関わるかもしれません。なお、本図は中村の弟子・吉原正が補佐して仕上げ、建築の実施設計も吉原が担当しました。完成した建築は、本図から変更された箇所もありますが、50年以上過ぎた今日も大切に使われています。

酒井一光(大阪歴史博物館 学芸員)

【展示場所】常設展示 8階　特集展示「修復品・新収品お披露目展」
【展示期間】平成27年4月1日(水)～6月1日(月)

No.58 Osaka Museum of History exhibitions and events
June to August, 2016

なにわ歴博カレンダー

夏 6・7・8月の見どころ

編集・発行 大阪歴史博物館

イベント情報

特別展｜大阪歴史博物館開館15周年記念特別展「近代大阪職人《アルチザン》図鑑 ―ものづくりのものがたり―」
平成28年4月29日(金・祝)～6月20日(月)

特別企画展｜「都市大阪の起源をさぐる　難波宮前夜の王権と都市」
平成28年7月16日(土)～8月29日(月)

特集展示｜「平成24・25・26年度 大阪市の新指定文化財」
平成28年4月13日(水)～6月13日(月)

特集展示｜「郷土建築へのまなざしと日本建築協会」
平成28年6月15日(水)～8月1日(月)

心斎橋プランタン椅子

設計:村野藤吾　昭和31年(1956)
幅54.5×奥行54.5×高77.0cm　本館蔵(中川果林氏寄贈)

▶心斎橋プランタン外観　撮影：渋谷正明

【展示場所】
常設展示 7階「近代都市の建設」コーナー
【展示期間】
平成28年4月13日(水)から8月1日(月)(予定)

心斎橋プランタンは昭和31年(1956)、大阪を代表する建築家・村野藤吾(1891-1984)の設計で建てられました。心斎橋筋に面して間口が狭く、奥行きが長い敷地に建設された喫茶店で、正面は抽象絵画のような幾何学的構成が特徴でした。内部は、心斎橋筋の喧騒を感じさせない落ちついた雰囲気で、吹抜けを挟んで客席の床を半階ずつずらした構成でした。

村野は生涯にわたり、全国に300を超える建築の設計を手がけましたが、実際に人が触れる手すりやドアの把手《とって》など、全体から細部にいたるまで心のこもった設計をしたことで知られています。心斎橋プランタンも、階段の曲面や段裏、椅子や衝立など隅々まで魅力に富み、小さな建築ながら村野の代表作のひとつに数えられていましたが、平成15年(2003)の閉店後、惜しまれながら姿を消しました。

今回紹介する椅子は、村野がこの建築のために設計したものです。椅子を構成する手すりや背もたれの形状、低めの座面、体に触れる部分に籐を巻いて金属の冷たさを払拭するなど、村野のデザインの思想が随所に感じられるものです。

酒井一光(大阪歴史博物館学芸員)